인도 고전어
쌍쓰끄리땀
첫마당

2

संस्कृत

saṃskṛtavākyopakriyā

강성용 지음

인도 고전어 쌍쓰끄리땀 첫마당 2

rasa

वाक्योपक्रिया

머리말

한국어로 한국인을 위한 쌍쓰끄리땀 교재를 만들겠다는 기획이 결실을 맺어 제1권이 출간된지 6년의 시간이 흘렀지만, 필자의 마음 속에서 교재의 완간을 위한 작업이 자리를 잃은 적은 없었다. 여러 사정들 때문에 애초의 계획만큼 빠르게 진행되지는 못했지만, 교재 2권의 출간을 맞는 것은 필자에게는 최소한 15년이 넘는 작업들의 한 가닥을 매듭짓는 일이다. 이 작업이 지금까지 이어져 올 수 있게 해 준 수많은 인연들에 감사한 마음이다. 제2권이 준비되는 사이에도 많은 일들이 있었다. 특히나 2023년에 스승 베쯜러(Albrecht Wezler) 선생님께서 작고하셨는데, 작으나마 마음으로 이 책을 바치고 싶다.

이제는 모두 정년퇴임을 맞으신 프라이젠단쯔(Karin Preisendanz) 선생님과 히로시 마루이(丸井 浩) 선생님과 카츠라 쇼류(紹隆 桂) 선생님께 다시 한 번 감사의 인사를 드리고자 한다. 그리고 어려운 출간 작업을 맡아 꼼꼼하게 준비해 준 동반자이자 동료인 장지연 선생님에게도 또다시 고마움을 전하고 싶다.

2024년 8월 5일

관악산에서 강성용

일러두기

말의 모양에 대해 언급할 때에는 따옴표를 사용해서 구체적인 표현의 사용(use)과 언급(mention)을 구분하는 것이 논리적으로는 타당하겠지만, 문장부호를 그렇게 사용하지는 않을 것이다. 문법을 설명하는 책이다 보니 따옴표를 많이 사용하면 가독성을 해칠 수 있고, 맥락이 너무나 분명하게 말의 형태에 대한 설명과 연관되는 것들이어서 따옴표 사용의 실익이 없다고 판단되기 때문이다. 오해의 소지를 없애기 위해 필요하다고 판단되는 경우에는 따옴표를 사용하였다. 다른 문장부호들의 경우도 마찬가지다. 일반적으로 쉼표(,)를 써야 할 자리에 쌍반점(;)을 사용하기도 했는데, 여러 가지 문법서술 사항을 나열할 때 각 항목들의 구분을 시각적으로 명확하게 보여주기 위해 일부러 사용한 경우다. 아래와 같은 부호들은 앞으로 출간이 계획되어 있는 다른 자료들과의 체계적인 연계를 고려하여 사용된 것임을 밝혀둔다.

✤ : 본 교재에 제시된 각 설명 항목들의 번호를 표시.

▭ : 본 교재와 학습서에 제시된 연습문제의 문항 번호를 표시.

⮳ : 본 교재 안에서 앞서 설명된 항목을 참조하라는 표시.

⮱ : 본 교재 안에서 뒤따라 제시될 항목을 참조하라는 표시.

※ : 학습서의 설명 항목을 나타내는 표시.

← 혹은 → : 형태상의 변화 혹은 의미상의 전용을 표시.

√ : 동사 말뿌리를 나타내는 부호.

/ : 형태상 혹은 해석상 여러 가능성이 있는 경우를 나타낸다.

학습서의 항목번호는 교재의 항목번호와 일치되도록 배치되어 있다. 아주 드물게 교재에는 언급되지 않는 내용이 학습서에 제시되는 경우에 학습서 전용 항목번호들을 표시했다.

동사 말뿌리 뒤의 각괄호([ ]) 표시 안에 제시되는 것은 현재 3인칭 단수형이다. 로마자 표기에서는 내부싼디의 경우 아누쓰바라로 콧소리를 대체해서 표기하는 방식을 따르지 않고 뒤따르는 자음의 각 무리에 속하는 콧소리를 사용하는 것을 원칙으로 삼았다. 본 교재에 나타나는 줄임말은 아래와 같다.

Ā.	ātmanepada
P.	parasmaipada

[a.]	adjective	형용사
[adp.]	adposition	부치사
[adv.]	adverb	부사
[f.]	feminine	여성(명사)
[ind.]	indeclinable	불변화사
[m.]	masculine	남성(명사)
[n.]	neuter	중성(명사)
[prn.]	pronoun	대명사

(den.)	denominative	명사유래형
(ifc.)	in fine compositi	겹낱말의 끝자리에서
(impf.)	imperfect	과거형
(inf.)	infinitive	부정형
(pass.)	passive	수동형
(caus.)	causative	시킴형
(p.p.)	past participle	과거분사

sg.	singular	단수
du.	dual	양수
pl.	plural	복수
1.	uttamapuruṣa	일인칭
2.	madhyamapuruṣa	이인칭
3.	prathamapuruṣa	삼인칭

차례

5 머리말

6 일러두기

제15과

16 독립형(Gerund/Absolutive, tvānta/lyabanta)

16 독립형 만들기

20 독립형의 사용

22 -in 명사

23 -in/-vin 끝자음명사 남성곡용

24 -in/-vin 끝자음명사 중성곡용

25 쌍쓰끄리땀 단어 1: -tṛ로 끝나는 행위자 명사

26 쌍쓰끄리땀 단어 2: -tra/-trā로 끝나는 명사

27 현대쌍쓰끄리땀

30 연습문제

35 낱말 목록

제16과

38 부정형(infinitive)

38 부정형 만들기

39 부정형의 사용

44 현재분사

45 현재분사 만들기와 곡용

52 현재분사의 사용

56 수동현재분사

59 연습문제

65 낱말 목록

제17과

68 독립 곳때격과 독립 가짐격
70 독립 곳때격의 사용
72 독립 가짐격의 사용
73 쌍쓰끄리땀의 운율
74 guru 음절과 laghu 음절
75 śloka 운율
78 구속형 (Gerundive; Future Passive Participle)
79 구속형 만들기
83 구속형의 사용
88 연습문제
95 낱말 목록

제18과

98 미래형
103 미래수동형
104 미래형의 사용
105 미래분사
106 대체미래형 (Periphrastic Future)
109 조건형 (conditional)
111 복합모음 말줄기 명사의 곡용
114 쌍쓰끄리땀 단어 3: -ti로 끝나는 여성 행위 명사
115 쌍쓰끄리땀 단어 4: -man으로 끝나는 중성 행위 명사
116 연습문제
124 낱말 목록

제19과

128 겹낱말 (samāsa)
130 겹낱말의 종류 개괄
134 겹낱말 풀이 (vigraha)
135 겹낱말에서의 싼디
139 karmadhāraya-겹낱말
143 kṛt과 taddhita
144 taddhita-뒷토
146 비교급과 최상급
149 -īyaḥ 비교급과 -iṣṭha 최상급
154 연습문제
165 낱말 목록

제20과
170 tatpuruṣa-겹낱말
172 upapada-겹낱말
177 다양한 tatpuruṣa-겹낱말들
180 기수
186 기수의 곡용
194 쌍쓰끄리땀 단어 5: -ana(kṛt-뒷토)로 끝나는 중성명사
196 쌍쓰끄리땀 단어 6: -as(kṛt-뒷토)로 끝나는 중성 행위명사
197 연습문제
206 낱말 목록

제21과
210 bahuvrīhi-겹낱말
215 bahuvrīhi-겹낱말의 형태
219 bahuvrīhi-겹낱말 관용구
221 bahuvrīhi-겹낱말의 풀이
226 dvandva-겹낱말
229 가상형 (optative)
234 가상형의 사용
239 연습문제
250 낱말 목록

제22과
254 dvigu-겹낱말
257 avyayībhāva-겹낱말
258 시킴형 (causative)
262 시킴형의 사용
266 시킴형동사의 활용
269 파생 활용 (derivative/secondary conjugation)
275 연습문제
283 낱말 목록

제23과
286 쌍쓰끄리땀 단어 7: -tva 혹은 –tā (taddhita-뒷토)로 끝나는 추상명사
288 쌍쓰끄리땀 단어 8: -ya 혹은 -iya (taddhita-뒷토)로 끝나는 중성 추상명사
289 cvi-pratyaya
293 겹낱말 분석에 대하여
296 겹낱말의 예외 형태

299 겹낱말 구분에 대하여
302 긴 겹낱말의 분석
304 순서 맞추기 원칙(yathāsaṅkhya)
304 겹낱말 분류
305 쌍쓰끄리땀 단어 9: -ā(kṛt-뒷토)로 끝나는 여성 행위 명사
306 쌍쓰끄리땀 단어 10: -aka(kṛt-뒷토)로 끝나는 남성 혹은 중성 행위자 명사
307 명사유래형(denominative)
308 명사유래형 만들기
312 연습문제
318 낱말 목록

제24과
322 바람형 (desiderative)
326 바람형의 사용
328 강조형 (intensive)
334 서수
337 수로 만드는 부사
338 쌍쓰끄리땀 단어 11: -ø (kṛt-뒷토)로 끝나는 여성 행위 명사
339 쌍쓰끄리땀 단어 12: -a (kṛt-뒷토)로 끝나는 남성 행위 명사
340 -añc/-ac로 끝나는 방향을 나타내는 형용사의 곡용
347 연습문제
353 낱말 목록

제25과
356 완료형 (perfect)
359 완료형에서의 말뿌리 거듭
370 완료형 인칭뒷토
372 완료형의 예외적인 경우들
375 대체완료형
377 완료분사
380 쌍쓰끄리땀 단어 13: -a (taddhita-뒷토)
382 쌍쓰끄리땀 단어 14: -īya(taddhita-뒷토)로 끝나는 소유를 나타내는 형용사
384 연습문제
390 낱말 목록

제26과
392 접때형(aorist)

394 갈이소리접때형
395 갈이소리접때형 첫 번째 ①: sa-접때형
396 갈이소리접때형 두 번째 ②: s-접때형
398 갈이소리접때형 세 번째 ③: iṣ-접때형
400 갈이소리접때형 네 번째 ④: siṣ-접때형
401 단순접때형 첫 번째 ⑤: 말뿌리접때형
403 단순접때형 두 번째 ⑥: a-접때형
404 거듭접때형 ⑦
406 수동접때형
408 금지형(prohibitive/injunctive)
408 기원형(benedictive/precative)
410 쌍쓰끄리땀 단어 15: -eya(taddhita-뒷토)로 끝나는 계통/족보를 나타내는 형용사
411 쌍쓰끄리땀 단어 16: -ka (taddhita-뒷토)로 끝나는 파생 명사
413 연습문제
419 낱말 목록

제27과
422 예외적 명사곡용 1/2
429 -k, -t, -p 이외의 끝자음을 가진 명사들의 곡용
431 쌍쓰끄리땀 단어 17: -ika/-aka(taddhita-뒷토)로 끝나는 파생 명사
432 쌍쓰끄리땀 단어 18: -maya (taddhita-뒷토)로 끝나는 성분, 구성을 나타내는 형용사
432 동사 앞토(upasarga)의 사용
436 주요 동사앞토(upasarga) 1/2
444 연습문제
453 낱말 목록

제28과
456 예외적 명사곡용 2/2
463 쌍쓰끄리땀 단어 19: -vat(taddhita-뒷토)로 끝나는 비교, 비유를 나타내는 부사
464 쌍쓰끄리땀 단어 20: -mant/vant 혹은 -in/-vin (taddhita-뒷토)으로 끝나는 소유주체를 나타내는 명사
464 주요 동사 앞토(upasarga) 2/2
478 연습문제
486 낱말 목록

489 전체 낱말 목록
511 한국어로 찾아보기
515 쌍쓰끄리땀으로 찾아보기
519 외국어로 찾아보기
521 어려운 말모양 찾아보기

제15과

संस्कृतवाक्योपक्रिया

제15과

독립형(Gerund/Absolutive, tvānta/lyabanta)

✣ 15.01 독립형은 동사에서 만들어지는 분사와 마찬가지로 동사로서의 역할을 하지만, 분사와는 달리 독립형 자체가 곡용되지는 않는다. 독립형은 형태가 고정되어 나타난다. 한 문장 안에 여러 동사들이 나열되어 사용될 때에 마지막에 나오는 단 하나의 동사만을 활용시키고 앞서 나타나는 모든 동사들을 독립형으로 사용하여 쉽게 여러 동사들이 함께 사용되는 하나의 문장을 만들 수 있기 때문에 자주 사용된다.

독립형 만들기

✣ 15.02 독립형을 만들려면, 동사 앞토(upasarga)가 없는 동사의 경우에는 동사 말뿌리 뒤에 °त्वा -tvā를 붙이고 동사 앞토가 있는 동사의 경우에는 동사 말뿌리 뒤에 °य/°त्य -ya/-tya를 붙인다.

✣ 15.02(01) 동사 말뿌리에 -tvā를 붙여 독립형을 만들 때에는 -tvā를 동사 말뿌리의 약형에 직접 붙여서 만든다. 간단하게 말하자면 과거분사를 만들 때 -ta를 붙였던 형태에(☞✣14.10) -tvā를 붙인다고 생각하면 된다. 배우기 쉽게 하기 위해 아래에서 동사 말뿌리 뒤에 과거분사형을 괄호 안에 제시하겠다.

√kṛ (kṛta) → kṛtvā "하고 나서"
√śru (śruta) → śrutvā "듣고 나서"
√su (suta) → sutvā "짜내고 나서"
√bhū (bhūta) → bhūtvā "되고 나서"
√mṛ (mṛta) → mṛtvā "죽고 나서"

√yaj (iṣṭa) → iṣṭvā "제사 지내고 나서"
√grah (gṛhīta) → gṛhītvā "쥐고 나서"
√hve (hūta) → hūtvā "부르고 나서"
√vac (ukta) → uktvā "말하고 나서"
√vas (uṣita) → uṣitvā "거주하고 나서"

√daṃś (daṣṭa) → daṣṭvā "물고 나서"
√bhraṃś (bhraṣṭa) → bhraṣṭvā "떨어지고 나서"
√bandh (baddha) → baddhvā "묶고 나서"

√gam (gata) → gatvā "가고 나서"
√nam (nata) → natvā "구부리고 나서"
√man (mata) → matvā "생각하고 나서"
√yam (yata) → yatvā "제어하고 나서"
√ram (rata) → ratvā "만족하고 나서"
√han (hata) → hatvā "죽이고 나서"

√pā (pīta) → pītvā "마시고 나서"
√gai (gīta) → gītvā "낭송하고 나서"

√budh (buddha) → buddhvā "깨어나고 나서"
√labh (labdha) → labdhvā "얻고 나서"

√dah (dagdha) → dagdhvā "태우고 나서"
√duh (dugdha) → dugdhvā "(젖을) 짜내고 나서"
√yuj (yukta) → yuktvā "묶고 나서"
√dviṣ (dviṣṭa) → dviṣṭvā "싫어하고 나서"
√dṛś (dṛṣṭa) → dṛṣṭvā "보고 나서"

√paṭh (paṭhita) → paṭhitvā "낭송하고 나서"

√bhāṣ (bhāṣita) → bhāṣitvā "말하고 나서"

√cal (calita) → calitvā "활동하고 나서"

√jīv (jīvita) → jīvitvā "살고 나서"

√sev (sevita) → sevitvā "섬기고 나서"

√likh (likhita) → likhitvā "적고 나서"

√pat (patita) → patitvā "떨어지고 나서"

√khād (khādita) → khāditvā "먹고 나서"

√kup (kupita) → kupitvā "화나고 나서"

√bādh (bādhita) → bādhitvā "막고 나서"

धीमतो ऽपि दरिद्राञ्जनान्दृष्ट्वा तत्कालमहो कर्म बलवदिति मे मतिः।

dhīmato 'pi daridrāñ janān dṛṣṭvā tatkālam aho karma balavad iti me matiḥ.

현명하지만 가난한 사람들을 보면서 그 때에 '아, 업은 강력하도다!'라는 것이 나의 생각이다.

✤ 15.02(02) 아래의 경우들은 과거분사를 만들 때 불규칙적인 경우들인데, 독립형도 마찬가지의 형태를 갖는다.

√jñā (jñāta) → jñātvā "알고 나서"

√sthā (sthita) → sthitvā "서고 나서"

√yā (yāta) → yātvā "가고 나서"

√dā (datta) → dattvā "주고 나서"

√dhā (hita) → hitvā "놓고 나서"

√lih (līḍha) → līḍhvā "핥고 나서"

√ruh (rūḍha) → rūḍhvā "올라타고 나서"

√sah (soḍha) → soḍhvā "견디고 나서"

√vah (voḍha) → ūḍhvā "데려가고 나서"

✤15.02(03) 과거분사를 만들 때 -ta가 아니라 -na를 사용하는 동사들도 똑같은 방식으로 독립형이 만들어진다.

√chid (chinna) → chittvā "자르고 나서"
√bhid (bhinna) → bhittvā "가르고 나서"
√pad (panna) → pattvā "가고 나서"
√sad (sanna) → sattvā "앉고 나서"

√pṝ (pūrṇa) → pūrtvā "채우고 나서"
√jṝ (jīrṇa) → jīrtvā "낡게 하고 나서"
√hā (hīna) → hītvā "버리고 나서"
√tṝ (tīrṇa) → tīrtvā "가로지르고 나서"

✤15.02(04) 모든 제10갈래(cur-갈래)에 속하는 동사의 말줄기와 시킴형 말줄기에는 -aya의 마지막에 있는 -a를 -i로 대체하고 -tvā를 붙인다.

√cint [cintayati] (cintita) → cintayitvā "생각하고 나서"
√cur [corayati] (corita) → corayitvā "훔치고 나서"

✤15.02(05) 동사 앞토(upasarga)가 첨가된 동사 말뿌리에는 일반적으로 -ya가 뒤에 붙어서 독립형을 만든다. 이 경우에도 동사는 과거분사를 만들 때 사용되는 것과 같은 약형이 사용되며, 동사 말뿌리가 짧은 모음으로 끝나는 경우에는 ✤15.02(06)에 제시된 예외가 적용된다.

anu-√jñā → anujñāya "허락하고 나서"
ā-√gam → āgamya "오고 나서"
upa-√diś → upadiśya "가르치고 나서"
pra-√viś → praviśya "들어가고 나서"

✤15.02(06) 동사 앞토가 첨가된 동사 말뿌리가 짧은 모음으로 끝날 때에는 -tya가 뒤에 붙어서 독립형을 만든다.

apa-√kṛ → apakṛtya "제거하고 나서"
pra-√i → pretya "죽고 나서"
vi-√ji → vijitya "이기고 나서"

✤ 15.02(07) 말뿌리 중에 -am, -an으로 끝나는 말뿌리는 동사 앞토가 붙어 있는 경우에도 독립형을 만들 때 -tya가 사용되는 일이 있다. √gam의 과거분사가 gata이고 √han의 과거분사가 hata인 것처럼 이 말뿌리들은 단모음으로 끝나는 말뿌리인 양 다루어지기 때문이다.

ā-√gam → āgatya "오고 나서" (āgamya는 가능한 다른 형태이다.)
ni-√han → nihatya "죽이고 나서" (*nihanya는 없는 형태이다.)

독립형의 사용

✤ 15.03 독립형은 동사로서의 기능을 하지만 그 자체의 형태는 고정되어 있기 때문에 분사와는 다르다. 한 문장에서 여러 개의 동사가 나란히 사용되는 경우에 맨 마지막의 동사만을 활용시키고 그 앞의 모든 동사들을 독립형으로 사용하여 문장을 단순하고 간결하게 만들 수 있는 장점이 있다.

예문15.01 **नलो यज्ञं कृतवतो मुनींस्त्यक्त्वा धनुश्च हृत्वा बृहतमश्वं रूढ्वा नगरं प्रत्यागत्य राजगृहस्य समीपे महान्तं राजानं दृष्ट्वा तं राजानं प्रणम्य जयत्वार्य इत्यब्रवीत् ।**

nalo yajñaṃ kṛtavato munīṃs tyaktvā dhanuś ca hṛtvā bṛhatam aśvaṃ rūḍhvā nagaraṃ pratyāgatya rājagṛhasya samīpe mahāntaṃ rājānaṃ dṛṣṭvā taṃ rājānaṃ praṇamya jayatv ārya ity abravīt.

날라는 제사를 지낸 성자들을 떠나서 활을 지니고 높은 말에 올라타서 도시로 돌아가서 왕성의 근처에서 위대한 왕을 보고서 그 왕에게 인사하고 "고귀한 자에게 승리를!"이라고 말했다.

독립형을 사용해서 수많은 동사가 한 문장 안에서 나타날 때에는 일반적으로 앞선 동작이 먼저 독립형으로 표현되고 뒤따르는 동작은 뒤따르는 또 다른 독립형이나 별도의 활용된 동사로 표현된다. 하지만 독립형으로 제시된 순서가 반드시 동작의 선후 관계만을 의미하는 것은 아니고, 종종 여러 동작이나 상황이 동시에 혹은 수반되어 진행되는 상황을 나타내기도 한다.

✤ 15.04 독립형은 활용은 물론 곡용되지 않기 때문에 문장 안에서 어떤 명사와 일치되는지를 형태상으로는 파악할 수가 없다. 따라서 독립형이 사용되기 위해서는 문맥이 독립형의 의미를 분명하게 해 주어야 한다. 따라서 독립형의 kartṛ는 뒤따르는 주된 동사의 kartṛ와 일치해야 한다.

इन्द्रो वृत्रं वित्त्वा तं जित्वा पशूनमुञ्चज्जगति ।

indro vṛtraṃ vittvā taṃ jitvā paśūn amuñcaj jagati.

인드라는 브리뜨라를 발견하고는 그 [브리뜨라]를 물리치고 나서 세상에 가축들을 풀어놓았다.

✤ 15.05 독립형은 형태가 고정되어 있는지라, kartṛ와 일치시켜 동사가 활용되는 능동 문장의 경우와 karman과 일치시켜 동사가 활용되는 수동 문장의 경우를 구분할 수 없다. 활용된 주된 동사의 kartṛ가 독립형의 kartṛ로 동일하게 사용되는 한에서, 독립형은 수동 문장에서도 사용이 가능하다. 따라서 독립형의 kartṛ가 주된 동사의 kartṛ와 일치해야 한다는 것은 이런 맥락에서도 중요하다.

पण्डितेन तस्यान्धत्वं धर्मे दृष्ट्वा बाल उपदिष्टः ।

paṇḍitena tasyāndhatvaṃ dharme dṛṣṭvā bāla upadiṣṭaḥ.

학자는 그가 규범 체계에 대해 무지하다는 것(그 소년의 맹목임)을 보았고 그 소년을 가르쳤다.

이 문장에서 수동의 의미로 쓰인 과거분사 upadiṣṭa의 kartṛ는 paṇḍita이므로 독립형 dṛṣṭvā의 kartṛ도 paṇḍita이다. 이렇게 kartṛ가 일치되기 때문에 수동의 의미로 독립형이 사용될 수 있다.

-in 명사

✤15.06 뒷토 -in을 붙여서 명사 말줄기를 만들면 "~을 가진"이라는 뜻으로 사용되는 형용사나 명사가 만들어진다.

hasta [m.] "손" + in → hastin (손을 가진 동물 →) [m.] "코끼리"

yoga [m.] "수행" + in → yogin (수행을 가진 사람 →) [m.] "수행자"

kāma [m.] "욕구, 사랑" + in → kāmin (사랑을 가진 사람 →) [m.] "사랑에 빠진 사람"

✤15.07 상당수의 -as로 끝나는 명사 말줄기들은 -in이 아니라 -vin을 뒤에 붙인다.

tapas [n.] "고행" + vin → tapasvin (고행을 가진 사람 →) [m.] "고행자"

manas [n.] "마음" + vin → manasvin (마음을 가진 →) [a.] "현명한"

yaśas [n.] "영예" + vin → yaśasvin (영예를 가진 →) [a.] "유명한"

payas [n.] "즙" + vin → payasvin (즙을 가진 →) [a.] "즙이 풍부한, 젖이 많은"

✤15.08 뒷토 -in/-vin을 붙여서 만들어지는 형용사와 명사들은 남성이나 중성으로 사용되고 이에 해당되는 여성형은 -inī 와 -vinī로 만들어져서 nadī (☞표 07.03)의 여성곡용을 따르게 된다.

tapasvinī [f.] "여성 고행자"

yoginī [f.] "여성 수행자"

kāminī [f.] "사랑에 빠진 여자"

-in/-vin 끝자음 명사 남성곡용

✤15.09 남성 -in/-vin 명사의 곡용 형태는 아래와 같다.

표15.01 -in/-vin 끝자음 명사의 남성곡용 yogin [m.] "수행자"

격	약칭	단수	양수	복수
임자격	N.	योगी yogī	योगिनौ yoginau	योगिनः yoginaḥ
대상격	A.	योगिनम् yoginam	योगिनौ yoginau	योगिनः yoginaḥ
수단격	I.	योगिना yoginā	योगिभ्याम् yogibhyām	योगिभिः yogibhiḥ
위함격	D.	योगिने yogine	योगिभ्याम् yogibhyām	योगिभ्यः yogibhyaḥ
유래격	Ab.	योगिनः yoginaḥ	योगिभ्याम् yogibhyām	योगिभ्यः yogibhyaḥ
가짐격	G.	योगिनः yoginaḥ	योगिनोः yoginoḥ	योगिनाम् yoginām
곳때격	L.	योगिनि yogini	योगिनोः yoginoḥ	योगिषु yogiṣu
부름격	V.	योगिन् yogin	योगिनौ yoginau	योगिनः yoginaḥ

이 곡용에서 주목할 점은 임자격 단수가 yogī라는 점이다. 이 임자격의 형태 때문에 nadī [f.]와 같은 여성명사들과 혼동하지 말아야 한다. 결국 말줄기의 형태도 함께 암기하는 것이 좋을 것이다.

-in/-vin 끝자음 명사 중성곡용

✤ 15.10 중성 -in/-vin 명사의 곡용 형태는 아래와 같다.

표15.02 -in/-vin 끝자음 명사의 중성곡용 balin [a.] "힘센"

격	약칭	단수	양수	복수
임자격	N.	बलि bali	बलिनी balinī	बलीनि balīni
대상격	A.	बलि bali	बलिनी balinī	बलीनि balīni
수단격	I.	बलिना balinā	बलिभ्याम् balibhyām	बलिभिः balibhiḥ
위함격	D.	बलिने baline	बलिभ्याम् balibhyām	बलिभ्यः balibhyaḥ
유래격	Ab.	बलिनः balinaḥ	बलिभ्याम् balibhyām	बलिभ्यः balibhyaḥ
가짐격	G.	बलिनः balinaḥ	बलिनोः balinoḥ	बलिनाम् balinām
곳때격	L.	बलिनि balini	बलिनोः balinoḥ	बलिषु baliṣu
부름격	V.	बलिन्/बलि balin/bali	बलिनी balinī	बलीनि balīni

일반적인 중성곡용의 경우와 마찬가지로 중성 balin의 곡용은 임자격, 대상격, 부름격에서만 남성과 차이를 보인다.

मनस्विनो ब्रह्मणो वचनं श्रुत्वा दक्षस्तस्य दुहितरं सतीं योगिनं शिवमददात् ।

manasvino brahmaṇo vacanaṃ śrutvā dakṣas tasya duhitaraṃ satīṃ yoginaṃ śivam adadāt.

현명한 브라흐만 [신]의 말을 듣고 나서 닥샤는 그의 딸 싸띠를 수행자 쉬바에게 주었다.

쌍쓰끄리땀 단어 1: -tṛ로 끝나는 행위자 명사

✤15.11 동사 말뿌리가 구나형을 취하고[1] 그 뒤에 뒷토 -tṛ를 붙이면 동사 말뿌리가 나타내는 행위를 하는 행위자를 나타내는 명사 혹은 형용사가 만들어진다. seṬ-말뿌리인 경우에는 iṬ가(☞✤14.01-05) 첨가된다.

√kṛ → kartṛ "하는 사람, 행위 주체, 행위자"

√ji → jetṛ "이기는 자, 승리자"

√bhuj → bhoktṛ "먹는 자, 누리는 자"

√dā → dātṛ "주는 사람"

√rakṣ → rakṣitṛ "보호자, 지키는 자"

√gam → gantṛ "가는 자, 가는 것"

√śru → śrotṛ "듣는 사람"

√dviṣ → dveṣṭṛ "싫어하는 자, 적, 원수"

√paṭh → paṭhitṛ "낭송하는 사람"

√yuj → yoktṛ "묶는 사람, 마부, 노력하는 사람"

---

1 동사 말뿌리가 구나를 취한다는 서술은 당연히 '가능한 경우에'라는 (불가능한 경우에 대한 규정은 ☞✤10.31) 조건이 생략된 서술로 이해되어야 한다. 앞으로 다른 경우의 서술에서도 마찬가지이다.

✤15.12 이렇게 만들어진 행위자 명사는 형용사로 자주 사용된다. 따라서 √han → hantṛ "죽이는 자"가 기본 의미이지만 "죽이는 작용을 하는"을 뜻하는 형용사로 사용되며, √sthā → sthātṛ "고정되어 머무는 자"가 기본 의미이지만 "고정되어 있어서 움직이지 않는"이나 "(움직이지 않는) 권위, 권위자, 지도자, 이끄는 자, 마부"를 의미하는 명사나 형용사로 사용된다.

✤15.13 -tṛ를 첨가하여 만들어지는 행위자 명사는 곡용에서 dātṛ의 곡용(☞표09.03; 표09.04)을 따른다.

यज्ञस्य फलं दाता महति यज्ञे नाहूयत ।

yajñasya phalaṃ dātā mahati yajñe nāhūyata.

제사의 결과를 주는 자(dātṛ)는 큰 제사에 초대 받지 못했다.

राज्यस्य रक्षिता राजा यज्ञे वेदस्य पठित्रे दानं ददाति ।

rājyasya rakṣitā rājā yajñe vedasya paṭhitre dānaṃ dadāti.

왕국의 수호자(rakṣitṛ)인 왕은 제사에서 베다를 낭송하는 자(paṭhitṛ)에게 선물을 준다.

गन्ता न गच्छति तावदगन्ता नैव गच्छति ।

अन्यो गन्तुरगन्तुश्च कस्तृतीयो गच्छति ॥ 『मूलमध्यमककारिका』

gantā na gacchati tāvad agantā naiva gacchati ।

anyo gantur agantuś ca kas tṛtīyo gacchati ॥ *Mūlamadhyamakakārikā*

가는 주체는 가지 않는다. 마찬가지로 가는 주체가 아닌 것(a-gantṛ)도 분명(eva) 가지 않는다.
가는 주체도 가는 주체가 아닌 것도 [아닌] 다른 어떤 세 번째 것이 간다는 말인가?

쌍쓰끄리땀 단어 2: -tra/-trā로 끝나는 명사

✤15.14 몇몇 동사 말뿌리가 guṇa형태를 취하고 그 뒤에 -tra를 붙이면 동사 말뿌

리가 나타내는 행위를 하는 수단 혹은 도구를 나타내는 명사가 만들어진다. 이렇게 만들어지는 명사들은 대부분 중성명사이다.

√pā → pātra (마시는 수단) [n.] "컵, 잔, 음료 그릇"
√śas → śastra (자르는 수단) [n.] "칼"
√śās → śāstra (지도하는 수단) [n.] "전문 지식체계, 전문 지식을 담은 텍스트"
√nī → netra (이끄는 수단) [n.] "눈"
√śru → śrotra (듣는 수단) [n.] "귀"

तत्सौवर्णं देहीत्युक्त्वा स ग्रामस्य रक्षिता सौवर्णं पात्रं लब्ध्वा पयो ऽपिबत्।

tat sauvarṇaṃ dehīty uktvā sa grāmasya rakṣitā sauvarṇaṃ pātraṃ labdhvā payo 'pibat.

"그 금으로 된 것을 달라!"고 말하고 나서 그 마을의 수호자는 금으로 된 컵을 얻어서 우유를 마셨다.

현대 쌍쓰끄리땀

✣15.15 앞서 배운(☞✣14.20) bhagavat와 bhavat를 3인칭 동사와 결합시켜 2인칭의 존칭 표현으로 사용하는 것은 현대 쌍쓰끄리땀에서도 자주 사용된다. 어휘 면에서 근대기 이후에 일상에서 필요하게 된 단어들의 경우 외래어나 현대어의 표현들을 차용해서 사용하는 것은 당연하다고 할 수 있다. 하지만 문장 구성의 측면에서도 현대 쌍쓰끄리땀은 인도 북부 현대어의 표현과 가까운 단순화된 표현들을 사용하는 경우가 많으며, 간략하고 효율적인 표현을 위해 분사가 사용되는 일이 많다. 현대 쌍쓰끄리땀 또한 쌍쓰끄리땀의 한 형태라고 볼 수 있다. 하지만 고전쌍쓰끄리땀을 배우는 학습자들이라면 "현

대 쌍쓰끄리땀"이나 혹은 "대화체 쌍쓰끄리땀"이라고 선전되는 간소화된 현대어에 가까운 쌍쓰끄리땀은 조심스럽게 받아들여야 한다. 특히 초보 단계에서는 그 특징적인 양상이 있다는 사실을 염두에 둘 필요가 있다.

भवान्काफीं पिबति उत चायम् ।
bhavān kāphīṃ pibati uta cāyam?
커피를 드시겠습니까 아니면 차?

किं मम दूरभाषसंख्यां जानाति भवान् । भवान्दूरभाषं करोतु ।
kiṃ mama dūrabhāṣasaṅkhyāṃ[2] jānāti bhavān? bhavān dūrabhāṣaṃ karotu!
제 전화번호를 알고 계십니까? 전화하세요!

किलो तिलस्य कृते कति रूप्यकाणि ।
kilo tilasya kṛte kati rūpyakāṇi?
깨는 킬로그램에 몇 루피입니까?

당연히 काफी kāphī [f.] "커피"; चाय cāya [n.] "차"; दूरभाष dūrabhāṣa [m.] "전화" (← 멀리 말하기); किलो kilo "킬로그램"은 고전쌍쓰끄리땀에는 없는 단어이다.

भवतः कृते क उक्तवान् ।
bhavataḥ kṛte ka uktavān?
누가(kaḥ) 당신에게 말했습니까?

2 로마자 표기에서는 자음의 각 무리(varga ☞ 01.54)에 해당하는 콧소리를 사용하여 표기하는 원칙을 지키지만, 데바나가리 표기에서는 더 자주 사용되는 아누쓰바라를 사용하여 표기하였다.

भवतः कृत इति न्यूनमूल्येन ददामि ।

bhavataḥ kṛta iti nyūnamūlyena dadāmi!

당신에게는, 정말로(kṛte-iti) 더 싼 가격에 드립니다!

"행위, 일"을 나타내는 과거분사 kṛta의 곳때격이 "~(G)을 위하여, ~(G.) 때문에"의 의미로 쓰이고 있다.

तत्र गत्वा किं करोति ।

tatra gatvā kiṃ karoti?

거기에 가서 무엇을 하시겠습니까? (대화의 상황을 전제한 표현이고, 상대방을 지시하는 3인칭 주어 bhavān이 생략되어 있다)

✣ 15.16 artha [m.n.] "목적, 대상"은 곡용된 형태들; artham, arthena, arthāya, arthe로 가짐격과 함께 쓰이거나 겹낱말 끝자리(ifc.)에서 "~을 위하여"의 의미로 사용된다.

तस्य कृते किमर्थं दत्तवान् ।

tasya kṛte kim arthaṃ dattavān?

그 사람에게 왜 주었습니까? (kim artham "무슨 목적으로?, 무엇을 위해서?")

तपस्वी तपसो ऽर्थं तस्याश्रममगच्छत् ।

tapasvī tapaso 'rthaṃ tasyāśramam agacchat.

고행자는 고행을 하기 위해 그의 수행처로 갔다.

연습문제

ᐅ 15.01 다음 문장을 한국어로 옮기시오

ᐅ 15.01(01) बली हस्ती कुपितात्सिंहान्न बिभेति ।

ᐅ 15.01(02) स सर्वं श्रोतापि न किञ्चित्करोति।

ᐅ 15.01(03) स योगी तस्याचार्यस्याश्रमं गत्वा नगरे तेन कृतमब्रवीत्।

ᐅ 15.01(04) मां मा त्यजेति पतिमुक्त्वा भार्या रोदिति स्म ।

ᐅ 15.01(05) मनस्विना ब्राह्मणेन उपदिश्य स बालो ऽहिंसा परमो धर्म इत्युच्यते।

15.01(06) स योगी पर्वतं यात्वेश्वरं दृष्ट्वा तं नत्वा च तेन सह समवदत्।

15.01(07) यदा वानरो भूमौ पतित्वा म्रियते तदा तच्छरीरं जम्बुकेन भुज्यते ।

15.01(08) राजपुत्रावेकस्मिन्वने देवमग्निं दृष्ट्वा यज्ञस्य विघ्नमवगम्य तं पादपं दग्ध्वा राजगृहं प्रत्यागम्य राज्यमकुरुताम्।

15.02 다음 문장 안의 괄호를 주어진 의미에 맞도록 [ ]에 주어진 단어의 적당한 형태를 사용하여 쌍쓰끄리땀으로 채워 넣은 후에 전체 문장을 데바나가리로 적으시오.

15.02(01) tan nagaraṃ trijagataḥ ( ) ( ). [√rakṣ의 행위자 명사; √pā의 수동형]

그 도시는 세 세상의 수호자에 의해 보호받는다.

15.02(02) chāgān ( ) cauras taṃ grāmam ( ). [√cur의 독립형; √tyaj의 과거형]

염소들을 훔치고 나서 도둑은 그 마을을 떠났다.

15.02(03) kṣatriyo yuddhe ( ) svargam ( ). [√mṛ의 독립형; √gam의 현재형]

끄샤뜨리야는 전투에서 죽은 후에 하늘나라로 간다.

▷ 15.02(04) yad icchati tat ( ) yajñasya phalasya ( ). [√āp의 현재형; √bhuj 의 행위자 명사]

제사의 결실을 누리는 자는 그가 원하는 것을 얻는다.

▷ 15.02(05) araṇyam āgatyeṣubhī rākṣasān ( ) vīrau tayor gṛhaṃ ( ). [ni-√han의 독립형; √yā의 과거분사]

숲에 가서 화살들로 락사싸들을 죽이고 나서 두 영웅은 그들의 집으로 갔다.

▷ 15.02(06) ( ) mama duhitaraṃ labhata iti ( ) nṛpo rājagṛham ( ). [√ji의 행위자 명사; ā-√khyā의 독립형; pra-√viś의 과거형]

"승자가 내 딸을 얻는다!"라고 말하고 나서 왕은 왕궁으로 들어갔다.

▷ 15.02(07) yadi bhavān rājño yajñasyārtham ( ) vedam ( ) tarhi dānaṃ bhavantam ( ). [ā-√gam의 독립형; √paṭh의 현재형; √dā의 현재형]

만약 당신이 왕의 제사를 위해 와서 베다를 낭송한다면 당신에게 내가 그대에게 성금을 주겠다.

▷ 15.02(08) ( ) devasya padmam iva mukhaṃ tapasā dṛṣṭvā ( ) ( ) duḥkhān mucyante. [deva의 복수 가짐격; tapasvin의 복수 임자격; sarva의 단수 유래격]

고행자들은 신들의 신이 가진 연꽃 같은 얼굴을 고행을 통해 보고 나서 모든 고통에서 벗어난다.

▷ 15.02(09) manasvinācāryeṇāśramam (   ) śiṣyo dharmam (   ). [ā-√hve의 독립형; upa-√diś의 수동 과거형]

현명한(manasvinā) 스승에 의해 수행처로 불려간 학생은 다르마에 대해 배웠다.

▷ 15.03. 다음 이야기를 한국어로 옮기시오. (날라와 다마얀띠 이야기 1)

▷ 15.03(01) **आसीद्राजा नलो नाम वीरसेनस्य पुत्रः । स उपपन्नो गुणै रूपस्वी चाश्वविच्च । ततः परं वेदविद्वीरो बली । स निषधेषु राजासीत्सर्वजनस्य रक्षिता । अतीवाक्षप्रियश्चेन्द्रियजिदितरथा च सत्यवादी नलो भवति स्म ।**

▷ 15.03(02) **तथैव सर्वैर्गुणैर्युक्तो ऽन्यो नृपो भीमो नामासीत् । तस्य रत्नमिव कन्या दमयन्ती नाम । यतो दमयन्त्युपपन्ना वपुसा ततः सा रूपस्विनी पुनर्यशस्विन्यपि च । अथ सा रत्नैरलंकृता राजपुत्री यौवनं प्राप्य सखीभिः पर्युपास्यते स्म । तादृग्रूपवती न देवेषु क्व चिन्न मानुषेष्वपि पूर्वं न दृष्टा न श्रुता । मनोहरी बाला देवानामपि सुन्दरी भुवि ।**

15.03(03) तस्यास्तु समीपे नलं प्राशंसन्पुनः पुनर्निषधे चापि तस्य समीपे दमयन्तीं तथा । सततं च सर्वाङ्गश्रेष्ठान्गुणानश्रृणुतां परस्परम् । तस्मात्तयोरदृष्टकामोऽभूदन्योन्यं प्रति । स कामो हृदि व्यवर्धत प्रतिदिनम् ।

15.03(04) एकस्मिन्दिने नलेन गृहीतो हंसो तं राजानमवदत् । देव यद्ययं खगो राज्ञा न हन्यते तर्हि भवतः प्रियं करोति । दमयन्त्याः समीपं गत्वा त्वां कथयामि । तस्मात्सा त्वदन्यं पुरुषं न कदापि मन्यत इति ।

15.03(05) अथैवमुक्तवान्हंसो यथोक्तमकरोत् । पुनश्च दमयन्तीमब्रवीत् । नारीणां रत्नं त्वं नरेषु च श्रेष्ठो नलः । विशिष्टाया विशिष्टेन च सङ्गमो गुणवान्भवत्विति ।

낱말 목록

akṣa [m.] 주사위, 견과(호두), 도박에 쓰이는 vibhītaka 열매로 만든 알

akṣapriya [a.] 주사위 혹은 견과(호두) 도박을 좋아하는

atīva [adv.] 지나치게, 아주 심하게, 상당히

anyonya [a.] 서로, 상호적인

aśvavid [a.] 말을 (다룰 줄) 아는

ā-√khyā 2P. [ākhyāti] 말하다, 알려주다, ~라고 부르다, ~라고 이름을 붙이다

ā-√hve 1PĀ. [āhvayati, āhvayate] 부르다, 불러내다, (제사 의식으로) 불러내다 (독립형 āhūya, 수동형 āhūyate)

itarathā [adv.] 다르게, 다른 방식으로, 다른 면에서

upapanna [a.] 얻어진, 도달된, 결과로 나타난, 몫으로 돌아온, ~(I.)을 갖춘, ~을 가진, ~에 적합한, (스승이나 수호자에게) 다가간

kati [adv.] 몇?, 얼마나 많이?

√kath 10P. [kathayati] 말하다, 이야기하다

kāmin [a.] ~(A.)을 욕구하는, 사랑하는, 갈구하는

[m.] 사랑하는 사람, 사랑에 빠진 사람 (f.: -ī)

kṛte [adp.] (kṛta의 곳때격으로 후치사처럼 쓰임) ~(G.)을 위하여, ~(G.)때문에

guṇavat [a.] 덕성을 갖춘, 탁월함을 지닌

manohara [a.] 마음을 훔치는, 마음을 사로잡는 (f.: -ā/-ī)

jetṛ [m.] 승리자, 이기는 자

tapasvin [a.] 고행을 하는, 고통을 겪는

[m.] 고행자

tataḥ param [adv.] 게다가, 더 보태어, 그 외에도

tādṛś [a.] 그렇게 보이는, 그와 같은

tṛtīya [a.] 세 번째, 셋째

trijagat [n.] 세 층위로 이루어진 세상, 삼세

ni-√han 2P. [nihanti] 때리다, 죽이다, ~에 내던지다

paṭhitṛ [m.] 낭송하는 사람, 읽는 자

padma [m.][n.] 연꽃, 연꽃 모양을 가진 것

payaḥ [n.] 액체, 즙, 우유, 빗물

payasvin [a.] 즙이 풍부한, 젖이 많은

pary-upa-√ās 2Ā. [paryupāste] 빙 둘러 앉다, 둘러싸다, 함께하다, 참여하다, 시중들다

pātra [n.] 컵, 음료 그릇, 용기, 담을 수 있는 것,

pādapa [m.] 발로 마시는, 나무, 식물

pra-√nam 1P.Ā. [praṇamati/praṇamate] ~에게 경의를 표하다, ~의 앞에서 몸을 굽히다

pra-√śaṃs 1P. [praśaṃsati] 칭찬하다, 칭송하다.

balin [n.] 힘센, 강한

bhīma [m.] (고유명사) 비마

bhoktṛ [m.] 누리는 자, 먹는자

manasvin [a.] 마음을 갖춘, 의식을 갖춘, 지적인, 현명한, 총명한

mānuṣa [m.] (인간의 시조 manus에 속하는 →) 인류, 인간

mukha [n.] 주둥이, 얼굴, 부리, 방향, 맨 앞의 부분

yaśasvin [a.] 명성을 지닌, 영예로운

yukta [a.] 묶인, 고정된, 사용된, 적용된, ~(I.)을 갖춘, ~(I.)과 연결된

yogin [m.] 요가를 하는 사람, 수행자, 요가 체계를 따르는 사람

[a.] 연관된, 연결된, 묶인

yauvana [n.] 젊음, 청춘, 사춘기, 청소년기

rakṣitṛ [m.] 지키는 자, 수호자, 보초, 경비원

ratna [n.] 보석, 보물, 선물, 물건, 재화

rājaputra [m.] 왕자, 왕족으로 태어난 자

[f.: -rī] 공주, 왕족으로 태어난 여자

rājya [a.] 왕의, 왕과 연관되는

[n.] 왕권, 왕국; rājyaṃ √kṛ 왕권을 행사하다, 통치하다

rūpavat [a.] 아름다운, 잘 생긴 외모(rūpa)를 갖춘, 형체를 지닌

rūpasvin [a.] 잘 생긴, 아름다운, 잘 생긴 외모(rūpa)를 갖춘

rūpyaka [n.] (화폐의 단위) 루피

vighna [m.] 깨는 것, 파괴자, 장애물, 막는 것, 어려움

vīrasena [m.] (고유명사) 비라쎄나

vi-√vṛdh 1Ā. [vivardhate] 자라다, 커지다, 늘어나다, 부풀어 오르다, 강하게 되다, 솟아오르다

viśiṣṭa [a.] 구별되는, 특별한, 특출난, 뛰어난, 최상의

vedavid [a.] 베다를 아는

śrotṛ [m.] 듣는 사람, 청자

[a.] 듣고 있는

śrotra [n.] 귀, 청각기관, 듣는 행위

saṅgama [m.] 함께 모임, 만남, 결합

satata [a.] 계속되어, 반복되는, 이어지는, 끊기지 않는

satī [f.] (고유명사) 싸띠, 충직한 여자

satyavādin [a.] 진실을 말하는

sauvarṇa [a.] 금으로 만든, 금으로 된 [n.] 금

hastin [a.] 손을 가진, 손놀림이 좋은

[m.] (손을 가진 동물 →) 코끼리

제16과

संस्कृतवाक्योपक्रिया

부정형(infinitive)

✤16.01 부정형은 말뿌리의 모음이, 구나가 가능한 경우, 구나형으로 강화된 이후에 뒷토 -tum을 붙여서 만든다. seṬ-말뿌리인 경우에는 -tum 앞에 iṬ가 삽입된다. (☞✤14.01-05) 어떤 동사에서 iṬ가 삽입되는지의 여부는 과거분사형을 만들 때의 경우나 행위자 명사 뒷토 -tṛ를 첨가하는 때의 삽입 여부와도 일치한다. (☞✤15.11)

부정형 만들기

✤16.02 몇몇 중요한 동사들의 부정형은 다음과 같다.

√i → etum "가기"

√bhū → bhavitum "되기"

√kṛ → kartum "하기"

√chid → chettum "자르기"

√ji → jetum "이기기"

√bhuj → bhoktum "먹기, 누리기"

√dā → dātum "주기"

√rakṣ → rakṣitum "지키기"

√gam → gantum "가기"

√śru → śrotum "듣기"

√dviṣ → dveṣṭum "싫어하기"

√paṭh → paṭhitum "낭송하기"

√yuj → yoktum "묶기, 노력하기"

✤ 16.03 부정형을 만들 때 iṬ의 삽입 여부와 동사 말뿌리의 형태 변화에 대해서는 일반적으로 과거분사를 만들 때 일어나는 형태 변화를 취한다고 생각하면 된다.

√dah → dagdha "태워진" → dagdhum (☞✤14.10(08))
√bhid → bhinna "쪼개진" → bhettum (☞✤14.10(12))
√vah → voḍha "지녀 옮겨진" → voḍhum (☞✤14.10(08))

✤ 16.04 불규칙한 부정형을 보이는 동사들이 있다.

√dṛś → draṣṭum "보기"
√sṛj→ sraṣṭum "뿜어내기"

✤ 16.05 모든 제10갈래(cur-갈래)에 속하는 동사의 말줄기와 시킴형 말줄기에는 -aya의 마지막에 있는 -a를 -i로 대체하고 -tum을 붙인다. 앞선 독립형의 경우와 마찬가지이다. (☞✤15.02(04))

√cint [cintayati] (cintita) → cintayitum "생각하기"
√cur [corayati] (corita) → corayitum "훔치기"

부정형의 사용

✤ 16.06 부정형은 종종 동사 혹은 행위를 나타내는 명사 표현과 결합하여 쓰인다. 부정형과 결합되어 쓰이는 동사들은 주로 의지, 욕구, 능력 등을 나타내는 말들이다. 대표적으로 꼽을 수 있는 단어는 다음과 같다.

√iṣ [icchati] "~(inf.)하기를 원하다"
ā-√rabh [ārabhate] "~(inf.)하기 시작하다"

इदं पुस्तकं पठितुमिच्छामि। किंत्विदं पुस्तकं चोरयितुं नेच्छामि ।

idaṃ pustakaṃ paṭhitum icchāmi. kiṃ tv idam pustakaṃ corayituṃ necchāmi.

나는 이 책을 읽고 싶다. 하지만 나는 이 책을 훔치고 싶지 않다.

एतद्विस्तरतो राजञ्छ्रोतुमिच्छामि तत्त्वतः ।

etad vistarato rājañ chrotum icchāmi tattvataḥ.

그것을 자세하게 사실 그대로 내가 듣고 싶습니다, 왕이여!

vistara와 tattva에 유래격 의미를 갖는 뒷토 -tas가 붙어 만들어진 부사들이 "자세하게"와 "사실대로"의 의미로 사용된 예이다.

राजपुत्राः शत्रूञ्जित्वा युद्धफलं भोक्तुमारभन्ते ।

rājaputrāḥ śatrūñ jitvā yuddhaphalaṃ bhoktum ārabhante.

왕자들은 적들을 물리치고 전투의 결실을 누리기 시작한다.

धर्माधिकारो वणिजकेन सह गत्वा कर्म कर्तुमारब्धः ।

dharmādhikāro vaṇijakena saha gatvā karma kartum ārabdhaḥ.

재판관은 상인과 함께 가서 일을 하기 시작했다.

✤16.07 동사가 아닌 동사의 역할을 할 수 있는 표현들과 부정형이 결합되는 경우도 있다. vyavasāya "결심, 결정"; niścaya "결정, 확정"; pravaṇa "경향, 쏠림" 등이 부정형과 함께 사용되는 대표적인 표현들이다. 예로 vyavasāya가 부정형과 함께 쓰이면 "~(inf.)하기로 한 결정"이라는 의미이다.

नलो नगरं प्रत्यागम्य तच्छ्रोतुं निश्चयमकरोत् ।

nalo nagaraṃ pratyāgamya tac chrotum niścayaṃ akarot.

날라는 도시로 돌아와서 그것을 듣기로 결정했다.

मनः सर्वधनं दरिद्रं ब्राह्मणं दातुं प्रवणमकरोत् ।

manaḥ sarvadhanaṃ daridraṃ brāhmaṇaṃ dātum pravaṇam akarot.

모든 돈을 가난한 사제에게 주는 쪽으로 마음(manas)이 기울었다. (마음이 모든 돈을 가난한 사제에게 주는 쪽으로 쏠림을 만들었다.)

✤16.08 특히 "~할 수 있다"에 해당하는 쌍쓰끄리땀의 표현은 부정형과 동사 √śak을 결합시켜 사용한다는 데에 주목해야 한다.

स पुरुषव्याघ्रो यत्नवानपि सेनया विना तस्मिन्समये राज्यं न रक्षितुमशक्नोत् ।

sa puruṣavyāghro yatnavān api senayā vinā tasmin samaye rājyaṃ na rakṣitum aśaknot.

그 사람들 중의 호랑이가 (← 동물들 중 우두머리인 호랑이에 비교되는 가장 뛰어난 인간, ✤19.18(08)) 애를 썼지만 그 상황에서 군대 없이 왕국을 지킬 수 없었다.

पण्डित एव धर्मार्थौ लब्ध्वा सुखमेतुं शक्नोति ।

paṇḍita eva dharmārthau labdhvā sukham etuṃ śaknoti.

현자야 말로 정의와 성공을 성취하고 행복으로 갈 수 있다 (← 행복한 상태로 들어갈 수 있다).

यावल्लोकस्य बली रक्षितास्माकं कृते स्थापितस्तावन्मृत्युः प्राप्तुं न नः शक्नोति सर्वतः ।

yāval lokasya balī rakṣitāsmākaṃ kṛte sthāpitas tāvan mṛtyuḥ prāptuṃ na naḥ śaknoti sarvataḥ.

세상의 강한 수호자가 우리들을 위하여 (rakṣitā-asmākam) 자리 잡고 있는 한 죽음은 우리들을 (naḥ, 복수 대상격 간략형, 표05.02) 어떻게도 잡을 수 없다.

भवानबुद्धिमान्मया विना कथमप्युपायं चिन्तयितुं न शक्नोतीत्यब्रवीदपि तेन राज्ञासौ मन्त्री नीत्वा क्षेत्रे स्थापितः।

bhavān abuddhimān mayā vinā katham apy upāyaṃ cintayituṃ na śaknotīty abravīd api tena rājñāsau mantrī nītvā kṣetre sthāpitaḥ.

"당신은 지혜롭지 못하고 내가 없이는 어떻게도 해결책을 생각해 낼 수 없습니다."라고 말했음에도 불구하고 그 왕은 재상을(rājñā-asau) 이끌고 가서 들판에 세워 두었다.

이 문장의 tena rājñā ... nītvā ... sthāpitaḥ 수동독립형이 사용된 예이다. (☞ ✤15.05) 한국어 번역은 능동 문장으로 제시했지만 쌍쓰끄리땀은 수동 문장이다.

✤16.09 부정형과 결합되어 사용되는 또 다른 중요한 동사는 √arh이다. 이 단어는 부정형과 결합되어 "~할 만하다, ~할 자격이 있다, ~할 수 있다"의 의미로 쓰인다.

इन्द्रो ऽपि न किञ्चित्कर्तुमर्हति ।

indro 'pi na kiṃ cit(/kiñcit) kartum arhati.

인드라마저 아무것도 할 수가 없다.

एवं भवितुमर्हति ।

evaṃ bhavitum arhati.

그래도 된다! (그럴 만하다!)

✤16.10 부정형을 √arh와 결합시켜 사용하는 표현들은 자주 공손한 명령의 의미로 사용된다. 예를 들어 아래의 예문은 두 가지로 해석이 가능하다.

तत्ते हृदि स्थितं वक्तुमर्हसि मां प्रति ।

tat te hṛdi sthitaṃ vaktum arhasi māṃ prati.

너는 내게 (← 나를 향해서) 네 마음에 있는 것을 말할 만하다.
너는 내게 네 마음에 있는 것을 말해도 된다.
→ 네가 내게 네 마음에 있는 것을 말하려무나!

अनुगन्तुमर्हति भवान् ।

anugantum arhati bhavān!

따라오시지요! (← 그대께서 따라오실 만합니다.)

मम संशयं कृष्ण छेत्तुमर्हसि मे चेतसि ।

mama saṃśayaṃ kṛṣṇa chettum arhasi me cetasi.

끄리스나여, 내 마음에서 나의 의심을 (잘라, √chid 7P.Ā. [chinatti, chintte]) 없애 주십시오!

मम वाक्यं श्रोतुमर्हसि। तं द्रष्टुमर्हसि ।

mama vākyaṃ śrotum arhasi. taṃ draṣṭum arhasi.

내 말을 들으십시오! 당신은 그 사람을 (만나) 보아야 합니다!

मम पुत्रो राजा भवितुमर्हति ।

mama putro rājā bhavitum arhati.

내 아들이 왕이 되어야 합니다!

अपराधं मे भगवन्क्षन्तुमर्हसि ।

aparādhaṃ me bhagavan kṣantum arhasi.

저의 무례함을 용서하시지요, 그대여(bhagavan, 부름격)!

✤16.11 부정형은 특별한 동사와 결합되지 않고 사용되어서 행위의 목적을 나타낸다. 특히 이동을 나타내는 동사들과 함께 이렇게 쓰이는 일이 많다.

नलः सुन्दरीं दमयन्तीं द्रष्टुं नगरमगच्छत् ।

nalaḥ sundarīṃ damayantīṃ draṣṭuṃ nagaram agacchat.

날라는 아름다운 다마얀띠를 보기 위해 도시로 갔다.

श्रमणा भगवता सह संवदितुं ब्राह्मणेभ्य ऋते वनं गन्तुमारभन्ते ।

śramaṇā bhagavatā saha saṃvadituṃ brāhmaṇebhya ṛte vanaṃ gantum ārabhante.

고행자들은 고귀한 자와 토론을 하기 위해 사제들 없이 숲으로 가기 시작한다.

✤16.12 부정형은 그 형태 자체로 수동의 의미를 담아 사용되는 경우가 있다. 이때 부정형은 형태에 변화가 없기 때문에 그 자체로 수동형을 만들 수 없고, 부

정형에 수반되는 동사가 수동형으로 바뀌게 된다.

मया न शक्यते वक्तुमुत्तरम् ।

mayā na śakyate vaktum uttaram.

내가 대답을 할 수가 없다. (← 나에 의해서 대답이 말해질 수가 없다.)

이 문장에서 부정형 vaktum은 그대로이지만 수반되는 동사 √śak가 수동형으로 활용되고 있다는 것에 주목해야 한다.

शस्त्रेण न शक्यते युद्धे खल्वात्मा परिरक्षितुम् ।

śastreṇa na śakyate yuddhe khalv ātmā parirakṣitum.

전장에서 칼로 자기 자신을 완전히 지킬 수는 없다. (← 전장에서 칼로 자기 자신이 완전하게 지켜질 수는 없다.)

राजपुत्रेणेदं राज्यं कर्तुं राजगृहं गम्यते ।

rājaputreṇedaṃ rājyaṃ kartuṃ rājagṛhaṃ gamyate.

왕자는 이 왕권을 행사하기 위해 왕궁으로 갔다.

현재분사

✣16.13 현재분사는 형용사로 곡용되어 사용되면서도 동사로서의 역할을 할 수 있는 동사의 형태이다. 따라서 성, 수, 격을 구분하는 곡용이 이루어지면서 동시에 동사로서 kartṛ를 갖게 되고 때에 따라서는 karman도 가질 수 있다. 앞서 배운 과거분사처럼 동사와 명사/형용사의 역할을 동시에 할 수 있어서 문장을 효율적으로 만들어 낼 수 있다. 그런데 현재분사는 현재 체계에 속하고 과거분사에 비해 동사로서의 속성이 더 강해서 과거분사와 다르게 P.와 A.형태를 구분한다.

현재분사 만들기와 곡용

16.14 현재분사는 과거분사와 달리 현재 체계 안에서 만들어지기 때문에 현재 말줄기를 만드는 방식에 따라 P.와 A.를 구분하게 된다.

16.15 현재분사의 P.형은 동사의 현재활용 3인칭 복수형의 끝에 나타나는 모음 -i를 생략하면 만들어진다. 따라서 현재분사는 현재말줄기의 형태에 근거해서 만들어지기 때문에 현재 체계의 일부이다.

말뿌리	3인칭 복수	현재분사
√gam [gacchati]	gacchanti	→ gacchant "가고 있는"
√naś [naśyati]	naśyanti	→ naśyant "없어지고 있는"
√sthā [tiṣṭhati]	tiṣṭhanti	→ tiṣṭhant "서 있는"
√kṛ [karoti]	kurvanti	→ kurvant "하고 있는"
√brū [bravīti]	bruvanti	→ bruvant "말하고 있는"
√as [asti]	santi	→ sant "~인 상태인, 있는"
√i [eti]	yanti	→ yant "가고 있는"
√dā [dadāti]	dadati (단수는 dadāti)	→ dadat "주고 있는"

16.16 따라서 현재활용이 이루어지는 각 갈래에 따라 현재분사의 형태가 달라지게 된다.

16.17 이렇게 만들어진 현재분사는 일반적으로 -ant로 끝나는 명사 혹은 형용사가 된다. 따라서 그 곡용 형태는 두말줄기 명사로 강형과 약형이 구분되는 곡용을 하게 된다. 예로 √brū [bravīti]의 경우 3인칭 복수 현재형이 bruvanti이므로 강형에 해당되는 남성 단수 대상격 현재분사는 bruvantam "말하고 있는 자를"이 되지만 약형에 해당되는 곳때격은 bruvati "말하고 있을 때에"가 된다. 이 예에서 보이듯 -n-의 존재 여부가 강형과 약형을 구분해준다. (☞표14.01)

✤16.18 하지만 여기에서 예외가 되는 것은 앞선 예들 중에서 마지막에 나오는 √dā와 같은 제3갈래 동사들이다. 제3갈래(hu-갈래) 동사들은 3인칭 복수 현재형에 -n-이 나타나지 않는다. 따라서 현재분사가 곡용될 때 강형과 약형을 -n-의 존재 여부에 따라 구분할 수가 없다. 결국 제3갈래 동사들의 현재분사는 곡용에서 두말줄기 명사가 되지 못한다. 이것은 아래의 예들에서도 마찬가지이다.

√hu [juhoti] juhvati → juhvat "제물을 바치고 있는"
√bhṛ [bibharti] bibhrati → bibhrat "안고 있는"

✤16.19 -ant/-at로 끝나는 현재분사의 곡용형은 남성의 경우 표14.01(☞✤14.20 bhagavat [m.] 곡용)을 따른다. 단 한가지만 차이가 있는데 남성 단수 임자격에서 끝모음이 긴 모음(-ān)이 아니고 짧은 모음(-an)이다. 이 차이에 특별히 주목해야 한다. 즉 √as의 현재분사 sat (강형 sant) "~인 상태인, 있는" 의 남성곡용은 다음과 같이 이루어진다.

표16.01 √as의 현재분사 sat (강형 sant) "~인 상태인, 있는" 남성곡용

격	약칭	단수	양수	복수
임자격	N.	सन् san	सन्तौ santau	सन्तः santaḥ
대상격	A.	सन्तम् santam	सन्तौ santau	सतः sataḥ
수단격	I.	सता satā	सद्भ्याम् sadbhyām	सद्भिः sadbhiḥ
위함격	D.	सते sate	सद्भ्याम् sadbhyām	सद्भ्यः sadbhyaḥ

유래격	Ab.	सतः sataḥ	सद्भ्याम् sadbhyām	सद्भ्यः sadbhyaḥ
가짐격	G.	सतः sataḥ	सतोः satoḥ	सताम् satām
곳때격	L.	सति sati	सतोः satoḥ	सत्सु satsu
부름격	V.	सन् san	सन्तौ santau	सन्तः santaḥ

남성곡용의 경우에는 강형과 약형 말줄기를 구분해서 이루어지는 두말줄기 명사 곡용이라는 사실을 상기하라.

✤ 16.20 중성곡용은 약말줄기 -at를 사용해서 만들어진다. 따라서 강형과 약형 말줄기 구분이 없다. 곡용은 중성 -vant / -mant 형용사의 곡용을 따르기 때문에 표14.02 (✤ 14.25에 설명된 dhīmat [n.] 곡용)를 따른다. 중성곡용은 임자격 (따라서 부름격도), 대상격에서만 남성형과 구분된다. 따라서 표16.02의 내용을 적용시켜 √as의 현재분사 sat를 중성으로 곡용시키면 다음과 같다.

표16.02 제2갈래 동사 √as의 현재분사 sat "~인 상태인, 있는" 중성곡용

격	약칭	단수	양수	복수
임자격	N.	सत् sat	सती satī	सन्ति santi
대상격	A.	सत् sat	सती satī	सन्ति santi
수단격	I.	सता satā	सद्भ्याम् sadbhyām	सद्भिः sadbhiḥ

위함격	D.	सते sate	सद्भ्याम् sadbhyām	सद्भ्यः sadbhyaḥ
유래격	Ab.	सतः sataḥ	सद्भ्याम् sadbhyām	सद्भ्यः sadbhyaḥ
가짐격	G.	सतः sataḥ	सतोः satoḥ	सताम् satām
곳때격	L.	सति sati	सतोः satoḥ	सत्सु satsu
부름격	V.	सत् sat	सती satī	सन्ति santi

✤16.20(01) 그런데 사정을 복잡하게 만드는 것은 위의 표16.02에서 복수 임자격에 -n-이 나타나는 강화 현상이 드러난다는 것인데, 이렇게 복수에서만이 아니고 양수에서도 강화 현상이 나타나는 경우가 있다. 다시 말해서 중성 P. 현재분사 곡용의 임자격, 대상격, 부름격의 양수에서 말줄기의 강화(-n-)가 일어나는 경우들이 있다는 것이다.

예로√gam의 현재분사 중성곡용을 보자면 이렇다.

표16.03 제1갈래 동사 √gam의 현재분사 gacchant "가고 있는" 중성곡용

	단수	양수	복수
N	गच्छत् gacchat	गच्छन्ती gacchantī	गच्छन्ति gacchanti
A.	गच्छत् gacchat	गच्छन्ती gacchantī	गच्छन्ति gacchanti
V.	गच्छत् gacchat	गच्छन्ती gacchantī	गच्छन्ति gacchanti

16.21 위의 표16.01, 표16.02, 표16.03에서 특히나 주목해야 할 점은 바로 현재분사형의 단수 곳때격이 형태상 동사 현재형의 3인칭 단수형과 일치하는 경우가 있다는 사실이다.

16.22 현재분사 P.의 여성형은 현재분사의 말줄기에 뒷토 -ī를 첨가하여 만들어지기 때문에 곡용은 nadī(☞표07.03) 곡용을 따른다. 이때 -ī가 붙게 되는 현재분사 말줄기가 -n-을 가진 강형인지 아닌지는 각 갈래에 따라 구분되어 정해지게 된다.

16.22(01) 제1, 4, 10갈래 동사들은 강말줄기에 -ī를 첨가한다.

gacchantī "가고 있는" [f.]
naśyantī "없어지고 있는" [f.]
tiṣṭhantī "서 있는" [f.]
cintayantī "생각하는" [f.]

16.22(02) 제6갈래 동사들과 그리고 제2갈래 동사들 중에서 말뿌리가 -ā로 끝나는 동사들은 강형과 약형 말줄기 모두에 ī를 첨가해서 두 가지로 여성형을 만들기 때문에 두 가지 형태가 가능하게 된다.

√tud 6P. [복수 3인칭: tudanti] → tudantī/tudatī "때리고 있는" [f.]
√yā 2P. [복수 3인칭: yānti] → yāntī/yātī "가고 있는" [f.]
√iṣ 6P. [복수 3인칭: icchanti] → icchantī/icchatī "원하는" [f.]

16.22(03) 나머지 모든 경우에는 약말줄기를 사용하여 만들어진다. 따라서 제2갈래 동사의 일부를 제외한 모든 비고정형 갈래 동사들은 약말줄기를 사용한다.

√kṛ 8P. [복수 3인칭: kurvanti] → kurvatī "하고 있는" [f.]
√dviṣ 2P. [복수 3인칭: dviṣanti] → dviṣatī "싫어하는" [f.]
√as 2P. [복수 3인칭: santi] → satī "~인 상태인, 있는" [f.]
√hu 3P. [3인칭복수: juhvati] → juhvatī "제물을 바치는" [f.]

✤16.23 요약하자면 이렇다. P. 현재분사의 여성형을 만들 때 제1갈래, 제4갈래, 제10갈래 동사들은 강말줄기에 -ī를 붙이고; 제6갈래 동사와 -ā로 끝나는 제2갈래 동사들은 강형 혹은 약형 말줄기 양쪽 모두에 -ī를 붙이며; 나머지 모든 경우들에는 약형 말줄기에 -ī를 붙인다. 여기에 보태어 알아 두어야 할 사실은 P. 현재분사의 여성형 단수 임자격이 바로 중성 양수 임자격과 일치한다는 사실이다. 이렇게 생각하면 기억하기에 편할 수 있다.

✤16.23(01) 나아가 바로 앞선 ✤16.22(01)~16.22(03)의 규정에 따라 판단하면, P. 현재분사의 중성곡용에서 어떤 말뿌리가 양수 임자격에 -n-을 포함하게 되는지 구분할 수 있게 된다. 따라서 ✤16.22의 규정에 따라 중성곡용에서 어떤 말뿌리가 표16.02를 따르는지 혹은 표16.03을 따르는지 쉽게 생각해 낼 수 있다. 이에 따라 되짚어 보면 표16.02는 비고정형 갈래에 속하는 √as이니까 중성 양수 임자격이 satī이지만 표16.03은 고정형 갈래에 속하는 √gam이어서 같은 경우에 gacchantī가 된 것이다. ✤16.22(02)에 해당하는 √tud의 경우 중성 양수의 임자격이나 여성 단수의 임자격이 tudantī, tudati 모두 가능하다.

✤16.24 현재분사의 Ā. 말줄기를 만드는 방식은 간단하다. 그렇지만 P.와 형태상 다를 뿐 현재분사로서의 의미가 다른 것은 아니다. 동사의 활용이 Ā.에 따르는 경우라면 현재분사도 Ā.에 따를 뿐이다.

✤16.25 고정형 갈래(제1,4,6,10갈래)에 속하는 동사들은 현재말줄기의 뒤에 -māna를 첨가해서 현재분사의 Ā. 말줄기를 만든다.

√bhāṣ → bhāṣamāṇa "말하는"
√yaj → yajamāna "(자기 자신을 위해) 제사를 지내는"
√labh → labhamāna "성취하는"
√krudh → krudhyamāna "화가 나는"
√jan → jāyamāna "발생하는" (← √jan 4Ā. [jāyate])

√man → manyamāna "생각하는"

√muc → muñcamāna "놓아주는"

yajamāna는 A.이므로 "자신을 위해 제사를 지내는 사람"을 의미한다. 즉 사제에게 비용을 치르고 자신을 위해 제사를 지내는 제사의 주체, 제사 주최자를 말한다. 제사의 결과는 제사를 실제로 실행하는 사제가 아니라 제사를 주최한 yajamāna에게 돌아간다.

✣16.26 비고정형 갈래의 동사에는 약말줄기에 -āna를 첨가하여 현재분사의 Ā. 말줄기를 만든다.

√dviṣ 2Ā. → dviṣāṇa "싫어하는"

√brū 2Ā. → bruvāṇa "말하는"

√hu 3Ā. → juhvāna "제물을 바치는"

√su 5Ā. → sunvāna "짜내는"

√āp 5Ā. → āpnuvāna "도달하는"

√śru 5P. → śṛṇvāna "듣는"

√bhid 7Ā. → bhindāna "자르는"

√kṛ 8Ā. → kurvāṇa "행하는, 만드는"

√jñā 9Ā. → jānāna "알아차리는"

✣16.27 현재분사의 Ā. 형태들은 모두 -a로 끝나는 말줄기를 갖게 되므로 남성은 deva(☞표03.01), 중성은 phala(☞표04.01) 곡용을 따른다. Ā. 현재분사의 여성형은 마지막 모음을 -ā로 만들어서 사용한다. 따라서 여성형은 kanyā(☞표06.01) 곡용을 따른다. 동사가 Ā. 활용을 하는 경우라면 현재분사도 Ā.형을 사용해야 한다.

भवानिमं शृण्वन्तं गृहपतिं विस्तरेण पुनराख्यातुमर्हति यो मनस्व्यपि सन्दुःखितः ।

bhavān imaṃ śṛṇvantaṃ gṛhapatiṃ vistareṇa punar ākhyātum arhati yo manasvy api san duḥkhitaḥ.

현명한데도(manasvī) 고통받고 있는, 이 경청하고 있는 가장에게 그대께서 자세하게 다시 말씀해 주시지요!

현재분사의 사용

✤ 16.28 현재분사는 과거분사와 달리 문장의 서술어로 독립적으로 사용되어 문장을 완성하지 못한다. 다시 말해서 현재분사는 항상 따로 나타나는 주된 동사와 결합되어서만 사용되며 주된 동사가 표시하는 때매김과 동시에 이루어지는 동작이나 상태를 나타낸다.

예문16.01 नलेन राज्यं कृतम् ।
nalena rājyaṃ kṛtam.

예문16.02 नलो राज्यं कृतवान् ।
nalo rājyaṃ kṛtavān.

예문16.03 नलो राज्यमकरोत् ।
nalo rājyam akarot.

이 모든 문장은 "날라는 왕권을 행사했다."라는 완결된 문장이다. 하지만 아래 두 구절은 완결된 문장이 되지 못한다.

예문16.04 नलो राज्यं कृत्वा
nalo rājyaṃ kṛtvā

예문16.05 नलो राज्यं कुर्वन्

nalo rājyaṃ kurvan

예문16.04에 사용된 독립형이 문장을 완성시키지 못하는 것처럼 예문16.05에 나타나는 현재분사도 문장을 완성시키지 못한다. 결국 뒤따르는 문장이 보충되어야 하는데 아래의 문장들이 그 가능한 예들이 된다.

예문16.06 **नलो धर्मं चरति ।**

nalo dharmaṃ carati.

예문16.07 **नलो धर्ममचरत् ।**

nalo dharmam acarat.

이렇게 예문16.06이거나 예문16.07을 결합시켜서 아래와 같은 완결된 문장을 만들어 낼 수 있다.

예문16.08 **नलो राज्यं कृत्वा धर्मं चरति ।**

nalo rājyaṃ kṛtvā dharmaṃ carati.

날라는 왕권을 행사해서 다르마를 행한다.

예문16.09 **नलो राज्यं कृत्वा धर्ममचरत् ।**

nalo rājyaṃ kṛtvā dharmam acarat.

날라는 왕권을 행사해서 다르마를 행했다.

위의 두 문장에서 보이듯 독립형은 주된 동사가 나타내는 동작이나 상황에 앞서서 이루어지는 동작을 나타내는 것이 일반적인데 반해서 아래 두 문장에서처럼 현재분사는 주된 동사가 나타내는 동작과 동시에 혹은 수반해서 수행되는 동작을 나타내는 것이 일반적이다.

예문16.10 **नलो राज्यं कुर्वन्धर्मं चरति ।**

nalo rājyaṃ kurvan dharmaṃ carati.

날라는 왕권을 행사해서 다르마를 행한다.

예문16.11 नलो राज्यं कुर्वन्धर्ममचरत् ।

nalo rājyaṃ kurvan dharmam acarat.

날라는 왕권을 행사해서 다르마를 행했다.

✤16.29 예문16.10과 16.11에서 보이듯 현재분사가 나타내는 때매김은 문장의 주된 동사가 나타내는 때매김과 일치하는 것이 일반적이다.

✤16.30 물론 이때 내용상 결합된 두 문장의 관계를 어떻게 해석해야 할지는 별도의 문제이다. 예로 예문16.10을 "날라는 왕권을 행사했기 때문에 다르마를 행한다."라고 이해해야 하는지 혹은 "날라는 왕권을 행사했지만 다르마를 행한다."라고 이해해야 하는지 아니면 "날라가 왕권을 행할 때 다르마를 행한다."라고 해석해야 할지는 맥락에 따라 결정해야 한다.

✤16.30(01) 만약 더욱 분명하게 문장의 내용을 드러내고자 한다면, 두 문장을 여러가지로 다르게 결합시킬 수 있다. 아래처럼 관계문장을 사용할 수도 있을 것이다.

यस्मान्नलो राज्यं करोति तस्मात्स धर्मं चरति ।

yasmād nalo rājyaṃ karoti tasmāt sa dharmaṃ carati.

날라가 왕권을 행하였기 때문에(yasmān nalo도 가능, ✤05.02(03)) 따라서 그는 다르마를 행한다.

यदा नलो राज्यं करोति तदा स धर्मं चरति ।

yadā nalo rājyaṃ karoti tadā sa dharmaṃ carati.

날라가 왕권을 행할 때 그는 다르마를 행한다.

또 날라가 다르마를 행한 주체였다는 사실을 강조하자면 현재분사의 수단격을 활용해서 아래와 같은 수동 문장을 사용할 수도 있다.

राज्यं कुर्वता नलेन धर्मं चर्यते ।

rājyaṃ kurvatā nalena dharmaṃ caryate.

왕권을 행하는 날라가 다르마를 행한다.

여기에서 nala를 수식하는 현재분사는 nalena의 수단격과 일치되어야 하는 분사이므로 수단격을 취한 것이다.

✤16.31 우리가 중요하게 생각해야 하는 것은 현재분사를 사용하여 만들어지는 관용적인 표현들을 배우는 일이다. 그리고 이 표현들은 분사로서의 장점이 적극 활용되어 간략하지만 정확하게 내용을 서술하는 것들이어서 자주 활용된다. 예로 현재분사와 결합되어 api가 사용되면 양보의 의미를 강하게 나타내게 된다.

नलो राज्यं कुर्वन्नप्यादितः प्रभृति धर्मं चरति ।

nalo rājyaṃ kurvann apy āditaḥ prabhṛti dharmaṃ carati.

날라는 왕권을 행사했지만(kurvan-api, ☞✤04.14) 처음부터 다르마를 행한다.

पुत्रः सन्नपि स तस्य पितुर्वचनं श्रोतुं नेच्छति ।

putraḥ sann api sa tasya pitur vacanaṃ śrotuṃ necchati.

비록 아들이지만(san-api) 그는 그 아버지의 말을 듣고 싶어 하지 않는다.

वृद्धा सत्यपि मम माता सुन्दरीति पुत्रश्चिन्तयति ।

vṛddhā saty api mama mātā sundarīti putraś cintayati.

"늙었지만(satī-api) 내 어머니는 아름답다."라고 아들은 생각한다.

स ब्राह्मणो वेदं पठन्नप्यर्थमवगन्तुं न शक्नोति। एकेषां शब्दानामर्था अवगता अपि तेषां भावं तेन पठता ब्राह्मणेन नाधिगम्यते ।

sa brāhmaṇo vedaṃ paṭhann apy artham avagantuṃ na śaknoti. ekeṣāṃ śabdānām arthā avagatā api teṣāṃ bhāvaṃ tena paṭhatā brāhamaṇena nādhigamyate.

그 사제는 베다를 낭송하기는 하지만 의미(artha)를 이해하지는 못한다. 몇몇 말들의 의미들은 이해된다고 해도 그것들이 말하고자 하는 바(bhāva)는 그 낭송하는 사제가 이해하지 못한다.

수동현재분사

✤16.32 수동형의 현재분사를 만드는 방법은 수동형 말줄기를 만든 이후에 Ā. 현재분사뒷토 -māna를 붙이면 된다. 수동형 말줄기는 수동형을 만드는 방법에 따라 모두 -ya로 끝나야 하기 때문에 앞선 ✤16.25가 적용된다. 따라서 -ya + māna의 형태를 갖게 된다. 수동형이기 때문에 수동 문장의 일반적인 구조와 의미를 갖게 된다. 즉 karman이 임자격으로, kartṛ는 수단격으로 나타나게 된다.

मुनिना भाष्यमाणां विद्यां नावगच्छन्बलवद्राजा विघ्नं केवलमलभत ।

muninā bhāṣyamāṇāṃ vidyāṃ nāvagacchan balavad rājā vighnaṃ kevalam alabhata.

성자가 말한 (← 성자에 의해 말해진) 지혜를 이해하지 못한 힘센 왕은 오직 어려움만을 얻었다.

성자가 말했다는 것을 수동형으로 표현하기 때문에 muni는 수단격을 취하고, 성자에 의해 말해진 것이 vidyā이므로 대상격인 vidyā를 수식하는 분사도 여성 대상격 단수형을 취해야 한다. 여성 단수 대상격에 해당하는 √bhāṣ 1Ā. [bhāṣate] "말하다, 발언하다"의 수동분사로 bhāṣyamāṇām이 사용된 것이다.

수동현재분사를 사용한 표현은 한국어로 옮기기에 쉽지 않은데, 아래의 경우는 인도 중관사상을 대표하는 저작 『मूलमध्यमककारिका』(*Mūlamadhyamakakārikā*)에 대해 चन्द्रकीर्ति가 저술한 주석서 『प्रसन्नपदा』(*Prasannapadā*)의 한 구절이다.

यतश्चैवं गम्यमानं न गम्यते गम्यत इति न प्रज्ञायते तस्मान्नास्ति गम्यमानम् । 『प्रसन्नपदा』

yataś caivaṃ gamyamānaṃ na gamyate, gamyata iti na prajñāyate, tasmān nāsti gamyamānam |『Prasannapadā』

따라서 또 그렇게 "현재 가게 되어지는 것은 인식되지(gamyate) 않는다."고 [원문에서 말하고 있는데, 여기에서] "gamyate"라고 하는 말은 "파악되지 않는다"[는 뜻이다]. 따라서 가게 되어지고 있는 것은 없다.

✤ 16.33 현재분사는 수반되는 동시 동작을 나타낼 때 사용되는데, 이 때에 동사가 운동, 즉 위치의 이동을 나타내는 경우가 많다. 이러한 경우라면 동작이 동시에 이루어지고 있는 상황을 나타낸다.

नलस्य मित्रो हसन्नगरमन्वगच्छत् ।

nalasya mitro hasan nagaram anvagacchat.

날라의 친구는 웃으면서 도시로 따라왔다.

현재분사는 계속되는 상황을 나타내는 표현(continuative), 즉 완료되지 않은 것에 대한 서술의 형태(imperfective)로 사용된다. 현재분사와 결합된 동사가 "머무르다"는 의미를 가지는 동사인 경우에는, 지속적으로 혹은 반복적으로 동작이 계속되고 있는 상황을 표현한다.

पिता पुस्तकं पठन्नपि स पुत्रो घण्टां वादयन्नास्ते ।

pitā pustakaṃ paṭhann api sa putro ghaṇṭāṃ vādayann āste.

아버지가 책을 읽고 있음에도 불구하고 아들은 계속 종을 울리고(vādayan) 있다.

विवाहस्थाने वणिजको गायंस्तिष्ठति ।

vivāhasthāne vaṇijako gāyaṃs tiṣṭhati.

결혼식에서 상인은 계속 노래를 한다(gāyan).

이 두 문장에서 āste "앉아 있다"라거나 tiṣṭhati "머무르다"라는 표현은 앞선 현재분사가 나타내는 동작을 지속하고 있다는 사실을 나타낸다.

✤ 16.34 영어의 be-동사에 해당하는 의미로 사용되는 동사들 중에서 동사 √vṛt이나 √vid에서 만들어진 "있다, ~이다"의 의미를 나타내는 동사의 현재진행

형들, 즉 vartamāna와 vidyamāna는 "현재 ~를 하고 있는" 혹은 "바로 지금 존재하는"이라는 의미로 진행형의 의미를 표현하는 데에 자주 사용된다. 또 형용사로서 "지금 존재하는, 현재의"라는 의미로 사용되기도 한다.

अविद्यमानाः पुरुषा यस्मिंस्तज्जगदित्यर्थो ऽपुरुषमिति शब्दः ।

avidyamānāḥ puruṣā yasmiṃs taj jagad ity artho 'puruṣam iti śabdaḥ.

"그 세상에 사람들이 없는 그런 세상"이라는 의미로 "apuruṣam"이라는 말[을 쓴다].

연습문제

▷ 16.01 다음 문장을 한국어로 옮기시오.

▷ 16.01(01) स राजा धर्मं जानन्नपि धर्मं नानुवर्तते ।

▷ 16.01(02) वीरैर्वेदं विदद्भी रक्ष्यमाणानां पुरुषाणां भयं नास्ति ।

▷ 16.01(03) लोकस्य रक्षितुः सर्वं लोकं स्रष्टुं शक्तिः ।

▷ 16.01(04) स शूद्रो राजा भवितुं नार्हन्नपि राजा भवति स्म ।

▷ 16.01(05) महतो राक्षसाद्बली देवो भूमाववतरितुं निश्चयमकरोत् ।

▷ 16.01(06) अस्मिन्ग्रामे तिष्ठतां पुरुषाणामहमुत्तम इति स चिन्तयति ।

▷ 16.01(07) त्वं मां न जेतुं शक्नुवन्नपि तव मां जेतुं शक्तिरिति ब्रवीषि ।

▷ 16.01(08) एवं भवितुमर्हतीति त्वया वक्तुं न शक्यते ।

▷ 16.01(09) दह्यमानं वृक्षं पश्यन्नपि न किञ्चित्कर्तुं शक्नुमः ।

▷ 16.01(10) ये मम कन्यां परिणेतुमिच्छन्ति ते मे राज्यं प्रविशन्ति ।

▷ 16.02 다음 문장 안의 괄호를 주어진 의미에 맞도록 [ ]에 주어진 단어의 적당한 형태를 사용하여 쌍스끄리땀으로 채워 넣은 후에 전체 문장을 데바나가리로 적으시오.

▷ 16.02(01) sa bālo vanam ( ) tasyācāryam ( ). [√gam의 현재분사; anu-√gam의

과거형]

그 소년은 숲으로 가고 있는 그의 스승을 따라갔다.

▷ 16.02(02) (   ) devāt kratur anaśyat. [√kup의 수동현재분사]

화가 난 신 때문에 제사가 망했다.

▷ 16.02(03) āryaḥ (   ) iti (   ) rājaputro nṛpam anamat. [√ji의 명령형; √brū의 현재분사]

"고귀한 자여, 승리하소서!"라고 말하면서 왕자가 왕에게 인사했다.

▷ 16.02(04) na kaś cid devānāṃ devam (   ) (   ). [√ji의 부정형; √śak의 현재형]

누구도 신들의 신을 이길 수 없다.

▷ 16.02(05) putram (   ) icchan brāhmaṇo yaṣṭum (   ). [√labh의 부정형; ā-√rabh 현재형]

아들을 얻고자 하는 사제가 제사를 지내기 시작한다.

▷ 16.02(06) tasyāṃ patyau (   ) bhāryā tam (   ) nagaram āgacchat. [√snih의 현재분사 여성형; √dṛś의 부정형]

남편을 사랑하는 부인이 그를 보러 도시로 왔다.

▷ 16.02(07) bhavān imāṃ pāpāṃ nārīm (   ) (   ) anyathā naśyāmaḥ. [√han의 부정형; √arh의 현재형]

당신은 이 사악한 여인을 죽여야 합니다. 그렇지 않으면 우리는 망합니다.

16.02(08) ahaṃ grāmam ( ) tapaḥ kartum ( ) sma. [√tyaj의 독립형; ā-√rabh의 현재형]

마을을 떠난 후에 나는 고행을 하기 시작했다.

16.02(09) eko jano 'raṇyam ( ) tasmin ( ) jantūn iṣubhir ahanyat. [√car의 현재분사; √jīv의 현재분사]

어떤 사람이 숲을 돌아다니면서 그곳에서 살아 있는 생물들을 화살로 죽였다.

16.02(10) tām ( ) anyābhiḥ kanyābhiḥ ( ) sā kanyā gṛhaṃ pratyagacchat. [√tud의 현재분사 여성형; √rud의 현재분사 여성형]

그녀를 때리는 다른 소녀들 때문에 그 소녀는 울면서 집으로 돌아갔다.

16.03 다음 이야기를 한국어로 옮기시오. (날라와 다마얀띠 이야기 2)

16.03(01) अथ दमयन्ती तु हंसस्य वचनं श्रुत्वा ततः प्रभृति सा नलं प्रत्यभवदस्वस्था । कामेन पीडिता दमयन्ती हा हेति पुनः पुनर्वदन्ती नक्तमपि न स्वपिति स्म । तल्पे सत्यपि सा स्वप्तुं नाशक्नोत् । आसने ऽपि च सुखं न विद्यते कथञ्चित् । नलस्य कामेन पूर्णा सा रूपस्विनी श्रेष्ठं नरं द्रष्टुमिच्छन्ती सर्वदा तं चिन्तयित्वा स्वयममन्यत। एष हृदयचौरो मम हृद्यागत्य मम मनसपाहरदिति।

▷ 16.03(02) अवस्थां दुहितरं दृष्ट्वा विदर्भस्य नृपो भीमो ऽब्रवीत् । अस्य व्याधेः कारणं कथ्यतामिति । पृच्छ्यमानो सखीगणो नृपस्य क्रोधाद्भीत्वा यथार्थं न्यवेदयत् ।

▷ 16.03(03) ततो विदर्भपतये दमयन्त्याः सखीगणः ।

न्यवेदयत न स्वस्थां दमयन्तीं नरेश्वरे ॥

▷ 16.03(04) तच्छ्रुत्वा विदर्भपतिर्भीमो किं कार्यमचिन्तयत्स्वां पुत्रिकां प्रति । अनन्तरं दमयन्त्याः पिता भीम उपायमकरोत् । स स्वां दुहितरं रक्षितुमारभमानः पिता तस्मिन्दिने मनसा चित्तं पर्यरक्षत् । स राजा स्वां पुत्रिकां प्राप्तयौवनामन्वीक्ष्य दमयन्त्याः स्वयंवरमचिन्तयत् । यदि मम कन्या तथास्वस्था तदा कथं सुखं जीवितुं शक्नोमीति चिन्तयित्वा वीरा अयं स्वयंवरो ऽनुभूयतामिति पुत्रिकायाः कृते नृप आख्यात्।

▷ 16.03(05) एतस्मिन्नेव काले वृद्धवृषी महात्मानाविन्द्रस्य लोकं गत्वा देवानां राजानमिन्द्रमनमतां तेन च समवदताम् । ताभ्यां दमयन्त्याः स्वयंवरं श्रुत्वा स इन्द्रो ऽप्यन्यैर्देवैः सह तं स्थानमगच्छत् ।

▷ 16.03(06) नलो ऽपि तच्छ्रुत्वा स्वयंवरं गन्तुमारब्धवान् । गच्छंश्च स देवैर्दृश्यते । ते देवा तं यशस्विनं सूर्यमिव दृष्ट्वाकाशादवतीर्य नलमब्रुवन् । भो भो राज्ञां राजन्नल । अस्माकं दूतो भवेति ।

낱말 목록

adhi-√gam 1P. [adhigacchati] 접근하다, 만나다, 성취하다, 공부하다, 이해하다

anu-√gam 1P. [anugacchati] 따라가다, 흉내내다

anu-√bhū 1P. [anubhavati] 따라가다, 시도하다, 참가하다, 인지하다, 경험하다

anu-√vṛt 1Ā. [anuvartate] 따라가다, 추구하다, 지키다, 따라서 하다

aparādha [m.] 범죄, 잘못, 일탈, 실수, 무례

ava-√tṝ 1P. [avatarati] 아래로 내려오다, 지상세계로 오다, 현현하다

asvastha [a.] 자신의 원래 상태(sva-stha)가 아닌(a-), 아픈

√ās 2Ā. [āste] 앉다, 자리를 잡다, 눕다, 머물다, 가만히 있다, 계속하다

āsana [n.] 앉기, (종교 의례나 수행법에 따른 특별한) 앉는 자세, 머무르기

√arh 1P. [arhati] ~할 만하다, ~할 가치가 있다, ~할 자격이 있다, ~해야만 한다, ~할 수 있다.

ā-√rabh 1Ā. [ārabhate] ~(inf.)하기 시작하다, ~에 달라붙다, ~에 도달하다

karman [n.] 행위, 작업, 일, 업무, 의무, 제사 의식, 종교의식, 운동

kevalam [adv.] 오직, 단지, 완전히, 온전하게

gaṇa [m.] 무리, 떼, 집단, 부류

talpa [m.] 누울 자리, 잠자리

√dah 1P. [dahati] 태우다, 태워 없애다, 소멸시키다, 타다, 괴롭히다

√dṛś (현재 체계에서는 √paś 사용, ☞ 13.03(01)) 보다, 바라보다, 간주하다, 고려하다, 이해하다, 살펴보다, 보살피다

dharmādhikāra [m.] 사회적 규율을 담당하는 사람, 재판관

dharmārtha [m.] (양수) dharma와 artha, 올바른 것과 성공

nakta [n.] 밤

naktam [adv.] 밤에

nareśvara [m] 인간(nara)의 신(īśvara), 인간(nara)들 중의 최고인 자(īśvara)

ni-√vid (caus.) [nivedayati/nivedayate] 알게 하다, 알리다, 제공하다, 제시하다

niścaya [m.] 확정, 결정, 확인, 결심

pari-√rakṣ 1P. [parirakṣati] 완전하게 지키다, 온전하게 보호하다, 숨기다, 비밀로 하다

pīḍita [a.] 억눌린, 상처 입은, 괴롭힘 당하는,

덮힌

puruṣavyāghra [m.] 사람 중의 호랑이, 사람 중의 용맹한 자

pra-√jñā 9P. [prajānāti] 이해하다, 파악하다, 구별하다, 인지하다, 발견하다

prabhṛti [f.] 앞으로 가져오기, (제사에서) 바치기, 시작, 출발

[adp.] ~(Ab.) 이후로, ~(Ab.)로 시작되는

pravaṇa [m.][n.] 경향, 쏠림, 비탈길

[a.] 경사진, 기울어진

prāptayauvana [a.] 사춘기(yauvana)에 이른(prāpta)

buddhimat [a.] 판단력을 지닌, 현명한, 지혜로운

bhāva [m.] ~이 되기, 있기, 존재, 발생함, 상태, 실상, 진리, 방식, 특성, 감정, 의도, 의미

mahātman [a.] 위대한 영혼을 지닌, 탁월한, 뛰어난, 탁견을 지닌

mṛtyu [m.] 죽음, 죽기, 죽음의 신

yajamāna [a.] (자신을 위해) 제사를 지내는

[m.] 제사의 주최자, 제사의 비용을 내서 제사를 지내는 사람

yatnavat [a.] 노력을 하는, 애쓰는

yathārtha [a.] 사실에 따라, 사실대로, 실제로, 정확한

vidarbha [m.] (나라 혹은 지역의 이름) 비다르바

vivāhasthāna [n.] 결혼식(vivāha)을 치르는 장소(sthāna)

vyādhi [m.] 병, 질병, 정상이 아닌 상태

√śak 5P. [śaknoti] ~(inf.)을 할 수 있다, ~(inf.)할 능력이 있다.

śramaṇa [a.] 애쓰는, 고생하는, 고행 전통을 따르는

[m.] 고행 수도자, 고행자

śūdra [m.] 슈드라, 바르나 체계에서 네 번째 계급에 속하는 사람 (f.: -ā)

sarvadhana [n.] 모든 재화, 전 재산, 모든 돈

senā [f.] 창, 던지는 무기, 군대, 병력

svayaṃvara [m.] 스스로(svayam) 선택함(vara), 자유 선택, 특히 끄샤뜨리야 미혼 여성이 배우자를 스스로 선택하는 것, 배우자 선택 행사

[a.] 스스로 선택하는

hā [ind.] 아!, 오!, (고통, 분노, 놀라움 혹은 만족을 나타내는 감탄의 말)

hṛdaya [n.] 심장, 마음, 영혼, 핵심

제17과
संस्कृतवाक्योपक्रिया

독립 곳때격과 독립 가짐격

✤17.01 분사를 특별한 형태로 사용해서 독립절을 만드는 방식들이 있다. 이 때 곳때격이 사용되면 이것을 "독립 곳때격"(sati saptamī)이라고 하고 가짐격이 사용되면 이것을 "독립 가짐격"(sataḥ ṣaṣṭhī)이라고 한다. 명사와 분사 둘 모두를 곳때격으로 혹은 가짐격으로 곡용시켜 짝을 지어 나열하여 이 구절이 마치 관계절이나 조건 문장인 것처럼 사용되는 경우를 부르는 말이다.

✤17.02 짝이 되어 나타나는 명사는 분사의 주어인 것처럼 이해되는데, 명사와 분사 둘이 항상 수와 격과 성구분이 일치해야 한다는 사실이 중요하다. 그리고 또 중요한 점은 독립절이 사용될 때에 독립절의 주어가 독립절과 따로 나타나는 주된 문장의 주어와 일치하는 경우는 없다는 것이다. 독립적인 용례로 곳때격이 사용되는 것이 일반적이고 가짐격이 쓰이는 일은 드물다. 분사에서 현재분사가 쓰이는 일이 과거분사의 경우보다 많다. 이 형태가 표현하는 일반적인 내용은 주절의 동사가 나타내는 내용과 동시적이거나 혹은 곧바로 뒤따르는 동작이나 상황을 표현한다.

✤17.03 독립 곳때격의 경우 맥락에 따라 해석을 해야 하는데 "~할 때, ~하면서, ~함에도 불구하고, ~하기 때문에" 등등으로 해석할 수 있다. 기본적인 의미인 동반하는 동작이나 상황을 나타내는 것에서 출발해 맥락에 맞추어 해석하면 된다.

예문17.01 **गुरौ पठति शिष्यः शास्त्रं लिखति ।**
gurau paṭhati śiṣyaḥ śāstraṃ likhati.

이 문장에서 명사 guru와 동사 √paṭh의 현재분사가 나란히 나타나고 있는데 이 둘이 모두 곳때격으로 사용되고 있는 것이 특징적이다. 이 문장에서 paṭhati는 현재서술형 3인칭 단수가 아니고 현재분사의 곳때격 형태이다.

(☞✤17.04) 따라서 이 두 단어를 결합시켜 독립 곳때격으로 이해하고 명사인 guru를 독립 곳때격의 주어로 생각하고 해석하면 된다. 이 문장은 "스승이 낭송할 때, 학생은 전문 서적을 적는다."라고 해석되는 것이 일반적이겠지만 "스승이 낭송했기 때문에, ..." 혹은 "스승이 낭송했음에도 불구하고, ..." 등의 여러 해석이 가능하다. 결국 맥락에 따라 의미를 결정해야 한다.

✤17.04 예문17.01에서 paṭhati가 현재형 3인칭 단수가 아니라는 점(☞✤16.21)에 유의해야 한다. gacchati는 √gam의 3인칭 단수 현재형이지만 현재분사 gacchat의 단수 곳때격이기도 하다. √vad에서 만들어지는 vadati도 마찬가지이다.(☞표16.02) 이 문제는 남성이나 중성으로 사용된 분사가 고정형 말줄기에 속하는 동사의 경우에서만 일어난다. 하지만 문제가 될 만한 맥락은 독립 곳때격의 경우인지라 실제로 심각한 혼돈이 일어나는 일은 거의 없다. 예문17.01에서처럼 guru의 곳때격 gurau가 자리 잡고 있어서, 만약 paṭhati를 현재형 3인칭 단수로 해석한다면 gurau가 문장의 일부로 해석될 수가 없기 때문이다.

✤17.05 예문17.01에서 만약 문장이 "스승이 낭송할 때, 스승은 전문 서적을 적는다."라는 의미로 쓰였다면, 독립 곳때격을 사용할 수 없다. 그러한 경우라면 예문17.02와 같이 표현했을 것이다.

예문17.02 शास्त्रं पठन्गुरुस्तल्लिखति ।

śāstraṃ paṭhan gurus tal likhati.

전문 서적을 낭송하는 스승은 그것을 적는다.

그래서 독립 곳때격, 더 넓게는 독립절이 사용될 때에 독립절의 주어는 따로 나타나는 주된 문장의 주어와 달라야 한다고 설명을 하는 것이다. 독립절의 주어와 주된 문장의 주어가 일치하는 경우라면 다른 형식의 문장을 사용해야 한다. 예로 예문17.03을 들 수 있겠다.

예문17.03 शास्त्रं पठित्वा गुरुस्तल्लिखति ।

śāstraṃ paṭhitvā gurus tal likhati.

전문 서적을 낭송하고 나서 스승은 그것을 적는다.

독립 곳때격의 사용

✤17.06 독립 곳때격이 쓰이는 예들을 살펴 보자.

नले नगरं गच्छति दमयन्त्यप्यन्वगच्छत् ।

nale nagaraṃ gacchati damayanty apy anvagacchat.

날라가 도시로 갔을 때 다마얀띠도 따라갔다.

भाषायां नश्यन्त्यामार्या अन्योन्यमधिगन्तुं न शक्नुवन्ति ।

bhāṣāyāṃ naśyantyām āryā anyonyam adhigantuṃ na śaknuvanti.

언어가 사라지면 아리안들은 서로를 이해할 수 없다.

이 문장에서는 bhāṣā가 여성명사인지라 뒤따르는 분사가 -ī로 끝나는 여성형 분사 naśyantī이다. (☞✤16.22)

बहुषु पादपेषु हतेषु पर्वता न वस्तुमर्हन्ति ।

bahuṣu pādapeṣu hateṣu parvatā na vastum arhanti.

많은 나무들이 죽으면 산들은 살 만하지 않다.

이 문장에서는 곳때격 명사(pādapa)를 꾸미는 형용사(bahu)도 곳때격으로 사용되었으며, 과거분사(hata)가 사용된 예가 보인다.

मृते पितरि ते वीरा वनाद्देवालयं गतवन्तः ।

mṛte pitari te vīrā vanād devālayaṃ gatavantaḥ.

아버지가 죽었을 때 그 영웅들은 숲에서 출발해서 신전을 향해 갔다.

✤17.07 독립 곳때격은 수동형으로도 사용될 수 있다.

तस्मिन्मुनौ परिरक्ष्यमाने राजा तान्रक्षितॄन्प्रशंसति ।

tasmin munau parirakṣyamāne rājā tān rakṣitṝn praśaṃsati.

그 성자가 온전하게 보호되어서 왕은 그 수호자들을 칭송한다.

✤17.08 독립 곳때격이 사용되는 경우 염두에 두어야 하는 중요한 사실은 맥락상 내용이 분명할 때에 종종 명사나 분사 중의 하나가 생략된다는 사실이다. 특히 사용되는 분사가 √as의 현재분사형인 sati일 때에는, 다시 말해서 be-동사에 해당하는 동사의 독립 곳때격이 사용될 때에는 이 분사가 생략되는 것이 일반적이다.

नले राज्ञि सर्वे जनाः परितोषमध्यगच्छन् ।

nale rājñi sarve janāḥ paritoṣam adhyagacchan.

날라가 왕이기 때문에 모든 사람들이 기쁨을 얻었다. (nale rājñi 뒤에 sati 생략)

एवं गते बुद्धिमाञ्छिष्यो ऽचिन्तयत् ।

evaṃ gate buddhimāñ chiṣyo 'cintayat.

이렇게 되자 ([일이] 이렇게 진행되었을 때) 분별력이 있는 학생은(buddhimān-śiṣyo) 생각했다.

भद्र । किमेवं गते प्राप्तकालं भवान्मन्यते ।

bhadra! kim evaṃ gate prāptakālaṃ bhavān manyate?

벗이여, [상황이] 이렇게 되었는데 그대는 무엇이 시의적절하다고 생각하는가?

मयि सत्यवादिन्यनार्या अनृतं वदन्तो ऽपि मया सह युद्धं कर्तुं न कदापि शक्नुवन्ति ।

mayi satyavādiny anāryā anṛtaṃ vadanto 'pi mayā saha yuddhaṃ kartuṃ na kadāpi śaknuvanti.

내가 진실을 말하는 사람이기 때문에 고귀하지 못한 자들은 거짓을 말하더라도, 그 어떤 경우에도 나와 싸움을 할 수는 없다. (mayi satyavādini 뒤에 sati 생략)

독립 가짐격의 사용

✤17.09 독립 가짐격도 독립 곳때격처럼 구성되고 사용되는 것이 원칙이지만 독립 곳때격에 비해 매우 드물게 사용된다. 그리고 양보의 의미 "비록 ~하지만" 혹은 "~하는 데에도"의 의미로 한정되어 사용되는 것이 일반적이다.

प्रयत्नेनाचार्याणामुपदिशतां राजपुत्रो शास्त्रं नावागच्छत् ।

prayatnenācāryāṇām upadiśatāṃ rājaputro śāstraṃ nāvāgacchat.

스승들이 애써 가르쳤지만 왕자는 전문 지식 체계를 이해하지 못했다.

राज्ञो रक्ष्यमानस्य तस्य ज्येष्ठः पुत्रो राज्यस्य ग्रहणमकरोत् ।

rājño rakṣyamānasya tasya jyeṣṭhaḥ putro rājyasya grahaṇam akarot.

왕이 보호되고 있었음에도 불구하고, 그의 첫 아들은 왕권 찬탈을 행했다.

पश्यतो अहेर्मूर्खस्य नकुलैर्भक्षिता बालकाः ।

paśyato aher mūrkhasya nakulair bhakṣitā bālakāḥ.

어리석은 뱀이 바라보고 있었지만 (뱀) 새끼들은 몽구스에게 잡아먹혔다.

साधोः कुपितस्यापि न मनो याति मोहम् ।

sādhoḥ kupitasyāpi na mano yāti moham.

훌륭한 사람들은 격분하더라도 마음이 무분별함으로 가지 않는다.

쌍쓰끄리땀의 운율

✤17.10 쌍쓰끄리땀에서 운문을 이해하는 일은 산문과는 차별화된 문학 형식을 이해하는 일에 그치는 것이 아니다. 고전쌍쓰끄리땀 텍스트에서 운문이 차지하는 비중은 상상 이상으로 크다. 예로 방대한 양대 서사시인 『महाभारतम्』(*Mahābhārata*)과 『रामायणम्』(*Rāmāyaṇa*)도 운문으로 창작되어 있다. 그리고 전문 서적이라고 해야 할 의학 서적이나 철학 서적 그리고 심지어 사전들까지도 운문으로 저술되어 있는 경우가 많다. 이러한 예들이 예외라기보다는 차라리 일반적인 경우에 가깝다고 할 수 있다. 따라서 쌍쓰끄리땀 텍스트에 접근하기 위해서는 운문에 대한 이해가 필수적이라고 할 수 있다. 고전쌍쓰끄리땀에서 사용되는 운문의 형식은 다양하다. 하지만 가장 대표적인 운문의 형식은 श्लोकः (śloka)라고 불리우는 것인데, 바로 『महाभारतम्』과 『रामायणम्』의 거의 모든 문장들이, 드문 예외들을 빼고는, श्लोकः 형식을 갖추고 있다.

✤17.11 이 श्लोकः 라는 운문의 형식은 『ऋग्वेदः』에 나타나는 अनुष्टुभ् (anuṣṭubh)이라고 불리우는 운문의 형식에서 발전된 것이어서 간혹 अनुष्टुभ्이라고 불리우기도 한다. अनुष्टुभ्은 베다에 나타나는 여러 운문의 형식들 중에서 각각 8음절을 가진 빠다(pāda, 즉 1/4)들 네 개가 한 운문을 이루는 형식을 말한다. 따라서 한 운문이 전체 32음절로 이루어지게 된다. 이 형식을 이어받은 श्लोकः는 네 빠다들로 이루어진다. 각 빠다(pāda)들은 8음절을 가지고 있으며 첫째와 둘째 빠다가 한 줄에 제시되고, 셋째와 넷째 빠다가 두 번째 줄을 이루는 방식으로 표기되는 것이 일반적이다. 첫 줄의 끝에는 한 줄로 이루어진 홑막대부호(।)가 표시되고 두 번째 줄의 끝에는 두 줄로 이루어진 겹막대부호(॥)가 표시되는 것이 일반적이다.

✤17.12 고전쌍쓰끄리땀의 운문이 이루는 구조를 이해하기 위해 중요한 점은 바

로 고전쌍쓰끄리땀의 운은 각 음절의 길이에만 의존하여 구성된다는 사실이다. 다른 말로 하자면 발음을 할 때 각 단어나 어구가 갖게 되는 강세는 운문에서 운의 구조를 결정하는 직접적인 요소로 고려되지 않는다는 말이다. 따라서 고전쌍쓰끄리땀의 운문을 이해하기 위해서는 고전쌍쓰끄리땀에서의 음절이 갖는 운율상의 길이에 대한 구분, 즉 "긴 음절"과 "짧은 음절"의 구분을 이해해야 한다. 운문에서의 긴 음절을 전문용어로 guru(무겁다)라고 하고 짧은 음절을 laghu(가볍다)라고 한다. 고전쌍쓰끄리땀 운율에서의 전문용어로 사용되는 말이라서, 앞으로 운율상의 긴 음절은 "구루"(guru)로, 짧은 음절은 "라구"(laghu)로 부르도록 하겠다.

guru 음절과 laghu 음절

✤17.13 음절의 길이를 결정하는 것은 음절이 발음되도록 만들어 주는 모음에 달린 일이다. 따라서 음절의 길이는 곧 그 음절에 포함된 모음의 길이와 일치한다. 그런데 쌍쓰끄리땀의 운율 분석은 모든 음절—모음이 아니고!—을 guru 음절(무거운 음절)과 laghu 음절(가벼운 음절)로 구분하여 이루어진다. 그 방식은 다음과 같다.

✤17.14 모든 긴 모음과 복합모음을 가진 음절, 그리고 짧은 모음이더라도 바로 뒤에 둘 이상의 자음이나 anusvāra 혹은 visarga가 따라 나오는 모음을 가진 음절은 구루 음절을 이룬다. 예로 ke, sā, gau, rai 등은 음절에 긴 모음이나 복합모음이 들어 있어서 구루 음절을 이룬다. 또 datt, dikṣ, patth, śakt 등은 음절에 짧은 모음이 자리 잡고 있지만 뒤에 둘 이상의 자음이 따라오는 짧은 모음이기 때문에 구루 음절이고 kaḥ, kiṃ 등은 비싸르가와 아누쓰바라가 모음 뒤에 따라오기 때문에 구루 음절이다. 결국 짧은 모음을 가진 음

절들 중에서 뒤따르는 다른 모음이 나타날 때까지의 사이에 단 하나의 자음만이 따라 나오는 경우의 음절만이 라구 음절이 된다.

17.15 이제 구체적으로 구루 음절과 라구 음절을 구분하는 연습을 아래 문장을 가지고 해 보자.

na hi khalv anupāyena kaś cid artho 'bhisidhyati.

이 문장에서 앞의 두 음절은 na, hi이니까 라구이다. khalv는 자음 둘이 뒤따르는 짧은 모음의 경우이어서 구루이다. va, nu는 라구인 경우이고 pā와 ye는 구루이고 na는 라구이다. kaśc는 구루, cid는 라구, darth와 tho는 구루, bhi는 라구, sidhy는 구루, ya와 ti는 라구이다. 이 분석을 보면 위의 문장을 마치 nahikhalvanupāyenakaścidarthobhisidhyati인 것처럼 두고 음절마다 끊어서 분석하고 있다는 것을 알 수 있다. 즉 운율 분석에서의 모음과 자음이 이어지는 단위는 각 단어의 구분이나 의미의 단위와는 무관하다. 일반적으로 운문의 운율 구조를 표기할 때 라구 음절은 ⏑ 구루 음절은 –를 사용한다. 운문의 형식을 나타낼 때 구루와 라구 모두 가능한 음절의 위치를 표기해야 하는 경우에는 ⏓를 표기 기호로 사용한다. 따라서 위의 예문에 대한 운율분석을 기호로 표기하자면 다음과 같다.

⏑⏑–⏑ ⏑––⏑ –⏑–– ⏑–⏑⏑

śloka 운율

17.16 전통적인 श्लोकः 운율의 형식은 대략 아래와 같이 나타낼 수 있다.

⏓⏓⏓⏓ ⏑––⏓ ⏓⏓⏓⏓ ⏑–⏑⏓ |

⏓⏓⏓⏓ ⏑––⏓ ⏓⏓⏓⏓ ⏑–⏑⏓ ||

많은 예외들이 인정되고 또 역사적으로 다양한 변형들이 있지만, 현재 우리가 익혀야만 하는 내용은 아니다. 여기에서 알아둘 만한 핵심적인 내용은 첫째와 셋째 빠다의 앞쪽 절반은 형식이 자유롭고 뒷 절반은 라구-구루-구루-자유 형식이며 둘째와 넷째 빠다도 앞쪽 절반은 자유롭고 뒷쪽 잘반은 라구-구루-라구-(구루)여야 한다는 사실이다. 전통적으로 모든 빠다의 끝음절은 실제 음절의 운율상 길이가 구루이던 라구이던 사실관계는 무시하고, 필요에 따라 구루로도 라구로도 간주할 수 있는 것으로 받아들여진다. 따라서 현실에서는 둘째와 넷째 빠다의 끝음절이 라구여도 무관한 것이 사실이다. 이 형식을 보면 우리가 가장 자주 만나게 되는 **श्लोकः** 운율에서의 구루와 라구 음절에 대한 제한이 강하지 않다는 것을 볼 수 있다. 형식적 제한이 강하지 않았기 때문에 **श्लोकः**가 널리 쓰였다고 할 수 있는 측면이 있다.

✤17.16(01) 쌍쓰끄리땀 운문의 형식은 정해진 한 운문 안에 몇 단위(pāda)가 자리 잡고 있으며, 각 단위 안에 몇 음절이 사용되는지에 따라 구분되는 한편, 각 단위 안에서 음절이 나열될 때 위치에 따라 개별 음절이 구루인지 라구인지의 나열 방식의 형식적인 제한에 따라 구분된다. 특정한 운율의 경우에는 음절(이나 유사한 단위)의 수만을 제한하는 형식도 있고, 다른 경우에는 음절의 나열 방식만을 제한하는 운문도 있지만, 많은 경우에는 음절의 수와 음절의 나열 방식이 함께 제한된다.

✤17.17 아래 주어지는 운문의 음절들을 구루와 라구로 분석해서 표기해 보라.

न हि खल्वनुपायेन कश्चिदर्थो ऽभिसिध्यति ।

सूत्रजालैर्यथा मत्स्यान्बध्नन्ति जलजीविनः ॥

मृगैर्मृगाणां ग्रहणं पक्षिणां पक्षिभिर्यथा ।

गजानां च गजैरेवं ज्ञेयं ज्ञानेन गृह्यते ॥ 『महाभारतम्』

na hi khalv anupāyena kaś cid artho ’bhisidhyati ।

sūtrajālair yathā matsyān badhnanti jalajīvinaḥ ||

mṛgair mṛgāṇāṃ grahaṇaṃ pakṣiṇāṃ pakṣibhir yathā |

gajānāṃ ca gajair evaṃ jñeyaṃ jñānena gṛhyate || *Mahābhārata*

요령 없이는 (적절한 수단이 아닌 것을 통해) 그 어떤 목적도 달성되지 않는다.
어부들이 줄로 된 망으로 물고기들을 잡듯이
짐승들로 짐승들의 포획이 이루어지고 새들로 새들의 [포획이] 이루어지듯
코끼리들로만 코끼리들의 [포획이 이루어지듯] 앎을 가지고 알아야 할 것이 얻어진다.

✤17.18 쌍쓰끄리땀의 운문은 대부분 श्लोकः의 경우에서처럼 사용할 수 있는 음절의 수를 제한하며 또 구루 음절과 라구 음절의 배열을 제한한다. 따라서 구체적인 운문을 구성할 때에는 운문의 형식에 맞추어야 하기 때문에 사용될 수 있는 단어의 형태도 제한된다. 그래서 운문은 산문에서와 다른 형태의 문장을 이루는 경우가 많고, 운문을 읽는 일에서는 산문과 다른 접근 방식이 요구된다. 학습자들이 우선 알아둘 만한 것들을 개략적으로 언급하고자 한다.

✤17.18(01) 각 빠다 별로 의미의 단위가 형성되는 것이 일반적이다. 각각의 빠다를 a, b, c, d로 나누어 표기하는 것이 학자들의 관행이어서 이 방식으로 표기하자면, a + b 두 빠다와 c + d 두 빠다가 의미의 단위를 이루는 것이 일반적이다. 빠다의 단위를 의미의 단위와 개략적으로 일치시켜 운문을 만들어 내지 못하는 경우, 훌륭한 운문이라는 평가를 받기 어려울 것이다. 따라서 운문을 해석할 때에는 개별 빠다 단위로 끊어서 의미를 구성해 보는 시도를 하는 것이 도움이 된다. 앞선 ✤17.17에 주어진 운문의 해석을 빠다 단위에 맞추어 검토해 보라!

✤17.18(02) 운문에서는 음절수와 구루와 라구 음절의 배열을 맞추기 위해 의미상으로 무시해도 좋을 부사들이 종종 삽입된다. 예로 ca, hi, khalu, tu 등등이 구체적인 의미를 갖지 않고 사용되는 경우가 많다.

✤17.18(03) 산문에서는 꾸미는 말이 주된 말의 앞에 나타나는 것이 일반적이지만, 운문에서는 어순이 바뀌는 경우가 많다. 또 운문의 첫 빠다에 등장한 주어를

꾸미는 수식구가 마지막 빠다에서 나타나거나 혹은 앞선 빠다들에 나타난 서술어들의 주어가 마지막 빠다에서 제시되는 경우도 종종 있다. 이러한 경우 의미상으로 네 빠다에 걸쳐 한 주어가 다루어지고 있다는 것을 함축하는 형식이라고 볼 수 있다.

구속형 (Gerundive; Future Passive Participle)

✤ 17.19 쌍쓰끄리땀에서 자주 사용되는 분사의 또다른 형태가 구속형이다. 이 분사는 "앞으로 ~되어져야만 하는"이라는 뜻으로 해석된다. 따라서 미래의 수동을 나타내면서도 그것이 이루어져야만 한다는 필요와 당위를 나타낸다.

✤ 17.20 예로 √vac의 구속형은 vaktavya이다. 이 말의 의미는 "앞으로 말 해져야 하는"이 된다. 구속형은 다른 분사들처럼 동사에서 만들어지지만 형용사로 사용되어서 그것이 꾸미는 말과 성구분, 수, 격이 일치되도록 곡용되어야 한다. 그런데 구속형은 수동의 의미를 갖는 분사이다. 따라서 행위자(kartṛ)는 주로 수단격으로 주어져야 하고 구속형이 꾸미는 말, 즉 곡용을 통해 일치시키는 말은 수동 문장의 주어와 의미상 동일하게 이해된다. 따라서 tvayā vaktavyam.은 "[그것을] 네가 말해야 한다. (← [그것은 앞으로] 너에 의해 말해져야만 한다.)"는 뜻이 된다. 이 예에서 tvayā는 수동 문장에서 쓰이는 경우처럼 이해하면 된다. 따라서 satyam eva tvayā vaktavyam.은 "너는 진실만을 말해야 한다."는 뜻이다. 이때 satyam이 중성명사 임자격이므로 여기에 일치되는 형용사로 사용된 분사 vaktavyam이 중성 임자격으로 사용된 것이다. 따라서 여성명사인 smṛti가 주어로 쓰였다면, smṛtir eva tvayā vaktavyā.라고 하고 "너는 전승/기억만을 말해야 한다."라는 의미가 된다. 남성의 경우라면 dharma eva tvayā vaktavyaḥ. "너는 다르마만을 말해야 한

다."라는 형태로 사용된다.

구속형 만들기

17.21 구속형은 –ya, -tavya, -anīya 세 가지 뒷토 중의 하나를 동사 말뿌리에 첨가해서 만들어진다. 이 각각의 뒷토가 사용될 때 앞서는 동사 말뿌리의 변형에 대해 구분해서 설명하도록 하겠다.

17.22 뒷토 -ya를 사용한 구속형 만들기

17.22(01) 말뿌리 끝의 -ā는 -e가 된다.

√sthā → stheya "머물러져야 하는"
√jñā → jñeya "인식되어야 하는"
√dā → deya "주어져야 하는"
√hā → heya "버려져야 하는"

17.22(02) 다른 말뿌리 끝모음은 불변인 경우도 있고 구나형이 되거나 브릳디형이 되기도 한다. 종종 같은 말뿌리가 다른 형태를 보이는 경우들도 있어서 규칙적이라고 말하기 어렵다. 그런데 자주 구나 혹은 브릳디의 강화형을 갖게 될 때 이 강화된 모음, 즉 e, ai, o, au가 다른 모음의 앞에 올 때 나타나는 싼디가 적용된 것처럼 변형된다. 즉 ay, āy, av, āv형태를 나타낸다.

√ji → jeya/jayya (구나형) "무찔러져야 하는"
√nī → neya (구나형); nāyya(브릳디형) "이끌어져야 하는"
√bhū → bhavya (구나형); bhāvya (브릳디형) "되어져야 하는"
√hṛ → hārya (브릳디형) "쥐어져야 하는"
√tṝ → tārya (브릳디형) "건너가져야 하는"
√śās → śiṣya "제어되어야 하는" (→ 학생)

✤ 17.22(03) 만약 마지막 짧은 모음이 강화되지 않은 경우라면 종종 뒷토 -ya 앞에 자음 -t-가 삽입되어 -tya로 끝나는 구속형이 만들어진다.

√i → itya "가게 되어져야 하는"
√ji → jitya "무찔러져야 하는"
√kṛ → kṛtya; kārya "행해져야 하는" (→ 과제, 업무)
√bhṛ → bhṛtya "받쳐져야 하는"
√vṛ → vṛtya; vārya "선택되어져야 하는"
√stu → stutya "찬양되어져야 하는"

✤ 17.22(04) 말뿌리 중간에 나오는 모음 -a-는 강화되는 경우도 있고 아닌 경우도 있다.

√labh → labhya "성취되어야 하는"
√gam → gamya "가져야 하는"
√tyaj → tyājya "버려져야 하는"
√paṭh → pāṭhya "낭송되어져야 하는"
√vad → vādya "말해져야 하는"
√vac → vācya "발성되어야 하는"
√śap → śapya "저주되어야 하는"
√kṣam → kṣamya "참아져야 하는"
√car → carya 동사 앞토가 없거나 ā-가 upasarga인 경우
ācarya "다가가져야 하는"; ācārya "[배우러] 다가가야할 [사람]" (→ 스승)

✤ 17.22(05) 말뿌리 중간에 나오는 모음 -i-, -u-, -ṛ-는 불변인 경우도 있고 구나형을 취하는 경우도 있다.

√guh → guhya; gohya "숨겨져야 하는"
√vṛt → vṛtya "움직여져야 하는"

√diś → deśya "가리켜져야 하는"
√snih → snehya "사랑해져야 하는"
√tud → todya "때려져야 하는"
√kṛ → kārya "실행되어야 하는"

이들 가운데 모음이 구루 음절을 이루면서 말뿌리가 자음으로 끝나는 경우에는 강화되지 않는다.

√cint → cintya "생각되어져야 하는"
√nind → nindya "비난받아야 하는"
√pūj → pūjya "숭배되어야 하는"
√bandh → bandhya "묶어져야 하는"

✤17.23 뒷토 -tavya를 이용한 구속형 만들기

구속형 뒷토 -tavya는 앞서 배운 부정형 뒷토 -tum(☞✤16.01)이나 혹은 행위자를 나타내는 뒷토 -tṛ(☞✤15.11)를 첨가할 때 사용하는 동사 말뿌리의 형태를 사용한다.

√i	→ etum "가기"	→ etavya "가져야 하는"
√bhū	→ bhavitum "되기"	→ bhavitavya "되어져야만 하는"
√kṛ	→ kartum "하기"	→ kartavya "행해져야 하는"
√ji	→ jetum "이기기"	→ jetavya "무찔러져야 하는"
√bhuj	→ bhoktum "먹기, 누리기"	→ bhoktavya "누려져야 하는"
√dā	→ dātum "주기"	→ dātavya "주어져야 하는"
√rakṣ	→ rakṣitum "지키기"	→ rakṣitavya "지켜져야 하는"
√gam	→ gantum "가기"	→ gantavya "가져야 하는"
√śru	→ śrotum "듣기"	→ śrotavya "들어져야 하는"
√dviṣ	→ dveṣṭum "싫어하기"	→ dveṣṭavya "싫어해져야 하는"

√paṭh → paṭhitum "낭송하기" → paṭhitavya "낭송되어져야 하는"

√yuj → yoktum "묶기, 노력하기" → yoktavya "묶어져야 하는"

✤ 17.24 뒷토 -anīya를 사용한 구속형 만들기

뒷토 -anīya의 앞에서는 말뿌리들이 구나형을 취하는 것이 일반적이지만 그렇지 않은 경우도 있다.

√dā → dānīya "주어져야 하는"
√nī → nayanīya "이끌어져야 하는"
√bhū → bhavanīya "되어져야 하는"
√ji → jayanīya "물리쳐져야 하는"
√dviṣ → dveṣaṇīya "혐오되어야 하는"
√gam → gamanīya "가게 되어져야 하는"
√paṭh → paṭhanīya "낭송되어져야 하는"
√śru → śravaṇīya "들려져야 하는"
√guh → gūhanīya "감추어져야 하는"
√cur → coraṇīya "훔쳐져야 하는"

✤ 17.24(01) 버금꼴찌음으로 나타나는 -ṛ-는 항상 -ar-가 되어야 한다.

√kṛ → karaṇīya "행해져야 하는"
√sṛj → sarjanīya "내뿜어져야 하는"
√mṛj → marjanīya "닦아 내져야 하는"

✤ 17.24(02) 상당수의 말뿌리들 특히 -ā로 끝나는 말뿌리들은 구속형을 만드는 데에 -anīya 뒷토를 사용하지 않는다.

✤ 17.25 위의 세 가지 구속형을 만드는 뒷토들 중에서 -ya가 가장 자주 사용되고 그 다음이 -tavya인데, 역사적으로 -tavya 형태가 고전쌍쓰끄리땀에서 점점

더 자주 나타나게 되었다. -anīya는 사용되는 경우가 적은 편이다. 이 뒷토들 중에서는 -tavya는 일반적으로 분사로 자주 쓰이고 -ya형은 주로 형용사나 명사를 만드는 데에 자주 쓰인다. 예로 kārya는 구속형이자 분사로서 형용사처럼 사용되어 "수행되어야 하는"을 의미하는 단어로 사용되지만 동시에 중성명사로 "과제, 의무" (← 수행되어야 할 것)를 뜻하는 단어로 사용된다. 이 경우에는 분사와 형용사 그리고 명사의 형태가 일치하는 경우라고 생각할 수도 있지만, 그 구분은 명확하지 않다.

✤17.26 세 가지 구속형 뒷토들 중에서 어느 것을 사용하던 간에 의미상의 차이는 없다. 앞서 보았듯이 한 동사가 세 가지 뒷토들 모두를 사용하는 경우도 있고, 한 뒷토와 결합되는 데에도 여러 형태를 보이는 경우들이 있다. 따라서 한 동사에 대해서 고정된 구속형 뒷토를 하나로 특정하는 것은 거의 불가능한 일이다. 하지만 모든 말뿌리가 이 세 가지 구속형 뒷토들과 자유롭게 결합되는 것은 아니다.

√kṛ "하다" → kṛtya; kārya; kartavya; karaṇīya
√bhū "~이다" → bhavya; bhāvya; bhavitavya
√gam "가다" → gamya; gantavya; gamanīya
√budh "알다" → bodhya; bodhitavya; bodhanīya

✤17.27 현재 체계에서만 사용되는 말뿌리들, √paś 1P. "보다"; √brū 2P. "말하다"는 구속형과 같은 현재 체계에 속하지 않는 형태들을 만들지 않는다. 현재 체계에서 활용의 출발점은 현재말줄기인데(☞✤10.14), 구속형은 동사 말뿌리에서(☞✤17.21) 만들어지기 때문이다.

구속형의 사용

✤17.28 구속형은 수동 문장과 마찬가지로 행위자가 주로 수단격으로, 행위 대상

이 임자격으로 나타난다. 맥락이 분명한 경우라면 행위자를 나타내는 수단격이 생략되는 경우도 많다.

धेनुर्न हन्तव्या मोहेनापि सर्वदा ।
dhenur na hantavyā mohenāpi sarvadā.
항상 암소는 착각 때문에라도 죽이지 말아야 한다.

मया दण्डमानेतुं गन्तव्यम् ।
mayā daṇḍam ānetuṃ gantavyam.
나는 지팡이를 가지러 가야 한다.

तत्र त्वया न कर्तव्यः कथञ्चन यज्ञः ।
tatra tvayā na kartavyaḥ kathaṃ cana yajñaḥ.
그 경우에 너는 어떻게라도 제사를 지내서는 안 된다.

गुरुतल्पो न कर्तव्यः कथञ्चन ब्रह्मचारिणा ।
gurutalpo na kartavyaḥ kathaṃ cana brahmacāriṇā.
학생은 스승의 잠자리를 훔치는 일을 절대 하지 말아야 한다.

सर्वैर्योगिभिरागमः श्रोतव्यः पठितव्यश्च ।
sarvair yogibhir āgamaḥ śrotavyaḥ paṭhitavyaś ca.
모든 수행자는 전해 내려온 [전승]을 듣고 암송해야 한다.

मया कर्तव्यं पश्चाद्दुष्करम् ।
mayā kartavyaṃ paścād duṣkaram.
내가 나중에 어려운 일을 해야 한다.

मया पानं त्यक्तव्यमिति मम वैद्यो वदति स्म ।
mayā pānaṃ tyaktavyam iti mama vaidyo vadati sma.
내가 (술을) 마시는 것을 그만두어야 한다고 내 의사가 말했다.

✤17.29 구속형의 행위자가 수단격이 아닌 가짐격으로 표시될 수도 있다.

예문17.03 **इदानीं मम गन्तव्यम् । (= इदानीं मया गन्तव्यम्)**

idānīṃ mama gantavyam. (= idānīṃ mayā gantavyam.)

나는 이제 가야 한다.

✤17.30 예문17.04 동사가 akarmaka인 경우라면 구속형을 사용할 때 행위자가 수단격으로 제시되더라도 행위 대상이 없으니 그에 해당하는 임자격 없이 구속형이 사용될 수 있다. 그리고 이러한 경우에 구속형은 사태에 관련한 수동(bhāve prayoga; ✤13.12)과 일치한다고 생각할 수 있다.

मया नगरे स्थातव्यं कथञ्चन यावद्मम पुत्राः प्रत्यागच्छन्ति । न सेवकानां च सुहृतां च स्थातव्यम् ।

mayā nagare sthātavyaṃ kathaṃ cana yāvad mama putrāḥ pratyāgacchanti. na sevakānāṃ ca suhṛtāṃ ca sthātavyam.

내 아들들이 돌아올 때까지 어떻게 해서든 나는 도시에 남아있어야 한다. 시종들과 친구들이 남아 있을 필요는 없다.

✤17.31 √bhū의 구속형은 "~일 것이다, ~임에 틀림없다"의 의미로 사용되어 관용적으로 추측이나 가능성을 나타내기도 한다. 종종 아주 강한 추측을 나타내기도 한다. 여기에서 주목할 점은 바로 주어와 서술어가 모두 수단격을 취해서 격의 일치를 보여주고 있다는 사실이다.

तेन बुद्धिमता वैदिकेन भवितव्यम् ।

tena buddhimatā vaidikena bhavitavyam.

그 현명한 사람은 베다 전문가임에 틀림없다.

येन मया दृष्टेन सर्पेण भवितव्यमिति मन्ये स रज्जुः ।

'yena mayā dṛṣṭena sarpeṇa bhavitavyam' iti manye sa rajjuḥ.

내가 본 그것이 뱀일 것이라고 내가 생각한 그것은 밧줄이다.

이 문장은 iti가 포함하는 범위 안에 포함되어 있는 yena와 그 바깥에 있는 sa가 서로 연관되는 관계문장이다.

तत्र सिंहस्य समीपे तिष्ठता हस्तिना भवितव्यम् ।

tatra siṃhasya samīpe tiṣṭhatā hastinā bhavitavyam.

저기 사자의 옆에 서 있는 것은 코끼리임에 틀림없다.

✣17.32 √bhū의 구속형은 'bhavitavyam'이라는 형태로 사용되어 부사로 "확실히, 아마도"의 의미로 사용되기도 한다.

भवितव्यमथैवं दृष्टो ऽसि मया राजगृहे ऽन्यदा ।

bhavitavyam athaivaṃ dṛṣṭo 'si mayā rājagṛhe 'nyadā.

그러니까 확실히 내가 당신을 왕궁에서 언젠가(← 다른 때에) 보았다.

✣17.33 물론 √bhū의 구속형이 본래의 의미로 사용되어 미래수동당위를 나타내는 경우도 있다.

मया तव सेवकेन भवितव्यम् ।

mayā tava sevakena bhavitavyam.

나는 당신의 시종이 되어야만 합니다.

✣17.34 구속형은 그것이 당위를 나타내기 때문에 공손한 명령형으로 활용된다. 이 때에 명령의 상대방이 되는 2인칭을 나타내는 말은 수단격을 취해야 한다.

कारणमेव भवता वक्तव्यम् ।

kāraṇam eva bhavatā vaktavyam.

원인을 바로 말씀해 주세요! (← 당신에 의해 원인이 바로 말해져야 합니다!)

आगन्तव्यं भोः ।

āgantavyaṃ bhoḥ.

여보세요, 오십시오!

दण्डमानेतुं गन्तव्यम् (त्वया) ।

daṇḍam ānetuṃ gantavyam (tvayā).

지팡이를 가지러 가거라! (← 너는 지팡이를 가지러 가야 한다!)

❖ 17.35 구속형은 다른 형용사들처럼 명사로 사용될 수 있다. 이러한 일반적인 가능성과는 별개로, 특정한 구속형은 명사로 전용되어 사용되는 일이 많다. 예를 들자면 다음과 같다.

√kṛ "하다" → kārya [a.] 행해져야 하는 것, 할당된 것, 할 만한 것
[n.] 과제, 과업, 업무, 의무, 행위, 결과, 효과

कुरु मे सत्वरं कार्यं दक्षयज्ञं क्षयं नय ।『स्कन्दपुराणम्』

kuru me satvaraṃ kāryaṃ dakṣayajñaṃ kṣayaṃ naya. *Skandapurāṇa*

나를 위해 빨리 할 일을 해라! 닥샤의 제사에 종말을 이끌라!

येनात्मनः कार्यं कृतं स मृत्वा स्वर्गं गच्छति ।

yenātmanaḥ kāryaṃ kṛtaṃ sa mṛtvā svargaṃ gacchati.

스스로의 의무를 행한 자는 죽어서 하늘나라에 간다.

연습문제

□ 17.01 다음 문장을 한국어로 옮기시오

□ 17.01(01) तस्य पुत्रस्य पुत्रे जायमाने मनस्वी ब्राह्मणः सर्वं त्यक्त्वा वनं गच्छति ।

□ 17.01(02) इह स्थेयं त्वयेति वदतो मम त्वं त्यक्तः ।

□ 17.01(03) मुनौ नृपं कृष्णस्य गोपीनां च कथां ब्रुवति स दुःखाद्मुच्यते ।

□ 17.01(04) सत्यं ज्ञेयं धर्मः कर्तव्यश्चेत्युपदेष्टव्यं गुरुणा ।

□ 17.01(05) यो राजा भाव्यस्तस्मिन्नेव राज्ञि भवति जनाः सुखं जीवन्ति ।

▷ 17.01(06) ज्येष्ठस्य राजपुत्रस्य सतः स राजा नाभवत् ।

▷ 17.01(07) यो व्याघ्रं द्रष्टुमिच्छति तेन सत्वरं वनं गमनीयम् ।

▷ 17.01(08) अभ्यासो न त्यक्तव्यो ऽनभ्यासे विषं विद्येत्याचार्यः शिष्यं वदति ।

▷ 17.01(09) किं कार्यं नलो दमयन्त्या अगच्छत् ।

▷ 17.01(10) इदं नगरं नृपस्य पानीयम् ।

▷ 17.01(11) यथा देवेषु ब्रह्मा स्तुत्यस्तथा जनेषु ब्राह्मणः स्तोतव्यः ।

▷ 17.02 다음 문장 안의 괄호를 주어진 의미에 맞도록 [ ]에 주어진 단어의 적당한 형태를 사용하여 쌍쓰끄리땀으로 채워 넣은 후에 전체 문장을 데바나가리로 적으시오.

17.02(01) tena brāhmaṇasya ( ) sa narakaṃ na ( ). [√han의 과거분사; √gam의 과거능동분사]

그에 의해 사제가 죽었음에도 불구하고 그는 지옥에 가지 않았다.

17.02(02) kratāv īśvaraṃ vinā ( ) sa yajamāno yajñasya phalaṃ na ( ). [pra-√vṛt의 현재분사; pra-√āp의 과거형]

제사가 절대자 없이 행해졌기에 그 제사 주최자는 제사의 결실을 얻지 못했다.

17.02(03) yaḥ ( ) karoti sa dharminā ( ). [dharma의 반대말; √han의 구속형]

정의롭지 못한 일을 하는 자는 정의로운 자가 죽여야만 한다.

17.02(04) ya īśvaram aśapat tasya vaśe ( ) mayi ( ) 'yaṃ deśo mayā. [√bhū의 현재분사형; √hā의 구속형]

절대자를 저주한 자의 지배 아래 내가 있기 때문에 나는 이 땅을 떠나야 한다.

17.02(05) ( ) sundareṇa bālena rājaputreṇa ( ) ity acintayat apsarāḥ. [대명사 adas; √bhū의 구속형]

"저 잘생긴 소년은 왕자임에 틀림없다."라고 하늘의 요정이 생각했다.

17.02(06) ( ) kartavye ( ) api tad rājyaṃ naṣṭam. [대명사 sarva; √kṛ의 과거분사]

해야할 모든 것이 행해졌지만 그 왕국은 멸망했다.

17.02(07) yaḥ sarvāt ( ) icchati tena sarvam ( ) vanaṃ gantavyaṃ tapaḥ kartavyaṃ ca. [√muc의 부정형; √tyaj의 구속형]

모든 것으로부터 해방되기를 원하는 자는 모든 것을 버리고 숲에 가서 고행을 해야 한다.

17.02(08) yata ihāham ( ) tato na ( ) iti vīro munīn bhāṣate. [√sthā의 과거분사; √bhī의 구속형]

"내가 여기 있으니 두려워하지 마세요!"라고 영웅이 성자들에게 말한다.

17.02(09) kārye ( ) sa bālo 'pi yuddhe śatrūn ( ). [√kṛ의 구속형; √ji의 과거능동분사]

과업을 이루어야 했기 때문에 그는 소년임에도 불구하고 전장에서 적들을 물리쳤다.

17.02(10) yajñe vartamāne brāhmaṇair havir agnaye ( ) agninā ca tad anyebhyo devebhyaḥ ( ). [√hu의 구속형; √dā의 구속형]

제사가 진행되는 경우 사제들에 의해 공물이 아그니에게 바쳐져야 하고 아그니에 의해 다른 신들에게 주어져야 한다.

17.02(11) ( ) sa bālako mama putra iti nṛpeṇa ( ). [√bhū의 구속형; √cint의 수동 과거형]

"저 소년이 틀림없이 내 아들이다."라고 왕은 생각했다.

17.02(12) nakte ( ) api candrāt puruṣās tamaso na ( ). [pra-√āp의 과거분사;

√bhī의 현재형]

밤이 왔음에도 불구하고 달 때문에 사람들을 어둠을 두려워하지 않는다.

▷ 17.03 다음 이야기를 한국어로 옮기시오. (날라와 다마얀띠 이야기 3)

▷ 17.03(01) एवं गते युष्माकं दूतो भवामीति नलेनोक्त एवं च तेन पृष्टः । के भवन्तः । केनाहं दूत ईप्सितः । किं मया कार्यं मयि वो दूते । कथयत यथार्थत इति ।

▷ 17.03(02) एवं नलेन पृष्टो देव इदं वाक्यमब्रवीत् । अमरानस्मान्दमयन्त्या अर्थमागतान्निबोध । यद्वयं वदन्ति तत्त्वया कर्तव्यं यथेच्छामस्तथा नान्यथेति ज्ञेयं त्वया । अहमिन्द्रश्चायमग्निश्चायं वरुणश्च स यमो यो जनानां शरीरस्यान्तकरश्च । त्वमागतानस्मान्दमयन्त्यै निवेदय । तेषामन्यतमो देवस्तव पतिर्भवितव्य इति वक्तव्यं त्वया ।

▷ 17.03(03) एवमुक्तवति नलः प्राञ्जलिरब्रवीत् । अहमपि तदर्थमिहागतस्तस्मादेवं कार्यं कर्तुं न शक्नोमीति । देव उक्तवान् । दूतो भवामीति पूर्वं तेन संश्रुतमस्मासु । सर्वदा संश्रुतं कर्तव्यं । त्वयि संश्रुते ऽपि कस्मान्न कर्तुमर्हामीति वदसि । अनन्तरं प्रक्रमणीयं त्वयेति ।

▷ 17.03(04) देवेष्वेवमुक्तवत्सु नलः पुनरब्रवीत् । कथं तत्र परिरक्षितं दमयन्त्या वासं प्रवेष्टुं शक्नोमि । त्वं प्रवेष्टुं शक्नोषीति वदति इन्द्रे तत्कालं तस्य देवस्य शक्त्या नलो दमयन्त्याः समीपं गन्तुमर्हति ।

▷ 17.03(05) तत्र दमयन्तीं दृष्ट्वा नलो ऽचिन्तयत् । अतीव सुन्दरी च कन्यारत्नं च सा । तस्या वपुषः स्वेन तेजसा चन्द्रस्य तेजो दूष्यते यथेति। किंतु तस्य कामस्य विवर्धमानस्य देवेभ्यः संश्रुतेन मनसिजमधारयत् ।

▷ 17.03(06) अथेमं रूपस्विनं दृष्ट्वा दमयन्त्यपि विस्मिता हसन्तं नलमभाषत । कस्त्वं मम मनसिजस्य विवर्धमानं प्राप्तो ऽसि । यशस्वन्तं वीरं त्वां ज्ञातुमिच्छामि । कथं चागन्तुं शक्नोषीह परिरक्षितं मे स्थानम् ।

▷ 17.03(07) एवं तस्यां वदति नलस्तामुक्तवान् । नलं मां देवानां च दूतमिहागतं विद्धि । तेषामेव शक्त्या प्रविष्टो ऽहं तव स्थानम् । देवास्त्वां भार्यां प्राप्तुमिच्छन्ति । इन्द्रो ऽग्निर्वरुणो यमश्च । तेषामन्यतमो देवस्तव पतिर्भवितुमर्हति । अहमेतदर्थमागतो । एतच्छ्रुत्वा बुद्धिं प्रकुरुष्व यथेच्छसि ।

낱말 목록

antakara [a.] 종말을 만드는, 끝을 만드는, 죽음을 부르는
[m.] 죽음, (죽음의 신) 야마

anuṣṭubh [f.] 뒤 따라서 찬양하기, (운문의 특별한 형태) 아누스툽

anyatama [a.] 여럿들 가운데 하나

abhi- √sidh 4P. [abhisidhyati] 이루어지다, 성취되다

abhyāsa [m.] 보태거나 첨가하는 일, 반복, 끊임없는 연습, 습관, (문법) 거듭, 수행

amara [a.] 죽지 않는, 불멸의, 사라지지 않는

ā-√nī 1P. [ānayati] 가지고 오다, 데리고 오다, 가까이로 이끌다

īpsita [a.] 원해지는, 바람이 된

ekārtha [m.] [n.] 하나의 같은 대상, 같은 목적, 같은 의미
[a.] 같은 목적을 가진, 같은 의미를 가진, 같은 것을 지칭하는, 동의어

kanyāratna [n.] 보석같은 소녀, 대단히 사랑스러운 소녀

gurutalpa [m.] 스승의 잠자리, 스승의 침대를 범함, 스승의 부인과 성관계를 갖는 일

gaja [m.] 코끼리

gopī [f.] 목동의 아내, 여자 목동, 끄리스나와 함께 등장하는 목동 여자들

jalajīvin [a.] 물 속에 사는, 물 주변에 사는
[m.] 어부, 수생 동물

√duṣ 4P. [duṣyati] 나쁘게 되다, 타락하다, 더럽게 되다, 잘못되다
(caus.) dūṣayati 타락시키다, 망치다, 더럽히다, 해치다, 반대하다, 반 박하다

duṣkara [a.] 하기 어려운, 까다로운, 힘드는, 잘못된 일을 하는, 잘못을 저지르는
[n.] 어려운 일, 힘겨운 일, 어려움

dharmin [a.] 사회-종교적 규범을 아는, 사회-종교적 규범을 따르는, 특정한 속성을 가지고 있는

√dhṛ 1PĀ. [dharati, dharate]; (caus.) dhārayati, dhārayate가 같은 의미로 사용된다.
품다, 쥐다, 유지하다, 지키다, 갖다, 행하다, 겪다, 살아남다, 억누르다, 참다, 억압하다

ni-√budh 1P. [nibodhati] ~(A.)를 ~(G.)로부터 듣거나 배워서 알다, 주의 깊게 듣다, ~(A.)을 ~(A.)으로 간주하다, 알다, 이해하다.

pakṣin [a.] 날개를 가진, 한 편으로 선
[m.] 새

paritoṣa [m.] 즐거움, 기쁨, 만족

pra-√kṛ 8P.Ā. [prakaroti, prakurute] 만들어내다, 생산하다, ~을 ~으로 만들다,

마음(manas, buddhim)을 정하다.

pra-√kram 1P.Ā. [prakrāmati, prakramate] 앞으로 걸어 나가다, 출발하다, 전진하다, 행진하다, ~에 의지하다, 시작하다

pra-√vṛt 1Ā. [pravartate] 진행되다, 앞으로 굴러가다, 움직여지다, 시작되다, 진척되다, 생겨나다, 발생하다, 지속되다, 유효함이 유지되다, 계속하다

prāñjali [a.] 합장하는

bālaka [m.] 남자 아이, 소년, (동물의) 어린 새끼
[a.] 어린, 성인이 되지 못한

brahmacārin [m.] (성적 금욕을 행하는 사제 계급 출신의) 학생, 학생 신분이거나 혼인 이전의 젊은 사제, 종교적 금욕을 행하는 수행자

manasija [m.] (마음에서 생겨난 것) 사랑, 사랑의 신

mṛga [m.] 야생동물, 사슴

yathārthataḥ [adv.] 사실대로

yama [m.] (신의 이름) 야마, 죽은 자의 세상을 지배하는 신, 염라대왕

rajju [f.] 밧줄, 줄, 실

laghu [a.] 가벼운, 빠른, 쉬운, 편안한

varuṇa [m.] (신의 이름) 바루나

vaśa [m.] 의지, 희망, 욕구, 힘, 제어, 지배,
vaśaṃ + √i, √gam, √ya, √pad "가다"는 뜻의 동사: ~의 지배에 들어가다
vaśe + √bhū, √vṛt, √sthā "있다"는 뜻의 동사: ~의 지배 아래에 있다.

vivardhana [a.] 보태는, 증가하는, 늘어나는, 지속하는
[n.] 증가, 늘어남, 번영

viṣa [n.] 독, 치명적인 것

vismita [a.] 놀란, 당황한, 경탄한, 경이로워한, 경이로운, 불가사의한

√vṛ 59P.Ā. [vṛṇoti, vṛṇute/vṛṇāti, vṛṇīte] 고르다, 선택하다, ~(-artham, D. L. I.)로 선택하다, 결혼 상대로 고르다, 부탁하다, 요청하다, ~(Ab.)보다 ~(A.)하는 편을 선호하다
(caus.) [varayati, varayate] 선택하다, ~로 고르다, ~를 배우자로 고르다, 좋아하다

vaidya [m.] 지식 체계(veda)를 아는, 학식 있는, 의사, 의료인

saṃ-√śru 5P.Ā. [saṃśruṇoti, saṃśruṇute] ~로부터 듣다, ~(A.)의 말을 경청하다, 동의하다, ~(D. L.)에게 약속하다

saṃśruta [a.] 경청한, 배운, 동의한, ~(D.L.)에게 약속한
[n.] 경청, 동의, 약속

sarpa [m.] 뱀,
[a.] 붙어서 기어가는

제18과
संस्कृतवाक्योपक्रिया

미래형

✤18.01 쌍쓰끄리땀의 미래형에는 단순미래형과 대체미래형이 있다. 이 둘은 형태상 차이가 있지만 의미상 구분되는 것은 아니다. 사용되는 빈도나 중요성면에서 단순미래형이 월등하게 큰 비중을 차지한다. 따라서 특별한 구분이 필요하지 않을 때에는 단순미래형을 "미래형"이라고 부른다.

✤18.02 미래형은 동사 말뿌리에 때매김을 나타내는 뒷토 -sya-를 첨가하여 만들어진다.

✤18.02(01) 동사 말뿌리는 가능한 경우라면 구나형으로 강화된 후에 -sya-가 첨가된다.

pra-√viś [praviśati, praviśate] → pra-veś + sya- → pravekṣyati, pravekṣyate "그가 들어갈 것이다"

✤18.02(02) 말뿌리가 seṭ-말뿌리인 경우와 veṭ-말뿌리(☞✤14.02)인 경우의 일부에서 -sya-의 앞에 iṬ가 삽입된다. 이러한 경우에는 -sya-가 -iṣya-로 바뀐다. (i 모음 뒤에서 s의 내부싼디, ☞✤05.10) 숫자상으로는 aniṬ-말뿌리가 seṬ-말뿌리보다 많다.

✤18.02(03) -sya-가 첨가되어 만들어진 미래형 말줄기의 뒤로는 제일인칭뒷토가 사용된다.

✤18.02(04) 미래형 말줄기는 -sya로 끝나게 되기 때문에 -a로 끝나는 고정형 말줄기와 마찬가지로 다루어진다.

✤18.03 전형적인 미래형들의 예를 들면 다음과 같다.

✤18.03(01) seṬ-말뿌리의 경우

√gam [gacchati] → gamiṣyati "그가 갈 것이다"; gamiṣyasi "너는 갈 것이다"

√kṛ [karoti] → kariṣyati "그가 할 것이다"; kariṣyāmi "내가 할 것이다"

√bhū [bhavati] → bhaviṣyati "그렇게 될 것이다"; bhaviṣyāmi "내가 그렇게 될 것이다"

√han [hanti] → haniṣyati "그가 죽일 것이다"; haniṣyāmaḥ "우리들이 죽일 것이다"

✤ 18.03(02) aniṬ-말뿌리의 경우

동사 말뿌리가 자음으로 끝나면서 aniṬ-말뿌리인 경우에는 말뿌리가 뒤따르는 -sya-와 결합되면서 내부싼디를 거치는 경우가 많다. 따라서 몇 가지 주의할 만한 경우에 익숙해져야 한다.

말뿌리가 울림소리인 터짐소리로 끝날 때에는 뒤따르는 -sya-에 맞추어 안울림소리가 된다.

√budh [bodhati, bodhate] "깨어나다, 인식하다" → botsyati, botsyate "그가 인식할 것이다"

말뿌리가 거센소리인 터짐소리로 끝날 때에는 거센소리가 아닌 터짐소리로 바뀐다.

√labh [labhate] "얻다, 성취하다" → lapsyate "그가 성취할 것이다"

말뿌리의 끝소리가 굳은곳소리나 자음 -h인 경우에는 -k로 바뀌고 뒤따르는 -sya는 -ṣya가 된다.

√vac [vakti] "말하다" → vakṣyati "그가 말할 것이다"

√yaj [yajati, yajate] "제사 지내다" → yakṣyati, yakṣyate "그가 제사를

지낼 것이다"

√vah [vahati, vahate] "가지고 가다, 옮기다" → vakṣyati, vakṣyate "그가 옮길 것이다"

√dah [dahati] "태우다" → dhakṣyati "그가 태울 것이다"

말뿌리 끝에 오는 -s가 -t로 바뀌는 경우가 있다. √has [hasati] "웃다, 미소짓다" → hasiṣyati "그가 웃을 것이다"와는 다른 미래형이 만들어진다.

√vas [vasati] "거주하다, 머무르다" → vatsyati "그가 머무를 것이다"

그 외의 특별한 변화가 없는 경우들도 있다.

√sthā [tiṣṭhati] → sthāsyati "그가 서 있을 것이다"; sthāsyatha "너희들이 서 있을 것이다"

√jñā [jānāti, jānite] → jñāsyati "그가 알게 될 것이다"; jñāsyataḥ "그 둘이 알게 될 것이다"

√i [eti] → eṣyati "그가 갈 것이다"; eṣyataḥ "그 둘이 갈 것이다"

√dā [dadāti] → dāsyati "그가 줄 것이다"; dāsyathaḥ "너희 둘이 줄 것이다"

✣ 18.03(03) veṬ-말뿌리의 경우

iṬ가 삽입될 경우도 있고 아닌 경우도 있어서 두 가지 형태가 가능해진다.

√naś[naśyati] "없어지다, 사라지다" → naṅkṣyati/naśiṣyati "그가 사라질 것이다"

√kṣam [kṣamate/kṣāmyati] "참아내다, 용서하다" → kṣaṃsyati/kṣamiṣyati "그가 용서할 것이다"

✤ 18.03(04) 여기에서 √naś → naṅkṣyati의 경우는 드물지만 말뿌리의 버금끝찌음으로 콧소리가 삽입되는 경우이다.

✤ 18.03(05) 다만 제10갈래 동사들의 경우에는 동사 말뿌리가 아니라 현재형 말줄기 뒤에 iṬ를 삽입하고 -ṣya-를 첨가해서 미래형 말줄기가 만들어진다. 따라서 제10갈래 동사들은 모두 seṬ로 취급된다고 할 수 있다.

√cint [cintayati] → cintayiṣyati "그가 생각할 것이다"
√cur [corayati] → corayiṣyati "그가 훔칠 것이다"
√kath [kathayati] → kathayiṣyati "그가 이야기할 것이다"

✤ 18.03(06) 말뿌리 중간의 모음 -ṛ-가 일반적인 구나형 -ar-가 되지 않는 경우들이 있다. √kṛ [karoti] → kariṣyati "그가 할 것이다"; √spṛś → sparkṣyati "그가 만질 것이다"와 다른 점에 주목해서 보라!

√dṛś → drakṣyati "그가 볼 것이다"
√sṛj → srakṣyati "그가 뿜어낼 것이다"

श्वो ऽहं तपसः फलं द्रक्ष्यामि ।
śvo 'haṃ tapasaḥ phalaṃ drakṣyāmi.
나는 내일 고행의 결과를 보게 될 것이다.

न केवलं परिरक्षितं गुह्यं मनसा चिन्तितमपि सर्वं वेत्स्यति महामन्त्री ।
na kevalaṃ parirakṣitaṃ guhyaṃ manasā cintitam api sarvaṃ vetsyati mahāmantrī.
잘 숨겨진 비밀뿐만 아니라 마음으로 생각된 것까지 모든 것을 대재상은 알게 될 것이다.

न हन्तव्यो ऽस्मि । यत्कारणं त्वां राजानं करिष्यामि ।
na hantavyo 'smi. yatkāraṇaṃ tvāṃ rājānaṃ kariṣyāmi.
나를 죽이면 안 된다. 왜냐하면 내가 너를 왕으로 만들 것이니까.

नमो ब्रह्मणे।

नमस्ते वायो।

त्वमेव प्रत्यक्षं ब्रह्मासि।

त्वमेव प्रत्यक्षं ब्रह्म वदिष्यामि।

ऋतं वदिष्यामि ।

सत्यं वदिष्यामि ।

तन्मामवतु ।

तद्वक्तारमवतु ।

अवतु माम् ।

अवतु वक्तारामवतु वक्तारम् ॥

ॐ शान्तिः शान्तिः शान्तिः ॥ 『तैत्तिरीयोपनिषद्』

namo brahmaṇe.

namas te vāyo.

tvam eva pratyakṣaṃ brahmāsi.

tvam eva pratyakṣaṃ brahma vadiṣyāmi.

ṛtaṃ vadiṣyāmi.

satyaṃ vadiṣyāmi.

tan mām avatu.

tad vaktāram avatu.

avatu mām.

avatu vaktāram avatu vaktāram.

oṃ śāntiḥ śāntiḥ śāntiḥ. *Taittirīya-Upaniṣad*

브라흐만에 경배를
그대 바유에게 경배를

(바람!) 그대야 말로 보이는 브라흐만이며
그대야 말로 보이는 브라흐만이라고 나는 말할 것이다.
옳은 것을 나는 말할 것이다.
진리를 나는 말할 것이다.
그것이 나를 애호할지어다!
그것이 말하는 자(스승)를 애호할지어다!
나를 애호할지어다!
말하는 자를 애호할지어다! 말하는 자를 애호할지어다!
옴, 평온(śānti, ☞ ✤18.18), 평온, 평온.

이 우빠니샫 구절의 구체적인 의미를 전체 맥락 안에서 해석하는 것은 나중으로 미루고 우선 문법상의 형태들과 그 의미를 파악하는 것에 집중해서 텍스트를 읽도록 하자.

미래수동형

✤ 18.04 미래형에서도 수동(karmaṇi)과 상태수동(bhāve prayoga)이 가능하다. 하지만 미래형에서는 수동형 말줄기를 따로 만들지 않고 Ā. 활용형을 사용한다는 사실에서만 능동형과 구분된다. 따라서 √gam → gamiṣyate; √sthā → sthāsyate; √kṛ → kariṣyate; √i → eṣyate는 미래수동형으로 이해될 수 있다.

नलो राज्यं करिष्यति ।
nalo rājyaṃ kariṣyati.
날라가 왕권을 행사할 것이다.

राज्यं नलेन करिष्यते ।
rājyaṃ nalena kariṣyate.
왕권이 날라에 의해 행사될 것이다.

18.05 그런데 만약 동사가 원래 Ā.로 활용되는 동사라면 미래형과 미래수동형의 구분이 불가능하게 된다. 예로 ā-√rabh [ārabhate]은 원래 Ā.로 사용되기 때문에 미래수동형과 미래형 Ā. 3인칭 단수형이 형태상으로는 구분되지 않는다. 하지만 아래 예문에서처럼 맥락과 구문을 근거로 구분할 수 있는 것이 보통의 경우이다.

अद्य पण्डितेन प्रथमस्य खण्डस्य लेखनमारप्स्यते।

adya paṇḍitena prathamasya khaṇḍasya lekhanam ārapsyate.

오늘 학자에 의해 첫 대목을 적는 일이 시작될 것이다.

미래형의 사용

미래의 사태를 서술하는 가장 일반적인 방식으로 미래형이 사용된다.

18.06 **यदि भद्रं ते सर्वं कथयिष्यामि ।**

yadi bhadraṃ te sarvaṃ kathayiṣyāmi.

당신이 좋다면 (← 당신 마음에 든다면), 내가 모두 이야기하겠다.

ततश्चित्रां शालां करिष्याम आर्याय यशस्विने ।

tataś citrāṃ śālāṃ kariṣyāma āryāya yaśasvine.

그리고 나서 우리가 영예로운 고귀한 자를 위해 아름다운 건물을 지을 것이다(kariṣyāmaḥ).

एतत्ते विस्तरेणोक्तं यन्मां त्वं पृच्छसि। अद्य गमिष्याम्यरण्यं प्रति ।

etat te vistareṇoktaṃ yan māṃ tvaṃ pṛcchasi. adya gamiṣyāmy araṇyaṃ prati.

당신이 내게 물은 바로 그것을 자세하게 이야기했다. 오늘 나는 숲을 향해 가겠다.

सो ऽहं तपश्चरिष्यामि स्त्रीभ्यां सहितो वने । 『महाभारतम्』

so 'haṃ tapaś cariṣyāmi strībhyāṃ sahito vane. *Mahābhārata*

바로 내가(☞✣07.15) 두 부인과 함께 숲에서 고행을 할 것이다.

श्रोतुमिच्छामि का मम पुत्रस्योपक्रिया भविष्यतीत्यवश्यमेव हन्यमानस्य पुत्रस्य माता प्रक्ष्यति ।

śrotum icchāmi kā mama putrasyopakriyā bhaviṣyatīty avaśyam eva hanyamānasya putrasya mātā prakṣyati.

"나는 무엇이 내 아들에게(putrasya) 도움이 될 것인지를 듣고 싶다."라고 그 죽임을 당하는 아들의 어머니가 반드시 물을 것이다.

미래분사

✣18.07 미래형은 고정형 말줄기 활용처럼 활용되기 때문에 고정형 말줄기의 현재형에서 분사를 만드는 것과 동일하게 분사를 만들 수 있다. Ā.형도 마찬가지이다.

√gam [gacchati] → gamiṣyant "갈"

√kṛ [karoti] → kariṣyant "할"

√bhū [bhavati] → bhaviṣyant "~이 될"

√labh [labhate] → lapsyamāna (Ā.) "성취할"

बिडालां हनिष्यन्कर्षकः शिशोराक्रन्दमशृणोत् । तस्मात्स लप्स्यमानस्ताममुञ्चत ।

biḍālāṃ haniṣyan karṣakaḥ śiśor ākrandam aśṛṇot. tasmāt sa lapsyamānas tām amuñcata.

암코양이를 죽이려고 하던 농부는 새끼의 울음을 들었다. 그래서 잡으려던 그 [사람]이 암컷을 놓아주었다.

lapsyamānaḥ는 미래분사 Ā.의 남성형 단수이므로 내용상 karṣaka를 가리키는 말이 된다. 뒤따르는 tām은 여성형이므로 biḍālā [f.]을 가리킨다.

क्व गमिष्यथ त्यक्त्वास्मान्वो धर्मिणः सैनिकान् । वयमप्यनुगमिष्यामो यत्र यूयं गमिष्यथ । वयं सर्वे युष्माननुगमिष्यामः ।

kva gamiṣyatha tyaktvāsmān vo dharmiṇaḥ sainikān. vayam apy anugamiṣyāmo yatra yūyaṃ gamiṣyatha. vayaṃ sarve yuṣmān anugamiṣyāmaḥ.

당신들은 규범을 따르는 당신들의 군인들인 우리를 버리고 어디로 갈 것입니까? 우리들도 또한 당신들이 가는 곳으로 따라가겠습니다. 우리 모두는 당신들을 따를 참입니다.

भर्तारमनुगमिष्यन्ती रूपस्विनी तं मुनिं पश्यति ।

bhartāram anugamiṣyantī rūpasvinī taṃ muniṃ paśyati.

남편을 따라가려고 하는 아름다운 여자는 그 성자를 본다.

대체미래형 (Periphrastic Future)

✤18.08 대체미래형은 명사형과 동사형의 두 표현이 조합되어서 미래의 의미를 나타내는 표현방식이다. 대체미래형은 앞서 배운 단순미래형보다 나중에 생겨난 표현 형태이고 쓰이는 경우도 적다.

✤18.09(01) 대체미래형을 만들려면, 우선 미래형으로 만들고자 하는 동사에서 만들어지는 행위자 명사를 만든다. 만드는 방법은 일반적으로는 말뿌리의 구나형을 취하고 그 뒤에 -tṛ를 첨가하는데, 이것은 앞서 행위자 명사(☞✤15.11)를 만드는 방법에서 배웠다. 그리고 이 행위자 명사의 단수 임자격을 취한다. 표현하고자 하는 동작의 주체가 2인칭이나 1인칭 혹은 양수나 복수일지라도 상관하지 않고 단수 임자격을 취하기 때문에 -tā로 끝나는 형태로 고정

된다. 그리고 나서 그 뒤에 별도로 √as 동사의 현재형을 성구분과 수에서 행위 주체와 일치되는 형태로 만들어 첨가한다.

√kṛ → kartṛ "하는 사람" → kartā + asmi (1인칭 단수) → kartāsmi "내가 하겠다"

√dā → dātṛ "주는 사람" → dātā + asi (2인칭 단수) → dātāsi "네가 주겠다"

√rakṣ → rakṣitṛ "지키는 자" → rakṣitā + svaḥ (1인칭 양수) → rakṣitāsvaḥ "우리 둘이 지키겠다"

√gam → gantṛ "가는 자" → gantā + sthaḥ (2인칭 양수) → gantāsthaḥ "너희 둘이 가겠다"

√śru → śrotṛ "듣는 사람" → śrotā + smaḥ (1인칭 복수) → śrotāsmaḥ "우리들이 듣겠다"

√bhū → bhavitṛ "되는 사람" → bhavitā + stha (2인칭 복수) → bhavitāstha "너희들이 되겠다"

✣ 18.09(02) 그런데 중요한 것은 3인칭의 경우에는 √as에서 만들어진 활용형을 첨가하지 않는다는 사실이다. 1인칭과 2인칭에서 -tā로 끝나는 행위자 명사만으로는 단수, 양수, 복수가 구분되지 못하고 또 1인칭인지 2인칭인지 구분할 수가 없다. 따라서 1인칭과 2인칭에서는 √as 동사의 현재형을 뒤에 첨가해야 한다. 하지만 3인칭에서는 행위자 명사 -tṛ를 남성형으로 곡용시키기 때문에 단수, 양수, 복수가 곡용 형태에 따라 구분된다. 따라서 굳이 √as 동사의 현재형을 뒤에 첨가할 필요가 없다.

✣ 18.09(03) "내가 할 것이다"는 대체미래형으로 kartāsmi (kartā + asmi)가 되는 데에 반해 "그가 할 것이다"는 대체미래형으로 kartā (asti는 생략)가 된다. "네가 줄 것이다"는 dātāsi (dātā + asi)가 되는데, "그녀가 줄 것이다"는 dātā (asti 없이)가 된다. 결국 3인칭의 경우에는 일반적인 행위자 명사와 대체미

래형이 구분되지 않는다. 양수나 복수의 경우 1인칭이나 2인칭이라면 √as 의 활용형이 수의 구분을 나타내 주게 된다.

गन्तास्वः gantāsvaḥ "우리 둘이 갈 것이다"
गन्तास्मः gantāsmaḥ "우리들이 갈 것이다"
गन्तास्थः gantāsthaḥ "너희 둘이 갈 것이다"
गन्तास्थ gantāstha "너희들이 갈 것이다"

하지만 3인칭의 경우에는 양수와 복수를 구분해 줄 동사 형태 없이 대체미래형의 일부인 행위자 명사를 양수와 복수로 곡용시킨다.

गन्तारौ gantārau (staḥ 없이) "그들 둘이 갈 것이다"
गन्तारः gantāraḥ (santi 없이) "그들이 갈 것이다"

결국 이렇게 나타나는 3인칭 대체미래형과 단순한 행위자 명사의 구분은 맥락과 구문에 따른 판단에 의지할 수밖에 없다.

✤ 18.10 대체미래형의 일반적인 형태를 제시하자면 아래와 같다.

표18.01 √bhū "~이다, 있다, 되다"의 대체미래형

	단수	양수	복수
3.	भविता bhavitā	भवितारौ bhavitārau	भवितारः bhavitāraḥ
2.	भवितासि bhavitāsi	भवितास्थः bhavitāsthaḥ	भवितास्थ bhavitāstha
1.	भवितास्मि bhavitāsmi	भवितास्वः bhavitāsvaḥ	भवितास्मः bhavitāsmaḥ

18.11 대체미래로 사용되는 동사 말뿌리가 무엇인지와 무관하게 모든 말뿌리는 대체미래형에서는 P. 형태로 사용된다.

18.12 인도 문법전통에서 대체미래형을 설명할 때 anadyatana "오늘이 아닌"이나 śvastana "내일에 연관되는"이라는 표현을 사용해서 단순미래형과 구분한다. 이 구분이 정확하게 무엇을 의미하는지는 불분명하다. 그리고 실제로는 이 설명처럼 대체미래형과 단순미래형의 의미가 구분되지는 않는다. 다만 일반적인 문법전통의 설명이 주는 각인 효과가 있어서인지, 대체미래형이 나타나는 문장에서 śvaḥ "내일, 다음날"이라는 부사가 등장하는 일이 종종 있다.

श्वः सर्वथा रक्षितास्मि वः पुनः ।
śvaḥ sarvathā rakṣitāsmi vaḥ punaḥ.
내일 내가 어떻게 해서라도 당신들을 다시 보호하겠다.

श्वः सर्वथा रक्षिता वः पुनः ।
śvaḥ sarvathā rakṣitā vaḥ punaḥ.
내일 그가 어떻게 해서라도 당신들을 다시 보호할 것이다.

이 예문에서 śvaḥ라는 맨 앞의 부사가 뒤따르는 문장이 미래를 표현하는 문장이 될 것임을 분명하게 해 주기 때문에 rakṣitā가 대체미래형이라는 것을 쉽게 알아볼 수 있다.

조건형 (conditional)

18.13 고전쌍쓰끄리땀에서 특별한 가정이나 반사실적인 내용을 표현할 때 사용하는 형태가 조건형이다. 조건형은 베다에서는 물론이고 서사시에서도 아

주 드물게 나타나지만 문법을 배우는 학습자들이 이해하고 내용을 파악하고 있어야 할 필요는 있다. 역사적으로는 과거의 미래형으로 베다에서 사용되었지만, 우리는 단순하게 미래의 과거형이라고 생각하면 된다. 조건형의 어형은 미래형 말줄기에서 만들어지는 과거형이다. 즉 과거형을 만들 때와 마찬가지로 과거 보탬말 a-를 앞에 붙이고 말줄기 뒤에는 제이인칭뒷토를 첨가해서 활용하면 된다. 예로 √gam [gacchati]의 미래형 3인칭단수는 gamiṣyati이니까 미래형 말줄기 gamiṣya를 가지고 3인칭 단수 조건형 agamiṣyat을 만들 수 있다.

√kṛ [karoti] → kariṣyati → akariṣyat "그가 했더라면"
√bhū [bhavati] → bhaviṣyati → abhaviṣyaḥ "당신이 있었더라면"
√jñā [jānāti/jānite] → jñāsyati → ajñāsyatām "그들 둘이 알았더라면"
√dā [dadāti] → dāsyati → adāsyāma "우리들이 주었더라면"

✣18.14 조건형은 그 형태가 미래말줄기를 사용한 과거형으로 분명하게 드러나기 때문에 알아차리는 데에 큰 어려움은 없다. 조건형은 명확하게 사실이 아닌 내용을 표현하기 위해 사용된다. 따라서 분명하게 현실이 아니라는 점을 밝히면서 이야기하고자 할 때나, 현실과는 동떨어진 가정적인 내용을 이야기하고자 한다는 사실을 분명하게 하는 맥락에서 사용된다.

नलश्चेद्धंसमहनिष्यत्स हंसो दमयन्त्याः समीपे गत्वा नलस्य गुणान्नाकथयिष्यत् ।

nalaś ced dhaṃsam (cet-haṃsam, ✣05.04) ahaniṣyat sa haṃso damayantyāḥ samīpe gatvā nalasya guṇān nākathayiṣyat.

만약(ced) 날라가 기러기를(haṃsam) 죽였더라면 그 기러기가 다마얀띠의 근처로 가서 날라의 장점들에 대해 이야기하지 않았을 것이다.

복합모음 말줄기 명사의 곡용

복합모음으로 끝나는 명사들의 곡용형은 다음과 같다.

✤ 18.15

표18.02 복합모음 끝모음 명사 남성곡용 rai [m.] "재산, 부"

격	약칭	단수	양수	복수
임자격	N.	राः rāḥ	रायौ rāyau	रायः rāyaḥ
대상격	A.	रायम् rāyam	रायौ rāyau	रायः rāyaḥ
수단격	I.	राया rāyā	राभ्याम् rābhyām	राभिः rābhiḥ
위함격	D.	राये rāye	राभ्याम् rābhyām	राभ्यः rābhyaḥ
유래격	Ab.	रायः rāyaḥ	राभ्याम् rābhyām	राभ्यः rābhyaḥ
가짐격	G.	रायः rāyaḥ	रायोः rāyoḥ	रायाम् rāyām
곳때격	L.	रायि rāyi	रायोः rāyoḥ	रासु rāsu
부름격	V.	राः rāḥ	रायौ rāyau	रायः rāyaḥ

श्वो ऽपि तस्य रायो विवर्धनं प्रतिपत्स्यते ।

śvo 'pi tasya rāyo vivardhanaṃ pratipatsyate.

내일도 그의 재산의(가짐격) 증가가 발생할 것이다.

✤ 18.16

표18.03 복합모음 끝모음 명사 남성/여성곡용 go [m.] "황소"; [f.] "암소"

격	약칭	단수	양수	복수
임자격	N.	गौः gauḥ	गावौ gāvau	गावः gāvaḥ
대상격	A.	गाम् gām	गावौ gāvau	गाः gāḥ
수단격	I.	गवा gavā	गोभ्याम् gobhyām	गोभिः gobhiḥ
위함격	D.	गवे gave	गोभ्याम् gobhyām	गोभ्यः gobhyaḥ
유래격	Ab.	गोः goḥ	गोभ्याम् gobhyām	गोभ्यः gobhyaḥ
가짐격	G.	गोः goḥ	गवोः gavoḥ	गवाम् gavām
곳때격	L.	गवि gavi	गवोः gavoḥ	गोषु goṣu
부름격	V.	गौः gauḥ	गावौ gāvau	गावः gāvaḥ

이 단어는 인도의 종교전통과 연관되어 중요한 위치를 차지하는 암소를 의미하는 말이기 때문에 자주 등장하는 단어이다. 따라서 사용되는 형태를 분명하게 익혀 둘 필요가 있다.

वनस्य समीपे वसतो ब्राह्मणस्य गावौ निशायां चौरेणाचोर्येताम् ।

vanasya samīpe vasato brāhmaṇasya gāvau niśāyāṃ

caureṇācoryetām.

숲 근처에 사는 사제의 두 소가 밤에 도둑에게 도둑맞았다(acoryetām, 수동과거형 양수).

✤18.17

표18.04 복합모음 끝모음 명사 여성곡용 nau [f.] "배, 보트"

격	약칭	단수	양수	복수
임자격	N.	नौः nauḥ	नावौ nāvau	नावः nāvaḥ
대상격	A.	नावम् nāvam	नावौ nāvau	नावः nāvaḥ
수단격	I.	नावा nāvā	नौभ्याम् naubhyām	नौभिः naubhiḥ
위함격	D.	नावे nāve	नौभ्याम् naubhyām	नौभ्यः naubhyaḥ
유래격	Ab.	नावः nāvaḥ	नौभ्याम् naubhyām	नौभ्यः naubhyaḥ
가짐격	G.	नावः nāvaḥ	नावोः nāvoḥ	नावाम् nāvām
곳때격	L.	नावि nāvi	नावोः nāvoḥ	नौषु nauṣu
부름격	V.	नौः nauḥ	नावौ nāvau	नावः nāvaḥ

नावा विना न कश्चिद्गङ्गां तरितुं शक्नोति ।

nāvā vinā na kaś cid gaṅgāṃ tarituṃ śaknoti.

배 없이는 누구도 갠지스를 건널 수 없다.

쌍쓰끄리땀 단어 3: -ti로 끝나는 여성 행위 명사

✤18.18 몇몇 동사 말뿌리에 사용되는데, 동사 말뿌리가 불변이거나 약화되고 나서 그 뒤에 -ti를 붙이면 동사 말뿌리가 의미하는 행위 자체를 나타내는 행위 명사가 만들어진다. 이렇게 만들어진 명사는 여성명사이다. 중요한 여성형 행위 명사의 대다수가 -ti를 첨가하는 형태로 만들어진다. 동사 말뿌리가 -ti 앞에서 약화되는 형태는 과거분사 뒷토 -ta가 첨가될 때와 마찬가지의 형태를 취하게 된다.(☞✤14.10)

√gam → gatiḥ [f.] "가기, 움직이기, 길, 방식"

√vac → uktiḥ [f.] "말하기, 언어"

√man → matiḥ [f.] "생각, 의견"

√jan → jātiḥ [f.] "출생, 태어남, 생산, 출신"

pra-√kṛ → prakṛtiḥ [f.] (앞서 만들어져 있음 →) "본성, 원형, 가공되지 않은 상태"

ā-√kṛ → ākṛtiḥ [f.] (모양 만들기 →) "형태, 외형"

√dṛś → dṛṣṭiḥ [f.] (봄, 보기 →) "시야, 관점, 관찰, 견해"

√muc → muktiḥ [f.] "해방, 해탈"

√śam → śāntiḥ [f.] "안정, 고요, (남의 적대감이나 분노를) 가라 앉힌 상태"

pra-√āp → prāptiḥ [f.] "성취, 획득, 도달"

√budh → buddhiḥ [f.] (의식하고 있기, 깨어 있기 →) "의식, 생각, 판단력"

दृष्ट्या श्रुत्या च कुमारः प्रतिदिनं विद्यां प्राप्नोति ।

dṛṣṭyā śrutyā ca kumāraḥ pratidinaṃ vidyāṃ prāpnoti.

보는 것과 듣는 것을 통해 소년은 매일 지혜를 얻는다.

सुखं दुःखं च बुद्धेरुत्पद्येते ।

sukhaṃ duḥkhaṃ ca buddher utpadyete.

행복과 불행은 의식으로부터 생겨난다.

쌍쓰끄리땀 단어 4: -man으로 끝나는 중성 행위 명사

✤18.19 몇몇 동사 말뿌리에 사용되는데, 동사 말뿌리가 구나 형태를 취하고 그 뒤에 -man을 붙이면 동사 말뿌리가 나타내는 행위 자체를 나타내는 행위 명사가 만들어진다. 이렇게 만들어지는 명사들은 중성이다.

√kṛ → karman [n.] "행위, 까르마, 행위 대상"

√jan → janman [n.] "출생, 태생, 출신, 생산"

√viś → veśman [n.] (~로 들어가기, 정착하기→) "주거, 집, 거처"

यत्तेनाक्रियत तत्कर्म मह्यं ब्रूहि ।

yat tenākriyata tat karma mahyaṃ brūhi!

그에 의해 행해진(akriyata, 수동 과거) 일을 나에게 말해라!

연습문제

D 18.01. 다음 문장을 한국어로 옮기시오.

D 18.01(01) यजमानः क्रताविमं पशुं होष्यते ।

D 18.01(02) कर्षको वृद्धेन नावा नदीं तरंस्तस्या नद्या मध्ये निपतन्तं ब्रह्मचारिणमपश्यत् ।

D 18.01(03) धिक्त्वां नक्तं त्वया कृतात्कर्मणो ऽहं श्वो मर्तास्मि ।

D 18.01(04)

अस्य वृक्षस्य समीपे स चेन्नासत्स्यत्सिंहो न तमहनिष्यदिति तस्य वृक्षस्य भुज उपविशन्काको हतं मृगं पश्यंश्चिन्तयति स्म ।

□ 18.01(05) स मुनिर्वनं धक्ष्यन्तं कर्षकं मा करोत्विति वक्ष्यति ।

□ 18.01(06) त्रिजगतः क्षयात्परं ब्रह्मा तत्पुनः स्रक्ष्यति ।

□ 18.01(07) सा देवी भुवि बद्धापि पुरुषेभ्यो मुक्तिं ददाति ।

□ 18.01(08) तस्य कार्यस्य प्राप्तये स ब्राह्मणो यक्ष्यति ।

□ 18.01(09) अपि श्वस्तव गा गङ्गामानयिष्यसीत्येकः कर्षकस्तस्य सुहृदं पृच्छति।

□ 18.01(10) अस्माद्युद्धात्परं जना वीरान्स्तोतारः ।

□ 18.01(11) मम पुत्रस्य पुत्रे दृष्टे ऽरण्ये तपसे च मुक्तये च वत्स्यामीति बुद्धिमांश्चिन्तयिष्यति।

▷ 18.02 다음 문장 안의 괄호를 주어진 의미에 맞도록 [ ]에 주어진 단어의 적당한 형태를 사용하여 쌍쓰끄리땀으로 채워 넣은 후에 전체 문장을 데바나가리로 적으시오.

▷ 18.02(01) tapas ( ) api yat tvam āptum icchasi tan na ( ). [√car의 현재분사형; √labh의 미래형]

네가 고행을 하게 되더라도 너는 네가 얻기 원하는 것을 얻지 못할 것이다.

▷ 18.02(02) sa tasya pitaram ( ) śatrum na ( ). [√han의 과거능동분사; √kṣam의 미래형]

그는 그의 아버지를 죽인 적을 용서하지 않을 것이다.

▷ 18.02(03) asmin yuddhasya kṣetre ( ) janaḥ svargam ( ). [√mṛ의 과거분사; √gam의 미래형]

이 전쟁터에서 죽은 사람은 하늘나라에 갈 것이다.

▷ 18.02(04) vartamāne taiḥ ( ) karmaṇāsmiñ jagati vasanto jantavaḥ punaḥ ( ) [√kṛ의 과거분사; ud-√bhū의 미래형]

현재 그들이 행하는 일에 따라 이 세계에 살고 있는 생명체들은 다시 태어날 것이다.

▷ 18.02(05) rājā (   ) jyeṣṭhaḥ kumāraḥ sumukhaś ca vīraś ca paṇḍitaś ca tataḥ puruṣāḥ "sa nṛpo bhavitum (   )" iti vadanti. [√bhū의 미래형 분사; √arh의 현재형]

왕이 될 첫 번째 왕자는 잘생기고 용감하고 학식이 있어서 사람들은 "그는 왕이 될 자격이 있다."고 말한다.

▷ 18.02(06) śiṣya ācāryeṇa saha pustakam (   ) paścād gṛhaṃ gatvā ca tat punaḥ (   ) ca. [√paṭh의 독립형; √paṭh의 대체미래형]

학생은 스승과 함께 책을 낭송하고 나서 나중에 집에 간 후에 그것을 읽을 것이다.

▷ 18.02(07) sa vīro 'pi janmano rājaputryāḥ svayaṃvaram (   ) na (   ). [pary-upa-√ās의 부정형; √śak의 과거형]

그는 영웅임에도 불구하고 출생 때문에 공주의 배우자 선택 행사에 참여할(←함께 앉을) 수 없었다.

▷ 18.02(08) āśramam (   ) muninā saha rājñaḥ putrau tam āśramam (   ). [prati-ā-√gam의 미래분사형; √i의 미래형]

수행처로 돌아가게 될 성자와 함께 왕의 두 아들은 그 수행처로 갈 것이다.

▷ 18.02(09) pratidinaṃ tu naktam ( ) cintāyās tasya rāyaḥ patiḥ ( ) nāśaknot. [rai [m.] 곳때격; √svap의 부정형]

그런데 날마다 밤에 재산 걱정 때문에 그 재산의 주인은 잘 수 없었다.

▷ 18.02(10) yadi nalo damayantīṃ na ( ) tarhi sā kevalaṃ na ( ). [√tyaj의 조건형; √rud의 조건형]

만약 날라가 다마얀띠를 버리지 않았더라면, 그녀는 혼자서 울지 않았을 것이다.

▷ 18.02(11) yatra yatra patiḥ ( ) tatra tatra tasya bhāryā ( ). [√gam의 대체미래형; anu-√gam의 대체미래형]

남편이 갈 곳마다 그의 부인도 따라갈 것이다.

▷ 18.02(12) vana ṛṣīṃś ca munīṃś ca ( ) rākṣasā vīrābhyām ( ). [√bādh의 현재분사형; √han의 미래수동형]

숲에서 현인들과 성자들을 괴롭히는 락사싸들은 두 영웅에 의해 죽을것이다.

D 18.03 다음 이야기를 한국어로 옮기시오. (날라와 다마얀띠 이야기 4)

D 18.03(01) सा देवान्नमस्कृत्य हसन्ती नलमब्रवीत् । राजन्मां प्रणयस्व । यद्भवान्वक्ष्यति तदेव करिष्यामि । यथा भवानिच्छति तथा भविष्यामीति । सा च कामस्य वशं गता राजपुत्री मनसिजस्य वशे तिष्ठन्तं राजानमपृच्छत्किं ते करवाणीति ।

D 18.03(02) अहं चैव ममापि राश्चान्यद्यद्मम किञ्चन च तत्सर्वं तव ईश्वर । यद्धि हंसस्य वचनं तच्चिरेण मां दहति । हंसश्चेन्न त्वामभाषिष्यत स्वयंवरो न कदाप्यकरिष्यत । यद्यहं कामेन दग्धुमर्हामीति भगवतो मतिश्चेत्तदा मया कृतं तव दर्शनमिमां कामिनीं धक्ष्यति । तव कृते हि मया वीराणां राज्ञां समयं कृतमिह । यदि चेत्त्वं मां न विवक्ष्यसि तर्हि विषं वाग्निं वा जलं वा रज्जुं वास्थातास्मि तव कारणादिति ।

18.03(03) एवं तस्यामुक्तवति नलस्तामुक्तवान् । तिष्ठत्सु देवेषु कथं मानुषमिच्छसि । येषामहं लोककृतामीश्वराणां महात्मनां पादजलेनापि न तुल्यस्तेषु तव मनो वर्तताम् । मर्त्यश्चेद्देवानां विप्रियं करिष्यति तदाहं देवैर्मृतं नयिष्यते । त्वं देवान्वरयस्वेति। ।

18.03(04) तथा नलेनोक्त्वा सा शोचन्त्यपि स्मितेन शान्त्या नलमवदत् । यः कथञ्चन तव दोषो न भविष्यमान उपायो ऽस्ति स एवं मया दृष्टः । त्वं चैव सर्वैर्देवैः सहितश्चागमिष्यसि मम स्वयंवरम् । ततो ऽहं देवानां मध्ये त्वां वरयिष्ये । नैवं तव दोषो भविष्यतीति ।

▷ 18.03(05) एवमुक्तस्तु दमयन्त्या नलो राजा तत्रागच्छत्पुनर्यत्र देवाः समागताः । देवास्तथागतवन्तमपश्यंस्तम् । ततश्चैनं दृष्ट्वापृच्छंस्तत्सर्वं वृत्तान्तम् । इदं नलेनोक्तम् ।

▷ 18.03(06) भवद्भिरहं दमयन्त्याः समीपं प्रवेष्टुमशक्नवम् । भवतां शक्त्या च तत्र कश्चिन्नरो ऽपि प्रविशन्तं मां न दृष्टवानृते ताम् । किं तु भवत्सु तेजःसु निवेदयित्वा सुन्दरी सा मामेव वृणीते । अब्रवीच्च माम् । देवाः सहितागम्यास्त्वया सह यत्र मम स्वयंवरः । अहं च देवानां मध्ये त्वां वरिष्ये । एवं सति दोषो तव न भविष्यतीति । एतावदेव यथावृत्तं मया यथार्थत उक्तम् । भवन्तस्तु प्रमाणम् ।

낱말 목록

√av 1P. [avati] 몰아가다, 가게하다, 움직이게 하다, 마음에 들어 하다, 도와주다, 만족시키다

avaśyam [adv.] 반드시, 실제로, 확실하게, 틀림없이

ud-√bhū 1P. [udbhavati] 생겨나다, 드러나다, 도달하다, 드러내다, 설명하다

upakriyā [f.] 가까이 가져오기, 도움, 호의, 이익, 수단, 치료

upa-√viś 6P. [upaviśati] 가까이 가다, 자리 잡다, 내려 앉다

ṛta [n.] 맞는 것, 옳은 것, 적당한 것, 참됨, 진실, (베다) 우주의 운행 원리

guṇa [m.] (꼬아 만든) 줄, 실, 밧줄, 종류, 분류, 부차적인 것, 속성, 성질, 특징, 좋은 성질, 미덕

guhya [a.] 숨겨져야 하는, 덮어져야 하는, 비밀의
[n.] 비밀, 알려지지 않은 것

go [m.] 황소
[f.] 암소
(복수형) 가축, 가축떼,

citra [a.] 얼룩무늬의, 뛰어난, 눈에 띄는, 아름다운, 밝은 색깔의

cintā [f.] 생각, ~(G. L.)에 대한 걱정, 근심, 고려

ced [adv.] 만약, 가정하건데

janman [n.] 출생, 태생, 출신, 출산, 산출, 생산

√tṝ 1P. [tarati] (강을) 건너다, 가로질러 가다, 넘어서다

dṛṣṭi [f.] 보기, 관찰, 시야, 관점, 관찰, 견해

doṣa [m.] 결함, 피해, 나쁜 것, 흠, 손해, 비난

nau [f.] 배, 선박, 보트

pādajala [n.] 발을 씻기 위한 물

pra-√ṇī [praṇayati, praṇayate] 앞으로 이끌다, 행하다, 진행해 나가다, (제사 의식에서 불이나 소마 등을) 자리로 가져가다, 바치다, 사랑하다, 좋아하다

pratyakṣa [a.] 눈 앞에 있는, 보이는, 지각 가능한, 확실한, 분명한, 직접 나타나는
[n.] 시각 지각, 감각 지각, 직접 지각, 지각을 통한 인식

prati-√pad 4Ā. [pratipadyate] 발을 내딛다, 들어가다, 도착하다, ~에 이르다, (일이) 생겨나다, (일이) 일어나다, ~사람(L.G.A.)을 대해서 행동하다, 차지하다, 얻다

prāpti [f.] 도착, 도달, 범위, 성취, 얻음, 취득, 이윤, 구제,

√bādh 1Ā. [bādhate] 억압하다, 막다, 쫓아내다, 괴롭히다, 반대하다

bhadra [a.] 축복 받은, 좋은, 훌륭한, 마음에 드는, 친절한,
[n.] 행복, 번영, 행운; (m. f.의 부름격으로) 친애하는 이여!, (친애하는) 그대여!

bhuja [m.] 팔, 손, 가지, 밑동, 굽히는 곳,

madhya [a.] 가운데, 중간, 사이에 있는
[m.] [n.] 중간 부분, 몸의 허리 부분

martya [m.] 죽어야만 하는 존재, 인간
[a.] 죽을 운명을 가진

rai [m.] 재산, 소유, 재물, 부

lokakṛt [a.] 세상을 만드는, 열린 공간을 창조하는
[m.] 세상의 창조자

vipriya [a.] 마음에 들지 않는, 싫은, ~(G.)에게 내키지 않는
[n.] 싫은 일, 마음에 들지 않는 것, 기분 상하게 하는 일

vṛttānta [m.] 일이 진행된 결과, 사건, 경과, 일

śānti [f.] 평온함, 평정, 고요함, 누그러진 상태, 평화, 안녕, 행운, 편안함, 나쁜 것을 진정시키는 제사 의식

śālā [f.] 집, 건물, 큰 공간, 큰 방, 큰 건물

śruti [f.] 듣기, 귀, 들린 소리, 소문, (들어서 전해진) 전승

śvaḥ [ind.] 내일, 다음 날

sahita [a.] 함께, 합류하여, ~을 갖추고, ~와 함께

sainika [a.] 군대와 관련된
[m.] 군인, 경비병, 경비

strī [f.] 여자, 여성, 부인, (동물의) 암컷

smita [a.] 웃은, 웃는, 펴진, 꽃이 핀
[n.] 웃음, 미소

제19과

संस्कृतवाक्योपक्रिया

겹낱말 (samāsa)

✤19.01 겹낱말 사용은 쌍쓰끄리땀의 명사구 사용에서 아주 특징적인 면모이다. 동사가 드물거나 혹은 동사 없이 명사나 형용사들로만 이루어지는 문장들이 대부분인 학술 쌍쓰끄리땀의 경우에는 겹낱말 사용이 더욱 두드러진다. 겹낱말의 다양한 활용은 고전쌍쓰끄리땀이 갖는 압축적이면서도 함축적인 표현들을 가능하게 하는 근거가 되기도 한다. 따라서 겹낱말을 명확하게 분석해 내는 능력은 아주 중요하다. 겹낱말이 놀라울 만큼 길어지는 일들이 자주 있기 때문만이 아니라, 쌍쓰끄리땀에서 겹낱말 활용은 그 다양성이나 창조성 면에서 다른 언어들과는 비교하기 어려운 모습을 보여주고 있기 때문에 겹낱말을 정확하게 분석하고 이해하는 능력은 중요하다. 또한 주어진 겹낱말을 어떻게 이해하는지를 다른 사람에게 정확하게 표현하고, 다른 사람의 겹낱말 이해에 대한 설명을 분명하게 이해할 수 있는 능력도 중요하다. 겹낱말을 만들고 활용하는 방식을 이해하는 것이 원리적으로 어려운 것은 아니지만 고급 텍스트라고 해야 할 문학작품이나 전문 서적의 경우 겹낱말의 파악이 곧 내용 파악의 핵심이 된다.

✤19.02 겹낱말의 경우에는, 겹낱말의 분석을 위한 개념들을 분명하게 익히는 일까지도 중요하다. 앞서 다른 내용을 배울 때에는 인도 문법전통의 용어들을 배우는 일에 크게 신경 쓰지 않았던 것과는 상황이 다르다. 겹낱말의 학습과 풀이에 가장 효율적인 방식은 인도의 전통적인 풀이 틀과 개념들을 따르는 방식이라고 필자는 판단한다. 겹낱말 풀이와 연관된 쌍쓰끄리땀 개념들은 인도의 주석가들은 물론이고 현대의 학자들까지 대부분 받아들여 사용하고 있다는 사실이 전통적인 분석 체계의 효율성과 필요성을 대변해 준다. 따라서 겹낱말을 배우는 데에서는 겹낱말과 연관된 쌍쓰끄리땀 전문용어들을 익히는 것에도 시간을 할애하도록 하겠다.

✤ 19.03 겹낱말은 일반적으로 명사(혹은 형용사)들끼리의 결합이다. 명사들이 연결되자면 각 명사들 사이의 관계를 나타내는 격과 수와 성구분이 곡용을 통해 드러나야 한다. 예를 들어 아래의 명사구를 보자.

예문19.01 gopasya devasya vīraṃ mitram

목동의 신의 영웅인 친구/목동인 신의 용맹한 친구

예문19.02 gopasya devānāṃ vīraṃ mitram

목동의 신들의 영웅인 친구/목동의 신들의 용맹한 친구

예문19.03 gopasya devasya vīre mitre

목동의 신의 영웅인 두 친구들/목동인 신의 용맹한 두 친구들

겹낱말은 원칙적으로 끝자리의 단어 이외에는 모든 요소가 곡용 없이 말줄기의 형태로 결합되어 나열되면서 전체가 한 단어를 이루어 제시된다. 예시19.04의 경우처럼 말이다.

예문19.04 gopadevavīramitram

이때 예시19.04가 예시19.01을 의미하는지 혹은 예시19.02를 의미하는지는 형태상으로 판단이 불가능하다. 이 사실이 바로 겹낱말 풀이의 핵심 문제와 연관되어 있다.

✤ 19.04 겹낱말에서 가장 중요한 단어는 겹낱말 끝자리에 나타나는 단어이다. 즉 예시19.04에서 주가 되는 단어는 바로 mitra "친구"라는 단어이다. 한국어로 예를 들어 "콩-기름"은 콩에서 추출된 기름을 말한다. 그런데 "기름-콩"이라고 하면 기름이 아니라 기름을 짜기 위한 콩을 가리킬 것이다. 그 앞에 있는 모든 다른 단어들의 의미와는 무관하게 예시19.04는 결국 mitra에 대한 표현이다. 따라서 겹낱말에서 유일하게 곡용의 형태를 보여주는 것은 겹낱말 끝자리의 단어이다. 예시19.03이 보여주듯, 지금 이야기되고 있는 mitra가 두 명이라고 한다면 겹낱말의 다른 요소들과는 달리 mitra는 양수 형태

의 곡용 뒷토를 보여주어야 한다. 따라서 예시19.04는 예시19.03의 뜻으로 이해될 수 없다. 만약 예시19.03이 의미하는 바를 겹낱말로 나타내고자 한다면 예시19.05처럼 표현되어야 한다.

예문19.05 gopadevavīramitre

겹낱말에서는 끝자리에 나타나는 단어만이 겹낱말이 아닐 때와 마찬가지로 곡용되어 격과 성구분과 수를 나타내게 된다. 이렇게 해서 겹낱말 전체가 문장의 다른 요소들과 어떤 관계를 맺는지가 표현된다. 따라서 겹낱말에서는 끝자리의 단어가 보여주는 곡용 형태에 따라서 겹낱말 전체가 한 단어로서 격과 수와 성구분을 갖게 된다. 예시19.04는 겹낱말이므로 한 단어이고 이 단어의 여성형은 아래와 같다.

예문19.06 gopadevavīramitrā

✤19.05 겹낱말에서는 끝자리에 오는 명사(혹은 형용사)가 주가 되기 때문에, 예를 들어 "버스-운전자는 여성이다."라는 문장은 올바른 문장이 되겠지만 "버스-운전자는 천연가스를 사용한다."라는 문장은 바른 문장이 되지 못한다. 왜냐하면 "버스-운전자"라는 겹낱말을 사용하면 운전자인 사람에 대해 서술해야 하는데, 두 번째 문장은 사람이 아니라 버스에 대해서 서술하고 있기 때문이다. 따라서 겹낱말의 의미를 이해하기 위한 풀이는 바로 겹낱말 끝자리 단어에서 출발해야 한다.

겹낱말의 종류 개괄

✤19.06 우선 아래의 네 가지 겹낱말의 종류를 나타내는 이름들을 반복해서 큰 소리로 읽고 이 이름들에 익숙해지도록 하라.

द्वन्द्व dvandva; तत्पुरुष tatpuruṣa; कर्मधारय karmadhāraya; बहुव्रीहि bahuvrīhi

✣19.07 한 겹낱말의 앞자리 말이 A이고 뒷자리 말이 B인데, A-B가 겹낱말이라면 dvandva는 "A와 B"라는 뜻으로 쓰이는 겹낱말을 가리킨다. 한국말로 "개-고양이"라고 할 때 "개와 고양이"라는 의미로 사용되었다면 이 경우는 dvandva-겹낱말이라고 할 수 있다.

✣19.08 tatpuruṣa-겹낱말은 A-B를 "A의 B"라고 해석하는 경우에 해당한다. 한국어의 예를 들자면 "고양이-방울"을 들 수 있겠다. tatpuruṣa-겹낱말은 겹낱말 앞자리 A가 가진 격뒷토가 사라진 채로 A-B를 결합시켜서 만들어진 겹낱말을 말한다. 따라서 "고양이-방울"을 "고양이의 방울"이라고 해석하는 경우에는 "고양이"를 가짐격으로 해석하는 경우가 된다. 따라서 이 경우는 가짐격-tatpuruṣa라고 할 수 있다.

tatpuruṣa-겹낱말은 가짐격만 있는 것이 아니어서 위함격-tatpuruṣa라고 하면 "고양이를 위한 방울"이라는 뜻이 되고 유래격-tatpuruṣa라고 하면 "고양이로부터 (떨어진) 방울"이라는 뜻이 될 것이다. 하지만 우리는 tatpuruṣa-겹낱말 중에서 우선 가짐격-tatpuruṣa만을 고려하면서 배우도록 하자.

✣19.09 karmadhāraya-겹낱말은 A-B에서 A와 B가 같은 격을 갖는 경우를 말한다. 예를 들어 "금-돼지"라고 하면 "금"과 "돼지"가 같은 격을 갖는 경우여서 동격인 명사가 뒤따르는 말을 수식하는 결과가 된다. "금-돼지가 많다."라고 하면 "금인 돼지" 혹은 "돼지 모양의 금덩어리"가 많다는 뜻이고, "금-돼지를 선물했다."라고 하면 "금인 돼지" 혹은 "돼지 모양의 금덩어리"를 선물했다는 뜻이다. 앞의 경우에는 임자격-karmadhāraya이고 뒤의 경우는 대상격-karmadhāraya의 경우가 된다.

✤19.10 bahuvrīhi의 경우에는 겹낱말이 A-B라고 할 때 겹낱말이 가리키는 것이 실제로 무엇인지가 겹낱말 안에 제시되지 않는다는 것이 특징이다. 다시 말해서 겹낱말이 가리키는 주된 단어가 겹낱말 끝자리에 나타나지 않으며 겹낱말 자체에서 아예 드러나지 않는다. 그래서 bahuvrīhi-겹낱말이 한국 학습자들에게 가장 이해하기 까다로운 겹낱말의 형태이다. 초보 학습자가 bahuvrīhi-겹낱말을 익히는 가장 간단한 방법은 해당 겹낱말 A-B의 의미를 "그것의 B가 A인 바로 그"라는 틀에 맞추어 이해하는 것이다. 따라서 bahuvrīhi-겹낱말 해석의 기본틀이 되는 "그것의 B가 A인 바로 그"라는 해석을 암기하기 바란다. 예를 들어 "쌍-칼"이라고 하면 "그것의 칼이 쌍인 바로 그"라고 해석하면 된다. 따라서 "칼 두 자루를 사용하는 검객"이라는 의미로 사용되는 이 겹낱말에는 이 겹낱말이 가리키는 대상인 "검객"이라는 단어가 등장하지 않는다. 겹낱말을 읽는 사람이 맥락에 맞추어 "검객"이라는 의미를 보충해서 이해해야 한다. "빨강-코"를 karmadhāraya로 해석하면 "빨간 색의 코"가 된다. 하지만 bahuvrīhi로 해석하자면 "그것의 코가 빨강인 바로 그"라고 해석된다. 따라서 "빨간 코를 가진 사람"이라거나 "빨간 코를 가진 사슴"이라거나 하는 해석이 가능해진다. 이 겹낱말이 사슴을 가리키는지 사람을 가리키는지는 문맥에 따라서 판단해야 한다.

✤19.11 이제 다시 앞서 나열한 겹낱말의 네 종류들만을 근거로 표준 해석을 아래와 같이 암기하기 바란다.

dvandva: A와 B
tatpuruṣa: A의 B (가짐격-tatpuruṣa의 경우인데, 이 경우가 가장 많다.)
karmadhāraya: A인 B
bahuvrīhi: 그것의 B가 A인 바로 그 [어떤 것]

✤19.12 이제 구체적인 예를 들어 가면서 연습해 보자. 겹낱말인 deva-mitra를 위에서 배운 네 가지 종류의 겹낱말로 구분해서 해석해 보자면 이렇게 된다.

dvandva: 신과 친구

tatpuruṣa: 신의 친구 (가짐격-tatpuruṣa의 경우)

karmadhāraya: 신인 친구, 즉 신이자 동시에 친구인 자

bahuvrīhi: (그것의 친구가 신인 바로 그 [사람] →) 즉 신을 친구로 가진 사람

같은 연습을 반복해 보자. 이번에는 rājan + ṛṣi → rājarṣi를 네 가지 종류의 겹낱말로 구분해서 해석해 보라.

dvandva: 왕과 성인

tatpuruṣa: 왕의 성인 (가짐격-tatpuruṣa의 경우), 즉 왕에게 조언을 해 주는 성인

karmadhāraya: 왕인 성인, 즉 한 사람이 왕이면서 동시에 성인인 경우의 사람

bahuvrīhi: (그것의 성인이 왕인 바로 그 [사람들] →) 왕을 성인으로 받드는 백성

다시 같은 연습을 siṃha-deva를 가지고 해 보자.

dvandva: 사자와 신

tatpuruṣa: 사자의 신 (가짐격-tatpuruṣa의 경우), 즉 사자가 섬기는 신

karmadhāraya: 사자인 신, 즉 사자가 동시에 신인 경우

bahuvrīhi: (그것의 신이 사자인 바로 그 [사람] →) 사자를 신으로 섬기는 사자 숭배자

마지막으로 같은 연습을 indra-śatru를 가지고 해 보자.

dvandva: 인드라와 적

tatpuruṣa: 인드라의 천적 (가짐격-tatpuruṣa의 경우)

karmadhāraya: 인드라인 적

bahuvrīhi: (그것의 천적이 인드라인 바로 그 [사람] →) 인드라를 천적으로 삼은 사람

✣19.13 이상의 예들에서 본 바와 같이 아래 제시된 겹낱말들을 각각 네 가지 방식으로 해석해 보기 바란다.

1. nara-siṃha (인간-사자)
2. svarga-mārga (하늘나라-길)
3. putra-ācārya (아들-스승)
4. yoga-kṣema (노력-휴식)

겹낱말 풀이 (vigraha)

✣19.14 겹낱말들은 겹낱말 풀이(vigraha)에 따라 이해되고 종류가 나뉜다. 겹낱말 풀이에서의 큰 원칙들은 이렇다. dvandva-겹낱말을 제외하고는 모든 겹낱말은 항상 두 부분으로 이루어진다. 따라서 겹낱말은 앞자리 말과 뒷자리 말의 두 부분으로 나뉘어지고 이 두 부분의 관계에 따라 겹낱말의 종류가 구분된다고 생각하면 된다. 하지만 한 겹낱말을 이루는 앞자리 말이나 뒷자리 말 자체가 또다시 겹낱말로 이루어져 있어서 여러 단어들을 포함하고 있는 경우가 있기 때문에, 겹낱말이 포함하는 단어의 수에는 제한이 없다. 겹낱말 안에 자리 잡은 겹낱말 안에 다시 겹낱말이 쓰이는 것은 이론적으로는 무한하게 가능하다. 다만 dvandva-겹낱말이 아닌 경우에 겹낱말의 풀이는 항상 두 단위 사이의 관계를 풀어 나가는 일을 통해 이루어진다는 것만 생각하면 된다. 다시 말해서 dvandva-겹낱말이 아닌 경우 항상 두 부분으로 이루어진 겹낱말만을 염두에 두면 된다는 뜻이다.

예문19.07 [(A - B) - (C - D - E)] - (F - G)

예시19.07과 같은 구조를 가진 겹낱말을 풀 때에는 우선 ((A - B) - (C - D - E))가 앞자리 말이 되고 (F - G)가 뒷자리 말이 된다. 그리고 앞자리 말을 풀기 위해서는 또다시 (A - B)를 앞자리 말로 그리고 (C - D - E)를 뒷자리 말로 풀어야 한다는 뜻이다. 이러한 과정의 반복을 거쳐 겹낱말 풀이가 이루어진다.

겹낱말에서의 싼디

✤ 19.15 겹낱말은, 극히 일부 예외를 제외하면, 개별적으로 독립해서 사용이 가능한 말들의 곡용되지 않은 형태들이 결합되는 것이다. 따라서 말들이 결합되는 과정에는 싼디가 개입된다.

✤ 19.15(01) 겹낱말의 앞자리 말은 말줄기의 형태를 가진다. 두말줄기 명사의 경우에는 약형 말줄기를 취하고 세말줄기 명사의 경우에는 중형을 취한다. 따라서 -ant로 끝나는 말줄기의 경우 약형 -at를 취해야 한다.

bhagavat "존귀한" + guṇa "좋은 점" → bhagavadguṇa "존귀한 자의 덕성"

bhagavat "존귀한" + bhakti "헌신" → bhagavadbhakti "존귀한 자(끄리스나)를 향한 헌신"

bhagavat "존귀한" + gītā "노래" → bhagavadgītā "존귀한 자의 노래"

✤ 19.15(02) 겹낱말의 앞자리 말이 -n으로 끝날 때에는 항상 -n이 탈락된다. 여기에 해당되는 명사들은 -an이나 -in으로 끝나는 명사들이 많다.

rājan "왕" + putra "아들" → rājaputra "[출생으로] 왕의 자격을 갖춘 사람, 왕자"

mantrin "대신" + putra "아들" → mantriputra "[출생으로] 대신의 자격을 갖춘 사람"

ātman "자신" + hita "이로운" → ātmahita "스스로에게 이로운"

✤19.15(03) 대명사가 겹낱말 앞자리 말로 쓰일 때에는 1인칭(aham)과 2인칭(tvam) 대명사의 경우에는 가리키고자 하는 수에는 맞추되 격과는 상관없이 유래격 형태를 사용한다. (☞✤05.14)

(aham →) mama + pitṛ → matpitṛ "나의 아버지"

(aham →) mama + putra → matputra "나의 아들"

(vayam →) asmākam + gṛha → asmadgṛha "우리 집"

(tvam →) tava + vacaḥ → tvadvacaḥ "너의 말"

3인칭 대명사(saḥ, sā, tat)의 경우 성구분과 수와 격에 상관없이 모두 tat-을 사용한다.

tasya puruṣaḥ → tatpuruṣaḥ "그의 부하"

taṃ kālam → tatkālam "그때에"

✤19.15(04) mahat "큰"이 karmadhāraya- 혹은 bahuvrīhi-겹낱말의 앞자리 말로 쓰일 때에는 mahā의 형태가 된다.

mahat + ṛṣi → maharṣi (← ā-ṛ 싼디) "위대한 성자"

mahat + ātman → mahātma "위대한 영혼 (← 자신)"

mahat + rājan → mahārāja "대왕" (rājan → rāja ☞✤19.15(10))

mahat + mithuna → mahāmithuna "(Śiva와 Pārvatī의) 위대한 (성적인) 결합"

mahat + yāna → mahāyāna "큰 탈 것, 위대한 이끌기"

✤19.15(05) 겹낱말에서 앞자리 말과 뒷자리 말이 결합될 때에는 외부싼디의 규칙이 적용된다.

rājan + indra → rāja + indra → rājendra "왕들 중의 우두머리"

svāmin + artha → svāmi + artha → svāmyartha "주인의 일"

mahat + ṛṣi → mahā + ṛṣi → maharṣi "위대한 성자"

vāc + artha → vāk + artha → vāgartha "말과 의미"

mad + mātṛ → manmātṛ "내 엄마"

manas + hara → manohara "마음을 사로잡는"

kṣudh + pipāsā → kṣutpipāsā "배고픔과 갈증"

kṣudh은 진짜말끝(☞✤03.22)의 자리에 올 수 없는 –dh로 끝나기 때문에 겹낱말을 이룰 때에 이루어지는 외부싼디에 따라 다루어진다. (☞✤27.11)

✤19.15(06) 앞자리 말의 끝소리 -a가 뒷자리 말 oṣṭha "갈비뼈" 앞에서 사라질 수 있다.

adhara + oṣṭha → adharoṣṭha "아래 갈비뼈"

✤19.15(07) 앞자리 말 끝의 -is나 -us는 안울림소리인 무른곳소리나 입술소리 앞에서 -iṣ나 -uṣ가 될 수 있다.

dhanus + pāṇi → dhanuṣpāṇi "활을 손에 쥐고 있는"

앞자리 말 끝의 -as는 같은 위치에서 변하지 않는다.

namas + kāra → namaskāra "경의를 표하기"

✤19.15(08) 뒷자리 말의 첫 소리로 나타나는 s-가 ṣ-가 되기도 한다.(☞✤05.10)

bhūmi + √sthā → bhūmiṣṭha "땅에 서 있는"

✤19.15(09) 뒷자리 말에 들어 있는 -n-이 앞자리 말에 나타나는 r이나 ṣ 때문에 혀말은소리가 되기도 한다. (☞✤05.09)

pūrva + ahan → pūrvāhṇa "오전"

"날, 낮"을 의미하는 ahan은 겹낱말 안에서는 ahna의 형태로 사용된다.

✤ 19.15(10) 뒷자리 말이 원래의 형태와 달리 -a 곡용의 형태로 바뀌는 경우들이 가끔 있다. 구체적으로 rājan이 뒷자리 말로 사용될 때 곡용 형태가 -an으로 끝나는 세말줄기 명사 남성곡용(☞표13.02)에 따르는 것이 아니라 -a 끝모음 명사 남성곡용 형태(☞표03.01)를 따라 deva [m.] "신"처럼 곡용되는 경우가 있다. 예로 "왕, 황제"를 뜻하는 단어의 임자격 단수는 mahārājaḥ가 된다. 하지만 sarvarājan은 이러한 경우가 아니어서 보통의 곡용 형태를 따르므로 복수 임자격은 sarvarājānaḥ가 된다.

~ + rājan "왕"→ ~rāja

~ + path "길" (불규칙 곡용, ☞표24.07)→ ~patha

~ + rātri "밤" → ~rātra (tatpuruṣa)

~ + sakhi "친구" (불규칙 곡용, ☞표27.01) → ~sakha (불규칙 곡용, ☞표27.01)

~ + ahan "날" (불규칙 곡용, ☞표27.03) → ~ahna

राजराजस्य वीर्यं कविभिः स्तूयते ।

rājarājasya vīryaṃ kavibhiḥ stūyate.

왕 중의 왕이 지닌 용맹함이 시인들에 의해 칭송된다.

राज्ञां राजानं वयं पुरुषव्याघ्रं महाराजं मन्यामहे ।

rājñāṃ rājānaṃ vayaṃ puruṣavyāghraṃ mahārājaṃ manyāmahe.

왕들의 왕을 우리는 사람들 중의 호랑이인 대왕으로 간주한다.

karmadhāraya-겹낱말

✤19.16 겹낱말들 중에서 처음 배울 것이 karmadhāraya-겹낱말이다. karmadhāraya-겹낱말은 풀이(vigraha)에서 앞자리 말과 뒷자리 말의 격이 일치하는 경우에 해당되는 tatpuruṣa-겹낱말이다. 자세한 내용은 나중에 배우게 될 것이다.(↳✤20.02) 현재로서는 karmadhāraya-겹낱말은 앞자리 말이 뒷자리 말을 한정어구로 혹은 동격 혹은 비교 대상으로서 수식해 주는 경우의 겹낱말이며, 풀이에서는 앞자리 말과 뒷자리 말이 같은 격을 취하는 겹낱말이라는 것만 이해하면 된다.

✤19.17 구체적으로 karmadhāraya-겹낱말의 앞자리 말과 뒷자리 말의 격이 일치한다는 것의 의미를 살펴보자. sundara-mṛgaḥ "아름다운 사슴"이라는 karmadhāraya-겹낱말은 풀이하면 sundaro mṛgaḥ가 된다. 겹낱말의 주된 말이자 격뒷토를 갖게 되는 뒷자리 말인 mṛgaḥ가 임자격이므로 이 말을 꾸미는 앞자리 말 sundaraḥ도 임자격이 되어야 한다. 만약 sundaramṛgāḥ라는 karamadhāraya-겹낱말이 주어진다면 sundarā mṛgāḥ로 풀이되어야 한다. 아래의 예들을 보라.

नलः सुन्दरमृगं दिशति । nalaḥ sundaramṛgaṃ diśati.
날라는 아름다운 사슴을 가리킨다.

= नलः सुन्दरं मृगं दिशति । nalaḥ sundaraṃ mṛgaṃ diśati.

सुन्दरमृगो नलेन दिश्यते । sundaramṛgo nalena diśyate.
아름다운 사슴은 날라에 의해 가리켜진다.

= सुन्दरो मृगो नलेन दिश्यते । sundaro mṛgo nalena diśyate.

이 두 예문들에서 보이듯 karmadhāraya-겹낱말에서 핵심은 결국 뒷자리 말의 격과 수에 일치시켜서 앞자리 말을 이해해야 한다는 것이다.

✣19.18 karmadhāraya-겹낱말에는 아래와 같은 형태들이 있다.

✣19.18(01) 형용사 + 명사: 이 경우에는 앞자리 말이 뒷자리 말을 꾸민다.

चिरकाल cira-kāla "긴 시간"
महाराज mahā-rāja "대왕"
सर्वलोक sarva-loka "모든 세상"
नीलपद्म nīla-padma "푸른 연꽃"

뒷자리 말이 여성형이더라도 앞자리 말은 남성형 말줄기를 사용한다

सुखतरप्राप्ति sukhatara-prāpti "아주 만족스러운 성공"
कृतत्वरा kṛta-tvarā "서두르는" (← 행해진 서두름)

✣19.18(02) 앞자리 말로 부사가 나타날 수도 있다.

सुपुत्र su-putra "착한 아들"
कुपुरुष ku-puruṣa "나쁜 사람, 비겁한 자" (← 무슨 남자, ↳✣20.12 ku-)
दुष्कृत duṣ-kṛta "나쁜 일을 행한"
अतिसुख ati-sukha "매우 만족스러운"

✣19.18(03) 명사 + 형용사: 이 경우에는 앞자리 말이 비교의 대상을 나타내는 경우가 많다.

मेघश्याम megha-śyāma "구름처럼 새까만" [megha iva śyāmaḥ]
कुसुमसुकुमार kusuma-sukumāra "꽃처럼 여린" [kusuma iva

sukumāraḥ]

✣ 19.18(04) 형용사 + 형용사: 이 경우 앞자리 말과 뒷자리 말이 동시에 적용되는 경우이다.

पीतरक्त pīta-rakta "노랗고 붉은" [pītaṃ ca raktaṃ ca]
श्वेतरक्त śveta-rakta "하얗고 빨간" [śvetaṃ ca raktaṃ ca]

✣ 19.18(05) 두 분사형이 사용될 수도 있다

स्नातानुलिप्त snāta-anulipta "목욕시키고 기름 발라진"
दृष्टनष्ट dṛṣṭa-naṣṭa "보자마자 사라지는"
कृताकृत kṛta-akṛta (되기도 안 되기도 한 →) "절반만 끝낸"

✣ 19.18(06) 명사 + 명사: 이 경우에는 앞자리 말이 뒷자리 말과 동격으로 나타나는 경우이다.

चौरवीर caura-vīra (도둑질하는 영웅 →) "양상군자"
न्यग्रोधपादप nyagrodha-pādapa (거꾸로 자라는 나무인 나무 →) "반얀 나무"
मेघदूत megha-dūta "구름 전령" (→ 전령의 역할을 하는 구름)

✣ 19.18(07) 명사 + 명사의 경우에 내용상 꾸며주는 역할을 하는 말이나 비교의 대상을 제시히는 말이 뒷자리 말이 된다. 내용상 꾸며주는 말이 뒷자리 말인 경우를 보자.

इभयुवति ibha-yuvati ([f.] -tiḥ) "어린 암코끼리" (← 어린 암컷(yuvati) 코끼리)
राजान्तर rāja-antara "다른 왕"

गोवशा go-vaśā ([f.] -śā) "새끼를 낳지 못하는 암소" (← 불임인 여성에 해당하는 소)

✣ 19.18(08) 명사 + 명사의 경우이면서 비교의 대상을 제시하는 말이 뒷자리 말이 되는 경우를 보자.

नेत्रकमल netra-kamala (눈인 연꽃→ 연꽃에 비교되는 눈 →) "연꽃같이 아름다운 눈" [kamala iva netram]

कन्यारत्न kanyā-ratna (소녀인 보석→ 보석에 비교되는 소녀 →) "보석같은 소녀" [ratnam iva kanyā]

कालहरिण kāla-hariṇa (시간인 사슴 → 사슴에 비교되는 시간 →) "사슴같이 빨리 도망가는 시간" [hariṇa iva kālaḥ]

पुरुषसिंह puruṣa-siṃha (사람인 사자 → 사자에 비교되는 사람 →) "사자같이 우두머리가 되는 사람" [siṃha iva puruṣaḥ]

राजर्षभ rāja-rṣabha (왕인데 수소 → 수소에 비교되는 왕 →) "소들 중에 우두머리인 수소처럼 왕들 중에서 가장 뛰어난 왕" [rṣabha iva rājā]

✣ 19.18(09) 경우에 따라 순서가 뒤바뀌어서 나타나는 겹낱말도 있다

दृष्टपूर्व dṛṣṭa-pūrva "전에 본 적이 있는"

이렇게 사용되는 뒷자리 말의 -pūrva는 겹낱말 앞자리로 옮겨서도 같은 의미를 표현하게 된다.

पूर्वदृष्ट pūrvadṛṣṭa "앞서 본"

kṛt과 taddhita

❖19.19 쌍쓰끄리땀에서 많은 명사는 동사 말뿌리에서 도출된다. 동사 말뿌리 뒤에 직접 첨부되어 명사를 만들어 내는 뒷토(pratyaya)를 kṛt-뒷토라고 부른다. kṛt-뒷토를 사용하여 만들어지는 단어들은 대다수가 동작을 나타내는 동작명사이지만 그 의미는 동작을 나타내는 것에만 한정되지 않는다. 그리고 kṛt-뒷토를 사용해서 만들어진 단어가 명사에만 한정되는 것도 아니다. 이 상황을 도식화하자면 아래와 같이 나타낼 수 있겠다.

말뿌리 + kṛt → (동작)명사

예문19.08 √kṛ + tṛ → kartṛ "행위자"

❖19.20 동사 말뿌리에서 kṛt-뒷토를 사용하여 명사 말줄기(prakṛti)가 만들어지고 나면 이 명사 말줄기에 다시 뒷토들을 붙여서 다른 '이차' 혹은 '파생' 명사(와 형용사)를 만들 수 있다. 이 때 사용되는 말줄기(prakṛti)의 뒤에 첨가되는 뒷토를 taddhita-뒷토라고 부른다. 이 상황을 도식화하자면 아래와 같이 나타낼 수 있겠다.

명사 + taddhita → 새로운 명사

예문19.09 kartṛ + tva → kartṛtva "행위자임, 행위자라는 사실"

단순화시켜 표현하자면, 이미 만들어진 명사의 뒤에 첨부되어 새로운 명사를 만들어 내는 뒷토를 taddhita-뒷토라고 이해할 수 있겠다.

❖19.21 쌍쓰끄리땀에서는 kṛt- 혹은 taddhita-뒷토를 사용하여 만들어진 명사 말줄기들끼리 결합시켜 새로운 어휘를 만들어 내는 방법으로 어휘를 만들어 내기도 한다. 이것이 바로 겹낱말(samāsa)이다. 이 상황을 도식화하자면 아래와 같이 나타낼 수 있겠다.

명사1 + 명사2 → 명사3

예문19.10 deva + mitra → devamitraḥ "신(들)을 친구로 가진 (사람)"

단순화시켜 표현하자면 이미 만들어진 명사들을 결합시켜 새로운 명사를 만드는 경우를 겹낱말(samāsa)이라고 한다.

✤19.22 우리는 이미 ✤19.01 이하에서 겹낱말에 대해 배웠다. 그리고 앞서 쌍쓰끄리땀의 단어를 만들어 내는 것과 연관되는 뒷토들을 "쌍쓰끄리땀 단어"라는 제목 아래 지금까지 네 차례에 걸쳐 배웠는데, 지금까지 배운 모든 뒷토들이 kṛt-뒷토들이다. 이제 우리는 중요한 kṛt-뒷토들은 물론이고 taddhita-뒷토들도 선택적으로 배우게 될 것이다.

taddhita-뒷토

✤19.23 앞서 배운 kṛt-뒷토를 사용한 명사 도출 과정에서는 kṛt-뒷토의 앞에 오는 동사 말뿌리가 구나형으로 강화되는 것이 일반적이었다. 하지만 taddhita-뒷토의 경우에는 앞에 오는 말줄기가 브릳디(vṛddhi)형으로 강화되는 것이 일반적이다. 이 때 말줄기의 첫 음절에 자리 잡은 모음이 브릳디형으로 강화된다.

✤19.24 taddhita-뒷토를 사용하여 이미 주어진 명사 말줄기로부터 도출되는 새로운 단어는 다양하지만 크게 두 부류로 나누어 볼 수 있다. 첫째는 명사 말줄기에서 파생된 파생 형용사이고 둘째는 명사 말줄기에서 파생된 추상명사이다. 이 중에서 첫 번째 부류에 속하는 예를 보자면 아래의 예처럼 주어진 명사에서 형용사를 만들어 내기도 한다.

पुत्र putra [m.] "아들" → पौत्र pautra [a.] "아들에 속하는"
वेद veda [m.] "베다" → वैदिक vaidika [a.] "베다에 연관되는"

मनु manu [m.] "마누" (인류의 조상) → **मानुष** mānuṣa [a.] "마누의 자손, 인류에 속하는"

सेना senā [f.] "군대" → **सैनिक** sainika [a.] "군대와 관련된"

또한 이렇게 만들어진 형용사가 명사로 사용되어서 주어진 명사와 연관되는 사람을 나타내는 명사를 구성하기도 한다.

पुत्र putra [m.] "아들" → **पौत्र** pautra [m.] "손자"
वेद veda [m.] "베다" → **वैदिक** vaidika [m.] "베다의 전문가"
मनु manu [m.] "마누" (인류의 조상) → **मानुष** mānuṣa [m.] "인류, 인간"
सेना senā [f.] "군대" → **सैनिक** sainika [m.] "군인, 경비병"

고유명사와 연관되어서 만들어지는 파생 명사나 파생 형용사는 주로 특정한 이름의 조상을 갖는 후손들을 나타내는 명사를 만들어 낸다.

विरसेन virasena [m.] "비라쎄나" (영웅적인 군대를 지닌 자, 날라의 아버지) → **वैरसेनि** vairaseni [m.] "비라쎄나의 아들, 날라"

विदर्भ vidarbha [m.] "비다르바" (지명)
→ **वैदर्भ** vaidarbha [a.] "비다르바의, 비다르바 출신의"
[m.] "비다르바의 왕"
[f.] vaidarbhī "비다르바의 공주" (damayantī)

✣ 19.25 taddhita-뒷토를 사용해서 만드는 파생 명사의 대표적인 경우의 두번째 것들은 명사 말줄기에서 파생된 추상명사를 꼽을 수 있다.

गुरु guru [a.] "무거운" → **गौरव** gaurava [n.] "어려움, 무거움, 중요함, 장황함, 훌륭함"

मुनि muni [m.] "성인" → **मौन** mauna [n.] "성인(muni)임, 침묵, 묵언"

युवन् yuvan [a.] "젊은" → **यौवन** yauvana [n.] "젊음, 청춘, 사춘기, 청소년기"

देव deva [m.] "신" → **दैव** daiva [n.] "신에 속하는 것, 운명"

तिल tila [m.] "깨" → **तैल** taila [n.] "참기름, 기름"

비교급과 최상급

✤19.26 고전쌍쓰끄리땀에서 비교급과 최상급을 나타내기 위해서는 아래의 두 taddhita-뒷토들이 주로 사용된다.

°**तर** -tara: 비교급; °**तम** -tama: 최상급

이 두 taddhita-뒷토는 모든 형용사 말줄기에 첨가될 수 있다. 사용 가능성에 제한이 거의 없다고 볼 수 있다. 겹낱말의 끝에도 사용이 가능하다. 여성형은 각각 °**तरा** -tarā와 °**तमा** -tamā가 된다. 곡용은 -a 끝모음 명사 남성곡용(표03.01: deva [m.])과 중성곡용 (표04.01: phala [n.]) 그리고 -ā 끝모음 명사 여성곡용(표06.01: kanyā [f.])에 따른다.

✤19.27 만약 형용사 말줄기가 강·약형의 구분이 있는 두말줄기 형용사라면 약형이 사용되고 강·중·약형의 구분이 있는 세말줄기 형용사라면 중형이 사용된다.

सुन्दर sundara "아름다운"; **सुन्दरतर** sundaratara "더 아름다운"; **सुन्दरतम** sundaratama "가장 아름다운"

भगवत् bhagavat "고귀한"; **भगवत्तर** bhagavattara "더 고귀한"; **भगवत्तम** bhagavattama "가장 고귀한"

बुद्धिमत् buddhimat "분별력 있는"; **बुद्धिमत्तर** buddhimattara "더 분별

력 있는"; **बुद्धिमत्तम** buddhimattama "가장 분별력 있는"

बलवत् balavat "힘센"; **बलवत्तर** balavattara "더 힘센"; **बलवत्तम** balavattama "가장 힘센"

गुरु guru "무거운"; **गुरुतर** gurutara "더 무거운"; **गुरुतम** gurutama "가장 무거운"

✣19.28 쌍쓰끄리땀에서 명사와 형용사의 구분이 거의 없다는 점을 고려하면 명사 말줄기를 근거로해서 만들어진 비교급과 최상급도 사용이 가능하다. 예로 아래와 같은 비교급과 최상급 형태가 가능한데, 이 표현들의 의미를 이해할 때에는 비교나 최상을 표현하고 있다기보다 본딧말이 가진 의미를 강조하는 표현이라고 이해하는 것이 타당하다.

मातृतर mātṛtara "(보통의 경우보다 더) 강하게 모성을 지닌"

मातृतम mātṛtama "(보통의 경우에 비해 최고로) 강하게 모성을 지닌"

तपस्वितर tapasvitara "(보통의 경우보다 더) 심하게 고행을 하는"

तपस्वितम tapasvitama "(보통의 경우에 비해 최고로) 심하게 고행을 하는"

✣19.29 -tara와 -tama는 의문사나 대명사와 결합되어 각각 둘 중의 하나, 여럿 중의 하나를 나타내는 의미를 갖는다. (☞✣08.15이하) 이러한 용례를 이해할 때에는 비교는 둘 사이의 관계이고 최상은 여럿들 사이에서의 관계라는 점에 유의하면 되는데, 이 외에도 비교의 표현이 둘 사이에 연관되고 최상의 표현이 여럿 사이의 관계에 연관되는 경우는 많다.

अन्यतर anyatara "둘 중 다른 것"

अन्यतम anyatama "여럿 중 다른 하나"

कतर katara "둘 중의 어떤 것?"

कतम katama "여럿 중의 어떤 것? "

कतर एष न्यायो नीतिर्वा यच्छत्रुं हत्वा शोकं क्रियते ।
katara eṣa nyāyo nītir vā yac chatruṃ hatvā śokaṃ kriyate?
적(śatru)을 죽이고 나서 비통해 한다니, 이것이 도대체 무슨 논리(nyāya)이거나 혹은 정치(nīti)입니까?

이 문장은 eṣa가 뒤에 오는 yat과 짝을 이루는 관계문장이고 관계문장이 주된 문장의 뒤에 자리 잡고 있다.

✤ 19.30 비교급의 경우에 비교하는 대상은 비교의 기준이 되므로 유래격으로 표현된다. 최상급에서 최상의 준거가 되는 기준 혹은 기준 집단은 복수 곳때격이나 복수 가짐격으로 나타난다.

नलो वीरतर इन्द्राद्दमयन्ती चाप्सरसः सुन्दरतरा ।
nalo vīratara indrād damayantī cāpsarasaḥ sundaratarā.
날라는 인드라보다 용맹하고 다마얀띠는 또한 천녀보다 아름답다.

दर्शनीयतमा लोके दमयन्ती ।
darśanīyatamā loke damayantī.
세상에서 다마얀띠가 제일 아름답다.

भवान्वृद्धतमो राज्ञां वीर्येण च श्रुतेन च ।
bhavān vṛddhatamo rājñāṃ vīryeṇa ca śrutena ca.
그대께서 용맹으로나 배운 것으로나 왕들 가운데 일인자입니다.

मूर्खतमः सन्नपि त्वमेव नः प्रियतमोऽसि ।
mūrkhatamaḥ sann api tvam eva naḥ priyatamo 'si.
너는 가장 어리석은 자일지라도 우리에게 가장 사랑스러운 사람이다.

नलः सर्वेषु पुण्यतमो नरसिंहः ।
nalaḥ sarveṣu puṇyatamo narasiṃhaḥ.
날라는 모든 이들 가운데 가장 복받은 (사자와 같은 사람 →) 위대한 전사이다.

-īyaḥ 비교급과 -iṣṭha 최상급

✤ 19.31 이상의 형태와는 다른 형태의 비교급과 최상급이 하나 더 있다.

°ईयः -īyaḥ (←-īyas): 비교급 °इष्ठ -īṣṭha: 최상급

이것들은 kṛt-뒷토라고 할 수 있는데 앞선 말뿌리는 구나형을 취하는 것이 일반적이다. 이 형태들이 -tara와 -tama보다 더 오래된 형태들이며 역사적으로는 비교급과 최상급의 원형이라고 해야 하겠지만, 고전쌍쓰끄리땀 시기에는 이미 잘 쓰이지 않게 되었고 몇 가지 중요한 비교급과 최상급의 형태로만 남아 사용되었다. 따라서 일반적으로 제한이 없다시피 사용되는 비교급과 최상급의 형태는 °तर -tara와 °तम -tama라고 생각해야 한다. °ईयस् -īyas와 °इष्ठ -īṣṭha의 형태는 고어의 잔해처럼 남아 있는 비교급과 최상급이다 보니 본딧말인 말뿌리에서 만들어진 것으로 이해하기에 부자연스러운 경우들이 많다. 이 형태들은 단순하게 말뿌리가 나타내는 의미를 강조하는 표현으로 사용되기도 하기 때문인데, 예를 들어 √yaj "제사 지내다"에서 यजीयस् yajīyas와 यजिष्ठ yajiṣṭha가 만들어지면 (더 잘 제사를 지낸다 →) "제사를 잘 지낸다"와 (제일 제사를 잘 지낸다 →) "제사를 아주 잘 지낸다"라는 의미로 사용된다. 따라서 이 kṛt-뒷토들에 관해서는 구체적으로 자주 등장하는 중요한 어형들을 몇 가지 익히는 편이 낫다. 규칙적으로 보이는 경우의 예를 보자면 아래와 같다.

नव nava "새로운"; नवीयः navīyaḥ "더 새로운"; नविष्ठ naviṣṭha "가장 새로운"

✤ 19.32 하지만 자주 사용되는 아래 비교급들은 형용사의 본딧말과 짝을 이루지 못하는 상태로 고전쌍쓰끄리땀에 나타나기 때문에 불규칙 비교급과 최상급 형태로 간주하고 암기해야 한다.

표 19.1 불규칙 비교급과 최상급

원형	비교급	최상급
प्रशस्य (praśasya 좋은)	श्रेयः śreyaḥ 더 나은	श्रेष्ठ śreṣṭha 최상의
गुरु guru 무거운	गरीयः garīyaḥ 더 무거운	गरिष्ठ gariṣṭha 가장 무거운
वृद्ध (vṛddha 늙은)	ज्यायः jyāyaḥ 더 늙은	ज्येष्ठ jyeṣṭha 가장 늙은

°ईयस् –īyas 대신 °यस् -yas형태가 사용될 경우도 있는데 대표적인 경우로 ज्या jyā에서 도출된 ज्यायः jyāyaḥ를 들 수 있겠다. 또 भूयः bhūyaḥ도 여기에 해당한다.

✤19.33 곡용 형태를 보면 최상급 °इष्ठ -īṣṭha는 -a 곡용을 따르고, 여기에서 만들어지는 여성형은 -ā곡용을 따르기 때문에 특별할 것이 없다. 하지만 °ईयः -īyaḥ 형태의 비교급은 예외적인 곡용 형태를 보인다. 이 곡용은 남성과 중성곡용에서 강형과 약형의 구분이 있어서 -yāṃs/-īyāṃs와 -yas/-īyas가 각각 강형과 약형으로 사용된다. 여성형의 경우에는 약형의 뒤에 -ī가 첨가되어 곡용되기 때문에(☞표07.03: nadī [f.]) 예외적인 곡용 형태는 아니다.

표 19.02 비교급 -īyas의 남성곡용 श्रेयांस् śreyāṃs/श्रेयस् śreyas "더 나은"

격	약칭	단수	양수	복수
임자격	N.	श्रेयान् śreyān	श्रेयांसौ śreyāṃsau	श्रेयांसः śreyāṃsaḥ

대상격	A.	श्रेयांसम् śreyāṃsam	श्रेयांसौ śreyāṃsau	श्रेयसः śreyasaḥ
수단격	I.	श्रेयसा śreyasā	श्रेयोभ्याम् śreyobhyām	श्रेयोभिः śreyobhiḥ
위함격	D.	श्रेयसे śreyase	श्रेयोभ्याम् śreyobhyām	श्रेयोभिः śreyobhyaḥ
유래격	Ab.	श्रेयसः śreyasaḥ	श्रेयोभ्याम् śreyobhyām	श्रेयोभ्यः śreyobhyaḥ
가짐격	G.	श्रेयसः śreyasaḥ	श्रेयसोः śreyasoḥ	श्रेयसाम् śreyasām
곳때격	L.	श्रेयसि śreyasi	श्रेयसोः śreyasoḥ	श्रेयःसु śreyaḥsu
부름격	V.	श्रेयन् śreyan	श्रेयांसौ śreyāṃsau	श्रेयांसः śreyāṃsaḥ

बालो काष्ठं नीत्वा श्रान्तो भवति स्म ज्यायान्तु भ्राता गरीयांसं काष्ठं नीत्वापि न श्रान्तो भवति स्म ।

bālo kāṣṭhaṃ nītvā śrānto bhavati sma jyāyān tu bhrātā garīyāṃsaṃ kāṣṭhaṃ nītvāpi na śrānto bhavati sma.

소년은 목재를 옮기고 나서 지쳤지만 (더 나이든 형제 →)형은 더 무거운 목재를 옮겼음에도 불구하고 지치지 않았다.

여기에서 **ज्यायः** jyāyaḥ와 **गरीयः** garīyaḥ의 곡용이 일반적인 곡용의 형태를 따르지 않고 있다는 것을 볼 수 있다. °**ईयः** -īyaḥ 형태를 가진 비교급은 독특한 곡용 형태를 갖기 때문에 또 다른 어려움을 가져다 준다.

표 19.03 비교급 -īyas의 중성곡용 श्रेयांस् śreyāṃs/श्रेयस् śreyas "더 나은"

격	약칭	단수	양수	복수
임자격	N.	श्रेयः śreyaḥ	श्रेयसी śreyasī	श्रेयांसि śreyāṃsi
대상격	A.	श्रेयः śreyaḥ	श्रेयसी śreyasī	श्रेयांसि śreyāṃsi
수단격	I.	श्रेयसा śreyasā	श्रेयोभ्याम् śreyobhyām	श्रेयोभिः śreyobhiḥ
위함격	D.	श्रेयसे śreyase	श्रेयोभ्याम् śreyobhyām	श्रेयोभिः śreyobhyaḥ
유래격	Ab.	श्रेयसः śreyasaḥ	श्रेयोभ्याम् śreyobhyām	श्रेयोभ्यः śreyobhyaḥ
가짐격	G.	श्रेयसः śreyasaḥ	श्रेयसोः śreyasoḥ	श्रेयसाम् śreyasām
곳때격	L.	श्रेयसि śreyasi	श्रेयसोः śreyasoḥ	श्रेयःसु śreyaḥsu
부름격	V.	श्रेयः śreyaḥ	श्रेयसी śreyasī	श्रेयांसि śreyāṃsi

중성곡용이 남성곡용과 다른 부분은 이 표에서 바탕색(회색)으로 강조한 부분들이다. 마찬가지로 남성 임자격들은 garīyān, garīyāṃsau, garīyāṃsaḥ, 중성 임자격들은 garīyaḥ, garīyasī, garīyāṃsi 가 된다.

देव्या ज्येष्ठः पुत्रः कनीयसा भ्रात्रा हन्यते ।

devyā jyeṣṭhaḥ putraḥ kanīyasā bhrātrā hanyate.

왕비의 가장 나이 많은 아들이 어린 형제에 의해 살해당했다.

बलवत्तमः पर्वताद्गरीयांसमुद्धरितुं शक्नोति ।

balavattamaḥ parvatād garīyāṃsam uddharituṃ śaknoti

가장 힘이 센 자는 산보다 무거운 것을 들 수 있다.

दमयन्त्याः श्रेयसी नारी नास्ति ।

damayantyāḥ śreyasī nārī nāsti

다마얀띠보다 나은 여자는 없다.

यदि त्वज्ज्यायांसं पश्यसि तर्हि तं नम ।

yadi tvaj jyāyāṃsaṃ paśyasi tarhi taṃ nama.

너보다 나이 많은 사람을 보면 인사해라!

연습문제

19.01 다음 문장에 나타나는 karmadhraya-겹낱말을 풀어서 개별 단어로 바꾸어 문장을 재구성한 이후 문장을 데바나가리로 적고 한국어로 옮기시오. 아래의 예처럼 대답을 적으시오.

예제 **महाराजो पुरुषसिंहं प्रशंसति ।**

mahārājo puruṣasiṃhaṃ praśaṃsati.

महान्राजा सिंहमिव पुरुषं प्रशंसति।

mahān rājā siṃham iva puruṣaṃ praśaṃsati.

대왕이 사자와 같은 (뛰어난) 사람을 칭송한다.

19.01(01) **महावीरनरसिंहे तस्य शत्रुं घ्नति बहुदेवा अनन्दन् ।**

mahāvīranarasiṃhe tasya śatruṃ ghnati bahudevā anandan.

19.01(02) **अधरोष्ठाद्बालश्चरितुं न शक्नोति ।**

adharoṣṭhād bālaś caritum na śaknoti.

19.01(03) यस्य महात्मास्ति सर्वजनास्तं स्तुवन्ति ।

yasya mahātmāsti sarvajanās taṃ stuvanti.

19.01(04) यस्य मुखं मेघश्यामं स सुन्दरनारीभिः सह क्रीडति ।

yasya mukhaṃ meghaśyāmaṃ sa sundaranārībhiḥ saha krīḍati.

19.01(05) श्वेतरक्तकुसुमं वृद्धनार्यै ददत्सुमुखबालको ऽपीदं कुसुमं दृष्टपूर्वमित्यपृच्छत् ।

śvetaraktakusumaṃ vṛddhanāryai dadat sumukhabālako 'pīdaṃ kusumaṃ dṛṣṭapūrvam ity apṛcchat.

▷ 19.01(06) यः सुन्दरतमवैदर्भीं परिणयति सो ऽपि सर्वपुरुषाणां सुन्दरतमः ।

yaḥ sundaratamavaidarbhīṃ pariṇayati so 'pi sarvapuruṣāṇāṃ sundaratamaḥ.

▷ 19.02 다음 문장에서 [ ] 안에 제시된 명사구를 겹낱말로 만든 다음 문장을 재구성하여 데바나가리로 적고 한국어로 옮기시오.

▷ 19.02(01) [महन्तौ वीरौ] [पापानां राक्षसानामवस्थानाद्] [राज्ञः कन्याम्] आनयताम् ।

[mahantau vīrau] [pāpānāṃ rākṣasānām avasthānād] [rājñaḥ kanyām] ānayatāṃ.

▷ 19.02(02) अस्मद्गृहे [स्नातश्च अनुलिप्तश्च] गौर्बहूनि [नवानि तृणानि] खादति ।

asmadgṛhe [snātaś ca anuliptaś ca] gaur bahūni [navāni tṛṇāni] khādati.

▷ 19.02(03) [राज्ञः पुत्रेण हतो मन्त्रिणः पुत्रः] स्वर्गं गत्वा तस्य भ्रातॄन्दृष्टवान् ।

[rājñaḥ putreṇa hato mantriṇah putraḥ] svargaṃ gatvā tasya bhrātṝn dṛṣṭavān.

▷ 19.02(04) [भगवति भक्तेश्च] [भगवतो गीतायाः श्रवणाच्च] गोपा मृत्वा [विष्णोर्लोकं] गमिष्यन्ति ।

[bhagavati bhakteś ca] [bhagavato gītāyāḥ śravaṇāc ca] gopā mṛtvā [viṣṇor lokaṃ] gamiṣyanti.

▷19.02(05) [भूमौ पन्नः शुकः] [पीडिताभ्यां पक्षाभ्याम] उत्पतितुं नाशक्नोत् ।

[bhūmau pannaḥ śukaḥ] [pīḍitābhyāṃ pakṣābhyām] utpatituṃ nāśaknot.

▷19.02(06) [राज्ञ ऋषेः सेवकः] तत् [कुपुरुषस्य सुहृदो दुष्कृतं] दृष्ट्वा तं द्वेष्टि ।

[rājña ṛṣeḥ sevakaḥ] tat [kupuruṣasya suhṛdo duṣkṛtaṃ] dṛṣṭvā taṃ dveṣṭi.

▷19.02(07) [सर्वे राजानो] [मनांसि हरन्तीं सुन्दरीमप्सरसा सदृशां] [सुन्दरीं राज्ञः पुत्रीं] परिणेतुमिच्छन्ति ।

[sarve rājāno] [manāṃsi harantīṃ sundarīm apsarasā sadṛśāṃ] [sundarīṃ rājñaḥ putrīṃ] pariṇetum icchanti.

▷ 19.02(08) [मूर्खो दुष्करो विरूपो निर्गुणो राजा] मोहादहं राजर्षभो ऽस्मीत्यमन्यत ।

[mūrkho duṣkaro virūpo nirguṇo rājā] mohād ahaṃ rājarṣabho 'smīty amanyata.

▷ 19.02(09) [कन्यायां रत्न इव] स्निह्यन् [गुणेभ्यो ऽन्वितो महतां राज्ञां राजा] नलस्तां द्रष्टुं तस्याः पितू राजगृहमगच्छत्।

[kanyāyāṃ ratna iva] snihyan [guṇebhyo 'nvito mahatāṃ rājñāṃ rājā] nalas tāṃ draṣṭuṃ tasyāḥ pitū rājagṛham agacchat.

▷ 19.02(10) [चिरात्कालात्] परं [महानृषिः] चलितुमारभते । [तं कालं] स [क्षुधं च पिपासां च] अनुभवति ।

[cirāt kālāt] paraṃ [mahān ṛṣiś] calitum ārabhate. [taṃ kālaṃ] sa [kṣudhaṃ ca pipāsāṃ ca] anubhavati.

✔ 이 경우에는 kṣutpipāse 대신 kṣutpipāsām (여성 대상격 단수)도 가능하다.

19.02(11) [मम पितुः] ज्यायान्नास्ति ततः स ज्येष्ठ आख्यातः ।
[mama pituḥ] jyāyān nāsti tataḥ sa jyeṣṭha ākhyātaḥ

19.02(12) यत् [बलवत्तमाद्देवात्] बलवत्तरेणैवारोहयितुं शक्यते तद्धनुरारोहयति यः स [राज्ञां राजा] भविष्यति ।
yad [balavattamād devāt] balavattareṇaivārohayituṃ śakyate tad dhanur ārohayati yaḥ sa [rājñāṃ rājā] bhaviṣyati.

D 19.03 다음 이야기를 한국어로 옮기시오. (날라와 다마얀띠 이야기 5)

D 19.03(01) अथ पुण्यकाले प्राप्ते तथा भीमो नाम वैदर्भो नृपो कन्यारत्नस्य दमयन्त्याः स्वयंवरे पुरुषसिंहान्वीरानावहत् । तच्छ्रुत्वा सर्वेषु कन्यासु सुन्दरतमा सा दमयन्तीति मन्यमाना महावीरनरसिंहाश्च महाराजाश्च सर्वे बलवत्तराश्च बुद्धिमत्तराया राजपुत्र्याः कृते तत्स्थाने समागताः ।

atha puṇyakāle prāpte tathā bhīmo nāma vaidarbho nṛpo kanyāratnasya damayantyāḥ svayaṃvare puruṣasiṃhān vīrān āvahat. tac chrutvā "sarveṣu kanyāsu sundaratamā sā damayantī" iti manyamānā mahāvīranarasiṁhāś ca mahārājāś ca sarve balavattarāś ca buddhimattarāyā rājaputryāḥ kṛte tatsthāne samāgatāḥ.

D 19.03(02) सुवर्णस्तम्भालङ्कृतं महारङ्गं ते नृपाः कामेन हृदये पीडितं प्रविष्टवन्तः । सर्वगुणवत्पुरुषव्याघ्राः स्वदेशानां रक्षितारः सर्वे तत्रासनाननेकानसीदन् । सर्वमहाराजा मनोहरसुन्दराप्सरसदृशां रूपस्विनीं राजपुत्रीं परिणेतुमैच्छन् ।

suvarṇastambhālaṅkṛtaṃ mahāraṅgaṃ te nṛpāḥ kāmena hṛdaye pīḍitaṃ praviṣṭavantaḥ. sarvaguṇavatpuruṣavyāghrāḥ svadeśānāṃ rakṣitāraḥ sarve tatrāsanān anekān asīdan. sarvamahārājā manoharasundarāpsarasadṛśāṃ rūpasvinīṃ rājaputrīṃ pariṇetum aicchan.

19.03(03) पश्चाद्वैदर्भी दमयन्ती देवी रङ्गमप्रविशद्धरन्ती राज्ञां चक्षूंषि च मनांसि च । ततो राज्ञां नामसु हूयमानेषु दमयन्त्यपश्यत्पुरुषाननेकान्तुल्यरूपान् । सर्वान्तुल्यरूपान्दृष्ट्वा विस्मिताद्वैदर्भी न प्राजानान्नलम्। यं यं हि तेषां दृष्टवांस्तं तममन्यत वैरसेनिं नलम् । कथं देवाञ्ज्ञास्यामि च कथं नलसिंहं वेदिष्यामि चेति सा वैदर्भी दमयन्ती चिन्तितवती ।

paścād vaidarbhī damayantī devī raṅgam apraviśad dharantī rājñāṃ cakṣūṃṣi ca manāṃsi ca. tato rājñāṃ nāmasu hūyamāneṣu damayanty apaśyat puruṣān anekān tulyarūpān. sarvān tulyarūpān dṛṣṭvā vismitād vaidarbhī na prājānān nalam. yaṃ yaṃ hi teṣāṃ dṛṣtavāṃs taṃ tam amanyata vairaseniṃ nalam. "kathaṃ devāñ jñāsyāmi ca kathaṃ nalasiṃhaṃ vediṣyāmi ca?" iti sā vaidarbhī damayantī cintitavatī.

D 19.03(04) एवं चिन्तयन्ती सा वैदर्भी भृशदुःखितापि श्रुतानि देवलिङ्गानि स्मृतवती । देवानां यानि लिङ्गानि वृद्धेभ्यो मे श्रूयन्ते स्म किं तु भूमाविह तिष्ठतां देवानामेकस्यापि तानि प्रज्ञातुं न शक्यन्ते । इमे देवा इह नलस्य समीपे नलेन तुल्यं भूमिष्ठाः । एवं सा चिरं चिन्तयन्ती प्राप्तकाले देवानां शरणममन्यत । अहमद्य देवानां शरणं गच्छामि । वाचा च मनसा चैव सा नमस्कृत्वा देवेभ्यः प्राञ्जली भूत्वा दमयन्तीदमब्रवीत् ।

evaṃ cintayantī sā vaidarbhī bhṛśaduḥkhitāpi śrutāni devaliṅgāni smṛtavatī. "devānāṃ yāni liṅgāni vṛddhebhyo me śrūyante sma kiṃ tu bhūmāv iha tiṣṭhatāṃ devānām ekasyāpi tāni prajñātuṃ na śakyante. ime devā iha nalasya samīpe nalena tulyaṃ bhūmiṣṭhāḥ." evaṃ sā ciraṃ cintayantī prāptakāle devānāṃ śaraṇam amanyata. "aham adya devānāṃ śaraṇaṃ gacchāmi." vācā ca manasā caiva sā namaskṛtvā devebhyaḥ prāñjalī bhūtvā damayantīdam abravīt.

✔ D 18.03(01)에 보이는 것처럼 namaskṛtya 형태의 독립형(☞✤15.02)뿐만

아니라 namaskṛtvā 형태가 쓰이기도 한다.

▷19.03(05) **हंसस्य वचनं श्रुत्वा वैरसेनिं पत्ये ऽवरयम् । यदि तत्सत्यमासीत्तदा महादेवास्तं वैरसेनिं मे दिशन्तु । वाचा च मनसा चैव यथाहं कथञ्चिन्नाधर्मकर्त्री । सर्वदाहं मम स्वधर्ममन्वतिष्ठम् । तेन सत्येन सर्वश्रेष्ठा महादेवास्तमेव दिशन्तु मे । यथा देवैर्वैरसेनिः स मे भर्ता विहितो तेन सत्येन देवश्रेष्ठास्तमेव नरश्रेष्ठं दिशन्तु मे । श्रेयांसो लोकरक्षितारः स्वरूपमुद्भवन्तु येनाहं राजान्तराच्छ्रेयांसं वैरसेनिं प्रजानामि ।**

"haṃsasya vacanaṃ śrutvā vairaseniṃ patye 'varayam. yadi tat satyam āsīt tadā mahādevās taṃ vairaseniṃ me diśantu. vācā ca manasā caiva yathāhaṃ kathaṃ cin nādharmakartrī. sarvadāhaṃ mama svadharmam anvatiṣṭham. tena satyena sarvaśreṣṭhā mahādevās tam eva diśantu me. yathā devair vairaseniḥ sa me bhartā vihito tena satyena devaśreṣṭhās tam eva naraśreṣṭhaṃ diśantu me. śreyāṃso lokarakṣitārāḥ svarūpam udbhavantu yenāhaṃ rājāntarāc chreyāṃsaṃ vairaseniṃ prajānāmi."

낱말 목록

anulipta [a.] 칠해진, 기름 칠해진

aneka [a.] 하나가 아닌, 많은 수의, 다양한

anvita [a.] (anu-ita) ~을 따라간, 동반한, 수반한, 연결된, ~을 갖춘, ~을 가진, ~을 이해한

avasthāna [n.] 머물기, 머무르는 곳, 사는 곳, 상황, 조건

ahan [n.] 날, 낮 (ifc., -ahna)

ā-√vah 1PĀ. [āvahati, āvahate] 이끌어 가다, 가져오다, 초대하다, 부르다
(caus.) āvahayati 가까이 오게 하다

adhara [a.] 아래의, 아래로 향하는, 더 못한, 저급한
[n.] 아랫부분, 대답
[m.] 아래 갈비뼈

ibha [m.] 하인들, 식구들, 딸린 자들, 가축들, 코끼리

ṛṣabha [m.] 수소, 수컷, 같은 종류 중에서 가장 뛰어난 자

oṣṭha [m.] 갈비뼈 (주로 양수로)

kanīyaḥ [a.] 더 어린, 더 젊은, 동생, 더 어린 아들이나 딸, 더 작은, 덜한, 덜 중요한

kamala [m.][n.] 연, 연꽃
[a.] 연한 붉은색의

kupuruṣa [m.] 나쁜 사람, 남자답지 못한 자, 비겁한 자

kusuma [n.] 꽃

kṛtatvara [a.] 서두르는

kṣudh [f.] 배고픔, 굶주림

kṣema [m. n.] 평화, 안정, 휴식

√khād 1P. [khādati] 먹다, 씹다, 물다, 삼키다, 죽이다

gopa [m.] 목동, 우유를 공급하는 사람, 지켜주는 사람

cirakāla [a.] 긴 시간의, 긴 시간 동안

jyāyaḥ [a.] 더 나이 많은, 더 높은, 더 뛰어난

tṛṇa [n.] 풀, 풀잎, 짚(무가치한 것의 비유)

tvarā [f.] 서두름, 속도

darśanīya [a.] (구속형) 보여져야 하는, 볼 만한, 잘 생긴, 아름다운

duṣkṛta [n.] 나쁜 짓, 죄, 잘못
[a.] 잘못 행한, 잘못 수행된

√nand 1P. [nandati] 즐거워하다, 만족하다, ~(I. Ab.)에 좋아하다

namas-√kṛ 경배를 드리다, 인사를 올리다
namaskartṛ [a.] 경배하는 자
namaskāra [m.] 인사, 경배

namaskārya [a.] 경배되어야 마땅한, 존경받는

namaskriyā [f.] 경배

narasiṃha [m.] 사자와 같은 사람, 위대한 전사

nava [a.] 새로운, 새, 신선한, 젊은, 최근의

nāyaka [m.][n.] 지도자, 우두머리, 대장

nirguṇa [a.] 줄이나 실이 없는, 미덕이나 덕성이 없는, 속성이 없는, 특징이 없는

netra [m.] 지도자, 이끄는 자
[n.] 지도, 인도, 지휘, 눈

nyāya [m.] 일반적 표준, 논리, 체계, 정치

pāṇi [m.] 손, (ifc.) ~을 손에 쥐고 있는

pipāsā [f.] 갈증, 목마름

puṇya [a.] 상서로운, 복된, 좋은, 정의로운, 덕이 있는, 성스러운, 순수한
[n.] 상서로운 일, 좋은 행위, 정의로운 일, 덕이 있는 행위, 성스러운 행위, 종교의식

puruṣasiṃha [m.] (사자처럼 우두머리가 되는) 탁월한 사람

pūrvāhṇa [m.] 하루 중에 앞선 시간, 오전

pramāṇa [n.] (재는) 단위, 기준, 표준, 옳은 표준, 올바른 기준, 권위, 바른 인식을 얻는 수단, 바른 인식 작용,

prāptakāla [m.] 적절한 때
[a.] 적절한 때에 이른, 제 때의

bhakti [f.] 구분, 분리, (신을 향한) 헌신, (신에 대한) 믿음

bhūmiṣṭha [a.] 땅에 서 있는

bhūyaḥ [a.] 더, 더 나은, 더 많은, 더 큰, 더 한
[adv.] 더하게, 매우, 심하게, 보태어, 또 다시, 새로 보태어

bhṛśaduḥkhita [a.] 심하게 고통받는

mantrin [a.] 성스러운 전승이나 주문을 아는, 현명한
[m.] 왕의 조언자, 재상, 마술사

mahādeva [m.] (위대한 신) 루드라 (Rudra) 혹은 쉬바(Śiva) 혹은 이 둘과 연관된 다른 신들 중의 하나

mithuna [m.] (남녀) 한 쌍
[n.] (남녀의) 결합

yāna [n.] 이끌기, 가기, 전진, 타기, 탈 것, 이동 수단, 가는 방법

yuvati [f.] 소녀, 어린 여자, (동물의) 어린 암컷

yuvan [a.] 젊은, 건강한
[m.] 젊은이, 한창나이의 사람이나 동물

raṅga [m.] 경기장, 극장, 공연장, 무대

rājarṣi [m] 왕이면서 성인인 사람, 성자인 왕, 왕인 성자

rājarāja [m.] 왕 중의 왕, 왕들의 왕

rātri (혹은 rātrī) [f.] 밤, 저녁

liṅga [n.] 표식, 표시, 흔적, 증거, (쉬바의) 남근 상징

vacaḥ [n.] 말, 목소리, 표현, 명령, 조언

vaśā [f.] 암소, 암코끼리, 불임인 여자

vīrasena [m.] 비라쎄나 (영웅적인 군대를 지닌 자, 날라의 아버지)

virūpa [a.] 나쁜 모양을 지닌, 못생긴, 다양한 형태를 지닌, 다중의

vihita [a.] (p.p. vi-√dhā) 분배된, 할당된, 정해진, 운명 지워진

vīrya [n.] 용맹함, 강함, 힘, 남성다움, 영웅

적 행위, 영웅다움, 독

vaidarbha [a.] 비다르바의, 비다르바 출신의
[f.] (-ī) 비다르바의 여자, 비다르바의 공주

vairaseni [m.] 비라쎄나(vīrasena)의 아들, 날라

śaraṇa [n.] 안식처, 안주처, 피난처, 보호처 (śaraṇaṃ √gam, ~(A. G.)에게서 안식처를 찾다, ~에게 귀의하다)

śuka [m.] 앵무새

śeṣa [m. n.] 나머지, 남은 것, 빠진 것, 잉여분

śoka [m.] 타오름, 열, 슬픔, 고통, 괴로움, 고뇌, 비통, 회한,

śravaṇa [n.] 듣기, 경청, 들어서 앎

śyāma [a.] 검은, 새까만, 검은 빛이 도는

śreyaḥ [a.] 더 나은, 우월한, 더 좋은, 축복이 되는, 행운의, 호의를 가진
[n.] 더 나은 상황, 더 나은 운, 행운, 번영, 행복

sakhi [m.] 친구, 동반자, 조력자

sukumāra [a.] 여린, 약한, 예민한

suvarṇa [n.] 금.
[a.] 색깔이 좋은, 빛나는, 금빛의

snāta [a.] 씻겨진, 목욕시켜진, 깨끗하게 만들어진, 입문 의례를 마친

svāmin [m.] 소유자, 주인, 임자, 대장, 지휘자, 남편, 왕, 왕자, 스승

hariṇa [a.] 엷은 황갈색의, (건강하지 않은) 낯빛의, 녹색의
[m.] 사슴, 영양, 수사슴, 새끼 사슴

제20과
संस्कृतवाक्योपक्रिया

tatpuruṣa-겹낱말

✣20.01 겹낱말 중에서 tatpuruṣa-겹낱말은 뒷자리 말이 나타내는 것을 앞자리 말이 꾸며주는 구조를 기본으로 삼는다. 하지만 전체 겹낱말은 뒷자리 말의 쓰임에 따라 명사 혹은 형용사—여기에는 분사도 포함—가 된다. tatpuruṣa-겹낱말의 앞자리 말은 겹낱말 안에서는 말줄기 형태를 보이지만 분석하면 특정한 격을 나타내는 명사 뒷토가 드러난다. 따라서 tatpuruṣa-겹낱말의 앞자리 말은 특정한 격을 나타내고 있는 것으로 해석되어야 하고, 원칙적으로 모든 격과 수를 나타낼 수 있기 때문에 맥락과 의미에 따라 어떤 수의 어떤 격을 나타내는지 독자가 판단해야 한다.

✣20.02 그런데 tatpuruṣa-겹낱말 중에서 분석했을 때 앞자리 말과 뒷자리 말이 같은 격을 취하게 되는 경우가 있는데, 이러한 경우만을 따로 나누어 karmadhāraya-겹낱말이라고 부른다. 따라서 앞서 배운 karmadhāraya-겹낱말은 tatpuruṣa-겹낱말에 속하는 일부가 되는 셈이다.

✣20.03 일반적으로 "tatpuruṣa-겹낱말"이라고 부를 때에는 karmadhāraya-겹낱말을 제외시킨 tatpuruṣa-겹낱말만을 가리킨다. 이 좁은 의미가 바로 "tatpuruṣa-겹낱말"이라는 용어가 일반적으로 사용되는 맥락이다. 따라서 앞으로 넓은 의미의 "tatpuruṣa-겹낱말"이라고 따로 밝히지 않는 한, 좁은 의미로 이 말을 사용하게 될 것이다. 그리고 앞서 ✣19.06에서부터 배운 겹낱말의 종류 구분에서도 이 말은 이와 같은 의미를 담아 사용되었다. 요약해서 말하자면, 겹낱말을 분석했을 때 앞자리 말과 뒷자리 말이 서로 다른 격을 가진 것으로 나타나는 경우만을 "tatpuruṣa-겹낱말"이라고 부른다.

✣20.04 tatpuruṣa-겹낱말의 앞자리 말이 취할 수 있는 격에는 제한이 없다. 가장 자주 사용되는, 그리고 월등히 높은 빈도를 보이는 것은 가짐격의 경우이지만 tatpuruṣa-겹낱말의 앞자리 말은 모든 격을 다 취할 수 있다. 의사

소통을 편하게 하기 위해 tatpuruṣa의 앞자리 말이 취하는 격에 따라 "대상격-tatpuruṣa", "수단격-tatpuruṣa", "위함격-tatpuruṣa" 등의 이름으로 tatpuruṣa-겹낱말의 종류를 구분하기도 한다. 예를 들어보자.

대상격-tatpuruṣa

ग्रामगत grāma-gata "마을로 간" [grāmagataḥ = grāmaṃ gataḥ]

수단격- tatpuruṣa

देवदत्त deva-datta "신에 의해서 주어진" [devadattaḥ = devena dattaḥ]
पितृसम pitṛ-sama "아버지와 똑같은" [pitṛsamaḥ = pitrā samaḥ]

위함격- tatpuruṣa

कर्णसुख karṇa-sukha "귀에 (듣기) 편안한" [karṇasukham = karṇāya sukham]
पादोदक pāda-udaka "발 씻을 물" [pādodakam = pādābhyām udakam, 발이 둘이니까 양수를 사용]

유래격- tatpuruṣa

स्वर्गपतित svarga-patita "하늘에서 떨어진" [svargapatitaḥ = svargāt patitaḥ]
प्राणाधिक prāṇa-adhika "목숨보다 더 소중한" [prāṇādhikam = prāṇād adhikam]

가짐격- tatpuruṣa

राजपुत्र rāja-putra "왕의 아들" [rājaputraḥ = rājñaḥ putraḥ]

अश्वकोविद् aśva-kovida "말을 잘 아는" [aśvakovidaḥ = aśvasya kovidaḥ]

भुजान्तर bhuja-antara (두 팔의 사이→) "가슴" [bhujāntaram = bhujayor antaram, 팔이 둘이니까 양수를 사용]

곳때격- tatpuruṣa

वनवास vana-vāsa "숲에 사는" [vanavāsaḥ = vane vāsaḥ]

सूर्यशुष्क sūrya-śuṣka "태양에 말린" [sūryaśuṣkaḥ = sūrye śuṣkaḥ]

upapada-겹낱말

✤20.05 동사 말뿌리 자체 혹은 동사 말뿌리가 변형된 형태가 명사로 사용되어 뒷자리 말로 tatpuruṣa-겹낱말 안에 사용되는 경우가 있는데, 이런 형태의 tatpuruṣa-겹낱말을 따로 부를 때 "upapada-겹낱말"이라고 한다. 모든 동사 말뿌리는 tatpuruṣa-겹낱말의 뒷자리 말로 사용되어 분사를 사용하는 것과 마찬가지로 쓰일 수 있고, 이러한 경우의 겹낱말이 upapada-겹낱말이다. 예로 veda-vid "베다를 아는", vṛtra-han "브리뜨라를 죽인" 등을 들 수 있겠다.

✤20.06 upapada-겹낱말을 구성하는 데에서 유의할 점 몇 가지는 다음과 같다.

✤20.06(01) 사용되는 동사 말뿌리가 짧은 모음으로 끝나는 경우에는 끝에 -t를 첨가한다.

लोककृत् loka-kṛt (← loka-√kṛ-t) [m.] "세상의 창조자" [a.] "세상을 만드는, 거주할 공간을 만드는"

कामजित् kāma-jit (← kāma-√ji-t) [m.] "욕망을 이긴 자" [a.] "욕망을 이긴, 욕망을 제어한"

✤ 20.06(02) 동사 말뿌리 중에 -ā로 끝나는 말뿌리는 종종 모음을 짧게 만든다.

सर्वज्ञ sarva-jña (← sarva-√jñā) [a.] "모든 것을 아는, 전지한"

स्वधर्मस्थ svadharma-stha (← svadharma-√sthā) [a.] "자신의 규범 안에 있는, 자신의 의무에 충실한"

✤ 20.06(03) 동사 말뿌리의 끝에 오는 콧소리가 탈락되는 경우가 있다.

कामज kāma-ja (← kāma-√jan) [a.] "욕망에서 생겨난, 욕망 때문에 생겨난"

कन्याज kanyā-ja (← kanyā-√jan) [m.] "결혼하지 않은 여자에게서 태어난 아들"

✤ 20.07 여기서 upapada라는 말은 "가까이 서 있는 말" 즉 다른 말에 종속되어 쓰이는 말이라는 뜻으로 사용된 용어이다. 예로 부치사나 조사 등이 다른 동사나 명사에 첨가되어 쓰인다면 전형적인 upapada라고 할 수 있다. 그런데 veda-vid나 vṛtra-han에서 뒷자리 말을 보면 동사 말뿌리에서 도출된 말인데 그 자체가 독립적으로 쓰일 수 있는 말의 형태가 아니다. vid이나 han은 활용이 되지 않은 채로 사용되는 일이 없는 단어이다. 결국 이 vid이나 han은 veda-vid나 vṛtra-han이라는 겹낱말 안에서만 사용될 수 있다. 이때 vid이나 han의 앞에 쓰인 앞자리 말 명사들이 upapada이다. 예로 kumbhakāra의 경우 kṛ에서 도출된 kāra라는 말은 "~을 만드는 자"라는 의미로 자주 사용되지만 결코 독립적으로 쓰이는 경우는 없다. 그 앞에

upapada인 kumbha- "항아리", śastra- "칼", ratha- "전차" 등의 말이 결합될 때에만 kumbha-kāra "도공", śastra-kāra "무기 제작자", ratha-kāra "전차 제작자, 목수"의 의미로 사용된다. 어원이 같은 -kara도 마찬가지이다. anta-kara (끝 →) "끝을 만드는, 죽음을 부르는", śoka-kara (근심 →) "근심을 만드는, 걱정거리인", vipriyaṃ-kara (거슬리는 →) "거슬리는 일을 하는" 등의 예를 볼 수 있다.

कुम्भकार kumbhakāra [kumbhaṃ karotīti kumbhakāraḥ 옹기를 만들기 때문에 옹기장이] [m.] "옹기장이, 도공"

सूत्रकार sūtrakāra [sūtraṃ karotīti sūtrakāraḥ 쑤뜨라를 만들기 때문에 쑤뜨라 저자] [m.] "쑤뜨라의 저자"

शोककर śokakara [śokaṃ karotīti śokakaraḥ 근심을 만들어 내기 때문에 근심을 만들어 내는 이] [a.] "근심을 만들어 내는, 걱정거리가 되는"

जलचर jalacara [jale caratīti jalacaraḥ 물 속에서 다니기 때문에 물에서 다니는 것] [m.] "물 속에서 다니는 것, 수생동물"

वनचर vanacara [vane caratīti vanacaraḥ 숲에서 다니기 때문에 숲에서 사는 것] [a.] "숲 속에서 사는" [m.] "나무꾼, 야생동물"

गृहस्थ gṛhastha [gṛhe tiṣṭhatīti gṛhasthaḥ 집에 머물기 때문에 가장/재가자] [a.] "집에서 사는" [m.] "(출가하지 않은) 재가자, 가장"

द्वारस्थ dvārastha [dvāre tiṣṭhatīti dvārasthaḥ 문에 있기 때문에 문지기] [a.] "문에 서 있는" [m.] "문지기, 보초"

मया कुम्भकारं द्रष्टुं गन्तव्यम् ।
mayā kumbhakāraṃ draṣṭuṃ gantavyam.
내가 도공을 만나러 가야만 한다.

अयं ब्रह्मविदां श्रेष्ठो ऽयं ब्रह्मविदां गतिः । 『महाभारतम्』

ayaṃ brahmavidāṃ śreṣṭho 'yaṃ brahmavidāṃ gatiḥ *Mahābhārata*

이것이 브라흐만을 아는 사람들의 최선이며 이것이 브라흐만을 아는 사람들의 길이다.

योगानां च परं ब्रह्म तेजस्विनी ब्रह्मविदां विद्या ।

yogānāṃ ca paraṃ brahma tejasvinī brahmavidāṃ vidyā.

요가의 최고는 브라흐만이고 브라흐만을 아는 자들의 지혜는 빛난다. (tejasvinī와 vidyā는 일치하는 여성형)

त्वमप्यन्तर्जलचरो मत्स्यो जनिष्यसे ।

tvam apy antarjalacaro matsyo janiṣyase.

너도 또한 물 가운데에서 사는 물고기로 태어나게 될 것이다(Ā. 2인칭 미래 단수).

✤20.07(01) -han으로 끝나는 겹낱말의 곡용은 나중에(✤27.09) 정확하게 배우게 될 것인데, 우선은 -an으로 끝나는 두말줄기 명사 남성곡용(표13.01, ātman 곡용)을 따르는 것으로만 알아 두면 된다.

✤20.08 만약 동사에서 파생된 말이 특정한 겹낱말의 뒷자리 말로 나타날 때, 그 겹낱말의 앞자리 말로 쓰이는 upapada 없이도 사용될 수 있는 말이라면, 이 겹낱말은 upapada-겹낱말에 해당되지 않는다. 이러한 경우에 해당하는 겹낱말들은 대부분 가짐격-tatpuruṣa이다.

सुखप्राप्ति sukhaprāpti (sukhasya prāptiḥ) [prāpnotīti prāptiḥ. sukhasya prāptiḥ sukhaprāptiḥ. 성취하니까 "성취"이고 행복의 성취라서 "행복 성취"] "행복 성취"

यशोधर yaśodhara (yaśaso dharaḥ) [dharatīti dharaḥ. yaśaso dharo yaśodharaḥ 담고 있으니까 "품음"이고 영예의 품음이라서 "영예로운"]

[a.] "영예를 품은, 영예를 가진" [f.: -ā] "영예로운 여자" (붇다의 부인 등 여자의 이름)

이 두 예에서 뒷자리 말에 오는 단어들은 모두 독립적으로 빈번하게 사용되는 단어들이다. prāpti는 "도착, 성취, 취득, 이윤"을 뜻하는 여성명사로 쓰이는 말이고 dhara는 형용사로 "안고 있는, 품고 있는, 떠받치고 있는"의 의미를 가지고 쓰이는데 명사로도 사용된다. 이 예들에 있는 뒷자리 말들은 모두 upapada가 앞자리에 주어지지 않는 경우에도 사용되는 어휘들인지라 upapada-겹낱말이 아니라 가짐격-tatpuruṣa들이다. upapada-겹낱말의 예가 되는 아래의 예들과 비교해 보라.

सामग sāmaga [sāma gāyatīti sāmagaḥ 싸만, 즉 리듬이 붙은 텍스트를 노래하기 때문에 "싸마[베다] 낭송자"]

[m.] "싸마베다(sāma-veda)를 낭송하는 사제"

खग khaga [khe gacchatīti khagaḥ 허공에 가기 때문에 "허공에 가는 자"]

[m.] "새"

"ga" (← √gai "노래하다")라는 형태로 따로 사용되는 "노래"라는 뜻을 가지는 단어는 없다. 겹낱말의 뒷자리 말에 나타나는 경우만 있을 뿐이다. "ga" (← √gam "가다")의 경우도 마찬가지이다.

✤20.09 이러한 맥락을 고려할 때, upapada-겹낱말을 풀이할 때에는 해당되는 동사 말뿌리에서 만들어진 문맥에 맞는 활용 형태를 취해서 겹낱말을 풀이해야 한다. 즉 veda-vid의 풀이(vigraha)에서는 vid가 더 이상 사용되지 못하므로 독립적인 형태로 사용될 수 있는 활용형을 가지는 단어로 바꾸어 풀이되어야 한다.

वेदविद् vedavid → vedān vetti. "그 사람이 베다들을 안다."
वृत्रहन् vṛtrahan → vṛtraṃ hanti "그 (인드라)가 브리뜨라를 죽인다."
कामजित् kāmajit → kāmaṃ jayati "그가 욕망을 이긴다."

लोककृत् lokakṛt → lokaṃ karoti "그가 세상을 만든다."

✤20.10 겹낱말이란 원칙적으로는 따로 독립해서 사용될 수 있는 말들이 결합되어 쓰이면서 끝자리에 있는 말만 곡용되고, 다른 말(들)의 곡용이 생략되어 결합된 것이다. 때문에 upapada-겹낱말처럼 따로 독립되어 사용될 수는 없고 겹낱말 안에서만 쓰이는 말이 있다면 이것은 겹낱말의 예외적인 경우가 되는 셈이다. upapada-겹낱말은 뒷자리 말이 동사 말뿌리의 변형인 형태이기 때문에 대상격-tatpuruṣa인 경우가 많지만 그렇지 않은 경우들도 있다. 아래의 예들을 보자.

खग khaga "새": 곳때격-tatpuruṣa [khe gacchatīti khagaḥ 허공에서 가기 때문에 "새"]

गृहस्थ gṛhastha "가장, 재가자": 곳때격-tatpuruṣa [gṛhe tiṣṭhatīti gṛhasthaḥ 집에 머물기 때문에 "재가자"]

पादप pādapa "나무": 수단격-tatpuruṣa [pādena pibatīti pādapaḥ 발로 마시기 때문에 "나무"]

मनुज manuja "마누의 자손": 유래격-tatpuruṣa [manor jāyata iti manujaḥ 마누에서 태어났기 때문에 "마누에서 나온 자"]

अण्डज aṇḍajaḥ "새, 알에서 태어난 자": 유래격-tatpuruṣa [aṇḍād jāyata ity aṇḍajaḥ 알에서 태어났기 때문에 "난생"]

다양한 tatpuruṣa-겹낱말들

✤20.11 tatpuruṣa-겹낱말에 속하는 겹낱말들 중에는 부정 앞토 a-/an-이 사용되어 뒷자리 말의 반대 의미를 나타내는 경우들이 있다. 이 경우들은 전통문법에서는 karmadhāraya로 간주된다.

अनश्व an-aśva "말이 아닌" [anaśvo nāśvaḥ]

अब्राह्मण a-brāhmaṇa "사제가 아닌" [abrāhmaṇo na brāhmaṇaḥ]

अदृष्ट a-dṛṣṭa "목격되지 않은, 본 적이 없는" [adṛṣṭaṃ na dṛṣṭam]

अकृत a-kṛta "행해지지 않은, 미완의" [akṛtaṃ na kṛtam]

अपुरुष a-puruṣa "남자답지 못한, 비겁한" [apuruṣo na puruṣaḥ]

अधर्म a-dharma "규범에 맞지 않는" [adharmo na dharmaḥ]

यस्माच्च येन च यदा च यथा च यच्च

यावच्च यत्र च शुभाशुभमात्मकर्म ।

तस्माच्च तेन च तदा च तथा च तच्च

तावच्च तत्र च कृतान्तवशादुपैति ॥ 『तन्त्राख्यायिकम्』

yasmāc ca yena ca yadā ca yathā ca yac ca

yāvac ca yatra ca śubhāśubham ātmakarma |

tasmāc ca tena ca tadā ca tathā ca tac ca

tāvac ca tatra ca kṛtāntavaśād upaiti || *Tantrākhyāyika*

무엇으로부터 무엇을 가지고 언제 어떻게 무엇을
어떤 정도까지 어디에서 좋고 나쁜 자신의 행위[가 있으면] |
그것으로부터 그것을 가지고 그때 그렇게 그것을
그 정도까지 거기에서 행한 것의 결과가 가진 힘 때문에 [꼭 우리에게] 찾아온다. ||

✤ 20.12 tatpuruṣa-겹낱말의 앞자리 말로 kim-, ku-, kā-가 쓰이면 "도대체 무슨?"의 의미에서 연유되어 "나쁜"의 의미로 쓰인다. 자음으로 시작되는 단어의 앞에서는 kad-의 형태로 나타나는 경우도 있다.

कुपुरुष kupuruṣa "나쁜 사람, 남자답지 못한 비겁한 자" [kupuruṣaḥ kutsitaḥ puruṣaḥ]

कुपुत्र kuputra "나쁜 아들, (무시받는) 입양된 아들" [kuputraḥ kutsitaḥ

putraḥ]

किंराजन् kiṃrājan "나쁜 왕" [kiṃrājā kutsito rājā]

कदश्व kadaśva "형편없는 말" [kadaśvaḥ kutsito 'śvaḥ]

कुज्ञान kujñāna "잘못된 지식" [kujñānam kutsitaṃ jñānam]

✤20.13 인도 전통에서는 동사 앞토를 갖춘 독립형, 다시 말해서 -ya로 끝나는 형태의 독립형(☞✤15.02(05))을 tatpuruṣa-겹낱말로 구분한다. 초보 학습자들이 특별하게 신경 쓸 만한 내용은 아니다.

अनुगम्य anu-gamya "따라가고 나서" (← anu + gatvā)

अलंकृत्य alaṅ-kṛtya "장식하고 나서, 준비하고 나서" (← alam + kṛtvā)

✤20.14 tatpuruṣa-겹낱말 중에서 드물게 일부는 앞자리 말이 격뒷토를 가진 형태를 보이기도 한다.

मनसिज manasi-ja (← manasi + √jan) [m.] "마음에서 생겨난 것, 사랑"

जनुषान्ध januṣāndha (← januṣā + andhaḥ) [a.] "태어날 때부터 맹인인"

हृदिस्पृश् hṛdi-spṛś (← hṛdi + √spṛś) [a.] "마음에 와 닿는" [hṛdi spṛśatīti hṛdispṛk 마음에 닿았기 때문에 "마음에 닿는"]

दास्याःपुत्र dāsyāḥ-putra (← dāsyāḥ putra) [m.] "노예의 아들!" (욕하는 말)

दूरादागत dūrād-āgata (← dūrād āgataḥ) [a.] "멀리에서 온"

आत्मनेपद ātmane-pada (← ātmane padam) [n.] "자신을 위한 말"

परस्मैपद parasmai-pada (← parasmai padam) [n.] "남을 위한 말"

기수

20.15 데바나가리 등의 인도 문자로 표기되는 숫자들은 우리가 요즘 "아라비아 숫자"라고 부르면서 사용하고 있는 숫자의 원조이다. 따라서 문자의 모양도 우리가 사용하는, 아랍을 통해 유럽인들이 배운 숫자들과 가까울 뿐만 아니라 그 표기 체계도 우리가 익숙하게 배운 10진법 그리고 위치값 체계를 따른다. 여기에서 "위치값 체계"(place-value number system)라는 것은 우리가 1010 이라고 적을 때 같은 1이지만 그 위치에 따라 첫 번째 1은 일만을 나타내고 두 번째 1은 십을 나타내는 체계를 말한다. 이 체계가 가능하기 위해서 필요한 것은 빈 자리를 채워줄 기호, 즉 0이다.

20.16 우선 각 숫자들의 표기법과 이에 해당하는 쌍쓰끄리땀 단어들을 일별해서 배우도록 하자.

표20.01 쌍쓰끄리땀의 수 1—19

	이름	로마숫자		이름	로마숫자
०	शून्य śūnya	0	१०	दशन् daśan	10
१	एक eka	1	११	एकादश ekādaśa	11
२	द्वि dvi	2	१२	द्वादश dvādaśa	12
३	त्रि tri	3	१३	त्रयोदश trayodaśa	13
४	चतुर् catur	4	१४	चतुर्दश caturdaśa	14

५	पञ्च pañca	5	१५	पञ्चदश pañcadaśa	15
६	षष् ṣaṣ	6	१६	षोडश ṣoḍaśa	16
७	सप्तन् saptan	7	१७	सप्तदश saptadaśa	17
८	अष्टन् aṣṭan	8	१८	अष्टादश aṣṭādaśa	18
९	नवन् navan	9	१९	नवदश navadaśa	19

우선 1부터 10까지 수를 세는 법을 익혀야 한다. 그리고 나서 11-19까지의 수를 배우는 것이 좋은 순서이다. 표20.01에서 보이듯 10의 배수를 나타내는 수와 그에 덧붙여지는 일의 자리에 해당하는 수는 겹낱말로 결합되는데, 10의 배수인 수가 겹낱말의 뒷자리 말이 된다. 이러한 형태가 11-19에서 보인다. 21-29, 31-39 등등에서도 마찬가지여서, 이 방식은 다른 10의 단위에서도 똑같이 적용된다. 예를 들어 20은 viṃśati이기 때문에 아래와 같이 각 수를 읽어야 한다.

२१ 21: **एकविंशति** ekaviṃśati
२२ 22: **द्वाविंशति** dvāviṃśati
२३ 23: **त्रयोविंशति** trayoviṃśati

✤ 20.17 앞서 설명된 결합의 규칙을 알고 나서 배워야 하는 것은 10의 배수 자리를 차지하는 수들이다.

표 20.02 10의 배수에 해당하는 수들

	이름	로마숫자		이름	로마숫자
२०	विंशति viṃśati [f.]	20	९०	नवति navati [f.]	90
३०	त्रिंशत् triṃśat [f.]	30	१००	शत śata [n.]	100
४०	चत्वारिंशत् catvāriṃśat [f.]	40	१०००	सहस्र sahasra [n.]	1,000
५०	पञ्चाशत् pañcāśat [f.]	50	१००००	अयुत ayuta [n.]	10,000
६०	षष्टि ṣaṣṭi [f.]	60	१०००००	लक्षन् lakṣan [n.]	100,000
७०	सप्तति saptati [f.]	70	१००००००	प्रयुत prayuta [n.]	1,000,000
८०	अशीति aśīti [f.]	80	१०००००००	कोटि koṭi [f.]	10,000,000

✣20.18 일의 자리에 오는 수를 10의 배수와 결합시킬 때에 약간의 불규칙성이 있어서 알아 두어야 할 것들이 있다.

✣20.18(01) 11에서는 **एकादश** ekādaśa가 되지만 다른 경우들에서는 모두 **एक°** eka-를 쓴다.

✣20.18(02) **द्व°** dva-는 모든 곳에서 **द्वा°** dvā-가 되는데 42-72, 그리고 92에서는 **द्वि°** dvi-가 될 수도 있다. 특히 82에서는 **द्वि°** dvi-만 쓰인다.

✣20.18(03) त्रि° tri-는 남성 복수형인 त्रयस्° trayas-로 대체된다. 하지만 43-73에서 그리고 93에서는 त्रि° tri-가 사용될 수도 있다. 83에서는 त्रि° tri-만이 사용된다.

✣20.18(04) षष्° ṣaṣ-는 षो ṣo가 되는데 16에서는 뒤따르는 °दश -daśa의 첫 소리가 혀말은 소리가 되어 षोडश ṣoḍaśa가 된다. 나머지 경우에는 보통의 싼디 규칙에 따라 षष् ṣaṣ의 끝소리가 바뀌어 षड् ṣaḍ; षट् ṣaṭ; षण् ṣaṇ이 된다. 96에서는 नवति navati의 n-이 동화되어 혀말은소리가 된다.

✣20.18(05) अष्ट° aṣṭa-는 18-38에서 अष्टा° aṣṭā-가 된다. 48이후부터는 अष्ट° aṣṭa-와 अष्टा° aṣṭā- 두 가지 모두가 가능하다.

✣20.19 일의 단위를 겹낱말의 앞자리 말로 삼아 세는 형식에서 예외가 되는 것이 각 10의 배수가 되는 수 바로 앞에 있는 9로 끝나는 수들이다. 이 경우에는 보통의 방식으로 셀 수도 있지만 형용사 ऊन ūna(적은, 부족한)를 사용해서 겹낱말을 만들어 수를 셀 수 있다. 그냥 ऊन ūna를 쓸 수도 있고 एकोन ekona (← eka-ūna)를 쓸 수도 있다. 또 एकान्न ekān-na (← 하나 때문에 못 되는)를 사용할 수도 있다. 즉 19를 세는 방법은 다음과 같이 다양하다.

नवदश navadaśa (9을 보탠 10)
ऊनविंशति ūnaviṃśati (빠진 20)
एकोनविंशति ekonaviṃśati (1 빠진 20)
एकान्नविंशति ekānnaviṃśati (하나 때문에 못 되는 20)

같은 방식으로 59를 세는 방법도 아래와 같이 많다.

नवपञ्चाशत् navapañcāśat

ऊनषष्टि ūnaṣaṣṭi
एकोनषष्टि ekonaṣaṣṭi
एकान्नषष्टि ekānnaṣaṣṭi

✤ 20.20 이상의 규칙에 따라 1-100까지의 나머지 수를 세어 본다면 다음과 같다.

✤ 20.20(01) 31-39까지의 수는 21-29까지의 수와 똑같이 만들어진다.

✤ 20.20(02) 41-49, 51-59, 71-79, 91-99는 61-69와 똑같이 만들어진다.

✤ 20.20(03) 따라서 21-29, 61-69, 81-89만 대표적인 형태로 제시하도록 하겠다.

२१ 21: **एकविंशति** ekaviṃśati
२२ 22: **द्वाविंशति** dvāviṃśati
२३ 23: **त्रयोविंशति** trayoviṃśati
२४ 24: **चतुर्विंशति** caturviṃśati
२५ 25: **पञ्चविंशति** pañcaviṃśati (겹낱말에 pañcan이 아닌 pañca- 사용)
२६ 26: **षड्विंशति** ṣaḍviṃśati
२७ 27: **सप्तविंशति** saptaviṃśati (겹낱말에 saptan이 아닌 sapta- 사용)
२८ 28: **अष्टाविंशति** aṣṭāviṃśati (겹낱말에 aṣṭam이 아닌 aṣṭa-/aṣṭā- 사용)
२९ 29: **नवविंशति** navaviṃśati / **एकोनत्रिंशत्** ekonatriṃśat / **ऊनत्रिंशत्** ūnatriṃśat / **एकान्नत्रिंशत्** ekānnatriṃśat

६१ 61: **एकषष्टि** ekaṣaṣṭi
६२ 62: **द्वाषष्टि** dvāṣaṣṭi/**द्विषष्टि** dviṣaṣṭi
६३ 63: **त्रयःषष्टि** trayaḥṣaṣṭi/**त्रिषष्टि** triṣaṣṭi
६४ 64: **चतुष्षष्टि** catuṣṣaṣṭi (catur → catuṣ)

६५ 65: पञ्चषष्टि pañcaṣaṣṭi

६६ 66: षट्षष्टि ṣaṭṣaṣṭi

६७ 67: सप्तषष्टि saptaṣaṣṭi

६८ 68: अष्टाषष्टि aṣṭāṣaṣṭi/अष्टषष्टि aṣṭaṣaṣṭi

६९ 69: नवषष्टि navaṣaṣṭi / एकोनसप्तति ekonasaptati / ऊनसप्तति ūnasaptati / एकान्नसप्तति ekānnasaptati

८१ 81: एकाशीति ekāśīti (eka-가 사용된 경우)

८२ 82: द्व्यशीति dvyaśīti (dvi-가 사용된 경우)

८३ 83: त्र्यशीति tryaśīti (tri-가 사용된 경우)

८४ 84: चतुरशीति caturaśīti

८५ 85: पञ्चाशीति pañcāśīti (pañca-가 사용된 경우)

८६ 86: षडशीति ṣaḍaśīti

८७ 87: सप्ताशीति saptāśīti (sapta-가 사용된 경우)

८८ 88: अष्टाशीति aṣṭāśīti (aṣṭa-가 사용된 경우)

८९ 89: नवाशीति návāśīti / एकोननवति ekonanavati / ऊननवति ūnanavati / एकान्ननवति ekānnanavati

✤20.21 이상의 형태가 아닌 방식으로 숫자를 나타내는 표현들은 다양하게 만들어질 수가 있다. 예를 들어 "보태어"를 뜻하는 अधिक adhika를 사용하여 अष्टाधिकनवतिः aṣṭādhikanavatiḥ(8이 보태어진 90)로 98을 나타내거나 एकाधिकं शतम् ekādhikaṃ śatam(하나가 더 보태어진 100)으로 101을 나타내는 등의 다양한 다른 표현들이 있지만 초보 학습자가 모두 익힐 만한 내용은 아닌지라 생략한다.

✤20.22 문법용어로 वचन vacana [n.] "말하기"는 활용과 곡용에서의 "수"를 말한다. 따라서 एकवचनम् ekavacanam, द्विवचनम् dvivacanam, बहुवचनम्

bahuvacanam은 각각 "단수", "양수", "복수"를 뜻한다.

예문20.01 **अमी स्वामिनं परित्यज्य मच्चक्रमनुप्रविष्टाः। यतो ऽस्य पञ्चरात्रम्। अस्य दशरात्रम्। मासो ऽस्य। अस्य मासाधिकः संवत्सरो गतः प्रविष्टस्येति। 『तन्त्राख्यायिकम्』**

amī svāminaṃ parityajya maccakram anupraviṣṭāḥ. yato 'sya pañcarātram, asya daśarātram, māso 'sya, asya māsādhikaḥ saṃvatsaro gataḥ praviṣṭasyeti. *Tantrākhyāyika*

이들은 주인을 버리고 내(mat-) 지배권 안으로 따라 들어왔다. 그 때로부터 (나에게) 온지 이 자는 다섯 밤이(☞✤22.03(03)) 지났고, 이 자는 열 밤이 지났고 이 자는 한 달이 지났고 이 자는 일 년하고도 한 달이 지났다.

기수의 곡용

✤20.22 기수 1에서부터 19까지는 모두 형용사로 취급된다. 따라서 각 수가 꾸며주는 명사의 수와 격과 성구분을 곡용 형태에서 반영해야 한다. 구체적인 곡용에 대해서는 주의할 점들이 많다.

✤20.23 **एक** eka는 대명사형 곡용 명사에 속한다. (☞✤08.15) 그리고 **एक** eka는 "하나"라는 강한 뜻을 나타내는 것뿐 아니라 약한 의미에서의 "한, 어떤"의 의미로 사용되어 영어의 부정관사에 해당하는 역할을 하기도 한다. 이러한 의미로 사용되는 용례는 **एक** eka의 복수형 사용에서도 드러난다. 그래서 **एक** eka가 복수로 사용되면 "어떤 이들, 어떤 것들, 혹자, 몇몇" 등의 의미로 대부분 부정적인 의미로 사용된다. **एक** eka는 단수와 복수형으로만 사용되며 **सर्व** sarva와 같은 형태로 남성, 중성, 여성으로 활용된다.

표 20.03 기수 **एक** eka "1"의 대명사형 곡용

격	[m.] 단수	[m.] 복수	[n.] 단수	[n.] 복수	[f.] 단수	[f.] 복수
임자격	एकः ekaḥ	एके eke	एकम् ekam	एकानि ekāni	एका ekā	एकाः ekāḥ
대상격	एकम् ekam	एकान् ekān	एकम् ekam	एकानि ekāni	एकाम् ekām	एकाः ekāḥ
수단격	एकेन ekena	एकैः ekaiḥ	एकेन ekena	एकैः ekaiḥ	एकया ekayā	एकाभिः ekābhiḥ
위함격	एकस्मै ekasmai	एकेभ्यः ekebhyaḥ	एकस्मै ekasmai	एकेभ्यः ekebhyaḥ	एकस्यै ekasyai	एकाभ्यः ekābhyaḥ
유래격	एकस्मात् ekasmāt	एकेभ्यः ekebhyaḥ	एकस्मात् ekasmāt	एकेभ्यः ekebhyaḥ	एकस्याः ekasyāḥ	एकाभ्यः ekābhyaḥ
가짐격	एकस्य ekasya	एकेषाम् ekeṣām	एकस्य ekasya	एकेषाम् ekeṣām	एकस्याः ekasyāḥ	एकासाम् ekāsām
곳때격	एकस्मिन् ekasmin	एकेषु ekeṣu	एकस्मिन् ekasmin	एकेषु ekeṣu	एकस्याम् ekasyām	एकासु ekāsu
부름격	एक eka	एके eke	एक eka	एकानि ekāni	एके eke	एकाः ekāḥ

एकस्मिन्नासने वीरावुपविष्टौ बलवत्तरौ ।

ekasminn āsane vīrāv upaviṣṭau balavattarau.

한 자리에 두 대단히 힘이 센 영웅들이 앉았다.

नास्ति कर्म नास्ति च कर्मफलमिति वदन्त्येके ।

"nāsti karma nāsti ca karmaphalam" iti vadanty eke.

어떤 (어리석은) 이들은 "까르마는 없고 까르마의 결과도 없다."고 말한다. (karmaphalam, 가짐격-tatpuruṣa)

✣20.24 द्वि dvi는 겹낱말에 사용되는 경우가 아니라면 द्व dva인 것처럼 곡용된다. 다시 말해서 -a로 끝나는 형용사의 양수 형태로만 곡용된다.

표20.04 기수 द्वि dvi "2"의 곡용

격	약칭	양수 [m.]	양수 [n.]	양수 [f.]
임자격	N.	द्वौ dvau	द्वे dve	द्वे dve
대상격	A.	द्वौ dvau	द्वे dve	द्वे dve
수단격	I.	द्वाभ्याम् dvābhyām	द्वाभ्याम् dvābhyām	द्वाभ्याम् dvābhyām
위함격	D.	द्वाभ्याम् dvābhyām	द्वाभ्याम् dvābhyām	द्वाभ्याम् dvābhyām
유래격	Ab.	द्वाभ्याम् dvābhyām	द्वाभ्याम् dvābhyām	द्वाभ्याम् dvābhyām
가짐격	G.	द्वयोः dvayoḥ	द्वयोः dvayoḥ	द्वयोः dvayoḥ
곳때격	L.	द्वयोः dvayoḥ	द्वयोः dvayoḥ	द्वयोः dvayoḥ
부름격	V.	द्वौ dvau	द्वे dve	द्वे dve

द्वौ मुनी वने मोक्षार्थमचरताम् ।

dvau munī vane mokṣārtham acaratām.

두 성자는 해탈을 위해 숲에서 다녔다. (mokṣa-artham, 가짐격-tatpuruṣa)

द्वे भार्ये एकं भर्तारमनुगच्छतः ।

dve bhārye ekaṃ bhartāram anugacchataḥ.

두 부인들이 한 남편을 따라간다.

✤20.25 기수 3에서부터 19까지는 모두 복수형으로만 곡용된다. 그런데 त्रि tri는 남성형과 중성형의 경우 보통의 -i 끝모음 명사와 같이 곡용되는데 가짐격만 예외적이다. 가짐격의 형태는 त्रयाणाम् trayāṇām인데 말줄기가 त्रय° traya-인 것처럼 보이게 만드는 형태이다. 그리고 여성형은 तिसृ tisṛ를 말줄기로 가진 단어인 것처럼 곡용된다. -ṛ로 끝나는 말줄기처럼 곡용된다고 하더라도 임자격과 대상격에서 강화 현상을 보이지 않는다는 점에서 차이가 난다. 그리고 가짐격의 경우에도 예외적으로 말줄기의 모음이 긴 모음이 아닌 짧은 모음 형태를 가진다.

표20.05 기수 त्रि tri "3"의 곡용

격	[m.] 복수	[n.] 복수	[f.] 복수
임자격	त्रयः trayaḥ	त्रीणि trīṇi	तिस्रः tisraḥ
대상격	त्रीन् trīn	त्रीणि trīṇi	तिस्रः tisraḥ
수단격	त्रिभिः tribhiḥ	त्रिभिः tribhiḥ	तिसृभिः tisṛbhiḥ

위함격	त्रिभ्यः tribhyaḥ	त्रिभ्यः tribhyaḥ	तिसृभ्यः tisṛbhyaḥ
유래격	त्रिभ्यः tribhyaḥ	त्रिभ्यः tribhyaḥ	तिसृभ्यः tisṛbhyaḥ
가짐격	त्रयाणाम् trayāṇām	त्रयाणाम् trayāṇām	तिसृणाम् tisṛṇām
곳때격	त्रिषु triṣu	त्रिषु triṣu	तिसृषु tisṛṣu
부름격	त्रयः trayaḥ	त्रीणि trīṇi	तिस्रः tisraḥ

त्रिषु लोकेषु पण्डिततमः सर्वं जानाति ।

triṣu lokeṣu paṇḍitatamaḥ sarvaṃ jānāti.

세 가지 세상에서 가장 학식 있는 자는 모든 것을 안다.

तस्य तिसृणां दुहितृणां ज्येष्ठा मम भार्या ।

tasya tisṛṇāṃ duhitṝṇāṃ jyeṣṭhā mama bhāryā.

그의 세 딸 중에서 맏딸이 나의 부인이다.

त्रयो वीराः शत्रून्विजित्य महाराजस्य तिस्रः पुत्रीः विवहन्ति ।

trayo vīrāḥ śatrūn vijitya mahārājasya tisraḥ putrīḥ vivahanti.

세 영웅이 적들을 물리치고 나서 대왕의 세 딸과 결혼한다.

✤20.26 기수 **चतुर्** catur의 경우에도 **त्रि** tri의 경우처럼 여성형 곡용은 별도의 말줄기를 사용한다. 남성형과 중성형에서는 **त्रि** tri와 달리 강말줄기(catvār)와 약말줄기(catur)가 구분되어 사용된다.

표20.06 기수 **चतुर्** catur "4"의 곡용

격	[m.] 복수	[n.] 복수	[f.] 복수
임자격	चत्वारः catvāraḥ	चत्वारि catvāri	चतस्रः catasraḥ
대상격	चतुरः caturaḥ	चत्वारि catvāri	चतस्रः catasraḥ
수단격	चतुर्भिः caturbhiḥ	चतुर्भिः caturbhiḥ	चतसृभिः catasṛbhiḥ
위함격	चतुर्भ्यः caturbhyaḥ	चतुर्भ्यः caturbhyaḥ	चतसृभ्यः catasṛbhyaḥ
유래격	चतुर्भ्यः caturbhyaḥ	चतुर्भ्यः caturbhyaḥ	चतसृभ्यः catasṛbhyaḥ
가짐격	चतुर्णाम् caturṇām	चतुर्णाम् caturṇām	चतसृणाम् catasṛṇām
곳때격	चतुर्षु caturṣu	चतुर्षु caturṣu	चतसृषु catasṛṣu
부름격	चत्वारः catvāraḥ	चत्वारि catvāri	चतस्रः catasraḥ

❖ 20.27　기수 **पञ्चन्** pañcan "5"은 성구분이 없이 아래의 표와 같이 곡용된다. **सप्तन्** saptan "7", **अष्टन्** aṣṭan "8", **नवन्** navan "9", **दशन्** daśan "10"과 이 단어로 끝나는 수들(즉 11-19)도 마찬가지로 곡용된다. 개략적으로는 -an으로 끝나는 중성명사(**ब्रह्मन्** [n.], ☞표13.03)의 곡용과 비슷한데, 임자격과 대상격과 부름격에서는 복수형이 아닌 단수형의 곡용을 따르는 것처럼 보인다.

표20.07 기수 पञ्चन् pañcan "5"; सप्तन् saptan "7"; नवदशन् navadaśan "19"의 곡용

격	pañcan "5"	saptan "7"	navadaśan "19"
임자격	पञ्च pañca	सप्त sapta	नवदश navadaśa
대상격	पञ्च pañca	सप्त sapta	नवदश navadaśa
수단격	पञ्चभिः pañcabhiḥ	सप्तभिः saptabhiḥ	नवदशभिः navadaśabhiḥ
위함격	पञ्चभ्यः pañcabhyaḥ	सप्तभ्यः saptabhyaḥ	नवदशभ्यः navadaśabhyaḥ
유래격	पञ्चभ्यः pañcabhyaḥ	सप्तभ्यः saptabhyaḥ	नवदशभ्यः navadaśabhyaḥ
가짐격	पञ्चानाम् pañcānām	सप्तानाम् saptānām	नवदशानाम् navadaśānām
곳때격	पञ्चसु pañcasu	सप्तसु saptasu	नवदशसु navadaśasu
부름격	पञ्च pañca	सप्त sapta	नवदश navadaśa

✣20.28 **षष्** ṣaṣ "6"은 아래와 같이 곡용된다. **अष्टन्** aṣṭan "8"의 경우에는 앞선 **पञ्चन्** pañcan "5"처럼 곡용되기도 하지만(aṣṭa-형) 또 다른 곡용 형태(aṣṭā-형)를 보이기도 한다. 후자는 대개 『베다』(*Veda*)나 『브라흐마나』(*Brāhmaṇa*)와 같은 고층 텍스트에 주로 쓰이는 것으로 보인다.

표20.08 기수 **षष्** ṣaṣ "6"와 **अष्टन्** aṣṭan "8"의 곡용

격	ṣaṣ "6"	aṣṭan "8" 곡용 1형	aṣṭan "8" 곡용 2형
임자격	**षट्** ṣaṭ	**अष्ट** aṣṭa	**अष्टौ** aṣṭau
대상격	**षट्** ṣaṭ	**अष्ट** aṣṭa	**अष्टौ** aṣṭau
수단격	**षड्भिः** ṣaḍbhiḥ	**अष्टभिः** aṣṭabhiḥ	**अष्टाभिः** aṣṭābhiḥ
위함격	**षड्भ्यः** ṣaḍbhyaḥ	**अष्टभ्यः** aṣṭabhyaḥ	**अष्टाभ्यः** aṣṭābhyaḥ
유래격	**षड्भ्यः** ṣaḍbhyaḥ	**अष्टभ्यः** aṣṭabhyaḥ	**अष्टाभ्यः** aṣṭābhyaḥ
가짐격	**षण्णाम्** ṣaṇṇām	**अष्टानाम्** aṣṭānām	**अष्टानाम्** aṣṭānām
곳때격	**षट्सु** ṣaṭsu	**अष्टसु** aṣṭasu	**अष्टासु** aṣṭāsu
부름격	**षट्** ṣaṭ	**अष्ट** aṣṭa	**अष्टौ** aṣṭau

✤ 20.29 기수 20-99까지는 단수 여성명사로 취급된다. 100; 1,000; 10,000; 100,000은 단수 중성명사로 취급된다. 따라서 각 수를 나타내는 단어의 형태에 해당되는 명사의 표준 곡용형에 따라 규칙적으로 곡용된다. 예로 60을 나타내는 **षष्टि** ṣaṣṭi의 대상격은 **षष्टिम्** ṣaṣṭim이 되고 수단격은 **षष्ट्या** ṣaṣṭyā가 된다. (**मति** [f.] 곡용, ☞표10.08)

✤ 20.30 구체적인 대상의 수를 표현할 때에는 대상을 가리키는 명사와 수사를 동

격이 되도록 나열하거나 혹은 대상을 가리키는 명사의 가짐격과 수사를 결합시키는 방법이 사용된다.

✤ 20.30(01) 우선 동격으로 표현하는 예를 보자. 수 60을 나타내는 **षष्टि** ṣaṣṭi를 여성명사 단수 곡용시켜 곳때격을 사용하면 **षष्ट्याम्** ṣaṣṭyām 이 되기 때문에 동격의 방식으로 표현해서 "60년에"라는 표현은 **षष्ट्यां वर्षेषु** ṣaṣṭyāṃ varṣeṣu가 된다. 수 **पञ्चाशत्** pañcāśat 50 [f.]의 대상격은 **पञ्चाशतम्** pañcāśatam이 되므로 "50명의 도적을"이라고 하는 표현은 **पञ्चाशतं चौरान्** pañcāśataṃ caurān이 된다.

✤ 20.30(02) 이와 다르게 대상 명사의 가짐격을 사용한다면 **षष्टिर्वर्षाणाम्** ṣaṣṭir varṣāṇām과 **चौराणां पञ्चाशत्** caurāṇāṃ pañcāśat이 될 것이다. 또 따른 예를 들어 보자면 **चत्वारि सहस्राणि वर्षाणाम्** catvāri sahasrāṇi varṣāṇām 은 "햇수의 네번 천"이므로 "4,000년"이라는 뜻이 된다. 여기에서 **सहस्र** sahasra가 중성명사이므로 **चतुर्** catur의 중성 복수형이 사용되었다는 것을 알 수 있다.

> **चत्वारो ब्रह्मचारिणः पञ्च शास्त्राणां पठन्ति ।**
> catvāro brahmacāriṇaḥ pañca śāstrāṇāṃ paṭhanti.
> 네 학생이 다섯 전문 서적을 낭송한다.

쌍쓰끄리땀 단어 5: -ana(kṛt-뒷토)로 끝나는 중성명사

✤ 20.31 아주 널리 사용되기 때문에 거의 모든 동사 말뿌리와 결합되는 뒷토가 -ana인데, 동사 말뿌리가 구나형을 취하고 그 뒤에 -ana를 붙이면 동사 말뿌

리가 나타내는 행위 자체를 나타내는 행위 명사가 만들어진다. 이렇게 만들어지는 명사들은 중성명사인데, 종종 행위를 나타내는 명사가 아니라 행위 대상을 나타내기도 한다는 점에 유의해야 한다. 특히나 akarmaka-dhātu의 경우에는 행위의 장소를 나타내는 명사가 만들어지기도 한다.

√dṛś → **दर्शन** darśana [n.] "보는 행위, 보여주는 행위, 관점, 견해, 관찰"
√gam → **गमन** gamana [n.] "가기, 이동, 운동"
√vac → **वचन** vacana [n.] "말, 표현, 말하기"
√dā → **दान** dāna [n.] "주기, 선물"
√vad → **वदन** vadana [n.] "말하기, 말, 입, 얼굴"
√sthā → **स्थान** sthāna [n.] "서 있기, 머무름, 장소"
√ās → **आसन** āsana [n.] "앉기, 앉는 자리, 앉는 자세"
√vah → **वाहन** vāhana [n.] "실어 나르기, 싣기, 탈 것, (신들 각각이) 타는 동물"
√pat → **पतन** patana [n.] "떨어짐, 날기, 추락, 몰락"
pra-√mā → **प्रमाण** pramāṇa [n.] "측정, 기준, 권위"

वाहनमानयत मत्पुत्रदर्शनार्थं वनं गमिष्यामि ।
vāhanam ānayata, matputradarśanārthaṃ vanaṃ gamiṣyāmi.
탈 것을 가져와라!(2인칭 복수 명령형). 내가 아들을 만나기 위해 숲으로 갈 것이다.

नलस्य वचनं श्रुत्वा दमयन्ती रोदितुमारभते ।
nalasya vacanaṃ śrutvā damayantī roditum ārabhate.
날라의 말을 듣고나서 다마얀띠는 울기 시작한다.

देव भवान्प्रमाणमिति मन्त्री प्रत्यवदत् ।
"deva, bhavān pramāṇam" iti mantrī pratyavadat.
"폐하! (그대께서 기준이십니다! →) 뜻대로 하소서! (→ 그렇게 하겠습니다!)"라고 재상이 대답했다.

쌍쓰끄리땀 단어 6: -as(kṛt-뒷토)로 끝나는 중성 행위 명사

✤ 20.32 몇몇 동사 말뿌리에 사용되는데, 동사 말뿌리가 구나형으로 강화되고 그 뒤에 -as를 붙이면 동사 말뿌리가 나타내는 행위 자체를 나타내는 명사가 만들어진다. 이렇게 만들어지는 명사들은 중성명사이다.

√vac → **वचस्** vacas [n.] "말, 목소리, 표현, 명령, 조언"
√tij → **तेजस्** tejas [n.] "날카로움, (불꽃의) 날카로운 끝, 광채"

तत्र तपः कुर्वन्योगी तेजः सृजति ।
tatra tapaḥ kurvan yogī tejaḥ sṛjati.
거기서 고행을 하는 수행자가 광채를 내뿜고 있다.

연습문제

▷ 20.01 다음 문장을 한국어로 옮기고 [ ]에 들어 있는 겹낱말을 풀어서 개별 단어 형태로 바꾸어 표현하고 데바나가리로 적으시오.

▷ 20.01(01) [देवदत्तदानेन] [वृद्धर्षिर्] यौवनमाप्नोत् ।

▷ 20.01(02) [कर्णसुखवचो] [बहुपुरुषेभ्यो] रोचते ।

▷ 20.01(03) देवा अपि [ग्रामदूरवनवासर्षितेजसो] बिभ्यति ततः [सुन्दराप्सरास्] तेषां स्थाने तत्राभ्युपैति ।

(-vāsa-를 풀어 쓸 때에는 현재분사형을 사용)

□ 20.01(04) [वृक्षपतनमृतवानरं] दृष्ट्वा काकः प्रहसति ।

□ 20.01(05) [कारणाभावात्] [कार्याभाव] इति सूत्रकारो वदति ।

□ 20.01(06) [दूरागताय] [पादोदकं] नयतु भार्ये ।

□ 20.01(07) [तत्कुम्भकारकृतकुम्भा] एतस्मिन्देश उत्तमाः ।

□ 20.01(08) [वनचरश्रमणवचनश्रुतये] [बहुयुवका] दूरादप्यागच्छन् ।

(-cara-를 풀어 쓸 때에는 현재분사형을 사용)

▷ 20.02 다음을 한국어로 옮기시오

▷ 20.02(01) वेदवित्कामजिदिन्द्रियजिन्महापुरुष एव खलु सर्वदुःखान्मुच्यते ।

▷ 20.02(02) यस्यां स स्निह्यति सा तस्मिन्न रजते ततः स मनसिजदुःखमनुभवति ।

▷ 20.02(03) गृहस्थादितरथा श्रमणो गृहं विना वने चरति ।

▷ 20.02(04) सर्वजगत्स्थानक्षयौ द्वाभ्यां देवाभ्यां क्रियेते ।

▷ 20.02(05) बालकः खगं दृष्ट्वाहमप्याकाश उत्पतितुमिच्छामीति चिन्तयति ।

▷ 20.02(06) अदृष्टशक्त्या वयं कर्मफलं च यज्ञफलं चाप्स्यामः ।

▷ 20.02(07) एतस्मिन्नासन उपविशञ्जनो ऽन्यो ऽपि सर्वज्ञः ।

▷ 20.02(08) दैवाकृतकार्यं नास्ति । अचिन्तितकार्यमपि दैवेन कृतम् ।

▷ 20.02(09) यस्मिन्नद्य शतानि सैनिका अनेकायुधेन परस्परं घ्नन्ति तस्मिन्स्थान एव तेषां पितामहा व्यवदन् ।

▷ 20.02(10) यदा धर्माधर्मज्ञेन मनुजेन राज्यं क्रियते तदैव जना अधर्मचारिणा न पीड्यन्ते ।

▷ 20.02(11) दास्याःपुत्रेति स कुपुरुषो हेतुना विना किञ्चिज्जनं निन्दति ।

D 20.03 다음의 수를 각각 데바나가리 숫자로 적고 그 수를 읽는 방법을 데바나가리로 적으시오

D 20.03(01)

로마자 표기	데바나가리 표기	발음 표기
1		
2		
3		
4		
5		
6		
7		
8		
9		
10		
11		
12		
13		
14		
15		
16		
17		
18		

19		
20		

▷ 20.03(02)

로마자 표기	데바나가리 표기	발음 표기
30		
40		
50		
60		
61		
62		
63		
64		
65		
66		
67		
68		
69		
70		

▷ 20.03(03)

로마자 표기	데바나가리 표기	발음 표기
80		
90		
100		
1,000		
10,000		

100,000		
10,000,000		

▷ 20.04 다음 이야기를 한국어로 옮기시오. (날라와 다마얀띠 이야기 6)

▷ 20.04(01)

अथ चत्वारो देवाः सर्वज्ञा दमयन्त्यास्तं शोकं विदित्वा परमं मनसिजं च शुद्धभावं च बुद्धिं च निश्चयं चान्वभवन् । अस्या विश्वासो ऽश्वकोविदे राजपुत्रे खलु श्रेष्ठो मनुजेष्विति देवानां मतिरासीत् । अयमेव धर्मविदः श्रेष्ठो ऽयं धर्मविदां गतिरिति मन्यमाना देवाः स्वानि लिङ्गान्यदिशन् ।

▷ 20.04(02)

ततो दमयन्त्यपश्यत्सर्वांश्चतुरो देवान्भूमिं न स्पृशतः स्थितांश्चान्यान्यनेकानि तया पूर्वमदृष्टानि लिङ्गानि च । किं तु भूमिस्थो वैरसेनिः स्वं तस्यै न्यवेदयत् । ततो वैदर्भी तान्देवांश्च तं मनुजं चान्वीक्ष्य सा धर्मेण वैरसेनिमवरयत् ।

D 20.04(03)

सा राजपुत्री तस्य नलस्य प्राणाधिकस्य दूरादागतस्य स्कन्धे ऽसृजच्चित्रां मालाम् । एवं चैव नलं पतित्वे सुन्दरतमा कन्यावरयत् । ततो ऽनन्तरं हा हेति शब्दो बहुभिरन्यै राजभिर्मुक्तः । किं तु साधु साध्विति शब्दो मुक्तो देवैश्च महर्षिभिश्चैव विस्मितैः प्रशंसद्भिर्नलं नृपम् ।

D 20.04(04)

देवाश्च महर्षयश्च नलस्य सुखतरप्राप्तेरनन्दन् । ततो वैरसेनिर्वैदर्भ्या वृते लोकरक्षितारो देवाः सुमनसः सर्वे नलाय अष्ट वरानददन् । देवानां देव इन्द्रो राज्ञां राज्ञे वैरसेनये यज्ञे देवं प्रत्यक्षदर्शनमददात् । ततः परमिन्द्रो ऽप्यददाद्वैरसेनये गतिमुत्तमां स्वस्तिम् । अग्निदेवो ऽग्निमददाद्यत्र वैरसेनिरैच्छत्सर्वदा । अन्तको नाम देवो यमस्त्वन्नरसमददात् । एवमष्टौ

वरान्प्रददतो देवाः सर्वे देवलोकं गताः ।

D 20.04(05)

दमयन्त्याश्चास्या विवाहमनुभूय विस्मितान्विता नृपाः स्वदेशान्प्रति यथागतं प्रत्यागताः । नारीरत्नं जित्वा नलस्तया सहारमत प्रतिदिने । अतीव रतो राजा तेजस्वी सूर्य इव धर्मेण राज्यमकरोत् । नगरेषु दमयन्त्या सह नलश्चरन्सुखमन्वभवद्यथा देवो ऽमरः । एवं स यजमानश्च धर्मं चरंश्च राजा स्वदेशं कुशलं रक्षितवान् ।

낱말 목록

aṇḍa [n.] 알

anu-pra-√viś 6P.Ā. [anupraviśati, anupraviśate] ~로 따라 들어가다

antaka [a.] 끝을 만드는, 끝내는, 죽음을 부르는
[m.] 죽음, 죽음의 신 야마(yama)

annarasa [m.] (← anna-rasa) (좋은) 음식의 맛, 음식의 핵심

aśvakovida [a.] 말(馬)을 잘 아는

āyudha [n.] 무기

udaka [n.] 물

upa-ā-√i 2P. upaiti ~(A.)에게 다가오다, 찾아오다, 들이닥치다, (이성으로) 접근하다, 헌신하다

ūna [a.] 빠진, 부족한, 모자란, 적은, 작은, 덜한

karṇa [m.] 귀

kanyāja [m.] 결혼하지 않은 여자에게서 태어난 아들

kāmaja [a.] 욕망에서 생겨난, 욕망 때문에 생겨난

kiṃrājan [m.] 나쁜 왕

kutsita [a.] 욕을 먹는, 괄시받는

kumbha [m.] 물항아리, (손잡이 달린) 물병, 항아리

kovida [a.] 경험이 많은, 잘 다루는, ~(L. G.)에 대하여 전문가인

kha [n.] 빈 공간, 허공, 하늘, 뚫린 구멍

gamana [n.] 가기, 움직임, 출발

gṛhastha [a.] 집에서 사는
[m.] 재가자, 가장,

cakra [n.] 바퀴, 전차바퀴, 도자기를 만드는 돌림판, (던지는 무기) 원반, 한 바퀴, (군대나 국가처럼 특정한 중심을 가지는) 조직이나 구성체의 단위, 영역이나 지역

januṣāndha [a.] 장님으로 태어난

√tij 1Ā. [tejate] 날카롭다, 날카롭게 되다

dāsyāḥputra [m.] 노예의 아들! (욕하는 말)

dvārastha [a.] 문에 서 있는
[m.] 문지기, 보초

dhara [a.] 머금고 있는, 안고 있는, 품고 있는, 받치고 있는, 갖고 있는, 보존하고 있는, 유지하는
[m.] 산
[f.] (-ā) 받치는 것, 땅

nārīratna [n.] (← nārī-ratna) 보석과 같은 여인, 훌륭한 여인

√nind 1P. [nindati] 비난하다, 탓하다, 욕하다

pañcarātra [m.] (제사 의식에서 특정한) 다섯 밤, 다섯 밤의 기간

patana [n.] 떨어짐, 날기, 추락, 몰락

pari-√tyaj 1P. [parityajati, tyajate] 버리다, 떠나다, 포기하다, 거부하다

pratyakṣadarśana [n.] 눈으로 직접 봄, 목격함

pra-√dā 3P. [pradadāti] 넘겨주다, 제공하다, 선물하다, 수여하다

pra-√mā 3Ā. [pramimīte] 재다, 추정하다, 바르게 인식하다

prāṇa [m.] 숨, 목숨, 생명

manuja [m.] (마누에서 태어난) 인간, 남자

mālā [f.] 정해진 순서대로 엮은 것, 화환, 염주,

mukta [a.] 풀려진, (속박하지 않고) 놓아진, 방출된, 내뿜어진, 해방된

yama [m.] 죽음의 신, 사후 세계를 관장하는 신, 야마

yuvaka [m.] 젊은이, 어린이, 젊은 남자

√ram 1Ā. [ramate] 기뻐하다, 만족스러워 하다, ~(I. L. In(f.))을 좋아하다

즐기다, 머무르다

rasa [m.] 즙, 수액, 액즙, 주스, 시럽, 가장 중요한 부분, 정수, 핵심, 액체, 체액, 맛, 향미, 풍미, 정서, 감정, 느낌

rātra [m. n.] 밤, 밤의 어둠
[f.] rātri/rātrī

vadana [n.] 말하는 행위, 말하기, 발성하기, 입, 얼굴, 앞면

vanacara [a.] 숲에서 돌아다니는, 숲에서 사는
[m.] 나무꾼, 벌목꾼

varṣa [a.] 비의, 장마의
[m.] 비, 장마, 해, 년

vāhana [n.] 실어 나르기, 싣기, 탈 것, (신들 각각이) 타는 동물

śubha [a.] 빛나는, 찬란한, 상서러운, 복 받은, 고결한, 좋은

śuṣka [a.] 말린, 마른

sāman [n.] 리듬이 붙어 있는 베다의 텍스트, 싸마베다

svadharmastha [a.] 자신의 의무에 충실한

hetu [m.] 동기, 원인, 이유, 근거

제21과

संस्कृतवाक्योपक्रिया

bahuvrīhi-겹낱말

✤21.01 bahuvrīhi-겹낱말은 쌍쓰끄리땀에서 자주 볼 수 있는 특징적인 겹낱말의 사용 방식이다. 다른 언어에 이와 같은 겹낱말이 없는 것은 아니지만 쌍쓰끄리땀에서의 bahuvrīhi-겹낱말이 갖는 사용 빈도나 중요도는 초보 학습자의 상상을 뛰어 넘는다. 따라서 이 겹낱말을 이해하고 활용하는 것은 쌍쓰끄리땀을 배우는 일에서 중요한 부분이다. 앞서 배웠던 (☞✤19.10) 일반적인 bahuvrīhi-겹낱말의 해석 방식을 염두에 두고, 이에 대해 자세하게 배워 보도록 하자.

✤21.02 bahuvrīhi-겹낱말은 겹낱말 안에 자리 잡은 앞자리 말과 뒷자리 말의 관계만을 따져서 분석되는 겹낱말이 아니어서, 앞서 배운 tatpuruṣa-겹낱말이나 karmadhāraya-겹낱말의 틀로 접근해서 이해될 수가 없다. 근본적인 이유는 bahuvrīhi-겹낱말이 표현하고자 하는 주요 대상을 나타내는 말이 겹낱말의 끝자리에 제시되지 않으며, 겹낱말 안에 아예 나타나지 않기 때문이다. bahuvrīhi-겹낱말이 표현하고자 하는 주요 대상은 겹낱말 전체가 꾸며주는 말이 가리키는 대상이 되고, 그 말은 겹낱말 밖에 따로 자리 잡고 있다. 이러한 겹낱말이 가능한 구조적인 이유는 쌍쓰끄리땀에서 모든 형용사가 명사로 사용될 수 있을 뿐 아니라 모든 명사가 형용사로 사용될 수 있다는 사실에 있다. 다시 말해서 tatpuruṣa-겹낱말이나 karmadhāraya-겹낱말의 뒷자리 말로 자리 잡은 명사가 형용사로 사용되어 겹낱말에 뒤따라 나타나는 다른 명사를 한정하는 형용사로 사용될 수 있다는 사실이 문법적으로 bahuvrīhi-겹낱말이 가능하도록 만들어 준다. 예를 들어 putra-ācārya라는 말을 bahuvrīhi-겹낱말로 사용한다고 해 보자.

예문21.01 पुत्राचार्यः शिष्यः स वणिजकः ।
putrācāryaḥ śiṣyaḥ sa vaṇijakaḥ.

그 상인은 (자기의) 아들을 스승으로 삼은 학생이다.

이 문장에서 **शिष्यः** śiṣyaḥ라는 명사를 수식하는 다른 명사가 바로 °**आचार्यः** -ācāryaḥ가 되는 것인데, 이 °**आचार्यः** -ācāryaḥ가 겹낱말을 이루어 앞자리 말인 **पुत्र**° putra-와 결합되어 있다. 그렇다면 **पुत्र-आचार्यः** putra-ācāryaḥ라는 겹낱말을 풀어서 쓴다면 형식적으로 이 두 단어가 항상 같은 격을 취해야 한다는 것을 우리는 알 수 있다. 예로 다음의 문장을 보라.

예문21.02 **वयं तं वणिजकं पुत्राचार्यं शिष्यं विहसामः ।**

vayaṃ taṃ vaṇijakaṃ putrācāryaṃ śiṣyaṃ vihasāmaḥ.

우리는 그 (자기의) 아들을 스승으로 삼은 학생인 상인을 비웃는다.

이 문장에서는 겹낱말을 풀이할 때 **पुत्र** putra와 **आचार्य** ācārya 모두 대상격이 되어야 한다. 이렇게 본다면 분명하게 **पुत्र-आचार्य** putra-ācārya라는 겹낱말은 karmadhāraya-겹낱말인 셈이다. 따라서 이 겹낱말은 원래 karmadhāraya인 겹낱말이 bahuvrīhi로 사용되었다고 설명할 수 있다. 이러한 경우를 우리는 karmadhāraya-기반 bahuvrīhi-겹낱말이라고 간주할 수 있다. 다른 예를 보자.

예문21.03 **अश्वमुखः शिष्यः स वणिजकः ।**

aśvamukhaḥ śiṣyaḥ sa vaṇijakaḥ.

그 상인은 말의 얼굴을 가진 (→ 얼굴이 말을 닮은) 학생이다.

이 예문에서 **अश्वमुख** aśva-mukha가 bahuvrīhi-겹낱말로 쓰이고 있는데, 여기에서 **अश्व-मुख** aśva-mukha라는 겹낱말을 풀이하자면 "말의 얼굴"이 되어야 하기 때문에 **अश्वस्य मुखम्** aśvasya mukham으로 풀이되어 가짐격-tatpuruṣa로 이해되어야 한다. 따라서 이 경우는 karmadhāraya-기반이 아니라 tatpuruṣa-기반 bahuvrīhi-겹낱말이 사용된 예이다. bahuvrīhi-겹낱말의 뜻은 "그것의 얼굴이 말인 바로 그 [사람]"이 된다. 따라서 아래와 같은 예문도 가능하다.

예문21.04 अहं तं वणिजकं पुत्राचार्यमश्वमुखं शिष्यं विहसामि ।

aham̩ tam̩ van̩ijakam̩ putrācāryam aśvamukham̩ śis̩yam̩ vihasāmi.

나는 그 (자기의) 아들을 스승으로 삼았고 말을 닮은 얼굴을 가진 학생인 상인을 비웃었다.

영어에서도 드물지만 bahuvrīhi-겹낱말을 볼 수 있다. 예로 "얼간이"를 뜻하는 "fathead"를 들 수 있을 것이다. 그런데 영어에서 쓰이는 bahuvrīhi-겹낱말은 거의 모두 karmadhāraya-기반 겹낱말들이다. 한국어에서는 "쌍칼"(칼 두 자루를 사용하는 사람)이 여기에 해당한다고 할 수 있겠다. 한국어의 "개코"를 "개처럼 냄새를 맡는 코를 가진 사람"이라는 의미로 사용한다고 하면, 이 경우가 "개의 코"를 의미하는 tatpurus̩a-겹낱말을 활용한 bahuvrīhi-겹낱말이라고 할 수 있다.

✤21.03 이상의 설명에서 우리는 몇 가지 중요한 함축을 읽을 수 있다. bahuvrīhi-겹낱말로 사용되자면 그 겹낱말 자체의 뒷자리 말이 명사이어야 한다는 사실이다. 다시 말해서, 최소한 원칙적으로는, 뒷자리 말이 형용사라면 그 겹낱말은 bahuvrīhi-겹낱말로 사용될 수 없다. 물론 여기에는 예외들이 있다. 쌍쓰끄리땀에서 모든 형용사는 명사로 사용이 가능하기 때문에 뒷자리 말에 나타나는 말의 형태 혹은 품사가 형용사라고 해서 해당 겹낱말이 bahuvrīhi-겹낱말로 사용되지 못할 이유가 없기 때문이다. 뒷자리 말로 나타난 형용사가 명사로 전용될 수 있기 때문이다. (☞✤21.06(04))

✤21.04 그렇다면 ✤21.03의 설명은 하나 마나 한 말이 아닌가 생각되겠지만, 그렇지 않다. 여기에서 중요한 점은 바로 bahuvrīhi-겹낱말의 뒷자리 말은 명사이지만 형용사로 사용된다는 사실이다. 뒷자리 말이 명사이니까 명사가 가지는 성구분을 가지고 있어야 하는 것은 당연한데, 형용사로 사용되기 때문에 형용사들처럼 뒷자리 말이 가진 원래의 성구분이 아니라 겹낱말 전체가 만

들어 내는 형용사가 한정하는 말의 성구분에 따라 곡용되어야 한다는 사실이다. 예문 21.03: **अश्वमुखः शिष्यः स वणिजकः ।** aśvamukhaḥ śiṣyaḥ sa vaṇijakaḥ.에서 **अश्वमुख** aśvamukha라는 bahuvrīhi-겹낱말이 남성명사인 **शिष्य** śiṣya를 수식하고 있어서 남성곡용이 되었지만, 원래 명사 **मुख** mukha는 중성명사이다.

거두절미하고 말하자면, bahuvrīhi-겹낱말을 형태상으로 가장 쉽게 알아차릴 수 있는 경우는 바로 겹낱말의 뒷자리 말이 가진 원래의 성구분에 맞지 않는 성구분에 따른 곡용을 겹낱말이 보여주는 경우이다. 겹낱말 전체의 한정을 받는 말의 성구분에 따라 겹낱말이 곡용되기 때문에 이런 경우들이 있게 된다. 예문21.03의 **अश्वमुखः** aśvamukhaḥ라는 겹낱말은 bahuvrīhi-겹낱말이 아니라면 있을 수 없는 곡용 형태를 보여주고 있다. 왜냐하면 **मुख** mukha라는 명사는 중성이기 때문에 남성명사로 곡용되어 **मुखः** mukhaḥ라는 형태를 가질 수가 없기 때문이다. 다른 예들을 더 살펴보자.

예문21.05 **बृहत्तेजा नलो राज्यं करोति ।**

bṛhattejā nalo rājyaṃ karoti.

드높은 영예를 지닌 날라가 왕권을 행한다.

여기에서 "영광, 영예, 명예"를 나타내는 **तेजस्** tejas는 중성명사이다. 따라서 임자격은 **तेजः** tejaḥ이어야 하고 남성명사의 곡용을 따른 임자격인 **तेजाः** tejāḥ는 있을 수 없는 형태이다. (☞표12.04) 따라서 여기 보이는 남성 임자격 **बृहत्-तेजाः** bṛhat-tejāḥ는 아주 명확하게 이 겹낱말이 bahuvrīhi-겹낱말로 쓰이고 있음을 보여주고 있다. 따라서 이 겹낱말은 "그의 영예가 두드러진 그 [사람] "이라고 해석되어야 한다.

예문21.06 **संवादे द्वाभ्यां वादिभ्यां प्राप्तकालमेवं वाक्यं वक्तव्यम् ।**

saṃvāde dvābhyām vādibhyāṃ prāptakālam evaṃ vākyaṃ vaktavyam.

토론에서는 두 논쟁자가 시간적인 진행상 적절한 말만을 해야만 한다.

이 예문에서 प्राप्तकालम् prāptakālam은 중성 형용사로 사용되어 वाक्यम् vākyam을 수식하고 있다. 하지만 끝자리 말인 °काल -kāla는 원래 남성명사여서 임자격 단수로 -am의 형태를 가질 수 없다. 이 사실은 प्राप्तकालम् prāptakālam이라는 겹낱말이 bahuvrīhi-겹낱말임을 말해주고 있다. 즉 "그 (적절한) 때가 도달한 그 [말]"이라는 뜻으로 이해되는 겹낱말이다.

अल्पबुद्धिश्च पापहृदयस्त्वम् । ततः परं लघुप्रयत्नो ऽसि ।

alpabuddhiś ca pāpahṛdayas tvam. tataḥ paraṃ laghuprayatno 'si.

너는 판단력이 보잘것없고(← 조금이고) 마음이 사악하다. 게다가 너는 게으른 자이다(← 노력이 가벼운 자).

✣21.05 그런데 bahuvrīhi-겹낱말의 끝자리 말의 성구분과 bahuvrīhi-겹낱말 전체가 한정하는 말의 성구분이 일치한다면 형식적으로 성구분의 형태에만 의존해서 bahuvrīhi-겹낱말인지 여부를 확정하기는 어려워진다. 아래 예문에서 그러한 경우가 보인다.

예문21.07 तन्न प्राप्तकाल उपायः । तथाहि तन्न श्रेयानुपायः ।

tan na prāptakāla upāyaḥ. tathā hi tan na śreyān upāyaḥ.

그것은 시의적절한 방법이 아니다. 따라서 그것은 더 나은 방법이 아니다.

결국 bahuvrīhi-겹낱말인지 여부는 문맥에 따라 결정할 일이다. 물론 겹낱말의 끝에 첨가된 -ka가 bahuvrīhi-겹낱말임을 알리는 형식적인 표식이 될 때도 있지만(↳✣21.09), 이 뒷토 -ka의 사용이 보편적이지는 않다.

bahuvrīhi-겹낱말의 형태

✤21.06 bahuvrīhi-겹낱말의 일반적인 형태와 예들을 보자면 다음과 같다.

✤21.06(01) 형용사, 분사, 수사가 앞자리 말로 오는 경우

बहुव्रीहि bahu-vrīhi (그의 쌀이 많은 →) "쌀부자"
दीर्घायुः dīrgha-āyus (그의 수명이 긴 →) "장수하는"
जातबल jāta-bala (그의 힘이 생겨난 →) "힘이 난, 강해진"
प्रसन्नमुख prasanna-mukha (그의 얼굴이 밝은 →) "밝은 표정을 한"
गतायुः gata-āyus (그의 수명이 지나간 →) "죽은"
कृतकार्य kṛta-kārya (그의 과제가 행해진 →) "할 일을 마친"
चतुर्भुज catur-bhuja (그의 팔이 넷인 →) "팔이 네 개인"

✤21.06(02) 명사가 앞자리 말로 오는 경우

मौनव्रत mauna-vrata (그의 맹세가 묵언인 →) "묵언을 서약한"
प्रजाकाम prajā-kāma (그의 욕망이 후손인 →) "후손을 원하는"
तपोधन tapo-dhana (그의 재산이 고행인 →) "고행을 많이 한"
आकाशगति ākāśa-gati (그의 가는 길이 허공인 →) "하늘에 사는, 새"
कमलनेत्र kamala-netra (그의 눈이 연꽃인 →) "연꽃같은 눈을 가진"

✤21.06(03) 불변화사가 앞자리 말인 경우

अनन्त an-anta (그것의 끝이 없는 →) "끝없는"
विफल vi-phala (그것의 열매가 없는 →) "열매가 없는"
सुमनः su-manas (그의 마음이 좋은 →) "좋은 마음을 지닌"
दुर्मनः dur-manas (그의 마음이 나쁜 →) "나쁜 마음을 지닌"

सपक्ष sa-pakṣa (그의 날개가 갖추어진 →) "날개를 지닌, 새"
सहपुत्र saha-putra (그의 아들이 함께인 →) "아들을 동반한"

✤21.06(04) 뒷자리 말이 명사화된 형용사일 수도 있다.

चिन्तापर cintā-para (그의 최상의 것/추구하는 것이 생각인 →) "생각에 잠긴"
धनपर dhana-para (그의 추구하는 것이 돈인 →) "돈을 밝히는"

예문21.08 **सततं परगुणनिन्दापरो ऽसि।**
satataṃ paraguṇanindāparo 'si.
너는 끊임없이 남의 장점을 폄훼하는 데에 열심이다.

이 예문에서 **पर-गुण**para-guṇa는 가짐격-tatpuruṣa이고 두 번째 나오는 °**पर** -para는 bahuvrīhi를 만드는 뒷자리 말이어서 **निन्दा-पर** nindā-para는 "폄훼하는 것을 최상의 목표로 삼는"이라는 뜻이다.

✤21.06(05) 앞자리 말이 명사로 사용된 동사의 부정형일 수도 있다. 이러한 경우는 bahuvrīhi에서만 나타나는데, 일반적으로 뒷자리 말에 °**काम** -kāma(~을 원하는)나 °**मनस्** -manas(~하려는 마음을 가진)가 나타난다. 그리고 부정형의 끝소리 -m은 탈락된다.

त्यक्तुकाम tyaktu-kāma "떠나기를 희망하는" (**त्यक्तुम्** tyaktum 사용)
गन्तुमनः gantu-manaḥ "가려고 생각하는" (**गन्तुम्** gantum 사용)

लोभमूलानि पापानि रसमूलाश्च व्याधयः ।
रागमूलानि शोकानि त्रीणि त्यक्त्वा सुखी भव ॥
lobhamūlāni pāpāni rasamūlāś ca vyādhayaḥ ।

rāgamūlāni śokāni trīṇi tyaktvā sukhī bhava ||

탐욕에서 비롯된 것이 사악함들이고 취향에서 비롯된 것이 병들이고
애착에서 비롯된 것이 근심들이니 이 셋을 버리고 행복한 이가 되어라!

✤21.07 bahuvrīhi-겹낱말은 뒷자리 말의 성구분을 잃게 되기 때문에 뒷자리 말이 -ā로 끝나는 여성명사인 경우에, 이 겹낱말이 남성명사 혹은 중성명사를 수식한다면 끝모음이 -a로 바뀐다.

अल्पविद्या alpa-vidyā "아는 것이 적은" → **अल्पविद्य** alpavidya [m. n.]
सभार्या sa-bhāryā "부인을 대동한" → **सभार्य** sabhārya [m. n.]
अप्रजा a-prajā "자식이 없는" → **अप्रज** apraja [m. n.]

यो गृहकारको ऽल्पविद्यः स कथञ्चिदप्रजस्य राज्ञो देवालयं कर्तुं न शक्नोति ।

yo gṛhakārako 'lpavidyaḥ sa kathaṃ cid aprajasya rājño devālayaṃ kartuṃ na śaknoti.

그 아는 것이 적은 목수는 어떻게 해도 자식이 없는 왕의 신전을 짓지 못한다.

✤21.08 -a로 끝나는 bahuvrīhi-겹낱말은 대부분의 경우 여성형을 만들 때 -ā로 끝모음이 바뀐다. 하지만 드물게 -ī로 바뀌는 경우가 있는데, 특히 뒷자리 말이 신체 부위를 나타낼 때에 그렇다.

अधोमुखी adho-mukhī [f.] "고개 숙인 여자"
अनवद्याङ्गी anavadyāṅgī (←anavadya-aṅga) [f.] "신체 부위에 흠 잡을 것 없는 여자"

✤21.09 종종 bahuvrīhi-겹낱말의 뒤에 뒷토 -ka가 첨가된다.

✤21.09(01) 특히나 뒷자리 말이 -ī, -ū, -ṛ로 끝나는 경우에 이러한 현상이 두드러진다.

निरर्थक nir-artha-ka "쓸모없는"

सान्निक sāgni-ka (← sa-agni-ka) "아그니를 동반한"

✤21.09(02) 경우에 따라서 bahuvrīhi-겹낱말이라는 사실을 형태상 알아볼 수 있게 하는 방법으로 유용한 것이 바로 이 -ka 뒷토이다. 끝자리 말의 성구분과 bahuvrīhi-겹낱말 전체가 한정하는 말의 성구분이 일치하는 경우 겹낱말의 형태만으로 bahuvrīhi-겹낱말이라는 사실을 드러내기 어려울 때에는 유용하게 사용될 수 있다. bahuvrīhi-겹낱말임을 형식적으로 구분해서 나타낼 수 있는 두 가지 장치 중의 하나가 되는 셈이다. 다른 하나는 앞서 살펴 본 끝자리 말의 성구분이 겹낱말에서 바뀌는 경우이다.

बहुरूपक bahu-rūpaka "많은 외형을 가진, 변신할 줄 아는"
विधिपूर्वक vidhi-pūrvaka (앞서 규정이 있는 →) "규정을 따르는"

सौवर्णानि भवन्ति बहुरूपकाणि ।
sauvarṇāni bhavanti bahurūpakāṇi.
금으로 만든 것들은 여러 가지 형태를 갖는다.

✤21.10 몇몇 단어들의 경우에는 일반적인 bahuvrīhi-겹낱말에서 기대할 수 있는 어순과는 다른 어순을 사용한다. 예로 신체 부위를 나타내는 말들은 뒷자리 말로 자리를 잡는다.

धनुष्पाणि dhanuṣpāṇi (← dhanuḥ-pāṇi) "활을 손에 쥐고 있는"
परोबाहु parobāhu (← paras-bāhu) "팔이 닿지 않는 (곳에 있는)"

✤21.11 보통의 형용사들처럼 bahuvrīhi-겹낱말 자체가 명사로 사용될 수 있다.

षट्पद ṣaṭ-pada (다리가 여섯인 →) "벌"

✤21.12 보통의 형용사들처럼 bahuvrīhi-겹낱말은 부사적으로 사용될 수 있다.

मुक्तकण्ठ mukta-kaṇṭha [a.] "목이 해방된" → मुक्तकण्ठम् muktakaṇṭham [adv.] "목을 놓아" (큰 소리로 울거나 소리지르다)

स्मितपूर्व smita-pūrva [a.] "앞서는 것이 웃음인" → स्मितपूर्वम् smitapūrvam [adv.] (웃음을 앞세워→) "웃으면서"

अभूतपूर्व abhūta-pūrva [a.] "앞서는 것이 존재하지 않는" → अभूतपूर्वम् abhūtapūrvam [adv.] "선례가 없이"

예문21.09 अभूतपूर्वमिदम्। यन्मम जालं पक्षिणोऽपहरन्ति।
abhūtapūrvam idam, yan mama jālaṃ pakṣiṇo 'paharanti.
내 그물을 새들이 멀리 가져가는 이(런) 일은 전에는 없었다.

이 예문에서 अभूतपूर्व abhūtapūrva가 형용사로 사용되고 있다. 뒤따르는 내용을 가리키는 इदम् idam의 용례와 반막대부호의 사용을 주목해서 보라.

bahuvrīhi-겹낱말 관용구

✣21.13 몇몇 관용적인 표현들은 bahuvrīhi-겹낱말을 근거로 삼아 만들어진다. 예로 겹낱말의 뒷자리 말이 °आदि -ādi인 경우 "그것들의 처음이 ~인"의 의미로 쓰여서 "~등등"의 의미로 자주 사용된다.

✣21.13(01) -ādi: "~으로 시작되는, ~ 등등"

예: इन्द्रादयो देवाः indrādayo (←indrādayaḥ) devāḥ (인드라로 시작되는 신들→) "인드라 등등의 신들"

इद्रादयो देवास्त्वां कष्टतपसं परिरक्षन्तु।
indrādayo devās tvāṃ kaṣṭatapasaṃ pariraksantu!

인드라 등등의 신들이 극심한 고행을 하는 그대([m.])를 잘 보호할지어다!

이 문장에서 °तपस् -tapas가 원래는 중성명사이지만 겹낱말의 뒷자리 말로 쓰이면서 남성곡용에 따르고 있으니, कष्टतपस् kaṣṭatapas는 bahuvrīhi-겹낱말이어야 한다.

✤ 21.13(02) -anta: "~으로 끝나는"

예: क्षयान्तो लोभः kṣayānto lobhaḥ "멸망으로 끝나는 탐욕"
सुप्तिङन्तम्पदम् । sUP-tiṄ-antam padam. *Aṣṭādhyāyī*

다된말이란 sUP(명사곡용 뒷토)으로 끝나거나 tiṄ(동사활용 뒷토)으로 끝나는 것이다.

이제 우리는 이미 익숙하게 알고 있는 다된말(☞✤03.01)을 정의하는 빠니니(Pāṇini)의 쑤뜨라를 이해할 수 있게 되었다. सुप्तिङन्त suptiṅ-anta라는 겹낱말은 앞자리 말이 dvandva-겹낱말인 bahuvrīhi-겹낱말이기 때문이다.

✤ 21.13(03) -mātra: (~을 그 크기/치수로 갖는 →) "~만큼만 큰, ~의 크기를 갖는, ~에 지나지 않는"

이와 같은 의미로 사용될 수 있는 여성형 -mātrā [f.]도 있다.

예: क्षणमात्रा चिन्ता kṣaṇamātrā cintā "한 순간에 지나지 않는 생각"
गजमात्रो वृक्षः gajamātro vṛkṣaḥ "코끼리만한 크기의 나무"
कथामात्रं वीर्यम् kathāmātraṃ vīryam (현재에는 없는 옛날) "이야기에 지나지 않는 용맹함"

जातिमात्रस्य ब्राह्मणस्य वचनं सर्वं स्मृतमात्रम् । किं तु यल्लघुप्रयत्नो श्रमणो वदति तदेव सर्वं वचनमात्रम् ।

jātimātrasya brāhmaṇasya vacanaṃ sarvaṃ smṛtamātram. kiṃ tu yal laghuprayatno śramaṇo vadati tad eva sarvaṃ vacanamātram.

출신 성분이 (사제로 태어났다는) 것에 지나지 않는 (사제로서의 자격을 갖추지 못한) 사제의 말이란 모두 기억된 것(을 외우는 말)에 지나지 않는다. 하지만 저 (수행자로서 해야 할) 노력을 하지 않는 수행자가 말하는 것이야 말로 모두 (의미 없는) 말에 지나지 않는다.

✤ 21.13(04) -vidhā: "그 종류/구분이 ~인"

예: त्रिविध उपायः trividha (←trividhaḥ) upāyaḥ "세 가지 종류의 수단"

तत्खलु द्विविधं सुखमुच्यते शारीरं मानसं च ।

tat khalu dvividhaṃ sukham ucyate śārīraṃ mānasaṃ ca.

그리고 실제로 즐거움은 두 종류가 있다고 가르쳐지는데 몸에 속하는 것과 마음에 속하는 것(이라 한다).

स प्रमाणं द्विविधं सर्वं च चित्तमात्रमिति प्रतिवदन्प्रमाणं चतुर्विधमिति परपक्षं दूषयति ।

sa pramāṇaṃ dvividhaṃ sarvaṃ ca cittamātram iti prativadan pramāṇam caturvidham iti parapakṣaṃ dūṣayati.

그는 바른 인식의 근거는 두 가지이며 모든 것은 생각(이 만들어낸 것)에 지나지 않는다고 대답을 하면서, 바른 인식의 근거는 네 가지라고 하는 상대의 입장을 반박한다.

bahuvrīhi-겹낱말의 풀이

✤ 21.14 bahuvrīhi-겹낱말의 경우에는 겹낱말을 풀이할 때 겹낱말의 근저에 자리 잡은 것이 karmadhāraya-겹낱말인지 아니면 tatpuruṣa-겹낱말인지를 밝혀야 하고 또 bahuvrīhi-겹낱말 전체가 꾸미는 말이 어떤 말인지를 파악해야

한다. 따라서 bahuvrīhi-겹낱말의 경우에는 다른 겹낱말들과는 다르게 복잡한 겹낱말 풀이를 요구한다. 그런데 쌍쓰끄리땀 전통에는 bahuvrīhi-겹낱말을 푸는 방식이 정형화되어 전해진다. 이 방식을 익히는 것은 bahuvrīhi-겹낱말을 분석하는 것에 도움이 될 뿐만 아니라 주석서를 비롯한 인도 고전 텍스트들이 종종 제공하는 bahuvrīhi-겹낱말에 대한 설명을 이해하는 길을 열어준다.

✤21.15 karmadhāraya-겹낱말을 근저에 두고 만들어진 bahuvrīhi-겹낱말의 경우로 예를 들어 **अल्पविद्यः** alpa-vidyaḥ라는 bahuvrīhi-겹낱말의 풀이를 보자. 이 경우 bahuvrīhi-겹낱말 전체가 가리키는 것이 남성명사라는 것을 알 수 있고 임자격이라는 것을 알 수 있다. 따라서 아래의 예문에 해당하는 경우이다.

예문21.10 **नृपो ऽल्पविद्यस्तत्रागच्छति ।**
nṛpo 'lpavidyas tatrāgacchati.
아는 것이 적은 왕이 저기 온다.

이 경우의 겹낱말 풀이는 아래와 같다.

अल्पविद्यः alpavidyaḥ = **अल्पा विद्या यस्य सः** alpā vidyā yasya saḥ

이 겹낱말 풀이를 반영해서 예문21.10을 다시 만들어 보면 다음과 같다.

अल्पा विद्या यस्य स नृपस्तत्रागच्छति ।
alpā vidyā yasya sa nṛpas tatrāgacchati.

예문21.11 **नृपस्याल्पविद्यस्य मित्रं न विद्यते ।**
nṛpasyālpavidyasya mitraṃ na vidyate.
아는 것이 적은 왕에게 친구는 없다.

이 경우의 겹낱말 풀이는 아래와 같다.

अल्पविद्यस्य alpavidyasya = **अल्पा विद्या यस्य तस्य** alpā vidyā yasya tasya

이 겹낱말 풀이를 반영해서 예문21.11을 다시 만들어 보면 다음과 같다.

अल्पा विद्या यस्य तस्य नृपस्य मित्रं न विद्यते ।
alpā vidyā yasya tasya nṛpasya mitraṃ na vidyate.

위의 두 겹낱말 풀이에서 관계대명사 yasya가 아니라 지시대명사 saḥ/tasya의 격이 문장 안에서 bahuvrīhi-겹낱말의 격에 따라 바뀌고 있다는 것에 주목하기 바란다. 그런데 만약 bahuvrīhi-겹낱말 전체가 가리키는 것이 여성명사라면 풀이가 달라져야 한다.

예문21.12 **अल्पविद्या गणिका तद्वचनं नावगच्छति ।**
alpavidyā gaṇikā tad vacanaṃ nāvagacchati.
아는 것이 적은 기녀는 그 말을 알아듣지 못했다.

이 경우의 겹낱말 풀이는 아래와 같다.

अल्पविद्या alpavidyā = **अल्पा विद्या यस्याः सा** alpā vidyā yasyāḥ sā

이 겹낱말 풀이를 반영해서 예문21.12를 다시 만들어 보면 다음과 같다.

अल्पा विद्या यस्याः सा गणिका तद्वचनं नावगच्छति ।
alpā vidyā yasyāḥ sā gaṇikā tad vacanaṃ nāvagacchati.

예문21.12의 풀이에서 관계대명사의 여성형(yasyāḥ)이 사용된 점에 주목하기 바란다. 이 여성형은 앞에 나온 vidyā가 여성명사라는 사실과 무관하며, **अल्पविद्या**라는 여성형 bahuvrīhi-겹낱말이 한정하는 말이 여성명사 **गणिका**이기 때문에 나타난 것이다. 이상의 분석은 **अल्पविद्य** (f.: -dyā)라는 karmadhāraya-기반의 bahuvrīhi-겹낱말을 분석한 것이어서, 대부분의 karmadhāraya-기반 bahuvrīhi-겹낱말 풀이에 사용될 수 있다.

✤21.16 이제 tatpuruṣa-겹낱말을 토대로 한 bahuvrīhi-겹낱말의 경우를 보자.

✤21.16(01) 우선 **कृत-कार्य** kṛta-kārya의 경우를 예로 들어보자. 이 경우 앞자리 말이 sakarmakadhātu의 과거분사라는 사실을 염두에 두자.

कृतकार्यो गृहकारको गृहमागच्छति ।
kṛtakāryo gṛhakārako gṛham āgacchati.
할 일을 마친 목수가 집으로 돌아온다.

이 경우의 겹낱말 풀이는 아래와 같다.

कृतकार्य kṛtakārya = **कृतं कार्यं येन सः** kṛtaṃ kāryaṃ yena saḥ

이 겹낱말 풀이를 반영해서 문장을 다시 만들어 보면 다음과 같다.

कृतं कार्यं येन स गृहकारको गृहमागच्छति ।
kṛtaṃ kāryaṃ yena sa gṛhakārako gṛham āgacchati.

कृतकार्या गणिका गृहमागच्छति ।
kṛtakāryā gaṇikā gṛham āgacchati.
할 일을 마친 기녀가 집으로 돌아온다.

이 경우의 겹낱말 풀이는 아래와 같다.

कृतकार्या kṛtakāryā = **कृतं कार्यं यया सा** kṛtaṃ kāryaṃ yayā sā

이 겹낱말 풀이를 반영해서 문장을 다시 만들어 보면 다음과 같다.

कृतं कार्यं यया सा गणिका गृहमागच्छति ।
kṛtaṃ kāryaṃ yayā sā gaṇikā gṛham āgacchati.

✤21.16(02) 이제 앞자리 말이 akarmakadhātu의 과거분사인 경우를 보기 위해 예로 **गत-अन्त** gata-anta "최종 목적에 도달한"이라는 겹낱말의 경우를 살펴보자.

गतान्तो गृहकारको गृहमागच्छति ।
gatānto gṛhakārako gṛham āgacchati.
목적을 달성한 목수가 집으로 돌아온다.

이 경우의 겹낱말 풀이는 아래와 같다.

गतान्त: gatāntaḥ = **गतो ऽन्तो यस्य सः** gato 'nto yasya saḥ

이 겹낱말 풀이를 반영해서 문장을 다시 만들어 보면 다음과 같다.

गतो ऽन्तो यस्य स गृहकारको गृहमागच्छति ।
gato 'nto yasya sa gṛhakārako gṛham āgacchati.

✤21.16(03) 이제는 다르게 앞자리 말이 명사인 경우를 살펴 보자. **गज-मुखः** gaja-mukhaḥ "코끼리 얼굴을 가진, **गणेश** Gaṇeśa"

गजमुखो न मे विघ्नं करिष्यति ।
gajamukho na me vighnaṃ kariṣyati.
코끼리 얼굴의 신(가네샤)은 내게 장애물(vighna)을 만들지 않을 것이다.

이 경우의 겹낱말 풀이는 아래와 같다.

गजमुख: gajamukhaḥ = **गजस्य मुखं यस्य सः** gajasya mukhaṃ yasya saḥ

이 겹낱말 풀이를 반영해서 문장을 다시 만들어 보면 다음과 같다.

गजस्य मुखं यस्य स न मे विघ्नं करिष्यति ।

gajasya mukhaṃ yasya sa na me vighnaṃ kariṣyati.

✤21.17 가네샤 신의 별명으로 사용되는 **गजमुखः**라는 예에서 보듯 bahuvrīhi-겹낱말은 특정한 대상의 별명을 만드는 일에 자주 사용된다.

नीलकण्ठ nīlakaṇṭha = **नीलः कण्ठो यस्य सः** "목이 시퍼런" → **शिव** Śiva

हलायुध hala-āyudha = **हलमायुधं यस्य सः** "쟁기날을 무기로 가진" → **बलराम** Balarāma

मूषिकवाहन mūṣika-vāhana = **मूषिको वाहनं यस्य सः** "쥐를 탈 것으로 가진" → **गणेश** Gaṇeśa

이러한 별명이 곧 고유명사로 사용되는 예들도 많다.

वीरसेन vīra-sena (← vīra-senā "영웅 군대를 지닌 자") [m.] 비라쎄나 (날라의 아버지)

दशरथ daśa-ratha ("전차 열 대를 가진 자") [m.] 다샤라타 (라마의 아버지)

dvandva-겹낱말

✤21.18 dvandva-겹낱말은 tatpuruṣa- 혹은 karmadhāraya-겹낱말처럼 두 부분으로 이루어지는 구조를 가질 필요가 없이, 나열에 포함시키고자 하는 모든 내용을 병렬하여 나열하는 겹낱말이다. 그래서 겹낱말의 길이에 구조상의 제한이 없다.

प्रत्यक्षानुमानोपमानशब्दाः प्रमाणानि 『न्यायसूत्रम्』

pratyakṣānumānopamānaśabdāḥ pramāṇāni. *Nyāyasūtra*
감각지각, 추론, 유추, 말로 전달함이 바른 인식을 얻는 수단들이다.

내용상으로는 ca를 써서 나열해야 할 모든 것들을 결합시켜 나타내는 겹낱말이라고 보면 된다. 드물지만 내용상 vā로 연결되어야 하는 것들을 나열하는 경우도 있다.

✤21.19 dvandva-겹낱말의 성구분은 끝자리 말의 성구분을 따른다.

नलदमयन्ती nala-damayantī = **नलश्च दमयन्ती च** nalaś ca damayantī ca "날라와 다마얀띠"

✤21.20 dvandva-겹낱말의 수는 겹낱말 안에 들어있는 단어의 수에 따라 결정되는 것이 아니고 겹낱말이 지칭하는 대상의 수에 따라 결정된다.

देवासुरौ deva-asurau "신과 나쁜 신" (합쳐서 둘)
देवासुराः deva-asurāḥ "신들과 나쁜 신들" (합쳐서 여럿)

✤21.21 특히 두 대상이 서로 짝을 이루는 관계가 아주 긴밀한 경우 두 대상을 언급하는 dvandva-겹낱말이 중성 단수형으로 사용된다.

अहिनकुलम् ahi-nakulam "뱀과 몽구스, 천적 관계"
सुखदुःखम् sukha-duḥkham "고락, 즐거움과 괴로움"
पाणिपादम् pāṇi-pādam "두 팔과 두 다리" (**पाणी च पादौ च** pāṇī ca pādau ca)

✤21.21(01) 이 형태의 dvandva-겹낱말은 종종 뒷자리 말로 부정앞토 a-가 사용된 명사를 사용하여 서로 반대되는 두 개념을 쌍으로 묶어 사용할 때 동원된다.

गतागतम् gatāgatam (← gata-agatam **गत-अगतम्**) "과거와 미래"
श्रुताश्रुतम् śrutāśrutam (← śruta-aśrutam **श्रुत-अश्रुतम्**) "들은 것과

못 들은 것"

दृष्टादृष्टम् dṛṣṭādṛṣṭam (← dṛṣṭa-adṛṣṭam **दृष्ट अदृष्टम्**) "보이는 것과 보이지 않는 것"

✤21.22 겹낱말의 일부로 겹낱말(들)이 사용될 수 있기 때문에 dvandva-겹낱말이 다른 겹낱말의 일부로 사용될 수도 있다. 예로 **सुखदुःखदः** sukhaduḥkhadaḥ "즐거움과 괴로움을 주는"이라는 upapada-겹낱말의 경우에 앞자리 말에 dvandva-겹낱말이 쓰인 경우이다. 이 경우 겹낱말 풀이에서는 dvandva-겹낱말을 그대로 남겨두는 것이 일반적인 관행이다. 이 경우의 겹낱말 풀이는 아래와 같다.

सुखदुःखद् sukha-duḥkha-da = sukhaduḥkhe dadāti **सुखदुःखे ददाति**

✤21.23 dvandva-겹낱말 안에서 단어들을 나열하는 순서를 정하는 기계적인 원칙이 있는 것은 아니지만 다음 두 가지가 지켜지는 것이 일반적이다.

✤21.23(01) 내용상 중요하거나 핵심적인 것이 앞에 배치된다.

ब्राह्मणक्षत्रियवैश्यशूद्र brāhmaṇa-kṣatriya-vaiśya-śūdra "사제-왕족-노동자-노예"

✤21.23(02) 내용상의 순서를 정하기 어려울 때에는 음절 수가 적은 말이 앞에 온다.

अहिनकुलम् ahi-nakulam "뱀과 몽구스, 천적 관계"

✤21.24 친족명을 나타내는 -ṛ로 끝나는 명사가 dvandva-겹낱말 안에 쓰이면 -ā로 끝나는 형태를 취하기도 한다.

मातापितरौ mātā-pitarau "어머니와 아버지, 부모님" ([m.] 양수)
पितृमातृहीन pitṛmātṛhīna "어머니와 아버지가 없는, 고아"

✤21.25 dvandva-겹낱말 중에서 둘이 한 쌍이 되는 것이 너무나 일반적인 경우일 때, 특히나 친족명사의 경우에서 둘을 나열하지 않고 짝이 되는 한 쪽만을 양수로 사용하면 내용상 짝을 나타내는 것으로 간주되는 경우가 있다.

पितरौ pitarau (= **माता-पितरौ** mātā-pitarau) "어머니와 아버지, 부모님"

पितृभ्यां त्यक्तो बालो मुक्तकण्ठं रोदितो ऽपि न कश्चित्तं शाम्यति ।
pitṛbhyāṃ tyakto bālo muktakaṇṭhaṃ rodito 'pi na kaś cit taṃ śāmyati.
부모에게서 버려진 아이가 목을 놓아 울었지만 아무도 그를 달래지 않았다.

가상형 (optative)

✤21.26 현재 체계에 속하는 중요한 활용 형태가 가상형이다. 가상형은 현재 체계에 속하지만 의미상으로는 동사를 사용하는 사람이 자신이 말하는 바에 대하여 특별한 태도를 가지고 있다는 사실을 표현한다. 현재 체계에 속하는 명령형이 말하는 바에 대해 대상이 되는 사람에게 수행을 요구하는 태도를 가지고 있음을 나타내는 것과 마찬가지이다. (☞✤06.17) 가상형은 형식 면에서는 명령형이나 과거형처럼 동사의 인칭뒷토를 사용해서 그 형태를 구분하는 것이 아니라 가상형을 나타내는 표식소리를 사용한다는 점이 다르다. 가상형의 표식소리는 -ī-이다. 이 표식소리가 현재말줄기 뒤에 첨가되고 나서 제이인칭뒷토를 사용하는 것이 가상형의 기본 형태이다.

√gam "가다" → gaccha + ī → gacche + t (3인칭 단수) → gacchet "그가 갈지니"

√pat "떨어지다" → pata + ī → pate + am (1인칭 단수) → pateyam "내

가 떨어질지니"

✤21.27 가상형 동사활용의 형식은 아래와 같다.

✤21.27(01) 고정형 갈래 말뿌리 P.

고정형 모음 -a와 가상형 표식소리 -ī-가 결합되어 -e-가 나타난다. 그 뒤에는 제이인칭뒷토(☞표12.01)가 사용되는데, 가상형에서 3인칭 복수에서는 항상 인칭뒷토 -uḥ가 사용된다는 사실은 따로 알아 두어야 한다. 3인칭 복수에서 -an이 쓰이는 일은 없다. 말줄기의 끝에 나타나는 -e의 뒤에 모음으로 시작되는 인칭뒷토가 사용되는 경우에는 반모음 -y-가 삽입되어 모음 충돌을 피하게 된다.

√gam "가다" → gaccha + ī → gacche + us (3인칭 복수) → gaccheyuḥ "그들이 갈지니"

√diś "보여주다" → diśa + ī → diśe + am (1인칭 단수) → diśeyam "내가 보여줄지니"

✤21.27(02) 고정형 갈래 말뿌리 Ā.

고정형 모음 -a와 가상형 표식소리 -ī-가 결합되어 -e-가 나타난다. 그 뒤에는 제이인칭뒷토(☞표12.01)가 사용되는데, 알아 두어야 할 것은 3인칭 복수에서는 항상 -ran이 사용된다는 사실과, 1인칭 단수에서는 항상 -a가 사용된다는 사실이다. 3인칭 복수에 -anta, -ata가 쓰이거나 1인칭 단수에 -i가 쓰이는 일은 없다. 말줄기의 끝에 나타나는 -e의 뒤에 모음으로 시작되는 인칭뒷토가 사용되는 경우에는 반모음 -y-가 삽입되어 모음 충돌을 피하게 된다.

√bhāṣ "말하다" → bhāṣa + ī → bhāṣe + ran (3인칭 복수) → bhāṣeran "그들이 말할지니"

√ruc "좋아하다" → roca + ī → roce + a (1인칭 단수) → roceya "내가

좋아할지니"

√bhāṣ "말하다" → bhāṣa + ī → bhāṣe + ātām (3인칭 양수)→ bhāṣeyātām "그 둘이 말할지니"

❖ 21.27(03) 비고정형 갈래 말뿌리 P.

비고정형 갈래 말줄기의 강•약형 구분을 하지 않고 약형의 뒤에 가상형 표식소리 -yā가 첨가된다. 가상형 표식소리 -yā가 있기 때문에 동사 말줄기의 강•약형 구분이 필요하지 않기 때문이다. 그 뒤에는 제이인칭뒷토(☞표 12.01)가 사용되는데, 알아 두어야 할 것은 3인칭 복수의 경우 인칭뒷토 -uḥ 앞에서 -yā가 -y로 변한다는 사실이다.

√śru "듣다" → śṛṇu + yā → śṛṇuyā + us (3인칭 복수) → śṛṇuyuḥ "그들이 들을지니"

√hu "제물을 바치다" → juhu + yā → juhuyā + am (1인칭 단수) → juhuyām "내가 제물을 바칠지니"

√dviṣ "싫어하다" → dviṣ + yā → dviṣyā + t (3인칭 단수) → dviṣyāt "그가 싫어할지니"

❖ 21.27(04) 비고정형 갈래 말뿌리 Ā.

가상형 표식소리 -ī-가 동사의 약말줄기에 결합된다. 대부분의 Ā.형이 약형이기 때문에 새로울 것은 없다. -ī의 뒤에 모음으로 시작되는 인칭뒷토가 사용되는 경우에는 반모음 -y-가 삽입되어 모음 충돌을 피하게 된다.

√su "짜내다" → sunu + ī → sunvī + a (1인칭 단수) → sunvīya "내가 짜낼지니"

√bhid "갈라지다" → bhind + ī → bhindī + ran (3인칭 복수) → bhindīran "그들이 갈라질지니"

❖ 21.27(05) 이상의 내용을 짧게 정리하자면, 가상형 활용에서 나타나는 가상형 표식

소리는 비고정형 갈래 말뿌리들(제2, 3, 5, 7, 8, 9갈래)의 P. 형태에서만 -yā-이고 다른 모든 경우에서 -ī-이다. 그런데 현재말줄기가 -a로 끝나게 되는 고정형 갈래 동사들(제1, 4, 6, 10갈래)에서는 -a와 뒤따르는 -ī-가 싼디에 따라 -e-로 바뀌게 된다.

결국 활용된 동사의 가상형에서 우리가 보게 되는 가상형 뒷토의 형태는 -e-이거나 -yā-가 되는 것이다. 가상형인지를 알아볼 수 있는 단서는 바로 이 두 형태에서 주어지는 셈이다.

✣21.28 이상의 내용을 정리하면 결과적으로 비고정형 갈래 동사의 경우 아래와 같은 가상형 인칭뒷토들이 나타난다고 할 수 있다.

표21.01 비고정형 갈래 동사의 가상형활용 인칭뒷토

	Parasmaipada			Ātmanepada		
	단수	양수	복수	단수	양수	복수
3.	-यात् -yāt	-याताम् -yātām	-युः -yuḥ	-ईत -īta	-ईयाताम् -īyātām	-ईरन् -īran
2.	-याः -yāḥ	-यातम् -yātam	-यात -yāta	-ईथाः -īthāḥ	-ईयाथाम् -īyāthām	-ईध्वम् -īdhvam
1.	-याम् -yām	-याव -yāva	-याम -yāma	-ईय -īya	-ईवहि -īvahi	-ईमहि -īmahi

✣21.29 비고정형 갈래인 제2갈래 속하는 동사 √as는 가상형도 불규칙형이어서 따로 익혀두어야 한다.

표21.02 √as 2P. [asti] "~이다, 있다"의 가상형 활용

	Parasmaipada		
	단수	양수	복수
3.	स्यात् syāt	स्याताम् syātām	स्युः syuḥ
2.	स्याः syāḥ	स्यातम् syātam	स्यात syāta
1.	स्याम् syām	स्याव syāva	स्याम syāma

특히나 √as의 3인칭 단수형 syāt은 "~일 수 있다, ~일 것이다"의 의미로 자주 사용되기 때문에 잘 알아 두어야 한다.

धर्माधर्मज्ञः सर्वज्ञः स्यात् ।

dharmādharmajñaḥ sarvajñaḥ syāt.

다르마와 다르마가 아닌 것을 아는 자는 모든 것을 아는 자일지니.

यो राज्यं करोति स सुहृच्च सुमनाश्च स्यात् ।

yo rājyaṃ karoti sa suhṛc ca sumanasāś ca syāt.

통치를 하는 자는 친절하면서 좋은 마음을 가진 자일지니.

✤21.30 제8갈래 동사 √kṛ의 경우에는 강말줄기 kuro-, 약말줄기 kuru-가 있지만 가상형으로 활용될 때 약형 kuru-의 끝모음 u가 탈락된다. 따라서 3인칭 P. 활용은 kuryāt, kuryātām, kuryuḥ가 되고 1인칭 Ā.활용은 kurvīya, kurvīvahi, kurvīmahi가 된다.

✤21.31 고정형 갈래 동사의 가상형 활용은 구체적으로 동사 √bhū를 예로 삼아 제시하도록 하겠다.

표21.03 √bhū 1P.Ā. [bhavati, bhavate] "있다, 이다, 되다"의 가상형 활용

	Parasmaipada			Ātmanepada		
	단수	양수	복수	단수	양수	복수
3.	भवेत् bhavet	भवेताम् bhavetām	भवेयुः bhaveyuḥ	भवेत bhaveta	भवेयाताम् bhaveyātām	भवेरन् bhaveran
2.	भवेः bhaveḥ	भवेतम् bhavetam	भवेत bhaveta	भवेथाः bhavethāḥ	भवेयाथाम् bhaveyāthām	भवेध्वम् bhavedhvam
1.	भवेयम् bhaveyam	भवेव bhaveva	भवेम bhavema	भवेय bhaveya	भवेवहि bhavevahi	भवेमहि bhavemahi

가상형의 사용

✣21.32 가상형의 의미는 크게 보아 현실이 아닌 가상을 나타낸다고 이해하면 된다. 따라서 구체적으로 가상형이 사용될 때의 의미는 아직 현실이 아니라는 의미에서부터 출발해서 맥락을 이해하도록 하는 편이 좋다.

✣21.33 가상형은 가상의 상태에 대한 서술이라는 맥락에서, 현실성이 거의 없다는 것을 밝히면서 과장이나 양보 혹은 가설적 사실을 표현할 수 있다.

औदुम्बराणि पुष्पाणि श्वेतवर्णं च वायसम् ।

मत्स्यपादं जले पश्येन्न नारीहृदयस्थितम् ॥ 『महासुभाषितसङ्ग्रहः』

audumbarāṇi puṣpāṇi śvetavarṇaṃ ca vāyasam ।

matsyapādaṃ jale paśyen na nārīhṛdayasthitam ॥

Mahāsubhāṣitasaṅgraha

우담바라(무화과의 한 종류)의 꽃들이나, 하얀색(bahuvrīhi-겹낱말) 까마귀나

물에 있는 물고기의 발(자국)을 보게 될지언정(paśyet), 여자의 마음에 자리 잡고 있는 것을 [보지는] 못할 것이니.

यदि स क्लीबरूपराजः सुन्दरतमनरीं लभेत तदान्ये राजानः सर्वे क्लीबतराः स्युः ।

yadi sa klībarūparājaḥ sundaratamanarīṃ labheta tadānye rājānaḥ sarve klībatarāḥ syuḥ.

만약 저 비겁한 꼴의 왕이 가장 아름다운 여인을 얻는다고 한다면, 그렇다면 다른(tadā-anye) 왕들은 모두 더 비겁한 자들이라는 셈이 될 것이다.

यथा ह्येकेन चक्रेण न रथस्य गतिर्भवेत् ।
तथा पुरुषकारेण विना दैवं न सिध्यति ॥『हितोपदेशः』

yathā hy ekena cakreṇa na rathasya gatir bhavet |
tathā puruṣakāreṇa vinā daivaṃ na siddhyati || *Hitopadeśa*

마치 하나의 바퀴로는 전차가 달리는 일이 없는 것과 같이
그렇게 사람의 일(노력)이 없이는 운명은 관철되지 않는다.

가상형은 가상의 상태에 대한 가정이나 현재로서는 확정되거나 확인되지 못한 가상의 상태로서의 추측, 추정을 나타낸다. 또는 현실이 아닌 가정이라는 의미에 기초해서, 추정이나 개연성 혹은 희망 사항을 나타내는 경우도 있다.

पुण्यवाग्बुद्धिकर्मणो ब्राह्मणा एव जायेरन्स्वर्गं त्यक्त्वा शरीरम् ।

puṇyavāgbuddhikarmaṇo brāhmaṇā eva jāyeran svargaṃ tyaktvā śarīram.

상서로운 말과 생각과 행동을 가진 사제들이야말로 몸을 버리고 나면 하늘나라를 얻을 것이다.

✤21.34 가상형은 아직 현실이 아닌 어떤 상태나 동작이 현실이 되어야 한다는 뜻을 나타낸다. 이 경우에는 대부분 "~해야만 한다"는 의미로 해석되고, 당위나 권고 혹은 훈계를 나타내며 간접적인 명령을 나타내기도 한다.

यो धर्मशास्त्रं पठति स शास्त्रार्थमवगच्छेत् ।

yo dharmaśāstram paṭhati sa śāstrārtham avagacchet.

규범을 다루는 전문 서적을 암송하는 자는 전문 서적의 의미를 이해해야 한다.

न व्याधयो नापि यमः श्रेयःप्राप्तिं प्रतीक्षते ।

यावदेव भवेत्कल्पस्तावच्छ्रेयः समाचरेत् ॥ 『महाभारतम्』

na vyādhayo nāpi yamaḥ śreyaḥprāptiṃ pratīkṣate

yāvad eva bhavet kalpas tāvac chreyaḥ samācaret. *Mahābhārata*

병들도 그리고 죽음(의 신)도 더 나은 운에 이르기를 기다리지 않는다.
가능성이 있는 한 그 때에 더 나은 운을 성취해야만 한다.

धर्मराजानो ऽनेकविधस्य दण्डस्य प्रयोगं यथाविधिं कारयेयुः ।

dharmarājāno 'nekavidhasya daṇḍasya prayogaṃ yathāvidhiṃ kārayeyuḥ.

다르마를 지키는 왕들은 다양한 처벌의 적용이 규정에 맞게 수행되도록 만들어야 한다(가상형 시킴형 3 pl.).

स्वर्गगन्तुकामः कार्यं कुर्यात् ।

svargagantukāmaḥ kāryaṃ kuryāt.

하늘나라에 가고 싶은 자는 의무를 행해야 한다.

당위와 명령과 허락과 부탁, 이 모든 것들이 가상형으로 표현될 수 있으며 현실에 아직 구현되지 않은 상태가 구현되도록 명령하는 것인지, 부탁하는 것인지, 허락하는 것인지는 맥락에 따라 판단해야 한다. 아래 예들에서 보이듯 가상형의 해석 가능성은 다양하게 열려 있다.

अनुगच्छेः ।

anugaccheḥ.

따라오시겠습니까? (/따라오시지요!/따라오셔도 됩니다!/따라오셔야 합니다!)

भवान्वृत्तान्तं भाषेत ।

bhavān vṛttāntaṃ bhāṣeta.

그대께서 자초지종을 말씀하시지요! (/... 말씀하셔도 됩니다!/ ... 말씀해 주십시오!)

यदा दुःखान्मोक्तुमिच्छसि तदा तपः कुर्याः ।

yadā duḥkhān moktum icchasi tadā tapaḥ kuryāḥ.

고통으로부터 벗어나고 싶다면 고행을 하셔야 합니다.(/... 고행을 하셔도 됩니다!)

अत्र यत्प्रतिपत्तव्यं तन्मे ब्रूहि पितामह ।

यज्ञस्य च न विघ्नः स्यात्प्रजानां च शिवं भवेत् ।

यथा सर्वत्र तत्सर्वं ब्रूहि मे ऽद्य पितामह ॥『महाभारतम्』

atra yat pratipattavyaṃ tan me brūhi pitāmaha

yajñasya ca na vighnaḥ syāt prajānāṃ ca śivaṃ bhavet

yathā sarvatra tat sarvaṃ brūhi me 'dya pitāmaha *Mahābhārata*

이 경우에 무엇이 착수되어야 하는지 내게 말해 주세요, 할아버지!
제사에 방해되는 것이 없고 백성들의 번영이 있게 하자면 (필요한)
모든 상황에 따른 (착수되어야 할) 모든 것을 이제 내게 말해주세요, 할아버지!

✤21.35 가상형은 현실이 아닌 것을 말하면서, 그 맥락이 분명하게 바램이나 기원을 나타내는 경우도 있다. 따라서 축복이나 저주를 표현하는 맥락에서도 사용된다.

जयेच्छत्रुं सत्येनानृतवादिनम् ।

jayec chatruṃ satyenānṛtavādinam!

진리로써 거짓을 말하는(anṛta-vādin) 적을(śatruṃ) 무찌르게(jayet) 되기를 기원합니다!

न प्राप्नुयाः कथञ्चिद्दीर्घमायुः ।

na prāpnuyāḥ kathaṃ cid dīrgham āyuḥ.

너는 어떻게 하더라도(kathaṃ cit) 긴 수명을 얻지 못할지어다! (→ 장수하지 못할 것이다!)

अपुत्रो भवेदयं दुष्कृतो नरः ।

aputro bhaved ayaṃ duṣkṛto naraḥ.

이 나쁜 인간은 아들이 없을 지어다!

अधीमानपि स धर्मज्ञो नृपो ऽधिकान्देशान्प्राप्नुयात् ।

adhīmān api sa dharmajño nṛpo 'dhikān deśān prāpnuyāt.

지혜롭지 못하기는 하지만(adhīman-api) 저 다르마를 아는 왕은 추가(로) 영토들을(ahikān-deśān) 얻을지어다!

✤21.36 가상형과 명령형의 의미상의 차이는 어감과 정도의 차이라고 보아야 한다. 그리고 문맥에 따라 그 의미를 이해해야 하기 때문에 그 용법들 간의 구분도 명확하게 잘라 말할 수 있는 것이 아니다. 앞으로 배우게 될 금지형(☞ ✤26.42)도 마찬가지이다.

यावन्नास्वस्थमिदं नवद्वारं यावच्च मृत्युश्च दूरस्तावदात्महितमेव कुर्यात्प्राणान्ते हि किं करिष्यति ।

yāvan nāsvastham idaṃ navadvāraṃ yāvac ca mṛtyuś ca dūras tāvad ātmahitam eva kuryāt prāṇānte hi kiṃ kariṣyati.

이 육신이 아프지 않은(na-asvastham) 한 그리고 죽음이 멀리 있는(dūras) 한, 그 동안 바로 자신에게 이로운 일(ātma-hitam)을 해야만 할 것인데, 목숨이 끝날 때에는(prāṇa-ante) 도대체 무엇을 할 (수 있을) 것인가?

연습문제

D 21.01 다음 문장을 한국어로 옮기고 문장에 포함된 겹낱말들이 있다면 각각의 겹낱말의 종류를 순서대로 적으시오. 단 tatpuruṣa-겹낱말의 경우에는 겹낱말 풀이에서 드러나는 격을 명기하고, 겹낱말이 다중적으로 구성된 경우에는 구조상 가장 큰 단위의 겹낱말 종류만을 적으시오.

예제:

कुपितमुनिशापितनार्याः पुत्रो युद्धे म्रियते ततः सा खल्वपुत्रा भवति ।

kupitamuniśapitanāryāḥ putro yuddhe mriyate tataḥ sā khalv aputrā bhavati.

화가 난 성자에게 저주 받은 여인의 아들이 전투에서 죽어서 그녀야말로 아들이 없게 되었다. (karmadhāraya; bahuvrīhi)

D 21.01(01) **अनन्तकामपीडितस्तपसा जितकामो जितेन्द्रियश्च भवेत् ।**

anantakāmapīḍitas tapasā jitakāmo jitendriyaś ca bhavet.

D 21.01(02) पुत्रप्राप्तुकामो ब्राह्मणो गन्तुमनसे देवाय बहुहविर्जुहुयात् ।

putraprāptukāmo brāhmaṇo gantumanase devāya bahuhavir juhuyāt.

D 21.01(03) शापमोहितनारी तस्याः पत्या दुर्मनसा व्यस्मर्यत चात्यज्यत च ।

śāpamohitanārī tasyāḥ patyā durmanasā vyasmaryata cātyajyata ca.

D 21.01(04) स्याद्मौनपरश्च शमपरश्चैव मूर्ख इति पण्डितः किंराज्ञे मूर्खायावदत् । स किं तु तद्वचनं नावगच्छत् ।

syād maunaparaś ca śamaparaś caiva mūrkha iti paṇḍitaḥ kiṃrājñe mūrkhāyāvadat. sa kiṃ tu tadvacanaṃ nāvagacchat.

D 21.01(05) यदि धनुष्पाणिं पश्येत तर्ह्युत्पतेत शीघ्रमिति सपक्षस्तस्य त्रीणि वनवासानि मित्राणि प्राणाधिकं ज्ञानमवदत्।

yadi dhanuṣpāṇiṃ paśyeta tarhy utpateta śīghram iti sapakṣas tasya trīṇi vanavāsāni mitrāṇi prāṇādhikaṃ jñānam avadat.

D 21.01(06) दशग्रीवश्चतुर्भुजाद्बलवत्तरस्तपोधनं मुनिं विजयते ।

daśagrīvaś caturbhujād balavattaras tapodhanaṃ muniṃ vijayate.

D 21.01(07) ब्राह्मणस्य गाश्चोरयन्दुर्मनसो मृत्वा क्षणमात्रेण नरकं गच्छेयुः ।

brāhmaṇasya gāś corayan durmanaso mṛtvā kṣaṇamātreṇa narakaṃ gaccheyuḥ

D 21.01(08) अहिनकुलाविव द्वौ भ्रातरौ परस्परज्ञावप्यन्योन्यं द्विष्टवन्तौ ।

ahinakulāv iva dvau bhrātarau parasparajñāv apy anyonyaṃ dviṣṭavantau.

▷ 21.01(09) यदि यूयं भयाद्दुःखमरणा भवथ तर्हि विधिपूर्वकं कृतकार्या अपि शमपराः कथञ्चिन्न भवेत ।

yadi yūyaṃ bhayād duḥkhamaraṇā bhavatha tarhi vidhipūrvakaṃ kṛtakāryā api śamaparāḥ kathaṃ cin na bhaveta.

▷ 21.01(10) दमयन्ती तेन समीपस्थेन खगेन हंसेनादृष्टस्य नलस्य वृत्तान्तमश्रृणोद्यो दुग्धं जलाद्भेत्तुं शक्नोति ।

damayantī tena samīpasthena khagena haṃsenādṛṣṭasya nalasya vṛttāntam aśṛṇod yo dugdhaṃ jalād bhettuṃ śaknoti.

▷ 21.01(11) एकः शिष्यः पूर्वाह्णे तस्य गुरुणा तत्कृतशास्त्रस्य पञ्चदशानध्यायानुपदिष्टः । चिरकालं तु स कृतत्वरेण गरीयांसमर्थं न प्रजानाति ।

ekaḥ śiṣyaḥ pūrvāhṇe tasya guruṇā tatkṛtaśāstrasya pañcadaśān adhyāyān upadiṣṭaḥ. cirakālaṃ tu sa kṛtatvareṇa garīyāṃsam arthaṃ na prajānāti.

▷ 21.01(12) देवदेवाय हविर्दानात्परमं यज्ञफलं लभेय ।

devadevāya havirdānāt paramaṃ yajñaphalaṃ labheya.

▷ 21.01(13) मानुषादिदेवपर्यन्ता न काश्चन बृहत्तेजसं चक्रपाणिं न विजयेरन् ।

mānuṣādidevaparyantā na kāś cana bṛhattejasaṃ cakrapāṇiṃ na vijayeran.

▷ 21.01(14) प्रजाकामवृद्धनृपो ऽयजदपि पुत्रं प्राप्तुं नाशक्नोदिति सर्वं निरर्थकम् ।

prajākāmavṛddhanṛpo ayajad api putraṃ prāptuṃ nāśaknod iti sarvaṃ nirarthakam.

▷ 21.01(15) याः सुखदुःखदांस्त्यक्तुकामान्पतीननुगच्छन्ति ता नार्यो गुणवत्यः स्युः ।

yāḥ sukhaduḥkhadāṃs tyaktukāmān patīn anugacchanti tā nāryo guṇavatyaḥ syuḥ.

▷ 21.01(16) अहमद्य पितृमातृहीनः श्वस्तु तव पितरावपि म्रियेयातामिति हतमातापिता हन्तारमशपत् ।

aham adya pitṛmātṛhīnaḥ śvas tu tava pitarāv api mriyeyātām iti hatamātāpitā hantāram aśapat.

▷ 21.01(17) राज्यं कर्तुकामा यूयं तद्गतमनसः शत्रून्हन्यात कार्यं कुर्वीध्वं च ।

rājyaṃ kartukāmā yūyaṃ tadgatamanasaḥ śatrūn hanyāta kāryaṃ kurvīdhvaṃ ca.

▷ 21.02 다음 이야기를 한국어로 옮기시오. (날라와 다마얀띠 이야기 6)

▷ 21.02(01)

वृते तु वैरसेनौ वैदर्भ्या त्रिलोकरक्षितारः सुमनस इन्द्राग्निवरुणयमा नाम्ना देवा यन्तो ऽपश्यनाकाश आगच्छन्तौ द्वौ देवौ कल्यादी दुर्मनसौ । तस्मिन्समये वज्रपाणिरिन्द्रः कलिं दृष्ट्वाब्रवीत् । कले तव मित्रेण सह क्व गमिष्यसि । ब्रूहि ।

▷ 21.02(02)

ततः कलिर्वज्रपाणिमब्रवीत् । दमयन्त्याः स्वयंवरं गत्वाहं वरयिष्ये तां कमलनेत्रां सुन्दरतमनरीम् । मम मनो हि तद्गतम् । इन्द्रो हसित्वा तं गन्तुमनसं कलिमब्रवीत् । निरर्थकमेव तव गमनं दमयन्त्याः स्वयंवरं प्रति

। स स्वयंवरस्तावदेव कृतः । द्वौ विस्मितदेवौ गन्तुमनसावनन्तरमपृच्छताम् । किं ब्रवीषि । हा हा देव वृत्तान्तं भाषेत । सो ऽब्रवीत् । वृतस्तया नलो राजा पतिरस्मत्समीप इति ।

D 21.02(03)

एवमुक्तस्त्विन्द्रेण कलिर्दुर्मनाः क्रोधान्वितः । ततः कलिर्देवान्सर्वानाहूयावददिदं वचः । यत्सा देवानां मध्ये मानुषं पतिमविन्दत तदभूतपूर्वं खलु भृशो गरिष्ठश्च दण्डयोगस्तस्यै भवेदिति ।

एवमुक्ते कलिना त्विन्द्रादयश्चत्वारो देवा उक्तवन्तः । अस्माभिरनुज्ञातो विधिपूर्वकं दमयन्तीवृतो नलः । कश्च तस्य सर्वगुणान्वितस्य नलस्य नृपस्य शरणं न गच्छेत्यो धर्मवित्सत्यवादी चरितव्रतः । यो लोकपतिसमः पुरुषव्याघ्रो नृपः स सत्यदानतपःशुद्धदमेषु पर्यवर्तत सर्वदा । यद्येवं श्रेष्ठं नलं शपितुमिच्छेत्तर्हि स मूर्खो ऽल्पविद्यो वै शपेदात्मानं ततः परं हन्याच्चात्मानमात्मना सो ऽवश्यं नरके निपतेत् । एवं कलिं चोक्त्वा देवाः स्वर्गमागताः ।

D 21.02(05)

ततो गतेषु देवेषु कलिर्दुर्मनाश्च निन्दापरश्च तस्य मित्रमब्रवीत् । हे मित्र नले मम कोपं शन्तुमद्य न शक्नोमि । तं राज्याद्भ्रंशयिष्यामीति । स नलश्च वैदर्भ्या सह न रंस्यते । एवमस्तु । कदाचित्सो ऽप्यक्षान्कर्तुमर्हत्यक्षशीलः भवतु । तथा मह्यं श्रेयो दद्यादिति शापः कलेः ।

낱말 목록

akṣaśīla [a.] 주사위나 견과육을 던지는 노름에 중독된

aṅga [n.] 몸의 사지, 몸, 부분, (본체에 달린) 부속물

adhomukha [a.] 얼굴을 아래로 향하고 있는 (f.: -ī)

adhyāya [m.] 가르침, (책의) 한 장•절, 낭송

anavadyāṅga [a.] 흠잡을 바 없는 몸을 가진, 흠잡을 바 없는 사지를 지닌 (f.: -ī)

anumāna [n.] 추론, 추측, 추론하기

anta [m.] 끝, 한계, 종말, 결론, 단정, 확정, 목적, 경계 지역, 변두리

alpa [a.] 작은, 조금의, 아주 적은, 극소의

avadya [a.] (칭송할 것이 아닌 a-vadya), 흠잡힐 만한, 저급한, 못난, 만족스럽지 못한

[n.] 저급한 것, 부족, 불완전함, 비난, 탓, 비난, 비판, 불명예

aśvamukha [a.] 말의 얼굴을 가진, 말의 머리를 가진

asura [m.] 나쁜 신, 귀신, 정령, 신

āyuḥ [n.] 생명, 활력, 수명, 긴 수명

upamāna [n.] 비교, 비유, 비유하기, 유추

upa-√śam PĀ. upaśāmyati, upaśāmyate 누그러지다, 조용해지다, 그치다, 없어지다, 조용하게 만들다, 달래다, 누그러뜨리다

audumbara [a.] 야생 무화과 우둠바라 (udumbara/uḍumbara)의, 우둠바라 나무로 만든, 구리로 만든

kaṇṭha [m.] 목, 목구멍

kamala [m.] 연꽃

kali [m.] 주사위의 눈이 하나 그려진 면, 견과육 수가 하나 남는 패, (가장 낮아) 잃게 되는 패, 깔리 (신의 이름)

kalpa [a.] 실행 가능한, 가능한, 수행할 능력이 있는, 적임인, 잘 맞는

[m.] 규칙, 규정, 행동 방식, 처리 방식, 가능성, 종교적 계율, (ifc.) 거의 ~와 같은, ~이나 다름없는

klība [a.] 거세된, 거세된 (남성), 환관인, 남성스럽지 못한, 비겁한, 약한

kṣaṇa [m.] 순간, 짧은 순간, 눈 깜빡하는 사이, 찰나

gajamukha [a.] 코끼리의 얼굴을 가진

[m.] 코끼리 얼굴을 가진 신, 가네샤 (Gaṇeśa)

grīva [m.] 목, 목덜미

cakrapāṇi [m.] 원판을 손에 쥔 자, 비스누

caturbhuja [a.] 네 팔을 가진, 팔이 네 개인

cintāpara [a.] 생각에 잠긴, 생각에 골몰한

jāta [a.] 태어난, 만들어진, 생겨난
[n.] 생명체, 태어난 것, 종류, 종족, 한 집합을 이루는 여럿의 모임

jātimātra [a.] 출신성분이 그렇다는 것에 지나지 않는 (실제 역할을 못하는)

jita [a.] 물리쳐진, 이겨서 얻은, 정복된

jitakāma [a.] 욕망을 극복한

jitendriya [a.] 감각기관을 극복한

triloka [n.] 세 세상 (三世), 세 부분으로 이루어진 세상 (f.: -ī)

daṇḍayoga [m.] 처벌

daśagrīva [m.] 목을 열 개 가진 자, 라바나 (Rāvaṇa)

dhanapara [a.] 돈을 밝히는

dhanuṣpāṇi [a.] 활을 손에 쥐고 있는

duḥkhamaraṇa [a.] 고통스러운 죽음을 맞는

nindā [f.] 비난, 비판, 중상, 폄훼

nindāpara [a.] 폄훼하는 일에만 골몰하는

nirarthaka [a.] 쓸모없는, 의미 없는, 헛된

nīla [a.] 검푸른, 검푸른 진한 색을 지닌

nīlakaṇṭha [a.] 목이 검푸른
[m.] (목이 검푸른 신) 쉬바

parobāhu [a.] 팔이 닿지 않는 (곳에 있는)

paryanta [m.] 둘레, 가장자리, 모서리, 끝, 한계, 경계, 끝, 옆면

puṣpa [n.] 꽃, 꽃송이

prati-√īkṣ Ā. [pratīkṣate] 바라보다, 지켜보다, 인지하다, 기다리다, 기대하다, 보아 넘기다, 용인하다

pratipattavya [a.] 이해되어야 하는, 행해져야 하는, 받아야 하는, 주어져야 하는

prasanna [a.] 명확한, 밝은, 순수한, 깨끗한, 분명한, 진실된, 옳은, 바른, 너그러운, 친철한,

bahurūpaka [a.] 여러 형태를 갖는, 다양한

bāhu [m.] 팔, 손목에서 팔꿈치 사이의 팔, 하박

maraṇa [n.] 죽음, 죽는 행위, 사망, 그침

mauna [n.] 성인(muni)임, 침묵, 묵언, 과묵함

mātra [n.] (재는) 단위, 크기, 양, (ifc.) ~만큼만 큰, (ifc.) ~에 지나지 않는

mātrā [f.] (재는) 단위, 크기, 양, (ifc.) ~만큼만 큰, (ifc.) ~에 지나지 않는

yathāvidhi [adv.] 실행 규정(vidhi)대로, 규범에 따라, 적절하게

laghuprayatna [a.] 애쓰지 않는, 노력하지 않는

vacanamātra [a.] (근거가 없이) 말뿐인

varṇa [m.] 색, 외형, 모양

vādin [a.] 말하는, 주장하는, 설명하는, 설파하는
[m.] 논증자, 논쟁자, 이론가, 주창자

vāyasa [m.] 큰 새, 까마귀

vi-√ji 1Ā. [vijayate] 물리치다, 정복하다, 승리하다, 쟁취하다

vidhā [f.] 구분, 부분, 종류, 형태, 방식 (ifc.)

vi-√has vihasati 웃음을 터뜨리다, ~(A.)을 비웃다

vyādhi [m.] 병, 질병

vrata [n.] 종교적 서약, 서원, 맹세, 약속, 명

령, 규정, 복종, 종교적인 규율, 고행의 실천

vrīhi [m.] 쌀

√śam 9P. [śamnāti] 달래다, 가라앉히다, 누그러뜨리다, 안정시키다, 끝내다, 죽이다, 파괴하다, 제거하다, 정복하다, 진압하다.

śamapara [a.] 평온함에 몰입된, 안정을 최고로 삼는

śiva [a.] 축복의, 번영하는, 영광스러운, 길조의, 호의를 가진
[m.] 행복, 번영, 해탈, 쉬바신

śveta [a.] 하얀, 하얀 옷을 입은, 밝은
[m.] 흰색

sapakṣa [a.] 날개를 가진

sam-ā-√car 1P. [samācarati] ~(L)에 대해 행동하다, 행하다, 수행하다, 성취하다, 해내다, 완수하다

samīpastha [a.] 가까이에 있는

sahaputra [a.] 아들을 동반한

smṛtamātra [a.] 기억된 것에 지나지 않는

hantṛ [a.] 때리는, 죽이는
[m.] 죽이는 사람, 살인자, 파괴자

hala [m.] 쟁기, 쟁기날

halāyudha [m.] (쟁기날을 무기로 가진 자) 발라라마

제22과
संस्कृतवाक्योपक्रिया

dvigu-겹낱말

22.01 dvigu-겹낱말은 karmadhāraya-겹낱말 중에서 앞자리 말이 수(숫자)인 경우를 말한다. 주의할 사실은 dvigu-겹낱말이 대상의 수를 세어서 나타낼 때 사용하는 것이 아니라는 점이다. 예로 "암소 두 마리" 혹은 "암소가 두 마리"라고 말할 때에는 **द्वे गावौ** dve gāvau라고 표현해야지 **द्विगु** dvi-gu라고 하지 않는다. 즉 대상의 수를 나타내는 일반적인 표현에는 dvigu-겹낱말을 사용하지 않으며 dvigu-겹낱말이 사용되는 경우 특별한 다른 의미를 갖게 된다. "그 의사가 9개의 문을 살펴본다."는 문장은 **स वैद्यो नव द्वाराण्यन्वीक्षते ।** sa vaidyo nava dvārāṇy anvīkṣate.라고 말을 해야 한다. "9개의 문"을 의미하는 경우라면 **नवद्वार** nava-dvāra라는 겹낱말을 만들지 않는다. **नवद्वार**는 "문(→ 구멍)이 9개 뚫린"이라는 의미에서 "인간의 신체"를 가리키는 말이다. 고유명사나 특별한 이름으로 사용될 때에만 dvigu-겹낱말이 사용된다.

navan + dvāra → navadvārāṇi "(인간의 몸에 있는) 9개의 구멍들"

결국 **नवद्वार** navadvāra [n.]는 "인간의 육체"를 가리키는 말이다. 따라서 **स वैद्यो नवद्वारमन्वीक्षते ।** sa vaidyo navadvāram anvīkṣate.라는 문장은 "그 의사가 몸을 살펴본다."라는 뜻이다.

22.02 수를 나타내는 말뿐만 아니라 방향을 나타내는 단어들도 일반적인 방식으로 명사를 수식할 때에는 해당 명사와 결합하여 겹낱말을 만들지 못한다. 이 겹낱말이 고유명사이거나, 고유명사에 해당한다고 할 수 있는 특별한 의미를 갖는 경우에 한해서만 겹낱말이 만들어질 수 있다. 따라서 방향을 나타내는 단어들 pūrva- "동쪽의"; uttar- "북쪽의" 등과 기수에 해당하는 dvi- "2"; catur- "4"; saptan- "7"; navan- "9" 등은 다른 단어와 결합하여 일반명사로 사용되는 karmadhāraya-겹낱말을 만들지 못한다.

saptan + ṛṣi → saptarṣi (ṛ의 싼디!)

이 dvigu-겹낱말은 "성인이 일곱 명"이라는 뜻이 아니다. "베다 전통을 만든 일곱 시조가 되는 성인"이라는 의미이며 "나중에 하늘로 가서 북두칠성을 이룬 성인 일곱 명"이라는 특별한 의미로만 사용된다. 그래서 **सप्तर्षि** saptarṣi [m.]는 명사로 "북두칠성"을 가리키는 별자리의 고유명사이거나 혹은 "북두칠성을 이루는 베다 전통의 일곱 성인"을 지칭하는 명사이다. 일반적인 명사의 표현으로 성인이 일곱 명이 있다는 사실을 가리킬 때에는 **सप्त ऋषयः** sapta ṛṣayaḥ라고 해야 한다.

saptan + pada → (sapta-pada →) saptapadī [f.]

सप्तपदी saptapadī는 "일곱 걸음"을 의미하는 일반적인 표현이 아니고, 결혼식에서 신랑이 신부를 이끌면서 불을 끼고 일곱 걸음을 걷는 특별한 의식을 말한다. 종종 "결혼식, 혼인 의례"의 뜻으로 사용된다.

daśan + ratha → daśaratha

이 겹낱말이 표준적인 dvigu-겹낱말이라면, "열 대의 전차"라는 표현일 수가 없다. 양대 서사시 중의 하나인 『**रामायणम्**』의 주인공 라마(rāma)의 아버지의 이름이다. 따라서 그 의미가 "전차 10대를 가진 왕"이라는 의미로 bahuvrīhi-겹낱말로 사용될 수 있고, 고유명사나 혹은 별명으로 사용된다. (☞✤21.17)

마찬가지로 *dvi-go라는 겹낱말은 없고, dvi-gu라는 겹낱말이 사용되는데 이 말의 의미는 "두 마리의 소"가 아니라 "소 두 마리를 값으로 치른" 혹은 "소 두 마리 값에 해당하는"을 의미한다. 비슷하게 **द्विवर्ष** dvi-varṣa를 "두 해" 혹은 "2년"의 의미로 사용하는 경우는 없다. **द्विवर्ष** dvi-varṣa를 사용하는 경우에는 "두 살 먹은"을 의미한다.

✤22.03 dvigu-겹낱말은 정해진 수의 특정한 대상을 모두 통틀어서 하나의 단위로 묶어 나타내기 때문에 일반적으로 중성 단수로 취급된다. dvigu-겹낱말을 사용하는 용례는 크게 아래처럼 나누어 볼 수 있다.

✤22.03(01) 어떤 대상을 모아 한 묶음으로 말할 때 사용하며 그 대상의 수가 몇인지는 이미 알려진 경우이다. 이 경우에는 대상의 수가 몇이든 간에 단수로 dvigu-겹낱말을 사용한다.

सप्तपदी saptapadī [f.] "(결혼식에서 불을 끼고 도는) 일곱 걸음"
त्रिलोक triloka [n.] trilokī [f.] "세 세상(으로 이루어진 우주)"
→ trayāṇāṃ lokāṇāṃ samāhāraḥ "세 개의 세상이 묶여 이루어진 것으로서의 우주"

पञ्चरात्र pañcarātra [m.] "다섯 밤 (동안 이루어지는 제사 의식)"
सप्ताह saptāha [m.] "일곱 날 (동안 계속되는 제사 의식)"
→ saptānām ahnāṃ samāhāraḥ "일곱 날을 묶어 이루어진 것으로서의 특정한 제사 의식"

✤22.03(02) dvigu-기반 bahuvrīhi-겹낱말이 사용되면 특정한 대상을 가리키는 이름이나 별명으로 사용하는 경우가 많다. (☞✤21.17)

दशग्रीव daśagrīva [m.] "목을 열 개 가진 자" (Rāvaṇa) → daśa grīvā yasya saḥ
त्रिलोचन trilocana [m.] "눈을 세 개 가진 자" (Śiva) → trīṇi locanāni yasya saḥ
दशबल daśabala [m.] "10가지 힘을 가진 자" (Buddha) → daśa balāni yasya saḥ.

✤22.03(03) 이처럼 dvigu-겹낱말은 겹낱말을 이루는 말들이 가진 의미의 결합으로는

이해되지 않는, 특별한 의미를 가진 말로 사용되는 것이 일반적이지만, 예외가 없는 것은 아니다. 예로 pañcarātra [m.]는 특정한 제사 의식과 연관된 "다섯 밤의 기간"을 가리키지만 앞서 예문20.01에서 보이듯이 "다섯 밤을 묶어 이루어진 기간"이라는 의미를 가진 일반적인 표현으로 사용될 수도 있다. 하지만 이 경우에도 수와 명사의 복수형이 결합된 것이 아니라 단수이면서 중성명사로 사용되고 있다는 점에 주목할 필요가 있다.

avyayībhāva-겹낱말

✣22.04 avyayībhāva-겹낱말은 앞자리 말에 불변화사(avyaya)가 오고 뒷자리 말에 명사가 오며 중성 단수 대상격 형태를 취하는 겹낱말을 말한다. 따라서 이 겹낱말은 부사로 사용되는 겹낱말이다.

✣22.05 뒷자리 말로 쓰이는 명사가 중성명사 대상격으로 쓰이기에 적절하지 않을 때에는 여기에 맞는 형태로 마지막 음절이 변형된다. 끝소리가 긴 모음이라면 짧은 모음으로 줄어든다.

उपगङ्गम् upa-gaṅgam (← gaṅgā, 강가강) "강가강 가까이"
सत्वरम् sa-tvaram (← tvarā, 서두름) "서둘러"

✣22.06 avyayībhāva-겹낱말의 앞자리 말로 나타나는 단어들을 대별해 보자면 다음과 같다.

✣22.06(01) 앞자리 말에 동사 앞토가 나타나는 경우

अनुविष्णु anu-viṣṇu (← viṣṇoḥ paścāt) "비스누를 따라"
आमुक्ति ā-mukti (← mukter ā) "해탈(에 이르기)까지"
प्रत्यग्निम् praty-agnim (← prati-agnim) "불을 마주보고"

अनुक्षणम् anu-kṣaṇam "매 순간마다"
प्रत्यहम् praty-aham "날마다"

✤ 22.06(02) 앞자리 말로 sa (= saha)가 나타나는 경우

सकामम् sa-kāmam "욕망을 갖고"
सादरम् sādaram (← sa-ādaram) "존경심을 가지고, 배려심을 가지고"

✤ 22.06(03) 관계문장에 사용되는 불변화사, 특히 yathā와 yāvat이 나타나는 경우

यथाकामम् yathā-kāmam "원하는 대로"
यथाशास्त्रम् yathā-śāstram "정전에서 가르치는 대로"
यथाविधि yathā-vidhi "실행 규정 대로"
यावज्जीवम् yāvajjīvam (← yāvat-jīvam) "한 평생" (← 사는 한)

सर्वे सेवका यथाशक्ति कर्तुमर्हन्ति ।
sarve sevakā yathāśakti kartum arhanti.
모든 시종들은 능력에 따라 일을 해야 한다.

ब्राह्मणक्षत्रियादयः सर्वे जना यथाविधिं कुर्युः ।
brāhmaṇakṣatriyādayaḥ sarve janā yathāvidhiṃ kuryuḥ.
사제, 왕족 등의 모든 사람들은 실행 규정에 따라 실천해야 한다.

시킴형 (causative)

✤ 22.07 시킴형은 시킴형 뒷토 -i- (ṆiC)를 동사 말뿌리에 첨가해서 만들어진다. 이 때 동사 말뿌리는 대개 강화된다. 하지만 시킴형 뒷토 –i 자체도 강화되는 것이 보통이어서 시킴형 뒷토는 대부분 -ay-a- 형태로 나타나게 된다. 시

킴형 뒷토 -i-앞에 p가 첨가되면 -pay-a-형태가 되기도 한다.

✣22.08 시킴형 뒷토를 첨가할 때 일어나는 동사 말뿌리의 변화는 아래와 같다.

✣22.08(01) 첫자리의 모음이나 중간의 모음이 a가 아닌 짧은 모음이고 라구 음절에 해당한다면 구나형이 되는 것이 보통이다.

√budh "의식이 있다" → bodhay-a-ti "의식이 있게 하다, 깨우다"

√kḷp "정돈되어 있다" → kalpay-a-ti "맞추어 정리하다, ~로 간주하다"

√vad "말하다" → vāday-a-ti "말하게 시키다, (악기를) 연주하다"

√dviṣ "싫어하다" → dveṣay-a-ti "싫어하게 하다"

√bhid "갈라지다" → bheday-a-ti "갈라지게 하다, 분할하다"

√muh "당혹하게 되다" → mohay-a-ti "당황하게 만들다"

√vid [vetti] "알다" → veday-a-te (Ā.) "알게하다, 알리다"

√vṛdh [vardhate] "자라다" → vardhay-a-ti,vardhay-a-te "자라게 하다, 늘리다, 기르다"

एकमेव न्यग्रोधं ते ऽल्पविद्या अपण्डितत्वाद्बहुरूपकमकल्पयन् ।

그 식견이 부족한 사람들은 학식이 없어서 하나뿐인 반얀나무를 여러 모습을 가진 것으로 (머릿속으로 정돈했다 →) 생각했다.

✣22.08(02) 어떤 동사들은 ✣22.08(01)에 해당되지만 구나형이 아닌 형태가 가능하다.

√śubh "빛나다, 아름답다" → śubhay-, śobhay- "빛나게 만들다, 아름답게 만들다"

✣22.08(03) 첫자리의 모음이나 중간에 오는 모음이 a가 아닌 모음이고 구루 음절에 해당한다면 강화되지 않은 형태로 남는다.

√rañj "색을 띠다" → rañjay- "색을 띠게 하다, 색칠하다"

√āp "얻다, 도달하다" → āpay- "얻게 하다, 도달하게 만들다"

✤22.08(04) 첫자리나 중간에 오는 모음 a는 라구 음절이라면 강화되는 것이 일반적이다.

√man "생각하다" → mānay- "존경하다, (높이) 평가하다"

√han "죽이다" → ghātay- "죽이게 하다"

√pat "분리되다" → pātay- "분리되게 하다, 떨어뜨리다"

✤22.08(05) 앞선 ✤22.08(04)에 해당되지만 강화되지 않는 경우들도 있다.

√tvar "서두르다" → tvaray- "가속시키다"

√prath "확장하다, 번지다" → prathay- "확장시키다"

√gam "가다" → gamay- "가게 시키다, 보내다"

√jan "태어나다" → janay- "낳다"

✤22.08(06) 몇몇 경우에는 강화된 형태와 아닌 형태가 함께 가능하다.

√naṭ "춤추다, 공연하다" → naṭayati "춤추게 하다"; nāṭayati "공연하게 하다"

√nam "구부리다" → namayati, nāmayati "구부리게 하다"

✤22.08(07) 끝자리에 오는 단순모음은 -ā를 제외하고는 브릳디형으로 강화된다.

√hve "부르다" → hvāyay- "불러 도전하게 시키다"

√nī "이끌다" → nāyay- "이끌게 하다"

√kṛ "하다" → kāray- "하게 시키다"

√śru "듣다" → śrāvay- "듣게 시키다, 가르치다"

√bhū "~이다, ~이 되다" → bhāvay- "~이 되게 시키다, 있게 만들다"

bhāvayati의 경우 "(있게 하다 →) 만들어 내다"라는 의미에서 시작해서 "마음 속으로 만들어 내다, 마음 속에 떠올리다, ~을 ~으로 간주하다, ~에 전념하다, 몰입하여 집중하다"의 의미를, 또 "살려내서 있게 하다"라는 의미에서 시작해서 "강화시키다, 살아 있게 하다" 등등의 의미를 이해할 수 있을 것이다. 모두 시킴형의 기본 의미에서 출발해서 이해할 수 있는 의미들이다. 이렇게 시킴형의 기본 의미에서 출발해서 다양한 경우의 표현들을 이해할 수 있다. 하지만 각각의 시킴형이 갖는 구체적인 의미는 각 단어마다 그리고 각 쓰임의 경우마다 확인이 필요하다는 사실은 염두에 두어야 한다.

यज्ञा देवान्भावयन्तीति देवान्यज्ञभावितान्मन्यते महर्षिः ।

제사 의식들이 신들을 강하게 하기 (←있게 하기) 때문에 위대한 성인은 신들을 제사에 의해 강화된 (←있게 된) 것들로 간주한다.

여기에서는 시킴형 bhāvay-의 과거분사가 수단격-tatpuruṣa의 뒷자리말로 사용되고 있다.

धनमनर्थं भावय सर्वदा । धनेन तु मनःशान्तिर्नास्ति ।

재물은 목적이 아니라고 항상 마음 속에 떠올려라! 재물 때문에 마음의 평정(manas-śānti)은 없다.

✤ 22.08(08) 끝자리에 오는 -ā(혹은 -e, -ai, -o)는 뒤따라오는 시킴형 뒷토와의 사이에 자음 -p-를 삽입시킨다. 따라서 파생 활용형의 말줄기에서 나타나는 -p-는 시킴형을 나타내는 표식이 되기도 한다.

√sthā "서 있다" → sthāpay- "서 있게 하다, 세워 두다"
√dā "주다" → dāpay- "주게 시키다"
√snā "씻다" → snāpay-/snapay- "씻기다"
√jñā "알다" → jñāpay- "알려주다" / jñapay- "보여주다"

✤ 22.08(09) 드물게 -p-가 아닌 -y-가 삽입되는 경우도 있다.

√pā "마시다" → pāyay- "마시게 시키다"
√i [eti] "가다" → āyay- "가게 하다"

✤ 22.08(10) 시킴형을 만들 때 불규칙적인 형태를 보이는 경우로 다음을 들 수 있다.

√ji "이기다" → jāpay- "이기게 하다"

√duṣ "나빠지다" → dūṣay- "(나쁘게 만들다 →) 비난하다"

√pṝ "채우다" → pūray- "채우게 하다"

√bhī "무서워하다" → bhāyay- "놀라게 하다"; bhāpayate (Ā.)/bhīṣayate (Ā.) "겁먹게 하다"

√ruh "자라다" → rohay-/ropay- "자라게 하다"

√labh "도달하다" → lambhay- "도달하게 만들다"

✤22.09 결국 시킴형의 형태를 알아볼 수 있는 단서는 동사 말줄기에 나타나는 -aya-/-paya-라고 할 수 있다. 시킴형 말줄기를 알아보는 것은 시킴형의 동사 말줄기를 근거로 만들어진 명사형을 알아보는 데에서도 중요하다. √sthā에서 도출된 명사 sthāna [n.]는 기본형에서 도출된 명사(☞✤20.31)이기 때문에 "서 있기, 머무름, 장소"를 의미하지만, sthāpana [n.]는 시킴형에서 도출된 명사이기 때문에 "세우기, 고정시키기, 확립, 지지"를 의미하게 된다. √śru에서 도출된 명사 śravaṇa [n.]는 "듣기, 들어서 배우기" (☞✤20.31)를 의미하지만, 해당 동사의 시킴형에서 도출된 śrāvaṇa [n.]는 "듣게 시키기, 선언"을 의미할 수 있다.

कर्मणः फलवत्त्वस्य स्थापनं शास्त्रकारेण कर्तव्यम् ।

행위가 결과를 가진다는 사실의 입증(확립)은 전문 서적의 저자가 해야할 일이다.

시킴형의 사용

✤22.10 시킴형 동사를 사용하는 문장의 구조를 이해하기 위해 동사를 akarmaka-동사와 sakarmaka-동사의 경우로 나누어 생각하도록 하자.

예문22.01 नलो नगरं गच्छति ।

날라는 도시로 간다.

예문22.02 दमयन्ती नलं नगरं गमयति ।

다마얀띠가 날라를 도시로 보낸다.

예문22.01과 같은 보통의 문장에서는 하나의 행위자(kartṛ)가 나타난다. 하지만 예문22.02처럼 시킴형에서는 시키는 행위자(prayojaka-kartṛ)인 다마얀띠와 시킴을 당하는 행위자(prayojya-kartṛ)인 날라가 함께 나타난다. 예문22.02에서 gamayati의 행위자는 다마얀띠이지만, 그 근저에 놓인 동사 말뿌리 √gam의 행위자는 날라이다. 이처럼 시킴을 당하는 행위자가 시킴형 문장에서 대상격으로 나타나는 일은 akarmaka-동사의 경우와 장소의 이동이나 운동을 나타내는 동사들에서 흔하게 보인다. 예문22.02에서 시킴형 동사 gamayati는 그 자체로 보자면 대상격 nalaṃ을 목적어로 가지는 sakarmaka-동사가 되는 셈이다.

दमयन्ती नलं धर्मराजं भावयति ।

다마얀띠는 날라를 정의로운 왕으로 만든다.

रक्षिता दण्डं नृपस्य पादयोः स्थापयति ।

경비원은 몽둥이를 왕의 발 아래 놓는다.

पण्डितो धर्मं बोधयति ।

학식 있는 사람이 다르마를 가르친다(← 알게하다).

✤22.11 동사가 sakarmaka-동사인 경우에는 예문22.03처럼 시킴형이 되기 전의 문장에도 대상격으로 나타나는 요소가 있다. 따라서 시킴형 문장을 만들 때 시킴을 당하는 행위자를 대상격으로 표현하게 되면 두 개의 대상격이 나란히 나타나게 된다. 예문22.04처럼 말이다. 그래서 일반적인 sakarmaka-

동사의 시킴형 문장은 시킴을 당하는 행위자를 수단격으로 표현하여 예문22.05처럼 표현한다. 그러니 예문22.05를 표준형이라 생각하고 잘 익혀 두어야 한다. 그러나 예문22.04와 같이 시킴을 당하는 행위자를 대상격으로 표현하는 형식을 사용하는 경우도 있다.

예문22.03 **नलो धर्मं चरति ।**
날라는 다르마를 행한다.

예문22.04 **दमयन्ती नलं धर्मं चारयति ।**
다마얀띠는 날라가 다르마를 행하도록 만든다.

예문22.05 **दमयन्ती नलेन धर्मं चारयति ।**
다마얀띠는 날라가 다르마를 행하도록 만든다.

वीरसेनो नलेन राज्यमकारयत् ।
비라쎄나는 날라가 왕권을 행하도록 시켰다.

गुरुस्तेन शिष्येण ताः कथां लेखयति ।
스승은 그 학생이 그 이야기를 적도록 시킨다.

✤ 22.12 몇몇 sakarmaka-동사들은 시킴형 문장에서 시킴을 당하는 행위자를 대상격으로 나타내는데, 이런 동사들은 주로 가르치는 일이나 먹이는 일에 연관되는 것들이다. 하지만 √ad [atti] "먹다"의 시킴형 ādayati "먹이다" 그리고 √khād [khādati] "먹다"의 시킴형 khādayati "먹이다"를 사용할 때에는 시킴당하는 행위자를 수단격으로 나타난다.

예문22.06 **राजर्षिः सर्वान्मुनीन्मोक्षधर्मं पाठयति ।**
성인인 왕은 모든 수행자들에게 「해탈로 이끄는 규범」(Mokṣadharma)을 낭송하게 한다.

예문22.07 **पुत्रकामो हि भार्यां पिण्डं प्राशयति ।**
그런데 아들을 얻고자 하는 사람은 부인에게 제사의 경단을 먹인다.

✣22.13 시킴형 문장이 수동 문장으로 전환되는 경우에는, 시키는 행위자, 즉 시킴형 동사의 kartṛ는 보통의 sakarmaka-동사와 마찬가지로 취급된다. 능동일 때에는 임자격으로 나타나고 수동일 때에는 수단격으로 나타난다.

✣22.13(01) 시킴형의 수동형을 만들 때에는 말줄기 끝의 -ay가 탈락한 이후에 그 자리에 수동형 뒷토 -ya가 첨가되면서 만들어진다. (☞✣13.04(01))

√cur 10P. [corayati] → **चोर्यते** "그것이 훔쳐진다"
√kṛ → 시킴형: kārayati → **कार्यते** "그가 행하도록 시켜진다"

✣22.13(02) 동사 말뿌리가 akarmaka-말뿌리이더라도 시킴형 동사 자체는 sakarmaka-동사이다. 따라서 akarmaka-동사의 시킴형을 수동형으로 바꾸는 것은 복잡하지 않다.

स वैद्यो ऽस्वस्थं मम शिशुं जीवयति ।
그 의사가 아픈 내 어린 아이를 살려낸다.

तेन वैद्येनास्वस्थो मम शिशुर्जीव्यते ।
아픈 내 어린 아이가 그 의사에 의해 살려진다.

✣22.13(03) 시킴형의 수동 문장을 만들 때 원래 동사가 sakarmaka-동사라면 수동 문장에서 시키는 행위자는 수단격으로 나타나고 시킴을 당하는 행위자는 임자격으로 쓰이는 것이 보통이다.

दमयन्ती नलेन श्रुतसेनमधर्मराजपुत्रं जापयति ।
(nalena 대신 nalam도 가능)

다마얀띠는 날라가 유명한 군대를 지닌(śrutasena) 정의롭지 못한 왕족(adharmarājaputra)을 물리치게 한다.

दमयन्त्या नलः श्रुतसेनमधर्मराजपुत्रं जाप्यते ।
날라가 유명한 군대를 지닌 정의롭지 못한 왕족을 물리치도록 다마얀띠에 의해 시켜진다.

그런데 sakarmaka-동사들 중에서 가르치거나 먹이는 일과 연관된 (☞✤22.12) 동사들의 경우 본디 문장의 목적어—예로 예문22.03에서의 dharmam—를 대상격이 아니라 임자격으로 표현할 수도 있다. 이 경우에는 시킴을 당하는 행위자가 대상격으로 나타난다. 본디 문장의 목적어를 대상격으로 사용하는 경우라면, 수동 문장에서 시킴을 당하는 행위자는 임자격으로 쓰인다. 따라서 앞선 예문22.06은 아래 예문들처럼 두 가지로 수동 표현이 가능하게 된다.

예문22.08 **राजर्षिणा सर्वे मुनयो मोक्षधर्मं पाठ्यन्ते ।**

예문22.09 **राजर्षिणा सर्वान्मुनीन्मोक्षधर्मः पाठ्यते ।**

마찬가지로 앞선 예문22.07도 아래 두 예문들과 같은 방식의 수동 문장으로 변형이 가능하다.

예문22.10 **पुत्रकामेन हि भार्या पिण्डं प्राश्यते ।**

예문22.11 **पुत्रकामेन हि भार्यां पिण्डः प्राश्यते ।**

시킴형 동사의 활용

✤22.14 시킴형의 활용은 제10갈래 동사의 활용과 거의 예외 없이 일치한다. 하지만 원칙적으로 시킴형은 모든 갈래의 동사들에서 만들어지는 파생 활용 형태이기 때문에 현재형 활용을 기준으로 갈래를 구분하여 제10갈래라고 정하는 것과는 별개이다. 다시 말해서 시킴형은 동사 말뿌리에 시킴형 뒷토 -i-(ṆiC)를 첨가해서 새로 만들어지는 동사 말줄기이고, 이 말줄기를 출발점으로 삼아 다양한 활용 형태가 새롭게 만들어진다는 말이다. 그러므로 원칙적으로는 현재활용의 제10갈래와는 구분되어야 한다. 하지만 실제로는 거의

모든 경우에 구분되지 않는다. 따라서 문법적으로 시킴형으로 보인다고 해서 반드시 시킴형의 의미를 갖는 것으로 간주해서는 안 된다. 그것이 역사적으로 시킴형에서 비롯되었을 수는 있지만, 고전쌍쓰끄리땀에서 시킴형의 의미와 무관한 동사일 수 있기 때문이다.

✤22.14(01) 엄밀하게 따지자면 제10갈래 동사들은 현재 체계에 포함되는 동사들이 아니고 시킴형이나 혹은 명사유래형(↳✤23.19)에서 만들어진 동사들이다. 그런데 고전쌍쓰끄리땀에서는 이 동사들의 활용 형태가 시킴형과 일치할지라도 시킴형으로서의 의미를 갖지 않는 경우가 많다. 예로 √cint [cintayati] "생각하다"; √cur [corayati] "훔치다"를 들 수 있다. 의미상으로 cintayati나 corayati는 시킴형의 의미를 가지고 있지 않을 뿐더러, 활용에서도 시킴형의 방식을 따르지 않고 현재 체계 활용의 방식을 따르는 것으로 간주된다. 이러한 예들이 보여주는 사실은, 드물기는 하지만 역사적으로 원래 제10갈래에 속하는 동사들이 있어서 이 경우에는 시킴형 활용과는 구분되어야 한다는 것이다. 제10갈래에 속하는 동사라면 시킴형의 형태를 따로 만들고 싶어서 만들어 낸다고 해도, 그것이 시킴형이 아닌 제10갈래 활용 형태라는 사실을 나타내기가 어렵다.

예문22.12 **दरिद्रो वनचरः काष्ठमचोरयत् ।**
가난한 나무꾼이 장작을 훔쳤다.

예문22.13 **नागरिको वणिजकः कर्षकेण जलजीविनं द्वेषयति च मत्स्यं चोरयति ।**
약삭빠른 상인은 농부가 어부를 싫어하게 만들고서 물고기를 훔쳤다.

예문22.13은 "상인이 농부에게 물고기를 훔치게 시켰다."라고 해석되지 않는다. 예문22.12와 마찬가지로 "훔치다"라고 해석된다. 이 예에서 드러나는 사실은 제10갈래에 속하는 것으로 분류되는 동사들이, 역사적인 면에서 본다면 시킴형이 아닌 경우가 드물더라도, √cur처럼 시킴형이 아닌 본래 제

10갈래에 속하는 동사들이 있고 이점에 주목해야 한다는 것이다. 학습자가 알아 둘 것은 -ay-a-를 첨가해서 만들어 내는 동사의 말줄기 형태가 모두 시킴형인 것은 아니고 또 모두 시킴형의 의미로 사용되지는 않는다는 사실이다.

✤22.15 시킴형에서 중요한 것은 문법적인 형태를 알아보는 것뿐 아니라 시킴형의 의미를 정확하게 파악하는 일이다. 이와 관련하여 몇 가지 주의할 만한 점을 언급하고자 한다.

✤22.15(01) 특정한 동사의 시킴형이 한국어를 기준으로 했을 때 시킴형의 의미로 사용되는지는 그때그때 확인해야 한다. 시킴형 동사의 의미를 파악하기 위해서는 시킴형의 원래 동사가 가진 의미를 정확하게 이해해야 한다. 이와 연관된 판단을 할 때에는 상응하는 한국어 표현이 무엇인지는 고려할 사항이 아니다. 한국어의 단어로 표현되기 어려운 의미를 갖는 동사들이 쌍쓰끄리땀에 많은 데다, 해당 동사의 의미를 이해하기 위해 한국어가 아닌 외국어로 된 사전을 사용하는 것이 일반적이다 보니 한국의 학습자들에게 쉽지 않은 일이 되는 경우가 많다. 쌍쓰끄리땀의 동사 kopayati가 "흥분시키다, 화나게 만들다"의 의미로 이해되기 때문에 √kup [kupyati, kupyate]의 의미는 굳이 한국어로 하자면 "흥분 상태에 있다, 마음이 불안정한 상태이다"라는 뜻으로 이해되어야 한다. 이 단어의 의미가 영어로 된 사전들에 "to be moved, to be excited, to be agitated"라고 번거로운 형태로 제시되는 이유가 바로 이것이다. 이 영어로 된 설명들에 주의하지 않고 단순히 √kup [kupyati, kupyate]의 의미가 "화내다" 혹은 "화나다"라고 생각하면 문제가 생길 소지가 많다.

✤22.15(02) 시킴형의 사용도 결국 역사적 변천의 자연스러운 과정을 거친 것이기 때문에, 개별 동사의 시킴형이 실제로 시킴의 의미를 갖는지는 각각의 경우에 확인해야 한다. 또 시킴형에서 "시킨다"라는 의미를 한국어 번역을 기준으로

삼아 판단해서는 안 된다는 것은 당연하다. 문법적인 형태를 보건데 그 의미가 그러할 것이라는 판단(yaugika)과 관행적으로 그 단어가 실제로 그러한 의미로 쓰이는지에 대한 판단(rūḍha)은 별개이다. 전자를 의식하고 있어야 하겠지만, 후자는 구체적인 자료들 안에서 확인해야 한다. 앞서 ❖22.08(04)에서 보았던 √man "생각하다" → mānayati "존경하다, (높이) 평가하다"의 경우를 상기해 보기 바란다. mānayati가 시킴형이므로 "생각하게 시키다"의 의미를 가질 것이라고 추정해서는 안 된다.

यो मुनिरप्सरसामोह्यत तस्य पुत्रो ऽस्माकं पितामहः ।

천녀에게 홀린 그 성자의 아들은 우리들의 조상이다.

파생 활용 (derivative/secondary conjugation)

❖22.16 √gam의 시킴형 gam-ay-a가 시킴형 말줄기로 만들어지고 나면 이 말줄기에 근거해서 여러 가지 형태의 활용이 가능해진다. 이러한 사정은 수동형에서도 마찬가지이다. √gam에서 수동말줄기 gam-ya가 만들어지고 나면 다른 여러 활용 형태가 이것을 근거로 만들어진다. 따라서 시킴형이나 수동형은 주어진 말뿌리에 뒷토를 첨가해서 만들어지기는 하지만, 이렇게 만들어진 말줄기를 근거로 해서 다양한 활용형들이 또다시 만들어지기 때문에, 마치 새로운 말뿌리를 만들어 내는 것과 같은 효과를 낳게 된다. 이러한 의미에서 수동형, 시킴형 그리고 앞으로 배우게 될 강조형(intensive)과 바람형(desiderative)을 "파생 활용"(derivative/secondary conjugation)이라고 부른다. 쌍쓰끄리땀에는 네 개의 파생 활용 체계가 있다. 이 네 가지는 동사 말뿌리에서 활용형을 만드는 것이 아니고 동사 말뿌리를 변형시켜서 활용을 위한 말줄기를 만든 이후에 활용시킨다. 또한 이 활용형들은 동사의 때

매김을 나타내는 것이 아니라 그 동작이 이루어지는 방식에 대한 추가적인 정보를 표현해 준다. 즉 수동형의 경우에는 수동의 의미를, 시킴형의 경우에는 시킴의 의미를 추가해 나타낸다. 파생 활용 체계들은 당연히 현재 체계에 속하지 않는다. 예로 √gam의 수동형인 gamyate, 시킴형인 gamayati는 현재형인 gacchati와 무관하다. 그런데 파생 활용들 중에서도 시킴형은 거의 빠짐 없이 모든 활용 형태들을 구현하는 모습을 보이며 또한 자주 사용되는 활용 형태이다. 이러한 시킴형의 비중 확대는 역사적으로 고전쌍쓰끄리땀 시기에 들어서면서 나타난 모습이다.

✤ 22.17 파생 활용에서 중요한 것은 동사 말뿌리의 뒤에 어떤 뒷토를 첨가해서 만들어지는 활용인가 하는 형태상의 구분이다. 따라서 인도고전문법에서는 이 형태들의 이름을 붙일 때, 해당되는 뒷토를 가리키는 이름을 만들어서 부른다. 이 이름들은 모두 bahuvrīhi-겹낱말이다.

ṆiC (시킴형 뒷토) → ṇijanta "i로 끝나는 [파생 활용]"
yaṄ (강조형 뒷토) → yaṅanta "ya로 끝나는 [파생 활용]"
saN (바람형 뒷토) → sannanta "sa로 끝나는 [파생 활용]"

✤ 22.18 네 가지 파생 활용 체계들 중에서 우선 시킴형을 설명하는 이유는 시킴형 활용이 시킴형 말줄기를 출발점으로 삼아 앞서 배운 다양한 활용 형태들로 사용될 수 있다는 사실을 잘 보여주기 때문이다. 아래의 예를 보라. √gam에서 만들어진 시킴형으로 수많은 활용 형태들이 만들질 수 있다.

गमयति gamayati: 현재형 "보내다"
अगमयत् agamayat: 과거형 "보냈다"
गमय gamaya: 명령형 "보내라!"
गम्यते gamyate: 수동형 "보내진다"
गमयितव्य gamayitavya: 구속형 "보내져야 하는"
गमयितृ gamayitṛ: 행위자 명사 "보내는 자"

गमित gamita: 과거분사 "보내어진"
गमितवन्त् gamitavant: 과거능동분사 "보낸" [m.]
गमयन्ती gamayantī: 현재분사 여성형 "보내는" [f.]

이 외에도 수많은 활용 형태들이 가능하겠지만, 우리가 아직 배우지 않은 형태들을 여기에서 소개할 수는 없다. 다만 파생 활용을 통해 말줄기가 만들어지고 나면, 최소한 원칙상으로는, 이것이 출발점이 되어 새로운 말뿌리가 만들어지는 것과 같이 거의 모든 활용 형태로 활용이 가능하게 된다는 것만 기억하면 된다.

आरोप्यते शिला शैले यत्नेन महता यथा
निपात्यते क्षणेनाधस्तथात्मा गुणदोषयोः ॥『हितोपदेशः』

바위산에서 돌은 큰 노력을 써서 올려지고
아래로(adhas)는 순간에 떨어뜨려지듯 스스로의 덕성과 부덕함도 마찬가지이다.

✣22.19 시킴형의 활용 형태들을 좀 더 살펴보자. 우선 시킴형은 다른 활용형으로 사용될 때 모두 seṭ-말뿌리에 해당한다는 점을 알아 두자. 과거분사의 경우에는 삽입모음 -i- 뒤에 과거분사 뒷토 -ta를 붙이게 되어서 다음과 같은 형태들을 갖게 된다.

√bhū "~되다, ~이다" → **भावित** "~이 되게 만들어진"
√kṛ "하다" → **कारित** "하게 시켜진"
√jñā "알다" → **ज्ञापित** "알게 만들어진"
√dā "주다" → **दापित** "주게 시켜진"
√gam "가다" → **गमित** "보내진"
√budh "의식이 있다" → **बोधित** "알게 만들어진"

이상의 형태들에 해당하는 과거능동분사들도 만들어진다.

√bhū "~되다, ~이다" → भावितवन्त् "되게 만든"
√kṛ "하다" → कारितवन्त् "하게 시킨"
√jñā "알다" → ज्ञापितवन्त् "알게 만든"
√dā "주다" → दापितवन्त् "주게 시킨"
√gam "가다" → गमितवन्त् "보낸"
√budh "의식이 있다" → बोधितवन्त् "알게 만든"

निर्भयश्चरिष्यामि यथाकामं यथासुखमित्येवं ज्ञाप्यमानस्य पितुर्मृत्युः समीपः ।

"나는 두려움이 없이 원하는 대로 즐거운 대로 돌아다니겠습니다."라고 통보를 받는 (시킴형 수동 현재분사) 아버지의 죽음은 가까이 와 있었다.

✤ 22.20 독립형도 -i-를 삽입해서 일반적인 방식으로 만들어진다. 동사 앞토가 없으면 -tvā, 있을 때에는 -ya를 사용한다.

√bhū "~되다, ~이다" → भावित्वा "되게 만들고 나서"
√kṛ "하다" → कारित्वा "하게 시키고 나서"
√jñā "알다" → ज्ञापित्वा "알리고 나서"
√dā "주다" → दापित्वा "주게 시키고 나서"
√gam "가다" → गमित्वा "보내고 나서"
√budh "의식하다" → बोधित्वा "의식하게 만들고 나서"
anu-√jñā "허락하다" → अनुज्ञाप्य (허락하게 만들고 나서 →) "허락을 구하고 나서"
anu-√budh "기억하다" → अनुबोध्य (기억하게 만들고 나서 →) "상기시키고 나서"

그런데 말뿌리의 중간 모음 -a-가 강화되지 않는 경우 시킴형에서 동사 앞토가 있는 독립형을 만들 때에는 시킴형 뒷토의 바로 뒤에 -ya가 첨가된다.

anu-√gam "따르다" → अनुगमय्य anugamayya "흉내내고 나서"

✤ 22.21 부정형도 삽입모음 -i-를 삽입하고 만들어진다.

√bhū "~되다, ~이다" → भावितुम् "되게 하기"
√gam "가다" → गमयितुम् "보내기"
anu-√budh "기억하다" → अनुबोधितुम् "상기시키기"

✤ 22.22 구속형을 만들 때에도 삽입모음 -i-를 사용한다. -ya와 -anīya는 수동 뒷토 -ya처럼 시킴형 뒷토를 대체한다. -tavya는 -itavya의 형태로 시킴형 뒷토의 뒤에 붙는다.

√bhū "~되다, ~이다" → भाव्य "되게 만들어져야 하는"
√kṛ "하다" → कार्य "하게 시켜져야 하는"
√jñā "알다" → ज्ञापयितव्य "알게 만들어져야 하는"
√dā "주다" → दापनीय "주게 시켜져야 하는"
√gam "가다" → गमयितव्य "보내져야 하는"
√budh "의식이 있다" → बोध्य "알게 만들어져야 하는"

✤ 22.23 미래형에도 삽입모음 -i-를 사용하기 때문에 미래형 뒷토 -iṣya가 시킴형 뒷토의 뒤에 붙게 된다.

√bhū "~되다, ~이다" → भावयिष्यति "그가 되게 할 것이다"
√kṛ "하다" → कारयिष्यति "그가 하게 시킬 것이다"
√jñā "알다" → ज्ञापयिष्यति "그가 알게 만들 것이다"
√dā "주다" → दापयिष्यति "그가 주게 시킬 것이다"
√gam "가다" → गमयिष्यति "그가 보낼 것이다"
√budh "의식이 있다" → बोधयिष्यति "그가 알릴 것이다"

물론 대체미래형을 만들 수도 있는데, 이때에는 행위자 명사를 만드는 뒷토 -tṛ 앞에 삽입모음이 들어간다.

√bhū "~되다, ~이다" → **भावयिता** "그가 되게 할 것이다"
√kṛ "하다" → **कारयितास्मि** "내가 하게 시킬 것이다"
√jñā "알다" → **ज्ञापयितासि** "당신이 알려 줄 것이다"
√dā "주다" → **दापयितारः** "그들이 주게 시킬 것이다"
√gam "가다" → **गमयितास्थ** "너희들이 보낼 것이다"
√budh "의식이 있다" → **बोधयितास्मः** "우리들이 알릴 것이다"

अत्र मम कन्यां हासयितुं शक्नुवन्नेव तया सह सप्तपदीं करिष्यतीति स्मितपूर्वं ज्ञापित्वा दमयन्त्याः पिता परमसुन्दरीमागमयिष्यति ।

"여기서 내 딸을 웃게 할 수 있는 자가 그녀와 함께 (결혼 의식에서의) 일곱 걸음을 걷게 될 것이다."라고 웃으면서 알리고 나서 다마얀띠의 아버지는 최고로 아름다운 여인을 오게 할 것이다.

연습문제

▷ 22.01 다음 문장을 한국어로 옮기시오.

▷ 22.01(01) धर्मज्ञं राज्यं कारय। तर्हि सर्वे जनास्तेन रक्ष्येरन् ।

▷ 22.01(02) तव द्वौ पुत्रौ ममाश्रमं गमित्वा ताभ्यां रत्नं दापयेः ।

▷ 22.01(03) येन मुनिः कुमराय शापं दापितः स नरकमेता ।

▷ 22.01(04) बलवत्पापनृपमरणार्थमस्माभिः स पापनृपो विषं भोज्यम् ।

▷ 22.01(05) पुरुषाः पञ्चस्कन्धमात्राणीति बौद्धैर्बोध्यते ।

▷ 22.01(06) यो मुनिं कोपयेत्स तस्य शापेन पीडितो भविष्यति ।

▷ 22.01(07) किञ्चिद्वेद्मीति वदन्नपि यावत्परेण वादिना तद्वेदयितुं न शक्नोसि तावत्त्वं तन्न सम्यग्वेत्सि ।

▷ 22.01(08) देवदेव ईश्वरः सर्वमुद्भावयति च संवर्धयति च नाशयति च यथाकामम् ।

▷ 22.01(09) युवको गोपो मुनीन्क्षेत्रे बहुभिरन्नैर्भोजयति ।

▷ 22.01(10) देव । रथकारास्ते बृहतं रथं कल्पयिष्यन्ति ।

▷ 22.02. 다음 문장 안의 괄호를 주어진 의미에 맞도록 [ ]에 주어진 단어의 적당한 형태를 사용하여 쌍쓰끄리땀으로 채워 넣은 후에 전체 문장을 데바나가리로 적으시오.

▷ 22.02(01) karṣakas tasya gāṃ nadīm (   ) jalam (   ). [√nī의 독립형; √pā의 시킴형, 과거형]

농부는 그의 소를 강에 데려가서 물을 마시게 했다.

▷ 22.02(02) sarvajanā yathāvidhiṃ ca yathāśakti ca (   ) iti gurus tasya śiṣyān (   ). [√kṛ의 가상형; √śru의 시킴형, 과거형]

모든 사람들은 규정과 능력에 따라 행동해야 한다고 스승이 그의 학생들에게 가르쳤다.

▷ 22.02(03) nalaḥ (   ) yāvajjīvaṃ sukham (   ). ["부인을 동반한" bahuvrīhi-겹낱말; √jīv의 과거형]

날라는 한 평생 부인과 함께 행복하게 살았다.

▷ 22.02(04) rājā mantriṇaṃ pratidinam (   ) dvigudānam (   ). [muni의 복수 위함격; √dā의 시킴형, 과거능동분사]

왕은 재상에게 매일 소 두 마리 값의 기부금을 성자들에게 주게 시켰다.

▷ 22.02(05) (　　) pracodite trijagadante sarvāṇi (　　). ["세 눈을 가진 자" bahuvrīhi-겹낱말의 수단격; √naś의 미래형]

세 눈을 가진 자(쉬바)에 의해 촉발된 세 세상의 종말에서 모든 것들이 없어질 것이다.

▷ 22.02(06) yo brahmacārikumāras tasya guroḥ priyāṃ kanyāṃ sarvadā (　　) sa tāṃ kanyāṃ bhāryām (　　). [√bhū의 시킴형; √bhū의 시킴형, 미래형]

그 (학생 신분으로) 금욕기를 보내고 있는 소년은 자기 스승의 사랑스러운 딸을 매 순간 마음에 두고 있는데, 그는 그녀를 부인이 되게 할 것이다.

▷ 22.02(07) vānararājo vīreṇa tasya rājñaḥ śatrum (　　) ca yathākāmam (　　). [√dviṣ의 시킴형 과거형; √han의 시킴형, 과거형]

원숭이 왕은 영웅으로 하여금 그 왕의 적을 미워하게 하고 또 원하는 대로 죽이게 했다.

▷ 22.02(08) (　　) muner duhitaraṃ śobhayitvā rājagṛham (　　). [yogin의 여성형 복수 임자격; √gam의 시킴형, 과거형]

여자 수행자들은 성자의 딸을 아름답게 만든 후에 왕의 도시로 보냈다.

D 22.02(09) putram (　　) icchāmīty uktvāhaṃ patyā mām (　　). [√jan의 시킴형 부정형; √nī의 시킴형, 과거능동분사 여성형]

아들을 낳고 싶다고 말을 한 후에 나는 남편이 나를 이끌게 했다.

D 22.02(10) brāhmaṇās teṣāṃ putrān mantrān (　　) tān (　　). [√paṭh의 시킴형 독립형; √yaj의 시킴형, 대체미래형]

사제들은 그의 아들들에게 제례 주문들을 낭송하게 하고 나서 그들이 제사를 지내게 시킬 것이다.

D 22.03 다음 이야기를 한국어로 옮기시오. (날라와 다마얀띠 이야기 7)

D 22.03(01)

एवं स शापं कृत्वा कलिर्मित्रेण सहागच्छत्सत्वरं तत्र यत्र राजा स वैरसेनिः । नलदमयन्त्योः सप्तपद्याः प्रभृति कलिर्नलं शत्रुं भावयति स्म । यत्कारणं स कष्टः सर्वथा नलदमयन्त्यौ दूषयितुमिच्छन्नास्त ।

D 22.03(02)

स कलिः प्रत्यहमेव सर्वदा चान्तरमन्वीक्षमाणो ऽपि तदर्थं नलस्य राज्ये ऽवसदतीव चिरम् । नलो ऽदृष्टपूर्वधर्मज्ञराजो यथाविधिं धर्ममचरच्च यथाशास्त्रं सर्वजनं धर्ममात्रमचारयत् । किंतु नलस्य सुखं न यावज्जीवं प्रवर्तते दैवेन। अथास्य कलेर्द्वादशे वर्षे त्वेवमेकमन्तरं कलिना पापेन दृष्टम् ।

D 22.03(03)

एकस्मिन्दिने स नलस्य सेवकः पादजलं न स्मरति यो नलं दोषमापयति । स नलो व्यवहारेण श्रान्तः पादयोः स्नानमकृत्वा देवतां सादरमेतुमारभत

। किं तु न कश्चन राज्ञः समीपे तं दोषं राजानमज्ञापयत् । तत्कालमेनं राजानमेवमेव कलिराविशत् ।

ᐅ 22.03(04)

स कलिर्नलमाविश्य पुष्करस्य समीपं गत्वा तमवदद्यो भ्राता नलस्य । इहागच्छ नलेन सहाक्षान्दीव्य वै । भवान्सहितो मम शक्तिना सर्वथा नामाक्षद्यूते नलं जेता । एवमेव वैरसेनिं जित्वा राजपुत्र निषधान्प्रतिपद्यस्व । अहं बृहत्तेजसा नलेन द्यूतं कारयिष्यामि ततस्तस्य सर्वधनं च तस्य राज्यं च कमलनेत्रां भार्यामपि च तुभ्यं दापयिष्यामीति । एवमुक्तः कलिना तु पुष्करो नलं गतवान् ।

▷ 22.03(05)

तथा स कलिः पुष्करेणाक्षान्नलेन सह देवयति स्म । परवीरहा पुष्करो नलं वीरमुपगतः । दीव्यावेति पुनः पुनर्नलमब्रवीद्नलस्य भ्राता । राजा च महामना अप्याह्वानं क्षन्तुं नार्हति स्म । ततो दमयन्त्यां प्रतीक्षमाणायामपि नलो द्यूतं प्राप्तकालममन्यत । एवं गते कलिशक्त्याविष्टो नलो द्यूते न जेतुमशक्नोत् । ततः कलिना द्यूतं कारितस्य नलस्य सुवर्णं च रथश्च राजगृहं चैकस्मिन्क्षणे ऽनश्यन् ।

낱말 목록

anu-√budh 1P.Ā. [anubodhati, anubodhate] 기억하다, 깨어나다

(caus.) anubodhayati 상기시키다, 알려주다

ādara [m.] 존경, 존중, 배려, 조심스러움

ā-√viś 6P.Ā. [āviśati, āviśate] ~에 들어가다, 장악하다, (사람에 들어가서 자리 잡고) 장악하다 혹은 홀리다

(p.p.) āviṣṭa (귀신 등에) 씌인

upa-√gam 1P. [upagacchati] 도달하다, 도착하다, 가까이 가다

√kḷp 1Ā. [kalpate] 정돈되어 있다, 잘 맞게 있다, 일이나 과제에 맞다, 성공하다, 준비하다, 정돈하다, 발생하다, 생겨나다

(caus.) 맞추어 정리하다, 맞게 나열하다, ~으로 간주하다, 설명하다, 만들어 내다

trilocana [a.] 눈이 세 개인, 쉬바(Śiva)

[m.] 쉬바(Śiva)

√tvar 1Ā. [tvarate] 서두르다

(caus.) tvarayati 가속시키다, 서두르게 만들다

tvarayā (I.) [adv.] 서둘러, 빨리

daśabalaḥ [m.] 10가지 힘을 가진 자, 붇다(Buddha)

daśaratha [m.] 다샤라타 (라마의 아버지)

√div 4P.Ā. [dīvyati, dīvyate] (주사위, 견과윷을) 던지다, 노름하다

(caus.) devayati 노름하게 하다

dyūta [n.] (주사위, 견과윷) 노름, 게임, 겨루기

dvigu [a.] 소 두 마리 값에 해당하는

[m.] dvigu-겹낱말

√naṭ [naṭati (←√nṛt)] 춤추다, 공연하다

(caus.) naṭayati 춤추게 하다

(caus.) nāṭayati 공연하게 하다

navadvāra [n.] 이간의 육체, (복수로) 인간의 몸에 있는 9개의 구멍

nipātayati [caus.] ni-√pat 아래로 떨어뜨리다, 내던지다, 죽이다, 쓰러뜨리다

nirbhaya [n.] 두려움이 없음, 안전

[a.] 두려움이 없는, 겁내지 않는

puṣkara [n.] 푸른 연꽃

[m.] (날라의 형제) 뿌스까라

pratipādita (prati-√pad의 시킴형 pratipādayati의 과거분사) 도달하게 만들어진, 얻도록 주어진, 제시된, 증명된, 설명된, 가르쳐진

√prath 1Ā. [prathate] 확장하다, 번지다

(caus.) prathayati 확장시키다

pra-√aś P. [praśnāti] 먹다, 집어 삼키다, 맛보다
(caus.) prāśayati 먹이다

bauddha [a.] 의식과 연관된, 마음의, 붇다(Buddha)와 연관된, 불교도의

yathāśāstram [adv.] 정전에서 가르치는 대로, 전문 지식 체계에 따라

yāvajjīvam [adv.] 한 평생, 사는 동안 내내

yena [ind.] 그것을 통해, 그렇게, ~하기 위해

rathakāra [m.] 전차를 만드는 사람, 마차 제작자, 목수

√ruh 1P. [rohati] 자라다, 오르다
(caus.) rohayati/ropayati 자라게 하다, 오르게 하다

varṇayati/varṇayate [den.] 서술하다, 설명하다, 색깔을 입히다, 그리다

śilā [f.] 바위, 돌, 암석

√śubh 1Ā. [śobhate] 빛나다, 아름답게 보이다
(caus.) śubhay-, śobhay- 빛나게 만들다, 아름답게 만들다, 꾸미다

śaila [a.] 돌로 만들어진, 돌로 이루어진, 바위로 이루어진, 돌과 같은
[m.] 바위, 언덕, 바위 덩어리, 바위산, 산

śrutasena [a.] 유명한(śruta) 군대(senā)를 가진

saptarṣi [m.] 북두칠성, (북두칠성이 된) 일곱 성인들

saptapada [a.] (결혼식 혹은 서약에서 불을 끼고) 일곱 걸음을 딛는, 일곱 빠다(pāda)로 이루어진
[f.] saptapadī 결혼식에서 불을 키고 도는 일곱 걸음

saptāha [m.] 일곱 날, 7일간 이어지는 제사 의식

samāhāra [m.] 모임, 집합, 무더기

samyak [adv.] (← samyañc) 일치하는 방식으로, 함께, 온전히, 적절하게, 맞게, 정확하게

sādara [a.] 존경심을 가진, 배려심을 가진

sthāpana [n.] 세우기, 고정시키기, 확립, 지지

√snā 2P. [snāti] 씻다, 정화의식을 하다
(caus.) snāpayati/snapayati 씻기다

제23과

संस्कृतवाक्योपक्रिया

쌍쓰끄리땀 단어 7: -tva 혹은 –tā (taddhita-뒷토)로 끝나는 추상명사

✤23.01 이 두 taddhita-뒷토는 앞선 명사 말줄기의 모음이 강화되지 않으며, 추상명사를 만드는 역할을 한다. -tva로 끝나는 명사는 중성이고 -tā로 끝나는 명사는 여성이다.

बाल bāla [m.] "소년" → **बालत्व** [n.] "소년임, 소년기"
सुलभ sulabha [a.] "얻기 쉬운" → **सुलभत्व** [n.] "용이함, 쉬움, 하찮음"
गो go [m.] "소" → **गोत्व** [n.] "소임, 소의 보편적 특성"
गोता [f.] "소임"
नृप nṛpa [m.] "왕" → **नृपत्व** [n.] "왕임, 왕의 지위, 지배"
भद्र bhadra [a.] "축복 받은" → **भद्रता** [f.] "행운, 행복, 번영"
अन्ध andha [a.] "눈 먼" → **अन्धत्व** [n.] "눈이 멀음, 맹목"

일반적인 의미의 추상명사라기보다는 특별한 의미를 갖는 추상명사를 만들어 내는 경우들도 있다.

देव deva [m.] "신" → **देवता** [f.] "신격, 신상, 신의 모습을 나타내는 것"
स्व sva [a.] "자신의" → **स्वता** [f.] "자신의 것임, 소유"

हीनजातयो जना जन्मनोऽशुद्धत्वाद्देवतां द्रष्टुं न लभन्ते । (= हीनजातयो जना जन्मनोऽशुद्धत्वाद्देवतां दर्शनाय न लभन्ते ।)

(출생이 비천한 사람들 →) 천민들은 출생이 청정하지 못하기 때문에 신상을 보는 것이 허락되어 있지 않다.

✤23.01(01) °**त्वा** -tva와 °**ता** -tā는 추상명사를 만들 때 사용되는 뒷토에 그치는 것이 아니라 동사 없이 문장을 구성하는 명사 구문에서 자주 사용된다. 이들은 주

로 유래격(/도구격)으로 "~이라는 사실 때문에"를 의미하는 표현에 쓰인다. 명사의 가짐격 형태와 결합시켜 사용하면, 간략한 방식으로 이유를 나타내는 관계문장을 대신할 수 있다. 아래 예문 23.01의 구조를 잘 익히기 바란다.

예문23.01 देवदत्तो मर्त्यस्तस्य पुरुषत्वात् ।

데바닫따는 죽게 되어 있는데, 그가 사람이기 때문이다.

तव क्लीबत्वादस्माकं सेना नष्टा ।

너의 비겁함 때문에 우리의 군대는 파괴되었다.

(= यस्मात्त्वं क्लीबस्तस्मादस्माकं सेना नष्टा)

राज्ञो बालत्वेन स पण्डितो ऽप्यागममुपदेष्टुं न शक्नोति ।

왕의 어리석음 때문에 그 학식이 있는 사람도 전승을 가르칠 수가 없다.

अश्वादिभिन्नत्वाद्गोत्वादेव गौः सिध्यति न गुणादिभेदात् ।

말 등등(의 다른 동물들)과는 구분되는(bhinna) 소라는 사실(cowness) 자체 때문에 소는 확증되며, (소가 가진 다양한) 속성 등등이 (다른 동물들의 속성들과) 다르다는 차이 때문에 (소가 확증되는 것이) 아니다.

न जातिधर्मः पुरुषस्य साधुता चरित्रमूलानि यशांसि नरणाम् ।

출생 신분에 따른 규범이 곧 사람의 올곧음은 아니고 사람들의 명성(들)이란 행동거지에 근거한다. (bahuvrīhi-겹낱말)

न चायं धर्मो राज्ञां प्राकृतपुरुषता । 『तन्त्राख्यायिकम्』

본래의 인간성이라는 것, 이것은 왕들의 다르마가 아니다. (지시대명사 idam이 뒤따라오는 말을 가리키는 예 ☞ 08.26)

쌍쓰끄리땀 단어 8: -ya 혹은 -iya (taddhita-뒷토)로 끝나는 중성 추상명사

✤ 23.02 이 뒷토에 앞서는 말줄기는 그 첫 모음이 브릳디형으로 강화되는 것이 보통이다. 하지만 강화가 일어나지 않는 경우도 있다. 앞선 명사 말줄기가 모음으로 끝나는 경우에는 뒷토 -ya가 마지막 모음을 대체하지만, 명사 말줄기가 자음으로 끝나면 그 뒤에 -ya가 붙게 된다. 추상명사를 만들기 위해 아주 흔하게 쓰이는 중요한 뒷토이다.

मर्त्य martya [a.] "죽을 운명의" → **मार्त्य** [n.] "죽을 운명이라는 사실"
एक eka [a.] "하나" → **ऐक्य** [n.] "하나임, 동일함"
पण्डित paṇḍita [a.] "학식이 있는" → **पाण्डित्य** [n.] "학식을 갖춤"
मूर्ख mūrkha [a.] "어리석은" → **मौर्ख्य** [n.] "어리석음"
सदृश sadṛśa [a.] "닮은, 비슷한" → **सादृश्य** [n.] "유사함"
वीर vīra [a.] "용맹한" → **वीर्य** [n.] "용맹함" (브릳디 강화가 없는 경우)

이 뒷토는 종종 조상에서 비롯된 후손을 나타내거나 특정한 대상에서 기원한 것들을 나타내기도 한다.

शिव śiva [m.] "쉬바" → **शैव्य** [a.] "쉬바 신에 속하는"
यम yama [m.] "야마" → **याम्य** [a.] "야마 신에 속하는"
दन्त danta [m.] "이빨" → **दान्त्य** [a.] "이빨의, 이빨소리의"

✤ 23.02(01) -ya뒷토의 앞에 삽입모음 -i-가 첨가되면 -iya가 된다.

क्षत्र kṣatra [n.] 왕권 → **क्षत्रिय** [m.] 통치계급 (← [a.] 왕권/통치권을 갖는)

देवदत्तस्य मार्त्यं तस्य पुरुषत्वात् ।

데바닫따가 죽게 되어 있다는 사실은 그가 사람이라는 사실 때문이다. (martya가 아니며 예문 23.01과 다름에 주의!)

cvi-pratyaya

❖ 23.03 cvi-pratyaya는 동사 말뿌리 √kṛ 또는 √bhū를 활용하여 명사나 형용사를 동사의 의미를 갖는 표현으로 바꾸어 사용할 수 있는 방법이다. 이 표현 방법은 자주 사용될 뿐 아니라 활용 범위가 넓다.

❖ 23.04 사용되는 pratyaya자체는 -ī-인데, 이 긴 모음 -ī-가 말줄기의 끝모음을 대신하여 첨가되고 말줄기의 강화(구나, 브릳디)는 필요하지 않다.

❖ 23.04(01) 명사 말줄기 끝의 -a 혹은 -an은 -ī로 대체된다.

❖ 23.04(02) 명사 말줄기 끝의 -i 혹은 -u는 긴 모음으로 바뀐다.

❖ 23.04(03) 명사 말줄기 끝의 -ṛ는 -rī가 된다.

❖ 23.05 cvi-pratyaya는 지시되는 대상이 "~이 되다, ~이 되게 만들어지다"는 의미를 갖는다. 자동사와 같은 의미로 "~이 되다"를 의미하는 용례로 사용되는 경우라면 말뿌리 √bhū가 사용된다. 타동사와 같은 의미로 "~이 되게 만들다"의 의미로 사용하는 경우에는 말뿌리 √kṛ가 사용된다. 이렇게 결합이 되고 나면 결과적으로는 마치 새로운 동사 말뿌리가 만들어지는 것처럼 기능하게 된다. 아래의 예를 보라.

bahula [a.] "많은"
bahulī-√bhū 1P. "많아지다, 늘어나다"
bahulī-√kṛ 8P. "많게 하다, 늘리다"

श्रुतं मयैतत् । किं तु सर्वथाहं त्वामात्मीकरोमि । शक्यं चैतत् ।
『तन्त्राख्यायिकम्』

(방금 한 너의) 이 (말은) 내가 들었다. 하지만 나는 어떻게 하더라도 너를 내 편으로 만들겠다. 그리고 그것은 가능하다.

✤23.06 새로운 말뿌리 bahuli-√bhū 혹은 bahuli-√kṛ가 만들어지고 나면 √bhū와 √kṛ에서 도출될 수 있는 수많은 다른 말들도 마찬가지로 도출될 수 있다.

중성명사형: **बहुलीकरण** [n.] "증식시킴"
동사 미래형: **बहुलीकरिष्यति** "그가 많아지게 할 것이다"
과거분사형: **बहुलीकृत** [a.] "많아지게 만들어진"
독립형: **बहुलीकृत्य** "많아지게 만들고 나서"

वनचरपतिचिन्ताया भार्या स्वपितुं न शक्नोति । तस्या अस्वप्नो व्याधिं बहुलीकरिष्यति ।

숲에서 돌아다니는 남편에 대한 걱정 때문에 부인은 잘 수가 없다. 그녀의 불면증은 병이 늘어나게 만들 것이다.

✤23.07 독립형을 만들 때에는 °**त्वा** (-tvā)가 아니라 °**य** (-ya)를 사용해야 한다. 왜냐하면 동사 말뿌리에 앞선 말—예에서는 bahulī—이 동사 앞토처럼 작용하기 때문이다.

sumanī-√kṛ "좋은 마음을 갖게 하다, 선의의 태도를 갖게 하다" (← **सुमनः**)
sumanī-√bhū "좋은 마음을 갖게 되다, 선의의 태도를 갖게 되다" (← **सुमनः**)
andhī-√kṛ "눈이 멀게 하다" (← **अन्ध**)
andhī-√bhū "눈이 멀게 되다" (← **अन्ध**)
śucī-√kṛ "(종교의식에서) 정화하다" (← **शुचि**)
śucī-√bhū "(종교의식에서) 정화되다" (← **शुचि**)
svī-√kṛ "자신의 것으로 만들다, 받아들이다" (← **स्व**)

śuklī-√kṛ "하얗게 만들다, 흰색 칠을 하다" (← शुक्ल)
śuklī-√bhū "하얗게 되다" (← शुक्ल)
alpī-√kṛ "작게 만들다" (← अल्प)
alpī-√bhū "줄어들다" (← अल्प)
amarī-√bhū "죽지 않게 되다, 불사가 되다" (← अमर)
ācāryī-√kṛ "스승으로 만들다" (← आचार्य)

किञ्चित्स्वीकरोतु ।

무엇을 좀 드시지요!

दुर्हृदा दातं मा स्वीकुरु सुहृदा दातमेव स्वीकुरु ।

나쁜 마음을 가진 자가 주는 것을 받지 마라, 좋은 마음을 가진 자가 주는 것만 받아라!

✤ 23.08 cvi-pratyaya가 적용되는 말줄기가 명사라면 "~이 되다, ~이 되게 하다"라는 표현은 지시되는 대상으로 바뀌게 된다는 뜻이고, 적용되는 말줄기가 형용사라면 "~이 되다, ~이 되게 하다"가 특정한 성질을 갖게 되는 변화를 표현한다.

तपोधनो मुनिर्मौनव्रतं श्रमणं सुमनीकरोति ।

고행을 많이 한 성자가 묵언을 맹세한 고행자를 좋은 마음을 가진 자로 만들었다. (명사 su-manas)

महाब्राह्मणाः प्रजाकामां देवीं शुचीकुर्वन्ति । सा कृतप्रज्ञा देव्यमुया कृतफलया क्रियया पुत्रं प्राप्स्यते ।

위대한 사제들이 자식을 원하는 여왕을 정화시킨다. 그 현명한(bahuvrīhi) 여왕은 저 성공적인(bahuvrīhi) 의식을 통해 아들을 얻게 될 것이다. (형용사 śuci)

गुरुरकृतकार्यमपि प्रसन्नमुखं शिष्यं दृष्ट्वा शुक्लीभवति ।

스승은 할 일을 끝내지 않았으면서도 밝은 표정의 학생을 보고서 (얼굴이) 하얗게 되었다. (형용사 śukla)

यदि त्वं नामरीभवतस्तर्हि त्वं शत्रुं जेतुं नार्हसि ।

그대가 불사의 존재로 되지 못하면 그대는 적을 이길 만하지 못하다. (형용사 amara)

स स्वर्गकामधीमद्गृहपतिः स्वपुत्रं स्वाचार्यीकरोति । तत्स पुत्राचार्यः ।

그 하늘나라를 갈구하는 현명한 가장은 친아들을 자신의 스승으로 만들었다. 그래서 그는 아들을 스승으로 삼은 자(bahuvrīhi)이다.

दीर्घकालः कष्टतपसः क्षयान्तं काममल्पीकरिष्यति ।

긴 시간은 극심한 고행을 하는 자가 가진, 멸망으로 끝을 맺는(bahuvrīhi) 욕정을 줄일 것이다.

✤ 23.09 cvi-pratyaya가 실제로 자주 사용되는 방식은 문학적인 은유 혹은 비유의 표현으로 활용되는 것이다.

स पण्डितराजस्तं वीर्यकामं कुमारं सिंहीकरोति । पश्चात्स कुमारो द्वन्द्वयुद्धं कर्तुमशक्नोत् ।

그 현자인 왕은 용맹[해지기]를 원하는 소년을 사자[처럼 용감한 사람으]로 만들었다. 나중에 그 소년은 일대일 결투를 할 수 있었다.

이 예문의 내용은 왕이 소년을 실제로 동물인 사자로 바꾸어 놓았다는 뜻이 아니고 사자처럼 용감한 사람으로 바꾸어 놓았다는 것을 표현하고 있다.

द्वैधीभवति मे चित्तं द्वेषेण रागेण च ।

내 마음이 싫음과 좋음으로 상충된 상태에 빠졌다. (← 마음이 두 부분이 되다, dvidhā)

ततः क्षणं तत्सर्वमेव भस्मीभवति काष्ठमिव ।

곧바로 그 직후[의 순간]에 그 모든 것은 나뭇조각처럼 재가 되었다.

✤ 23.10 형용사 sva(자기 자신의)나 불변화사 aṅga(정말로!, 그래!, 당장 그러지!)를 사용해서 관용화된 표현들을 만들어 쓴다.

भवान्मा ददातु मा स्वीकरोतु ।

그대여 주지도 말고 받지도 마세요!

दानं कदाचिद्ब्राह्मणेन स्वीकार्यम् ।

공물은 절대로 사제가 아닌 자가 받아서는 안 된다.

यावद्गास्त्यङ्गीकरणं श्रुतसेनस्य राज्ञस्तावदस्माकं सेना न युद्धभूमिं गन्तुमर्हति ।

명성 높은 군대를 지닌 왕의 동의가 없는 한, 우리의 군대가 전쟁터로 가서는 안 된다.

겹낱말 분석에 대하여

지금까지 배운 겹낱말에 대한 이해를 바탕으로 겹낱말의 분석에 대해 전체적인 개괄을 해 보자.

✤ 23.11 우선 지금까지 배운 겹낱말들의 이름은 많은 경우 바로 해당하는 겹낱말의 예라는 사실을 알아 두자.

तत्पुरुष tatpuruṣa: tasya puruṣaḥ "그의 사람, 그의 부하" (가짐격-tatpuruṣa)
द्विगु dvigu: "소 두 마리 값에 해당하는"
बहुव्रीहि bahuvrīhi: "쌀 부자" (← 그 사람의 쌀이 많은)
द्वन्द्व dvandva: "둘 단위로 하는 일" (← 둘-둘의 일)

द्विविधो जायते व्याधिः शारीरो मानसस्तथा ।
परस्परं तयोर्जन्म निर्द्वन्द्वं नोपलभ्यते ॥ 『महाभारतम्』

질병은 두 가지로 생겨나는데 몸과 관련해서(← śarīra)와 마음과 관련해서(← manas)이다. 이 둘이 서로서로를 만들어내는 일은 짝이 되지 않고는 일어나지 않는다.

✤23.12 겹낱말 분석에서 겹낱말의 형태가 겹낱말의 의미를 이해하는 데에 단서를 주는 경우가 있어 학습자들이 알아 둘 만한 유형들이 있다.

✤23.12(01) 겹낱말에서 앞자리 말이 형용사인 경우나 과거분사인 경우라면 많은 경우 karmadhāraya-겹낱말이다.

हतपुत्र "살해된 아들" [hataputraḥ: hataḥ putraḥ]
गतदिन "지나간 날, 어제" [gatadinam: gatam dinam]

स हतपुत्रो गतदिनं युद्धात्प्राक्तस्य पितरं हसन्ननमत् ।

그 죽은 아들은 지난 날에 전투에 앞서 자기 아버지에게 웃으며 인사를 했다.

✤23.12(02) 만약 타동사의 과거분사형이 겹낱말의 뒷자리 말로 나타난다면 이 과거분사는 앞선 명사와 함께 수동의 의미를 갖는 형용사로 사용되었을 확률이 높다. 따라서 이 겹낱말은 수단격-tatpuruṣa일 확률이 높게 된다.

शस्त्रहत "칼에 맞은, 칼로 죽여진" [śastrahataḥ: śastreṇa hataḥ]

✤23.12(03) 겹낱말의 앞자리 말이 명사이고 뒷자리 말이 형용사인데, 이 형용사가 타동사의 과거분사가 아닌 경우라면 비교의 대상을 명사로 표현하는 karmadhāraya-겹낱말인 경우가 많다.

काककृष्ण "까마귀처럼 검은" [kākakṛṣṇaḥ: kāka iva kṛṣṇaḥ]

✤23.12(04) 겹낱말의 끝자리 말이 가진 성구분과는 다른 성구분을 갖는 겹낱말은 bahuvrīhi-겹낱말이고, 끝자리에 -ka가 첨가된 겹낱말은 bahuvrīhi-겹낱말일 수 있다.

✤23.13 하지만 이러한 판단의 기준들도 기계적으로 적용될 수 있는 것은 아니다.

겹낱말을 어떻게 분석하고 또 어떻게 판단해야 할 것인가에 대해 몇 가지 유의할 점을 지적하고자 한다.

✤ 23.13(01) 겹낱말의 요소를 이루는 말들을 근거로 해서 겹낱말이 온전하게 분석되지 못하는 경우들이 있는데, bahuvrīhi-겹낱말처럼 겹낱말의 요소가 아닌 말을 보충해야만 겹낱말이 이해되는 경우들이 있다. 겹낱말에 다른 단어를 보충한다고 해도 겹낱말이 풀이되지 못하는 경우도 있다. 다시 말해서 관용적으로 쓰이는 의미가 고정되어 있어서 겹낱말 전체의 의미가 겹낱말을 이루는 요소들로부터 유추될 수가 없는 경우이다. 예로 kṛṣṇa-sarpa는 "검은 뱀"이 아니고 "맹독성 코브라"를 의미하는 단어이다. 따라서 겹낱말을 풀이하고 이해하는 일반적인 방식으로 해석할 수 없는 겹낱말이 있다는 것은 염두에 두고 있어야 한다. 그리고 이러한 겹낱말이 bahuvrīhi-겹낱말인 경우에는 뒷자리 말의 형태에 근거해서 겹낱말 전체의 성구분을 결정지을 수가 없다.

✤ 23.13(02) 겹낱말은 특정한 집단 안에서 특정한 의미로(만) 사용되는 낱말이 공유되고 있어야만 구현될 수 있는 명사의 확장 가능성이다. 따라서 역사적으로 고전쌍쓰끄리땀 말기부터 겹낱말 사용이 두드러지게 증가하는 현상은 바로 특정한 의미로 사용되는 용어들을 공유하는 사람들 사이에서 유통되던 지식이 늘어났다는 사실을 뜻한다. 결국 현대의 학습자가 익혀야 하는 겹낱말들은 많은 경우에 개별적인 전문 분야나 지식체계에 대한 이해와 학습을 전제로 한다.

겹낱말의 예외 형태

✣23.13(03) 겹낱말의 앞자리 말은 원칙적으로 말줄기 형태를 가진 단어여야 하지만, 어떤 단어들은 격뒷토를 가진 채 겹낱말 안에 쓰인다. 형식적으로 완결된 겹낱말이 되지 못하는 형태, 다시 말해서 원칙적으로는 겹낱말이 될 수 없는 형태가 사용되었다고 할 수 있다. 이러한 겹낱말들은 다른 더 큰 겹낱말의 일부로 사용되지 못한다. 즉 겹낱말로서의 활용 가능성에 제한이 있는 것이다.

वनेचर "숲에서 활동하는" [vanecaraḥ: vane carati]

이 경우에 vanacarapaticintā "숲에서 활동하는 남편에 대한 걱정"과 같은 확장된 겹낱말의 일부로 사용하지 못하기 때문에 *vanecarapati는 사용하지 못하는 형태이다. 앞서 설명된 부정형이 앞자리 말에 나오는 bahuvrīhi의 예들(☞✣21.06(05))은 겹낱말의 원칙에 맞지는 않지만, 앞자리 말이 격뒷토를 갖는 것이 아니어서 또다른 경우이다.

युधिष्ठिर "전쟁터에서 확고한" [yudhiṣṭhiraḥ: yudhi sthīraḥ]
दास्याःपुत्र "여자 노예/천민(dāsī)의 아들" [dāsyāḥputraḥ: dāsyāḥ putraḥ] (이 말은 욕으로만 사용)

겹낱말 익히기

✣23.13(04) 겹낱말을 배우고 익히는 방법으로 크게 두 가지 접근법을 생각할 수 있다. 하나는 주어진 개별 겹낱말이 사용되는 관용적인 의미를 익히는 것이고 다른 하나는 겹낱말들의 종류와 이에 따른 일반적인 해석 방식을 익히는 것이다. 그런데 실제로 배우는 과정에서는 이 두 가지를 결합시키는 것이 일반

적이다. 즉 겹낱말의 종류를 설명하고 익힐 때 각 종류에 해당하는 대표적인 겹낱말의 예를 외우고 익히는 것이다. 이 방식 자체가 잘못된 것은 결코 아니지만, 각 겹낱말의 의미나 사용 방식이 항상 고정되어 있거나 불변이라고 생각해서는 안 된다. 특별히 예외적으로 고정된 용례가 고착된 경우가 아니라면, 대부분의 겹낱말은 언제라도 새로운 의미로 전용이 가능하기 때문이다. 따라서 겹낱말 이해의 최종 근거는 바로 맥락에 따른 적절한 판단이라고 할 수 있다.

❖ 23.13(05) 예로 śruta는 과거분사이지만 중성명사로 "(들은 것이) 전승되어 전해진 내용"을 뜻하기도 한다. śruta가 형용사로 (그 이름이 들려진 →) "유명한"을 뜻하기 때문에 śrutadevī는 "유명한 여신"[śrutadevī: śrutā devī]을 뜻할 수 있다. 하지만 일반적으로 śrutadevī는 "전승의 여신, 지식의 여신" [śrutadevī: śrutasya devī]을 뜻한다. 그렇지만 śrutadeva는 "전승을 관장하는 신"이 아니라 "전승에 대해서 신인 사람"[śrutadevaḥ: śrute devaḥ]을 뜻한다. 또 다르게 śrutakāma는 "유명한 욕망"(karmadhāraya)이 아니라 "전승을 배우고 싶어 하는"(bahuvrīhi)이라는 뜻이다. śrutasenaḥ는 겹낱말 뒷자리 말의 성구분이 여성이 아닌 형태로 쓰이고 있어서 분명하게 bahuvrīhi라는 것을 알 수 있다. 즉 "유명한 군대를 지닌"[śrutasenaḥ: yasya senā śrutā saḥ]이라는 뜻이다.

❖ 23.13(06) 따라서 학습자들은 관용적으로 굳어진 겹낱말들을 익히면서 겹낱말들의 형태와 의미에 익숙해지도록 배워야 하겠지만, 겹낱말의 의미가 고정되어 있다거나 특정한 겹낱말이 한 가지 의미로만 사용된다는 고정관념을 가져서는 안 된다. 한 겹낱말 표현을 다양한 의미로 활용하는 일이 불가능했다면, 쌍쓰끄리땀의 겹낱말들이 가지는 간결하면서도 강한 설득력을 가진 어체와 그 다양한 활용이 원초적으로 불가능했을 것이다. 이미 관용화된 겹낱말 표현을 새로운 의미로 사용하는 일이 있고 이것을 통해 전체 맥락과 의

미가 재해석되는 일은 너무나 흔한 일인데, 특히나 전문 학술 분야에 있어서는 전승을 재해석하는 중요한 수단 중의 하나이다. 따라서 본 교재에서 학습자들이 맨 처음 겹낱말을 배웠던 방식(☞✤19.06 이하)처럼 항상 주어진 겹낱말에 대한 다양한 해석의 가능성을 염두에 두고 겹낱말을 이해하도록 노력해야 할 것이다.

✤ 23.13(07) 동일한 겹낱말에 대해 다양한 해석이 가능하기 때문에, 특정한 겹낱말을 상대방이 어떻게 이해하는지에 대해 묻고자 할 때에는 상대방이 이해한 바에 따른 겹낱말의 종류를 묻는 방식으로 대화가 진행된다. 이렇게 해서 겹낱말에 대한 의사소통이 효과적으로 이루어지는 것이 일반적이다. 앞선 예(☞✤23.13(05)) śrutadevī에 대해서 karmadhāraya로 이해하는지 아니면 가짐격-tatpuruṣa로 이해하는지를 물으면 상대방이 이 겹낱말을 어떻게 이해하는지에 대해 분명하게 묻고 또 답을 들을 수 있다. 예로 "anātman을 karmadhāraya라고 보십니까? 아니면 bahuvrīhi로 보십니까?"하고 묻는 질문 하나로 우리는 인도철학사에서 중요한 개념에 대한 상대방의 입장을 물을 수 있다. 인도 고전텍스트의 주석서들에서도 주석자가 같은 방식으로 자신의 겹낱말에 대한 이해를 밝히는 것은 일반적인 일이다. 따라서 겹낱말 종류의 이름과 의미를 분명하게 알고 있어야 할 필요가 있다. 앞서 우리가 겹낱말 종류의 이름을 익히는 연습(☞✤19.06)을 했던 이유가 여기에 있다.

महाराजः श्रुतसेनो ऽपि श्रुतदेवो भवितुमिच्छन्हविः श्रुतदेव्याजुहोत् ।

위대한 왕은 유명한 군대를 거느리고 있었지만 전승된 지식의 대가가 되기를 원해서 성스러운 지식의 여신에게(śrutadevyai) 공물을 바쳤다(śrutadevyā-ajuhot).

겹낱말 구분에 대하여

✤23.14 이제는 구체적으로 완전히 다른 해석이 가능한 겹낱말들의 다양한 해석 가능성과 그 구분 방법을 살펴보도록 하자.

✤23.14(01) karmadhāraya와 dvandva 겹낱말의 구분을 살펴보자. 아래 겹낱말들을 보라.

형용사 + 형용사

पीतरक्त "노랗고 붉은" (→ 오렌지색) / "노란 것과 붉은 것"
श्वेतरक्त "하얗고 빨간" (→ 옅은 붉은 색) / "하얀 것과 빨간 것"

यदा जना धर्मं न कुर्वन्ति तदा खगासनो श्वेतरक्तं लोकमवतरति ।

사람들이 의무를 행하지 않을 때 새(garuḍa)를 타는 자(bahuvrīhi, 비스누)가 창백한 붉은 세상으로 내려온다.

분사 + 분사

स्नातानुलिप्त "목욕시키고 기름 발라진" / "목욕시킨 것과 기름 바른것"
दृष्टनष्ट "보자마자 사라지는" / "보인 것과 사라진 것"
कृताकृत "되기도 하고 안 되기도 한, 절반만 끝낸" / "된 것과 안 된 것"

명사 + 명사

चूतवृक्ष "망고나무" / "망고와 나무"

मेघदूत "구름인 전령" / "구름과 전령"

이상과 같은 겹낱말들은 일반적으로 karmadhāraya로 사용되는 것들이고 karmadhāraya로 사용될 때의 의미가 첫 번째 의미로 제시되었다. 그런데 중요한 점은 karmadhāraya-겹낱말로 사용될 때에 겹낱말에 나타나는 말들이 모두 같은 대상을 가리키고 있어야 한다는 점이다. 이와는 다르게 두 말들이 별개의 대상을 가리키는 것으로 해석되는 순간 여기 주어진 모든 겹낱말들이 dvandva-겹낱말이 된다. 두 말이 각각 별개의 두 대상을 가리키는데, 하나로 묶여서 나열된 것이기 때문이다.

✣ 23.14(02) pitarau를 ekaśeṣa-dvandva로 이해하고 (= māṭā-pitarau) "부모님"이라고 해석할지 "두 아버지들" 혹은 "두 선조들"이라고 해석할지에 대해서는 문맥에 따라 판단해야 할 것이다.

✣ 23.14(03) 부정 접두사 a-/an-을 사용하는 겹낱말의 경우에도 bahuvrīhi인지 karmadhāraya인지를 구분해야 한다. 아래 예들의 첫 번째 해석이 bahuvrīhi이고 두 번째 해석이 karmadhāraya이다.

अब्राह्मणः (ग्रामः) "사제가 살지 않는 (마을)" [na brāhmaṇāḥ yasmin saḥ]
अब्राह्मणः "사제가 아닌 (사람) " [na brāhmaṇaḥ]

अपुत्रः "아들이 없는 사람" [aputraḥ putro yasya nāsti saḥ]
अपुत्रः "아들이 아닌 사람" [na putraḥ]

अनात्मन् "그 사람의 ātman이 존재하지 않는 사람" [ātmā yasya nāsti saḥ]
अनात्मन् "자신이 아닌" [nātman]

अनर्थ "목표가 없는 (사람), 의미가 없는 행동/말" (→ 반대로 된, 운이 없

는) [artho yasya nāsti saḥ]

अनर्थम् "목적한 바가 아닌" [nārtham]

अभ "두려움이 아닌, 두려움이 없는" **अशेष** "나머지가 아닌, 빠진 것이 없는"의 경우도 마찬가지로 두 가지 해석이 가능하다.

अब्राह्मणग्रामवसन्तो ऽब्राह्मणाः सब्राह्मणग्रामप्रतिवसन्तं ब्राह्मणमाहूय पितॄन्पिण्डेन याजयन्ति ।

사제가 없는 마을에 사는 사제가 아닌 사람들은, 사제가 있는 마을에 사는 사제를 불러서 곡물 경단으로 조상들에게 제사를 치르게 한다.

✤23.14(04) 인도 전통문법에서 bahuvrīhi로 분류하는 겹낱말들의 일부는 우리에게 그 분류가 익숙하게 다가오지 못하는 경우들도 있다.

द्विदश (복수 남성 임자격 dvidaśāḥ) (열이 두개인 →) 20 (이 수는 dvādaśa가 아니다!)

✤23.14(05) 직접 겹낱말과 연관된 문제는 아니지만 싼디에 의해서 여러 해석이 가능해지는 경우들이 있을 수 있다. 예로 tathā-gata "그렇게 (깨달음을 향한 길을) 간 (사람)"이라는 단어를 tathā-āgata "그렇게 (다른 이들을 구제하러) 온 (사람)"이라고 변형해서 해석하는 일이 대표적인 예가 되겠다. 따라서 gatāgata [n.]를 dvandva-겹낱말로 파악하더라도(☞✤21.21(01)) 그 의미가 다르게 이해될 수 있는 가능성을 생각해야 한다.

गतागतम् gatāgatam (← gata-agata) [n.] 지난 것과 지나지 않은 것

गतागतम् gatāgatam (← gata-āgata) [n.] 가고 오기, 흥망, 등장과 퇴장, 앞뒤로 반복되는 동작이나 운동

결국 이러한 경우에도 문맥에 따라 겹낱말의 원래 형태를 결정하는 것이 필요하게 된다. 하지만 관행적으로 사용되는 결합(☞✤21.21(01))을 벗어나

는 경우는 오해의 여지가 커서 일반적으로는 사용하지 않는다. 굳이 일반적인 관행을 벗어나 사용되는 경우라면, 관례에 벗어난 표현을 일부러 사용한 경우이거나 의도적인 변형 혹은 이를 기반으로 한 변형된 해석이 굳어진 경우가 아닌지 의심해 보아야 한다.

긴 겹낱말의 분석

✤ 23.15 앞서 언급한 확장 가능성이 차단된 특정한 겹낱말이(☞✤23.13(03)) 아닌 한 모든 겹낱말은 다른 겹낱말의 일부가 될 수 있고, 이 다른 겹낱말은 또 다른 겹낱말의 일부가 될 수 있다. 상상하기도 힘든 정도 길이의 겹낱말과 복잡한 구조의 겹낱말을 보게 되는 일은 쌍쓰끄리땀에서는, 특히 전문가들끼리 공유하는 내용을 다루를 전문 지식 체계 안에서는 일상적인 일이다. 다중적인 구조를 가진 긴 겹낱말을 이해하고 해석하는 것에 대해 알아 보자.

सुखदुःखदपुत्रमृत्युभिन्नस्वरविवर्णमुखराजो ऽत्यन्तं शोचति ।

즐거움도 괴로움도 주는 아들의 죽음 때문에 말을 잇지 못하면서 얼굴색이 창백해진 왕은 심하게 괴로워한다.

✤ 23.15(01) 주어진 긴 겹낱말을 분석하는 일도 앞서 배운 겹낱말 분석의 틀에서 벗어나지 않는다. 모든 겹낱말은 dvandva가 아닌 한, 두 부분으로 이루어진 겹낱말로 분석되어야 한다. 긴 겹낱말의 경우에는 이 분석이 반복되어 적용되는 것일 뿐이다. 앞자리 말이나 뒷자리 말이 아주 긴 겹낱말로 이루어져 있을 수는 있지만, 구조는 단순하게 두 부분으로 이루어져 있어야 한다.

[sukha-duḥkha-da-putra-mṛtyu-bhinna-svara-vivarṇa-mukha]-[rājaḥ]

이 분석에서 우리는 전체 겹낱말이 karmadhāraya라는 것을 알 수 있다. 이 분석을 크게 구분해서 나타내 보자면 아래와 같다.

[(sukha-duḥkha-da-putra)-(mṛtyu)]-[(bhinna-svara)-(vivarṇa-mukha)]

이 겹낱말의 큰 구조는 "죽음(mṛtyu) 때문에 ~하게 되었다"는 뜻이므로, 유래격-tatpuruṣa라고 할 수 있다. 이 유래격-tatpuruṣa의 뒷자리 말로 자리 잡은 (bhinna-svara)-(vivarṇa-mukha)는 두 개의 bahuvrīhi-겹낱말이 나열되어 있는 dvandva-겹낱말이다. 각각의 bahuvrīhi는 "그의 발음이 끊기는, 즉 말을 잘 이어가지 못하는"과 "그의 얼굴이 색깔이 없는"이라는 뜻을 가진 말들이다.

유래격-tatpuruṣa의 앞자리 말에 주어진 (〈sukha-duḥkha-da〉-putra)-(mṛtyu)는 "아들의 죽음"을 의미하는 가짐격-tatpuruṣa인데, 앞자리 말에는 putra를 수식하는 또다른 겹낱말 sukha-duḥkha-da가 주어져 있는 상황이다. 따라서 (sukha-duḥkha-da)-putra는 또다시 karmadhāraya-겹낱말이 된다. 그런데 이 (sukha-duḥkha-da)-putra라는 겹낱말의 앞자리 말은 sukha-duḥkha-da라는 upapada-겹낱말로 채워져 있다. 또다시 (sukha-duḥkha)-(da)라는 겹낱말에서 앞자리 말은 (sukha-duḥkha)라는 dvandva-겹낱말이다.

이와 같은 방식으로 아래 문장에 나타난 겹낱말들을 분석해 보기 바란다.

सुमध्या श्वेतरक्तकमलनेत्रतया देवगन्धर्वमानुषराक्षसनमस्कार्यराजं मोहयति ।

아름다운 허리를 가진 여인이 연붉은(śveta-rakta) 연꽃(kamala)과 같은 눈을 가졌다는 사실(-tā [f.])을 통해 신과 간다르바와 인간과 락샤싸들에게서 존경 받을 만한 왕을 매혹시켰다.

순서 맞추기 원칙(yathāsaṅkhya)

✤23.15(02) 서로 다른 dvandva-겹낱말들이 짝을 이루어 사용되었을 경우에는, 앞선 겹낱말 안에 자리 잡은 개별 요소들 각각의 순서에 맞추어 뒤따르는 다른 겹낱말 안에 자리 잡은 각각의 요소들을 개별적으로 짝을 맞추어 해석하는 방식이 있다. 즉 A-B-C-D-E 겹낱말과 F-G-H-I-J 겹낱말이 서로 짝이 된다면 양 겹낱말 각각의 첫째 요소들끼리, 둘째 요소들끼리, 셋째 요소들끼리 짝을 지어야 한다는 뜻이다. A ↔ F; B ↔ G; C ↔ H; D ↔ I; E ↔ J 방식으로 짝을 지어 해석한다. 이러한 해석원칙을 yathāsaṅkhya(순서 맞추기 [원칙])라고 부른다.

मैत्रीकरुणामुदितोपेक्षाणां सुखदुःखपुण्यापुण्यविषयाणां भावनातश्चित्तप्रसादनम्। [योगसूत्रम्]

선의와 동정심과 기쁨과 부동심을 [각각] 즐거움과 괴로움과 덕과 부덕을 대상으로 하여 만들어내는 것으로부터 마음의 정화가 일어난다. (선의는 즐거움을 대상으로, 동정심은 괴로움을 대상으로, 기쁨은 덕을 대상으로, 부동심은 부덕을 대상으로 해야 한다는 말이다.)

겹낱말 분류

✤23.16 겹낱말을 배우기 위해 앞서(☞✤19.11) 구분하는 연습을 했던 겹낱말의 구분은 이론적이고 체계적인 구분은 아니다. 이론적으로 겹낱말의 종류를 나누자면 아래의 네 종류로 겹낱말을 나누는 것이 체계적이다.

द्वन्द्व dvandva, **अव्ययीभाव** avyayībhāva, **तत्पुरुष** tatpuruṣa, **बहुव्रीहि** bahuvrīhi

이 구분의 이론적 타당성은 충분히 논쟁거리가 될 수 있지만, 여기에 소개하는 이유는 앞서 익힌 구분이 실제로 배우고 익히는 일에 도움이 되도록 고려한 구분이었다는 사실을 언급하기 위함이다.

쌍쓰끄리땀 단어 9: -ā(kṛt-뒷토)로 끝나는 여성 행위 명사

✣23.17 많은 동사 말뿌리들, 특히나 말뿌리 안의 모음이 구루 모음이어서 구나와 브릳디로 강화되기 어려운 경우의 말뿌리들은 뒤에 -ā를 첨가해서 여성 행위 명사를 만든다. 동사 말뿌리가 나타내는 행위 자체를 나타내는 명사가 이렇게 만들어지고, 이 명사들은 여성이다.

√hiṃs → **हिंसा** [f.] "해치기, 죽이기, 파괴하기"
√kṣudh → **क्षुधा** [f.] "굶주림, 기아"
√sev → **सेवा** [f.] "시중들기, 수행하기"
√bhāṣ → **भाषा** [f.] "말, 언어"
√cint → **चिन्ता** [f.] "생각"

중성 행위 명사가 만들어진 √vah → **वाहन** [n.] "실어 나르기, 신기, 탈 것"의 예와는 차이가 있다는 점을 상기해 보기 바란다.

यत्सेवा प्राप्तकाला मन्येथास्तत्कुर्याः ।

네가 시의적절하다고 생각하는(가상형 2.sg. Ā) 섬김, 바로 그것을 네가 해야 할지니!

ततश्चिन्तापरो विवर्णवदनो ब्राह्मणो गोः क्षुधायामशोचत् ।

그리하여 고민하는 것에만 빠져 있고(cintā-para, bahuvrīhi) 창백한 얼굴을 한(bahuvrīhi) 사제는 암소가 굶주리는 것([f.] L.sg)에 괴로워했다.

쌍쓰끄리땀 단어 10: -aka(kṛt-뒷토)로 끝나는 남성 혹은 중성 행위자 명사

✤23.18 널리 사용되는 뒷토 -aka는 동사 말뿌리에 첨가되어 남성 혹은 중성의 행위자 명사를 만든다. 여기에 상응하는 여성형 명사는 -ikā의 형태를 취한다. 이 뒷토를 사용할 때 동사 말뿌리의 중간에 오는 짧은 모음은 구나를 취하고; 말뿌리 중간에 나타나는 -a-와 말뿌리 끝에 나타나는 모음들은 브릳디를 취한다.

√nī → **नायक** [m.n.] "지도자, 우두머리, 대장"
नायिका [f.] "(극 중의) 여자 영웅, 귀부인"
√pac → **पाचक** [m.n.] "요리사, 요리하기, 익히기"
पाचिका [f.] "여자 요리사, 요리하기, 익히기"
√kṛ → **कारक** [m.n.] "행위자, 작용자"
कारकम् [n.] "격의미" (명사의 격이 표현하는 동사와 명사의 관계)
कारिका [f.] "여성 무용수, 짧은 운문으로 표현된 문장"
√nṛt → **नर्तक** [m.] "무용수, 공연예술가, 배우, 가수"
[a.] (← 시킴형, nartayati) "춤추게 시키는"

नवपाचकस्यान्नं राज्ञे रोचते ।

새 요리사의 음식이 왕의 마음에 든다.

नायकं वा प्रमाणं वा स्यात्तत्र पूजितः ।

지도자가 있거나 권위가 있거나 하는 곳이라야 숭배가 있다.

मम पतिः कारिकामाहूय तस्या नृत्यं दृष्टवान् ।

어제 내 주인은 여자 무용수를 불러서 그녀의 춤을 보았다.

अस्मन्नायिका नीतिकुशलं गुणषष्ट्या समन्वितं प्रसन्नवादिनमेव मन्त्रिणं प्रचोदयति ।

우리 귀부인께서는 정치술에 전문가이고 60가지의 덕성을 갖추고 있으며 분명하게 말하는 조언자를 요청하고 있다.

명사유래형(denominative)

23.19 쌍쓰끄리땀에는 명사에서 동사를 만들어 내는 방법이 있다. 이렇게 해서 만들어진 동사를 명사유래형이라고 하는데, 전통문법에서는 nāma-dhātu "명사(에서 나온) 동사 말뿌리"라고 부른다. 한국어에서는 한자어 행위 명사가 있을 때 뒤에 "~하다"를 붙여서 동사를 만든다 (예: 공부 → 공부하다, 노력 → 노력하다). 이와 유사하게 동사 말뿌리가 명사에서 새로 만들어지는 경우는 쌍쓰끄리땀에서도 흔한 편인데, 가장 일반적으로 명사유래형이 갖게 되는 의미는 "(명사가 가리키는 것)이 된다"는 뜻이다.

23.20 명사유래형은 주로 명사의 말줄기의 뒤에 뒷토 -ya를 첨가하고 이렇게 만들어진 -ya로 끝나는 형태를 고정형 갈래 동사(말줄기)로 간주해서 활용시킨다.

अर्थ "목적" → **अर्थयति** / **अर्थयते** "추구하다, 목적으로 삼다"
वर्ण "색깔" → **वर्णयति** / **वर्णयते** "색깔을 입히다, 그리다, 서술하다, 설명하다"
मन्त्र (생각의 수단 →) "조언, 충고" → **मन्त्रयते** "조언하다, 충고하다, 말하다"

23.21 명사유래형은 "~이 되다" 혹은 "~로 만들다"를 기본적인 의미로 삼아 이해하면 된다. "~이 되다"는 뜻을 담은 표현은 apsarāyate의 경우처럼 맥락에 따라 적절하게 이해하면 된다: (apsaraḥ 천녀 → 천녀가 되다 →)

apsarāyate "천녀처럼 굴다". 그리고 "~로 만들다"는 뜻을 담은 표현은 svāmīyati의 경우처럼 맥락에 따라 적절하게 이해하면 된다: (svāmin 주인 → 주인으로 만들다 →) svāmīyati "주인으로 대접해 주다, 주인 취급을 하다"

✤ 23.22 이상의 의미와는 별도로 "~을 원하다, ~을 수행하다"의 의미를 갖는 표현이 명사유래형으로 사용되기도 한다.

गो → **गव्यति** "소를 원하다"
तपः → **तपस्यति** "그는 고행을 행한다"
नमः → **नमस्यति** "그는 경배한다"

यो बालकः समित्रक्रीडार्थं गृहाद्बहिरगच्छत्स मित्रस्य पितामहं दृष्ट्वा तमनमस्यत् ।

친구와 함께 놀기 위해 집 밖으로 간 아이는 친구의 할아버지를 보고서 인사를 했다.

명사유래형 만들기

✤ 23.23 parasmaipada-활용의 경우

✤ 23.23(01) 강화되지 않은 명사 뒤에 -ya가 붙으면 주로 parasmaipada활용이 이루어진다. 이 때 명사 말줄기의 끝모음 -a, -ā는 -ī가 되고 -i, -u는 긴 모음이 되고 -ṛ는 -rī가 되고 -o는 -av가 되고 -au는 -āv가 되는 경우가 있다.

पुत्र "아들" → **पुत्रीयति** "아들을 원하다, 자식을 원하다"
मांस "고기" → **मांसीयति** "그는 고기를 원한다"
मातृ "어머니" → **मात्रीयति** "그는 어머니 대접을 해 준다"
गो "소" → **गव्यति** "그는 소를 원한다"

이 때 종종 끝소리가 콧소리이면 탈락되고 그 앞의 모음이 끝소리로 다루어진다. 끝소리가 -r나 -v인데 그 앞에 버금끝소리 -i, -u가 오는 경우 긴 모음이 된다.

राजन् "왕" → **राजीयति** "그는 왕이 된다"
स्वामिन् "주인" → **स्वामीयति** "그가 주인 대접을 해 준다"

✤ 23.23(02) -ya 앞에서 모음이 강화되는 경우도 있지만 그렇지 않은 경우도 있다.

अमित्र "적" → **अमित्रयति** "그는 적대적이다"
देव "신" → **देवयति** "그는 신을 섬긴다"; **देवयत्** "신을 섬기는" (현재분사)
पुत्रकाम "아들을 원하는" → **पुत्रकाम्यति** "그는 아들을 원한다"
यशस्काम "영예를 원하는" → **यशस्काम्यति** "그는 영예를 원한다"

यदि त्वं मम पुत्रं न जायेथास्तर्ह्यहं न पुत्रकाम्यामि ।

네가 나의 아들을 낳지 못할 것이라면(jāyethāḥ, 가상형 Ā. 2.sg) 나는 아들을 원하지 않겠다.

✤ 23.23(03) 간혹 -ya대신 -sya나 -asya 뒷토를 사용해서 명사유래형을 만드는 경우도 있다.

मधु "꿀" → **मधुस्यति** / **मध्वस्यति** "그는 꿀을 원한다"
क्षीर "우유" → **क्षीरस्यति** "그는 우유를 원한다"

✤ 23.24 ātmanepada-활용의 경우

✤ 23.24(01) 뒷토 -ya 앞에서 명사 말줄기의 끝소리 -a는 -ā가 되고, 끝소리 -ā는 그대로 남는다.

कृष्ण "끄리스나" → **कृष्णायते** "끄리스나처럼 행동하다"
अप्सरः "천녀" → **अप्सरायते** "천녀처럼 굴다"
यशः "영예" → **यशायते** / **यशस्यते** "유명 인사처럼 굴다"

कुमारी "소녀" → कुमारायते "소녀처럼 굴다"
भृश "강한" → भृशायते "강하게 되다"
दुःख "고통" → दुःखायते "그는 고통을 느낀다"
शब्द् "소리" → शब्दायते "그는 소리를 낸다"
सुख "행복" → सुखायते "그는 행복을 느낀다"
राजन् "왕" → राजायते "그는 왕이 되었다"

✤ 23.25 많은 예외들은 무시한 채 명사유래형에 대해 가장 일반적으로 적용되는 대강을 말하자면 이렇다. 명사 말줄기의 모음이 강화된 뒤에 -ya가 붙으면 ātmanepada 활용이 이루어지며 그 의미는 "~이 되다"이다. 명사 말줄기의 모음이 강화되지 않은 뒤에 -ya가 붙으면 parasmaipada활용이 이루어지고 그 의미는 "~으로 만들다"가 된다.

शिथिल "느슨한" → शिथिलयति "느슨하게 풀다"; शिथिलायते "느슨하게 풀리다"

एके वनेचरा दुःखायन्ते ऽमृतं चार्थयन्ति । अन्ये नगराणां मार्गेषु दुष्करं कुर्वन्ति च तपस्यन्ति च मोक्षमिच्छन्ति । ते तत्त्वं न पश्यन्ति ।

몇몇 숲에 돌아다니는 자들은 고통을 느끼면서 죽음없음을 구한다. 다른 이들은 도시(들)의 길 위에서 힘든 일을 하고 고행을 행하면서 해탈을 구한다. 그들은 진리를 보지 못한다.

✤ 23.26 명사유래형이 파생 활용이므로 명사유래형의 동사 말줄기가 만들어지고 나면 이를 근거로 다양한 형태의 활용이 가능해진다.

नान्यो ऽस्माकमापदो मोक्षयितेति मम मतिः । यत्कारणं मम सुहृन्मूषिकः केवलं रज्जुबन्धं छेदसमर्थो भवति ।

다른 누구도 우리들을 이 불행으로부터(āpad, Ab.sg) 해방시키지 못할 것이라는(mokṣayitā-iti) 것이 나의 의견이다. 왜냐하면 내 친구 쥐만이 밧줄로 묶인 것을 끊을 능력이 있으니까.

이 예문에서 **मोक्ष** [m.] "해방"에서 도출된 명사유래어 **मोक्षयति**의 대체미래형(☞✤18.08) 3인칭 단수, **मोक्षयिता**가 사용되고 있다는 것을 주목하라.

✤23.27 명사유래형은 종종 풍자를 표현하는 맥락에서 문학적으로 사용되므로 이 때에는 맥락에 따라 해학적으로 이해되어야 한다.

अप्राप्तयौवना नारी न कामाय न शान्तये ।

सम्प्राप्ते षोडशे वर्षे गर्दभी चाप्सरायते ॥ 『**महासुभाषितसङ्ग्रहः**』

사춘기에 이르지 않은 여자는 욕정도 평정도 만들지 않는다.
(그러나) 16세가 되면 암나귀조차도 천녀처럼 된다.

연습문제

D 23.01 다음 문장을 한국어로 옮기시오

D 23.01(01) निराहारतायाश्च शक्तिहीनत्वाद्द्वौ जम्बुकावेवात्यन्तं क्षुधया दुःखितौ ।

D 23.01(02) गां दृष्ट्वा गोत्वं ज्ञातुं शक्नोतीति केचिद्वदन्ति ।

D 23.01(03) ग्रामनायकस्य धार्मिकत्वाद्बहवः पुरुषास्तं मानयन्ति ।

D 23.01(04) अहं सर्वज्ञो ऽस्मीति मूर्खताया अल्पज्ञश्चिन्तयति ।

D 23.01(05) विष्णोर्भार्यायै स्वस्तिमिन्द्रस्य नार्यै च परमयुवत्वं भगवत्या दत्तम् ।

D 23.01(06) मायया देशकालादिसर्वाणां कल्पितत्वात्तद्ब्रह्मैव परमार्थतो ऽस्तीति मुनिर्वदति ।

D 23.01(07) सर्वलोककृतः सर्पो बहुना जलजीविना मध्ये धार्यते ।

D 23.01(08) गजमांसखादितुकामवृद्धसिंहः क्षुधापीडितो ऽपि तृणं न खादति । सिंहो न कदापि गव्यति ।

D 23.01(09) मृत्वा दुर्मनसा दुर्मना नरकं गच्छति सुमनास्तु सुमनसा स्वर्गं गच्छति ।

D 23.01(10) दिक्कालाद्यपरिमितानन्तशान्तितेजसे नमः ।

D 23.01(11) यो ब्रह्मचारिणो दूषयन्नेव तं वनेचरं योगिनं हन्यामेति वचनं श्रुत्वा स ग्रामपतिरङ्गीकरणमकरोत् ।

D 23.01(12) महाराजः सुन्दरतमनारीविवाहार्थमागतेषु वीरेषु सिंहवीरनलेन सह दमयन्तीं व्यवाहयत् ।

D 23.01(13) राजा श्रुतनर्तककवीन्राजगृहायाहूय प्रतिदिनं सर्वाह्णं क्रीडितवान् ।

D 23.01(14) वज्रहतदग्धकाककृष्णीभूतवृक्षं तत्समीपवासकर्षकश्छित्त्वा दग्धवान् ।

D 23.01(15) कुक्कुरो मांसीयन्नपि निर्मांसमूषिके लब्धे सुखत्वमेति । सिंहस्तु मृगमांसे लब्धे सुखतां गच्छेत् ।

▷ 23.01(16) गतदिनयुद्धहताहताः सर्वे कस्मिंश्चित्स्वर्गे पुनः समागमं करिष्यन्ति ।

▷ 23.02 다음 이야기를 한국어로 옮기시오. (날라와 다마얀띠 이야기 8)

▷ 23.02(01)

कलिर्न केवलमक्षप्रियं ततः परमक्षशीलमपि नलं भावित्वा तं राजानं क्षयं गमयितुमारभत । नलमक्षशीलं भावितवता कलिना सर्वे धर्मज्ञाः सेवका भृशदुःखिता आसन् । नले ऽक्षपरे सति राजगृहात्प्रागेकः सेवको नलस्याक्षशीलत्वं चाबुद्धिमत्ता चावर्णयन्नगरजनं नलस्यास्वस्थत्वं ज्ञापितवान् । एवं गते नगरजनः सर्वो मन्त्रिभिः सह राजानं द्रष्टुमागच्छन्नस्वस्थं स्वामिनं प्राचोदयत् । देवस्त्वरयाक्षद्यूतं त्यजेदिति।

D 23.02(02)

तस्मिन्काल एका शूद्रामन्यतेदानीमहं दमयन्तीमुपगत्य तां ज्ञापयितास्मीति । सा शूद्रा दमयन्त्यै वृत्तान्तं न्यवेदयत् । एषो ऽक्षप्रियराजचिन्तया शुक्लीभूतो नगरजनः सर्वो द्वारे तिष्ठति कार्यवान् । निवेद्यतां राजा सत्वरं तत्त्वम् । यावदबुद्धिमत्ताया राज्ञो दुष्कृतेन दत्तानि दुःखानि तावद्राजा सर्वाणि दुःखानि बहुलीकरिष्यति । धर्मार्थविद्राजा भूयांसि दुःखानि न दद्यात् । यथार्थतस्तत्त्वं वेदयतां च राजानं बोधयतु । तद्देव्याः कार्यम्। राज्ञो स्वधर्मो भवत्या ज्ञापयितव्य इति ।

D 23.02(03)

ततो दुःखितशरीरा शोकहतचेता दमयन्ती नलमवदत् । राजन्नगरजनो द्वारे भवन्तं द्रष्टुमिच्छन्तिष्ठति मन्त्रिभिः सहितः । सर्वे स्वधर्मस्थाः । तान्द्रष्टुमर्हसीति पुनः पुनरभाषत । आविष्टः कलिना राजा शोकदुःखितां

भार्यां किञ्चन नाभाषत । स राजा मोहवशो ऽतिष्ठत् । नलस्य अक्षपरत्वात्तस्मिन्समये दमयन्ती किञ्चित्कर्तुं नाशक्नोत् । नलस्य गतकाले सकृद्धर्मज्ञस्य पाण्डित्यस्य स्थाने मौर्ख्यमेव खल्वासीत् । ततो नलः सर्वानेव नगरवासिनश्च मन्त्रिणश्च धर्मज्ञो राजा नास्तीहेत्यनुबोध्य तान्स्वगृहानगमयत्।

낱말 목록

aṅga 불변화사. 경청과 동의 그리고 동감을 나타내는 조사. 그럼요, 당연하지요, 그래요, 정말로

aṅgīkaraṇa [n.] 동의하는 행위, 동의, 약속, 지지 표명

ananta [a.] 끝이 없는, 제한이 없는

avaśeṣa [n.] 남긴 것, 남은 것

asmāka [a.] 우리들의, 우리들의 것

aikya [n.] 하나임, 통일, 조화, 동일함. 같음

ā-√hu

kalpita [a.] 만들어지다, 구성되다, 조작되다, 준비되다, 인공의, 잘 조직된

kāryavat [a.] 할 일이 있는, 볼 일이 있는, 목적이 있는

kṛtaphala [a.] 성공적인, 결과를 창출한

√cud 1P.Ā. [codati, codate] 서두르다, 빠르게 움직이다
(caus.) codayati 재촉하다, 촉발하다, 조이다, 서두르게 하다, 요구하다, 요청하다

diś [f.] 방향, (동서남북의) 방위, 1/4, 장소, 지역, 부분

durhṛd [a.] 마음이 나쁜, 사악한
[m.] 적, 나쁜 사람

dvandva [n.] (둘이서 하는) 싸움, 결투, (둘이서 만드는) 한 쌍, 딜렘마, 반대의 쌍

dvandvayuddha [n.] (두 명이 하는) 결투

dvaidhībhāva [m.] 이중성, 이원성, 불확실함, 의심, 상충된 상태

nartaka [m.] 무용수, 공연예술가, 배우, 가수
[a.] (← 시킴형 nartayati) 춤추게 시키는

nirāhāra [m.] 먹을 것이 없음, 단식
[a.] 식량이 없는, 단식 중인

nirdvandva [a.] 짝이 되는 것에 무관한, 반대편에 무심한, 기쁘지도 슬프지도 않은, 짝이 되는 관계에 있지 않은, 독립적인

√nṛt 4P. [nṛtyati] 춤추다, 공연을 하다, 공연예술로 ~(A.)을 표현하다
(caus.) nartayati, nartayate 춤추게 하다

nṛtya [n.] 춤, 공연, 동작과 표정 등으로 표현하는 공연

paramārthataḥ [adv.] (parama-artha-tas) 궁극적인 대상/실재/의미의 면에서, 최상의 대상으로 보면

parimita [a.] 측정된, (포괄해서) 측량된, 제한된, 규제된, 심하지 않은

pāṇḍitya [n.] 학식을 갖춤, 현명함

piṇḍa [m.] 동그란 덩어리, 덩어리, 조각, 제사에서 조상에게 바치는 곡물로 만든 작은 경단같은 덩어리, 음식, 구체적인 물리적 대상, 실제하는 물체

prāk (← prāñc) [adp.] ~(Ab. G)에 앞서, ~(Ab. G)의 앞에서, ~(Ab. G) 전에, ~(Ab. G)의 동쪽에

bahula [a.] 두툼한, 굵은, 넓은, 많은, 큰, 수가 많은

bhasman [a.] 먹어삼키는
[n.] (불이 먹어 삼킨 것) 재

bhāvana [a.] 있게 하는, 만들어 내는, 길러내는

bhāvanā [f.] 만들어 내기, 마음속에 그리기, 이야기의 교훈

bhinna [a.] 갈라진, 깨진, 잘려진, 나뉜, 떨어진, 차이가 나는, ~(Ab. Comp.)과는 다른

mantrayate [den.] 상의하다, 충고하다, 조언하다

malina [a.] 더러운, 오염된, 흙이 묻은, 거무튀튀한

māṃsa [n.] 고기, 육고기, (과일의) 과육

māyā [f.] 환영, 환상, 마법, 마술, 속임, 허깨비, 실재가 아닌 가상, 초능력

maurkhya [n.] 어리석음

yathāsaṅkhya [n.] 수 맞추기, (나열된 것들 사이의) 순서에 따라 짝 맞추기, 순서에 맞추기, 수를 맞추기

vasā [f.] (하얀) 골수, (고기의) 지방, 기름기

vivarṇa [a.] 색깔이 없는, 창백한, 나쁜 색깔을 가진, 섞인 카스트에 속하는, 천한

śukla [a.] 밝은, 흰색의, 하얀, 깨끗한, 오점이 없는

śuci [a.] 빛나는, 밝은, 깨끗한, 청정한, 순수한, 정직한, 순박한, 착한

śvan [m.] 개 (불규칙 곡용, 임자격은 śvā, śvānau, śvānas)

samanvita [a.] ~(I.)을 온전히 갖춘, ~을 다 가진, ~과 연결된

samartha [a.] ~(G.)에 적합한, ~할 능력이 있는, 목적/의미가 있는, 적절한

sādṛśya [n.] 닮음, 유사함, 비슷함

sādhutā [f.] 올바름, 맞음, 훌륭함, 올곧음, 정직함

sthirī-√bhū 1P. [sthirībhavati] 확고해지다, 결연해지다, 마음을 굳히다, 단단해지다

snāyu [f.][n.] 힘줄, 근육, (활의) 줄

svalpa [a.] 아주 적은, 극소의

hīnajāti [a.] 천한, 카스트에 속하지 못하는

제24과

संस्कृतवाक्योपक्रिया

바람형 (desiderative)

✤24.01 바람형은 거의 모든 말뿌리는 물론 시킴형에서도 만들어져 사용되는 파생 활용의 형태이다. 바람형은 동사의 주체가 해당되는 행위나 경험을 하고자 원한다는 사실을 표현한다.

✤24.02 바람형은 동사 말뿌리를 거듭(abhyāsa)한 이후 뒤에 뒷토는 -sa —전통 문법에서 saN이라 부르는 뒷토—를 첨가해서 만든다. 삽입모음 iṬ가 삽입되어 -iṣa가 첨가되는 경우도 있다. 삽입모음을 사용하는지 여부는 각 동사의 부정형의 경우와 대략 일치한다.(☞✤16.01) 바람형 말줄기가 만들어지면 제일인칭뒷토를 사용해서 활용시킨다.

✤24.03 바람형에서 거듭을 하는 방식은 자음에 대해서는 대략 제3갈래 동사 활용에서의 거듭과 일치하지만(☞✤11.07) 모음의 처리에서 약간 차이가 있어서 아래의 사항들을 염두에 둘 필요가 있다.

✤24.03(01) 거듭소리는 일반적으로 모음을 i를 사용하는데 여기에 a, ā, i, ī, ṛ, ṝ가 모두 해당된다. 말뿌리가 모음 u, ū를 갖고 있을 경우와 그리고 아래 ✤24.04(02)에 해당하는 경우 거듭소리의 모음은 u가 된다.

√pac "익히다" → pipakṣa-ti "그가 익히고 싶어 한다"
√kṣip "던지다" → cikṣipsa-si "너는 던지고 싶어 한다"
√bhū "되다" → bubhūṣa-ti "그가 되고 싶어 한다"
√tud "때리다" → tututsa-ti "그가 때리고 싶어 한다"
√duh "젖을 짜다" → dudhukṣa-nti "그들은 젖을 짜고 싶어 한다"
√dṛś "보다" → didṛkṣa-nti "그들은 보고 싶어 한다"

✤24.04 바람형을 만들면서 말뿌리를 다루는 방식은 아래와 같다.

✤24.04(01) 말뿌리의 끝모음 -i, -u는 긴 모음으로 바뀌고, 말뿌리 끝모음 -ṛ, -ṝ는 -īr

로 바뀐다.

√śru "듣다" → śuśrūṣati "그는 듣고 싶어 한다"
√kṛ "하다" → cikīrṣāmi "나는 하고 싶다"

✣ 24.04(02) 하지만 말뿌리 끝모음이 -ṛ, -ṝ인데 앞에 입술소리가 나타나면 끝모음이 -ūr가 되고, 말뿌리의 모음이 ṛ, ṝ이며, 앞에 입술소리가 있을 경우에는 거듭소리의 모음이 u가 된다.

√mṛ "죽다" → mumūrṣati "그는 죽고 싶어 한다"

✣ 24.04(03) 말뿌리가 -an이나 -am으로 끝나는 동사들 중에서는 모음을 긴 모음으로 바꾸는 경우들이 있다.

√gam "가다" → jigāṃsati/jigamiṣati "그는 가고 싶어 한다"
√man "생각하다" → mīmāṃsate (그는 생각하고 싶어 한다 →) "그는 따져 본다"

✣ 24.04(04) 굳은곳소리나 h로 시작되는 말뿌리에서 이 자음이 거듭소리 뒤에서 무른곳소리로 바뀌는 경우가 있다.

√ji "이기다" → jigīṣati "그는 이기고 싶어 한다"
√han "죽이다" → jighāṃsanti "그들이 죽이고 싶어한다"

여기에 해당되지 않는 경우도 있다.

√jñā "알다" → jijñāsati "그는 알고 싶어 한다, 그는 검토한다"

✣ 24.04(05) 다음의 경우는 예외적이라고 할 수 있는 경우들이다.

√āp "얻다" → īpsati "그는 얻고 싶어 한다"
√dā "주다" → ditsati "그는 주고 싶어 한다"
√dhā "두다" → dhitsati "그는 두고 싶어 한다"
√grah "쥐다" → jighṛkṣati "그는 쥐고 싶어 한다"

√cit "관찰하다" → cikitsati "돌보다, 치료하다"

√pat "떨어지다" → pitsati/pipatiṣati "그는 떨어지고 싶어 한다"

√labh "얻다" → lipsate "그는 얻고 싶어 한다"

√śak "할 수 있다" → śikṣati/śikṣate (그는 할 수 있기를 바란다 →) "그는 배운다"

√bhaj "나누어 받다" → bhikṣate (나누어 받기를 원하다 →) "구걸하다"

맨 앞의 세 경우들은 거듭소리와 말뿌리가 축약된 형태라고 할 수 있다. 마지막 두 경우는 바람형이 별도로 사용되는 독립적인 말뿌리로 간주될 만큼의 독자적인 지위를 가지고 쓰이게 된 경우들이다.

स पण्डितः सर्वाणि शास्त्राण्यशिक्षत् ।

저 학자는 모든 전문 지식들을 배웠다.

✤24.05 바람형 말뿌리가 만들어지고 나면 말뿌리가 -a로 끝나게 되기 때문에 고정형 말뿌리의 활용 형태를 그대로 적용시키면 된다. 파생 활용의 특성에 따라 마치 새로운 말뿌리가 하나 만들어진 것처럼 다양한 형태의 동사활용이 가능하다. √kṛ를 예로 들어보자.

현재형: **चिकीर्षति** "그는 하고 싶어 한다"

명령형: **चिकीर्ष** "하고 싶어 해라!"

과거형: **अचिकीर्षत्** "그는 하고 싶어 했다"

현재분사: **चिकीर्षन्** "하고 싶어 하는" ([m.] 임자격 단수)

과거분사: **चिकीर्षित** "하고 싶어 한" → [n.] "목적한 바, 의도한 바, 계획, 기획"

과거능동분사: **चिकीर्षितवान्** "하고 싶어 했던 (그 사람은)"

부정형: **चिकीर्षितुम्** (**आरभते**) "하고 싶어 하기 (시작한다)" (☞✤16.06)

독립형: **चिकीर्षित्वा** ; **चिकीर्षिय** "하고 싶어 하고 나서"

가상형: **चिकीर्षेत्** "그가 하고 싶어 할지니"

미래형: **चिकीर्षिष्यति** "그는 하고 싶어 하게 될 것이다"

대체미래형: **चिकीर्षितास्मि** "나는 하고 싶어 하게 될 것이다"

(☞✤18.09(02))

구속형: **चिकीर्ष्य** "하고 싶어 하게 되어져야만 하는"

수동형: **चिकीर्ष्यते** "그것은 하고 싶어 하게 되어진다"

सो ऽयमस्मच्चिकीर्षितं ज्ञात्वास्माञ्जिगीषित्वा दुष्कृतं चिकीर्षिता ।

이 자는 우리가 하고자 하는 바를 알고서(jñātvā) 우리를 이기고 싶어해서 나쁜 것을 하고자 할 것이다.

यदा वै मनुते ऽथ विजानाति ।

नामत्वा विजानाति ।

मत्वैव विजानाति ।

मतिस्त्वेव विजिज्ञासितव्येति ।

मतिं भगवो विजिज्ञास इति ॥『छान्दोग्योपनिषद्』

"사람이 생각했을 때에(yadā), 그러한 이후(atha) 파악한다.
생각한 이후가 아니고(amatvā)는 파악하지는 않는다.
생각한 이후에야 파악한다.
그러니(tu) 생각(mati)을 이해하고자 원해야 한다."라고 (스승이 말했다.)
"고귀한 이여(☞✤24.05(01)), 저는 (저 자신이: Ā.) 생각을 이해하고자 원합니다." 라고 (대답했다.)

✤24.05(01) **भगवत्** [a.] "좋은 운명을 지닌, 복된, 영광스러운, 존경스러운, 성스러운"은 부름격으로 신이나 성인을 부를 때 bhagavan, bhagavaḥ, bhagoḥ 형태 모두가 사용된다.

✤24.06 바람형의 미래형은 항상 iṬ를 사용한다. 대체미래형 또한 사용이 가능하고, 수동형은 고정형 말뿌리의 수동 활용을 따른다. 바람형의 수동형은 바람

형의 끝모음 -a를 -ya로 대체해서 만들어진다. 앞으로 배우게 되겠지만, 바람형의 완료형은 항상 대체완료형을 사용하고(cikīrṣāmāsa "그는 하고 싶어 했다" ☞✣25.25), 접때형으로는 iṣ-접때형을 사용한다. (☞✣26.18 이하)

바람형의 사용

✣24.07 바람형은 "~하고 싶다"는 희망이나 하겠다는 의지 혹은 "~할 때가 되었다"는 상황을 표현한다. 앞서 ✣24.05에서 살펴본 것처럼 파생 활용 형태로 두루 사용될 수 있는 가능성은 있지만 바람형이 실제로 사용되는 것은 주로 두 가지로 제한된다. 즉 -u로 끝나는 형용사와 -ā로 끝나는 여성명사이다. 이 두 형태가 고전쌍쓰끄리땀에서는 바람형 동사의 활용형들보다 월등하게 더 자주 나타난다. 따라서 학습자들은 이 두 형태의 바람형을 잘 익혀야 한다

√bhū "되다" → **बुभूषु** "되기를 원하는" [a.]; **बुभूषा** "되기를 원함" [f.]
√kṛ "하다" → **चिकीर्षु** "하기를 원하는" [a.]; **चिकीर्षा** "하기를 원함" [f.]
√gam "가다" → **जिगमिषु** "가기를 원하는" [a.]; **जिगमिषा** "가기를 원함" [f.]
√jñā "알다" → **जिज्ञासु** "알고 싶어 하는" [a.]; **जिज्ञासा** "의구심, 검토, 연구" [f.]

यथोक्तं तथा चानुष्ठिते । तं मुनिं दिदृक्षवो ब्रह्मचारिणो वनमगच्छन् ।

말해진 대로 행해졌을 때 그 성자를 보고 싶어 하는 학생들은 숲으로 갔다.

धर्मक्षेत्रे कुरुक्षेत्रे समवेता युयुत्सवः ।
मामकाः पाण्डवाश्चैव किमकुर्वत सञ्जय ॥१॥ 『भगवद्गीता』

다르마의 벌판인 꾸루벌판에 전쟁을 하고자 하는(yuyutsu [a.])
내 아들들과 빤두의 아들들이 무엇을 했는가? 싼자야여!

✤24.08 바람형에 여성명사를 만드는 kṛt-뒷토 -ā를(☞✤23.17) 첨가해서 얻어진 여성명사의 경우에는 바람형의 기본적인 의미만으로 파악하기 힘든 특별한 의미를 가진 경우가 종종 있다. 낱말의 의미를 따로 확인하고 알아 두어야 한다. 몇몇 예를 들자면 아래와 같다.

√śru "듣다" → **शुश्रूषा** "듣고 싶어 함, 순종, 복종"
√cit "관찰하다" → **चिकित्सा** "의학적 치료, 의술 활동"
√śak "할 수 있다" → **शिक्षा** "학습, 배움, 전문 기술, 연습"
√bhaj "나누어 받다" → **भिक्षा** "구걸, 탁발"
√man "생각하다" → **मीमांसा** "연구, 미망싸 철학전통"

स्वकायचिकित्सां चिकीर्षुर्भिक्षुरायुर्वेदस्य शिक्षामीप्सति ।

자신의 몸 치료를 [하기를] 원하는(cikīrṣur ← √kṛ) 걸식수행자는 의학 공부를 원했다.

चिकित्सुः पतिरस्वस्थया भार्ययेप्सितं रसं तस्यै दित्सितवांस्तत्तु नाप्तवान् ।

치료를 하던 남편은 아픈 부인이(수단격, bhāryayā) 얻고 싶어 하는 액즙을 그녀에게 주고 싶어 했지만(과거능동분사) 그것을 구할 수 없었다.

✤24.09 파생 활용을 통해 만들어진 동사가 다시 바람형으로 만들어지는 경우도 있다. 이러한 경우는 일반적이지는 않지만 가능성이 있다는 것은 염두에 둘 필요가 있다.

√kṛ "하다" → 시킴형: kāraya-ti → 바람형: cikāriṣu "하도록 시키고 싶어 하는, 하도록 만들고자 하는 의도가 있는"

√budh "의식이 있다" → 시킴형: bodhay-a-ti "의식이 있게 하다, 깨우다" → 바람형: bubodhayiṣu "알게 하고 싶어 하는, 관심을 끌고 싶어 하는"

√bhid "갈라지다" → 시킴형: bheday-a-ti "갈라지게 하다, 분할하다" →

바람형: bibhedayiṣu "분할하고 싶어 하는"

√vid [vetti] "알다" → 시킴형: veday-a-te "알게하다, 알리다" → 바람형: vivedayiṣu "알리고 싶어 하는"

देवी तस्याः कुमारं राजराजं बिभावयिषति ।

왕비는 그의 아들을 왕 중의 왕으로 만들고 싶어 한다(√bhū, 시킴형 바람형).

아래에서는 바람형의 구속형이 사용되고 있다.

यदा वै विजानात्यथ सत्यं वदति ।
नाविजानन्सत्यं वदति ।
विजानन्नेव सत्यं वदति ।
विज्ञानं त्वेव विजिज्ञासितव्यमिति ।
विज्ञानं भगवो विजिज्ञास इति ॥ 『छान्दोग्योपनिषद्』

"사람이 의식했을 때에(yadā), 그 때에(atha) 진상을 말한다.
의식하지 못한 자(a-vi-√jñā)가 진상을 말하지는 않는다.
의식한 자만이 진상을 말한다.
그러니(tu) 의식을 이해하고자 원해야 한다."라고 (스승이 말했다.)
"고귀한 이여, 저는 (저 자신이: Ā.) 의식을 이해하고자 원합니다."라고 (대답했다.)

강조형 (intensive)

✤24.10 강조형은 우리가 배우게 될 마지막 파생 활용 형태인데, 형태상의 특징은 거듭을 강화된 형태로 하게 된다는 것과 거듭이 적용된 말뿌리 뒤에 강조형 뒷토 -ya (yaṄ)가 첨가되는 경우도 있다는 사실이다. 강조형은 말뿌리가 나타내는 행위가 반복된다거나 혹은 아주 강하게 수행된다는 것을 나타낸다.

✤24.11 강조형의 거듭은 일반적으로 제3갈래 동사의 거듭과 같은 방식으로 진행된다. (☞✤09.12; ✤11.07) 하지만 거듭소리가 구나형을 갖거나 긴 모음이 되거나 혹은 다른 방식으로 강화되는 차이가 있다. 강조형을 만드는 방식은 크게 두 가지로 구분할 수 있다. 강화된 거듭을 적용하고 나서 제3갈래 동사처럼 활용을 하되 parasmaipada로만 활용하는 방식이 있고 강화된 거듭을 적용하고 나서 강조형 뒷토 -ya를 첨가한 뒤에 ātmanepada로만 활용하는 방식이 있다.

✤24.12 전통문법에서는 전자를 **यङ्लुगन्त** (yaṄ-luK-anta)라고 하고 후자를 **यङन्त** (yaṄ-anta)라고 한다. 베다시기에는 **यङ्लुगन्त**가 주로 사용되지만 후대에는 **यङन्त** 가 주로 나타난다. 따라서 고전쌍쓰끄리땀을 배우는 우리는 **यङन्त**를 강조형의 표준형이라고 배우는 것이 합당하다.

✤24.13 그러나 강조형이 고전쌍쓰끄리땀에서는 아주 드물게 사용되고, 또 여러 파생 활용 형태들 중에서도 그 사용 빈도나 중요성 면에서 강조형이 가장 미미하다. 사정이 이렇다 보니 강조형이 상대적으로 자주 나타나는 베다에서는 **यङ्लुगन्त**-형태가 주로 사용되기 때문에 **यङन्त**-형태만을 표준으로 삼아 이해하는 것에는 한계가 있다.

✤24.14 강조형은 두 음절 이상의 말뿌리나 모음으로 시작되는 말뿌리 그리고 제10갈래에 속하는 말뿌리를 제외한 거의 모든 말뿌리에서 만들어져 사용될 수 있다고 하는 원칙적인 설명은 실제로는 별 의미가 없다. 또한 동사 말뿌리 하나가 여러 형태의 강조형을 갖는 일이 자주 있다는 사실에 보태어, 강조형이 현재 체계 이외의 활용형으로 사용되는 일은 거의 없으며 베다 이후로 사용되는 예는 실제로 드물어서 특정한 강조형의 의미가 무엇인지 구체적으로 확정하는 것도 복잡한 문제가 되는 것이 일반적인 현실이다. 따라서 학습자들은 강조형의 아래 서술을 반드시 익혀야 하는 규정이라고 생각하

기보다는 주어진 강조형을 파악하기 위해 알아둘 만한 내용들이라고 받아들이기 바란다.

✤24.15 강조형의 거듭은 제3갈래 동사의 경우와 같이 이루어지는데 차이점은 거듭소리가 강화된 소리라는 특징이 있다. 거듭소리가 강화되는 형태는 크게 아래의 세 가지로 정리할 수 있을 것인데, 한 말뿌리에서 여러 가지 형태로 강조형을 만드는 일도 흔하다는 것은 염두에 두기 바란다. 예로 √dhṛ "받치다"는 3인칭 단수 강조형이 dādharti와 dardharti 모두 가능하다. √gam "가다"의 경우 jaṅganti/jaṅgamīti/jaṅgamyate 모두가 가능하다.

✤24.16 **यङ्लुगन्त** 강조형에서 거듭소리가 강화되는 방식을 크게 나누어 보자면 아래 세 가지를 말할 수 있다.

✤24.16(01) 제3갈래 동사의 경우처럼 말뿌리의 첫 자음이 거듭소리로 사용되는 것은 마찬가지이지만 말뿌리의 모음이 강화되어 거듭소리에 나타나는 차이가 있다. 말뿌리의 모음 a, ṛ는 거듭소리에서 ā로; 말뿌리의 모음 i, ī는 거듭소리에서 e로; 말뿌리의 모음 u, ū는 거듭소리에서 o로 나타난다.

√vad "말하다" → vāvadīti/vāvatti
√smṛ "기억하다" → sāsmarti
√mṛ "죽다" → marmarti
√bhū "되다" → bobhavīti/bobhavati

✤24.16(02) 전체 말뿌리가 거듭소리로 사용되는 말뿌리들이 있는데 -r, -l이나 콧소리로 끝나는 말뿌리 중에서 모음이 a나 ṛ인 경우가 대부분이다. 말뿌리 전체가 거듭소리로 사용될 때 말뿌리 끝의 콧소리는 거듭소리 안에서는 뒤따라 나타나는 자음에 동화된다.

√man "생각하다" → manmanti
√gam "가다" → jaṅgamīti/jaṅganti

√dhṛ "받치다" → dardharti

√kṛ "하다" → carkarti/carkarīti

✤24.16(03) 말뿌리 끝소리 혹은 버금끝소리가 -n이거나 끝소리 혹은 중간 모음이 ṛ인 경우에 해당되는데, 전체 말뿌리가 거듭되지만 거듭소리와 말뿌리 사이에 -ī-가 첨가된다. 이 경우에는 일반적인 거듭에 대한 규칙들이 적용되지 않는다. 적은 수의 동사에만 적용된다.

√kṛ "하다" → carīkarti

√spṛś "만지다" → parīspraṣṭi/parīsparṣṭi

√bhṛ "품다" → bharībharti

✤24.17 이제 각각의 강화된 거듭에 상응하는 यङन्त 형태를 알아 보자.

✤24.17(01) 우선 말뿌리 뒤에 뒷토 -ya가 첨가되는데 말뿌리에 -ya가 첨가될 때 말뿌리에 있는 모음과 -ya 사이에 일어나는 내부싼디를 다루는 방식은 수동 활용에서 -ya를 첨가하는 과정에서 다루던 방식(☞✤13.06)과 일치한다. 그리고 나서 이렇게 -ya가 첨가된 형태의 말뿌리가 강화된 거듭의 적용을 받는다.

√dā "주다" (수동형 dīyate) → dedīya-te

√sthā "서 있다" (수동형 sthīyate) → teṣṭhīyate

√smṛ "기억하다" (수동형 smaryate) → sāsmaryate

√hu "제사 지내다" (수동형 hūyate) → johūyate

√mṛ "죽다" (수동형 māryate) → memrīyate/marmarti

√vad "말하다" (수동형 udyate) → vāvadyate

√bhū "되다" (수동형 bhāvyate) → bibhūyate

✤24.17(02) 전체 말뿌리가 거듭소리로 사용되는 경우가 있다. 거듭이 적용되고 나면 뒷토 -ya가 첨가된다.

√jan "태어나다" → jañjanyate/jājāyate

√man "생각하다" → manmanyate

√gam "가다" → jaṅgamyate

✤24.17(03) 전체 말뿌리가 거듭되지만 거듭소리와 말뿌리 사이에 -ī-가 첨가되는 경우가 있다.

√vṛt "구르다" → varīvṛtyate

√spṛś "만지다" → parīspṛśyate

✤24.17(04) 거듭이 일어나기 전에 -ya가 첨가된 것으로 간주되는 형태인 경우(✤24.17(01))와 거듭이 일어난 이후 -ya가 첨가되는 것으로 간주되는 경우(✤24.17(02)와 ✤24.17(03))에 모두 -ya로 끝나는 말뿌리는 제1갈래 동사의 ātmanepada-활용을 따라 활용된다.

✤24.18 **यङ्लुगन्त** 강조형의 현재활용을 √vid "알다"를 예로 살펴 본다면 다음과 같다. 강말줄기는 veved-이고 약말줄기는 vevid-이 된다. 활용에 ātmanepada는 없다.

표24.01 √vid의 강조형 활용 "정말로 알다"

인칭 \ 수	단수	양수	복수
3.	वेवेत्ति/वेविदीति vevetti/vevidīti	वेवित्तः vevittaḥ	वेविदति vevidati
2.	वेवेत्सि/वेविदीषि vevetsi/vevidīṣi	वेवित्थः vevitthaḥ	वेवित्थ vevittha
1.	वेवेद्मि/वेविदीमि vevedmi/vevidīmi	वेविद्वः vevidvaḥ	वेविद्मः vevidmas

과거형: avevet/avevidīt "그는 정말로 알았다"

명령형: vevettu/vevidītu "그가 정말로 알게 해라!"; veviddhi "너는 정말로 알아라!"

가상형: vevidyāt "그는 정말로 알게 될지니!"

현재분사: vevidan "정말로 알고 있는 그가" (임자격)

24.19 고전쌍쓰끄리땀에서 강조형의 표준이라고 할 수 있는 यङन्त 강조형은 말뿌리에 -ya가 첨가되고 ātmanepada-활용을 하기 때문에 수동형 활용과 일치하는 대목이 있다. 하지만 수동의 의미를 갖지는 않고, 다만 내부싼디나 활용 형태에서 수동형과 동일한 형태의 말모양 변화들이 관찰될 뿐이다. √bhū의 강조형을 예로 그 활용 형태를 알아보자.

표24.02 √bhū 강조형 활용 "자주 ~이 되다"

수 / 인칭	단수	양수	복수
3.	बिभूयते bibhūyate	बिभूयेते bibhūyete	बिभूयन्ते bibhūyante
2.	बिभूयसे bibhūyase	बिभूयेथे bibhūyethe	बिभूयध्वे bibhūyadhve
1.	बिभूये bibhūye	बिभूयावहे bibhūyāvahe	बिभूयामहे bibhūyāmahe

과거형: abibhūyata "그는 자주 ~이 되었다"

명령형: bibhūyatām "그가 자주 ~이 되게 하라!"; bibhūyasva "너는 자주 ~이 되어라!"

가상형: bibhūyeta "그는 자주 ~이 될지니!"

현재분사: bibhūyamānaḥ "자주 ~이 되는 그가" (임자격)

स भिक्षुर्दंदीयमानस्य गृहस्थस्य नामासास्मर्त् ।

그 걸식하는 사람은 통 크게 주는 재가자의 이름을 (마침내) 기억해냈다(nāma-asāsmart).

गुरुस्तस्य शिष्यान्दूरं भूयो वावद्यते ।

스승은 자신의 학생들에게 멀리서 더욱 더 크게 말했다.

यदि त्वं कामं जिगीषेरिन्द्रियजिद्बुभूषेश्च तर्हि तातप्येथाः ।

만약 네가 욕망을 이기고 싶고(jigīṣes, 바람형, 가상형) [그렇게 해서] 욕망을 이긴 자가 되고 싶다면(bubhūṣes, 바람형, 가상형) 계속 수행해야 할 것이다. (√tap, 강조형 가상형 2인칭 Ā. 단수)

서수

✤24.20 순서를 셀 때 사용하는 수가 서수이다. 일반적으로는 기수에 상응하게 만들어지지만 그렇지 않은 경우들도 있다. 서수는 다음과 같다.

첫째: **प्रथम** prathama; **आद्य** ādya; **आदिम** ādima
둘째: **द्वितीय** dvitīya
셋째: **तृतीय** tṛtīya
넷째: **चतुर्थ** caturtha; **तुरीय** turīya; **तुर्य** turya
다섯째: **पञ्चम** pañcama
여섯째: **षष्ठ** ṣaṣṭha
일곱째: **सप्तम** saptama
여덟째: **अष्टम** aṣṭama
아홉째: **नवम** navama
열번째: **दशम** daśama

एकमेवाद्वितीयं ब्रह्म ।

브라흐만([n.])은 바로 하나요 둘째가 없다(a-dvitīya).

यस्यै राज्ञा द्वौ वरौ दीयते सा प्रथमेन वरेण देवीं बुभूष्यति ।

왕에게서 두 개의 소원을 받은 여인은 첫 번째 소원으로 왕비가 되기를 원했다.

महदिदमकृत्यं मया कृतं द्वितीयमिव शरीरं सुहृदं व्यापादयता ।『तन्त्राख्यायिकम्』

(내) 두 번째 몸과 같은 친구를 죽인 (← 죽이는 것을 통해) 나는 이 큰 나쁜 짓(mahad akṛtyaṃ, 큰 하지 말아야 하는 일)을 했다.

✤ 24.21 쌍쓰끄리땀 문법용어로 puruṣa는 "인칭"을 의미한다. 전통문법에서 prathama-puruṣa는 "첫 번째 인칭" 즉 "3인칭"을 말한다. madhyama-puruṣa는 "중간 인칭" 즉 가운데에 있는 "2인칭"을 말한다. uttama-puruṣa는 "마지막 인칭"이라는 뜻으로 "1인칭"을 의미한다.

सृजामीत्युत्तमपुरुषप्रयोगादहमिति कर्ता लभ्यते।『ब्रह्मसूत्रभाष्यदीपिका』

"sṛjāmi(내가 만들어 낸다)"라고 1인칭을 사용했기 때문에 "나"라는 말이 행위 주체라고 (얻어진다 →)파악된다.

✤ 24.22 수 11—19까지는 서수가 기수와 같다.

✤ 24.23 수 20—99에서는 서수가 두 가지 형태로 만들어진다. 한 가지는 기수를 -a로 끝나는 형태로 바꾸는 것이고, 다른 한 가지는 기수의 뒤에 -tama를 붙여서 만드는 것이다. 전자의 경우 -a로 끝나는 형태를 만들기 위해 기수가 -i로 끝나는 경우에는 -i를 -a로 대체한다.

20번째: **विंश** viṃśa; **विंशतितम** viṃśatitama
30번째: **त्रिंश** triṃśa; **त्रिंशत्तम** triṃśattama
40번째: **चत्वारिंश** catvāriṃśa; **चत्वारिंशत्तम** catvāriṃśattama
50번째: **पञ्चाश** pañcāśa; **पञ्चाशत्तम** pañcāśattama

60번째: **षष्ट** ṣaṣṭa; **षष्टितम** ṣaṣṭitama
61번째: **एकषष्ट** ekaṣaṣṭa; **एकषष्टितम** ekaṣaṣṭitama
70번째: **सप्तत** saptata; **सप्ततितम** saptatitama
72번째: **द्विसप्तत** dvisaptata; **द्विसप्ततितम** dvisaptatitama
80번째: **अशीत** aśīta; **अशीतितम** aśītitama

✤24.24 일반적으로 100 이상의 수에서는 -tama 형태를 사용한다.

100번째: **शततम** śatatama
1,000번째: **सहस्रतम** sahasratama

✤24.25 모든 서수는 -a로 끝나는 형용사이다. 따라서 남성과 중성의 경우에는 성 구분에 따라 규칙적인 명사곡용의 형태를 따르며 곡용된다.

✤24.26 여성의 경우에는 prathama, ādya, ādima, dvitīya, tṛtīya, turīya, turya는 여성형이 -ā로 바뀌고 이에 상응하는 여성명사의 곡용을 따른다. 다른 서수들은 여성형이 -ī가 되고 이에 상응하는 여성명사의 곡용을 따른다. 예로 여성명사 vibhakti (격)이라는 말이 나타나면 아래와 같이 각 격의 이름들이 주어지게 된다.

प्रथमा विभक्ति "제1격, 임자격"
द्वितीया विभक्ति "제2격, 대상격"
तृतीया विभक्ति "제3격, 수단격"
चतुर्थी विभक्ति "제4격, 위함격"
पञ्चमी विभक्ति "제5격, 유래격"
षष्ठी विभक्ति "제6격, 가짐격"
सप्तमी विभक्ति "제7격, 곳때격"

सम्बोधन "부름격"

부름격의 경우에는 전통문법에서 격으로 간주되지 않고 제1격이 "부름"(sambodhana)을 목적으로 사용되는 특별한 용례로 간주되기 때문에 이름이 다르게 주어진다.

수로 만드는 부사

✣ 24.27 수를 활용하여 만들어지는 부사로는 다음과 같은 것들이 있다.

सकृत् "한 번"

द्विः (←**द्विस्**) "두 번"

त्रिः (←**त्रिस्**) "세 번"

चतुः (←**चतुस्**) "네 번"

पञ्चकृत्वः (←**पञ्चकृत्वस्**) "다섯 번"

षट्कृत्वः (←**षट्कृत्वस्**) "여섯 번"

✣ 24.28 수의 뒤에 혹은 비슷한 표현의 뒤에 뒷토 -dhā를 붙여서 "~중, ~겹, ~번, ~가지"를 의미하는 부사가 만들어진다.

एकधा "한 가지"

त्रिधा "세 가지, 삼중, 세 겹"

अनेकधा "여러 가지로, 다중으로" = **बहुधा**

विश्वधा "모든 종류의"

सामादिर्दण्डपर्यन्तो नयो दृष्टश्चतुर्विधः ।

तेषां दण्डस्तु पापीयांस्तस्मात्तं परिवर्जयेत् ॥ 『तन्त्राख्यायिकम्』

정치(naya)란 협상(sāman)으로 시작해서 폭력(daṇḍa)로 끝나는 (bahuvrīhi) 네 가지 종류가 있는 것으로 간주된다.

그런데 그것들 중에서 폭력이 가장 나쁜 것이다. 따라서 그것을 피해야만 한다(가상형).

쌍쓰끄리땀 단어 11: -ø (kṛt-뒷토)로 끝나는 여성 행위 명사

✣24.29 동사 말뿌리 뒤에 -ø 뒷토가 붙어서 명사가 만들어지는 경우이기 때문에 동사 말뿌리 자체가 혹은 동사 앞토가 붙은 형태의 동사 말뿌리가 곧바로 명사가 되는 경우라고 할 수 있다. 이 경우는 대부분 행위를 나타내는 여성 명사가 되며, 그 수가 많지는 않다.

√dhī "생각하다" → **धी** [f.] "생각, 숙고, (종교적인) 명상"
ā-√pad "어려움을 겪다" → **आपद्** [f.] "불행, 불운, 어려움"
sam-√pad "맞아 떨어지다" → **सम्पद्** [f.] "일치, 성공, 행운"
upa-ni-√sad → **उपनिषद्** [f.] "우빠니샫"

✣24.30 이렇게 만들어진 여성명사는 종종 겹낱말의 끝자리 말로 쓰여서 행위자를 나타내게 되는데, 이 겹낱말이 한정하는 말에 따라 성구분을 갖게 된다.(☞upapada-겹낱말, ✣20.05)

√kṛ "만들다" → **लोककृत्** "세상을 만드는"
√jñā "알다" → **सर्वज्ञ** "모든 것을 아는"
√ji "이기다" → **इन्द्रियजित्** "감각기관을 이긴"; **कामजित्** "욕망을 이긴"

√dā "주다" → सुखदुःखद् "즐거움과 괴로움을 주는"
√vid "알다" → वेदविद् "베다를 아는"
√sthā "서 있다" → स्वधर्मस्थ "스스로의 의무에 충실한"
√jan "태어나다" → कामज "욕망 때문에 생겨난"
√viś "자리 잡다" → विश् [f.] "거주처, 정착지"
√han "죽이다" → वृत्रहन् "브리뜨라를 죽이는"

쌍쓰끄리땀 단어 12: -a (kṛt-뒷토)로 끝나는 남성 행위 명사

✣24.31 이 뒷토는 동사 말뿌리의 뒤에 붙어서 주로 남성명사인 행위 명사를 만드는 kṛt-뒷토이다. 이 뒷토가 kṛt-뒷토들 가운데 가장 자주 사용되고 가장 중요하다고 할 수 있다. 이 뒷토 앞에서 동사 말뿌리는 모음이 라구모음이거나 끝모음이 긴 모음인 경우 구나형을 취한다. 중간에 오는 모음 -a-나 끝모음이 브릳디형을 취하는 경우도 있으며, 말뿌리 끝의 굳은곳소리(ca-varga)나 -h는 무른곳소리(ka-varga)가 된다.

√yuj "묶다, 사용하다" → योग [m.] "묶기, 결합하기, 제어하기, 사용, 노력"
vi-√bhaj "나누다, 분배하다" → विभाग [m.] "분할, 구분, 몫"
√bhū "되다, 있다" → भव/भाव [m.] "~이 되기, 있기, 존재, 발생함, 상태, 실상, 감정, 의도, 의미"
√śuc "슬퍼하다" → शोक [m.] 슬픔
√muc "놓아주다, 풀어 주다" → मोक्ष [m.] "해방, 해탈"
ut-√sṛj "뿜어내다, 버리다" → उत्सर्ग [m.] "뿜어내기, 풀어 놓기, 배설"
ā-√gam → आगम [m.] "오는 것, 다가오는 것, 소득, 전해진 가르침, 전승"

vi-√ji → विजय [m.] "승리, 정벌"
√vid "알다" → वेद् "지식, 앎"

✤24.32 적은 수이기는 하지만 이 뒷토를 통해 만들어진 중성명사도 있다.

√bhī "두려워하다" → भय [n.] "두려움"

-añc/-ac로 끝나는 방향을 나타내는 형용사의 곡용

✤24.33 -añc/-ac는 다른 전치사 등의 단어들과 결합되어 겹낱말 뒷자리 말이 되고, 만들어진 겹낱말이 형용사를 만드는데 "~을 향하는, ~방향의"라는 뜻을 갖게 된다. 따라서 이러한 겹낱말이 형용사가 되면 방향을 나타내는 표현이 되는데 그 곡용 형태는 불규칙적인 형태가 된다.

✤24.34 여기에 해당하는 형용사들 중의 일부는 두말줄기 곡용을 하게 된다. 강형 -añc, 약형 –ac가 구분된다. 이때 남성 단수 임자격은 -aṅks가 되어야 하니 (☞✤04.05) 결국 -āṅ만 남게 된다.

다른 형용사들은 세말줄기 곡용을 하게 되는데 강형 -añc, 중형 -ac, 약형 -c를 갖게 된다. 약형의 경우에는 -ac의 -a-가 그 앞에 나타나는 -i, -u와 합쳐져서 -ī, -ū가 되면서 사라져서 그렇게 되는 것이다.

✤24.34(01) 여성형은 약형의 뒤에 -ī를 첨가해서 만들고, 규칙적인 곡용을 한다.

✤24.35 두말줄기 곡용의 예로 prāñc [a.] "동쪽의, 앞쪽의"의 곡용을 보자. 강형이 prāñc인데 약형은 prāc이다. 구체적인 곡용은 아래와 같다.

표24.03 두말줄기 방향을 나타내는 형용사 곡용 prāñc/prāc [a.] "동쪽의" 남성곡용

격	약칭	ekavacana	dvivacana	bahuvacana
임자격	N.	प्राङ् prāṅ	प्राञ्चौ prāñcau	प्राञ्चः prāñcaḥ
대상격	A.	प्राञ्चम् prāñcam	प्राञ्चौ prāñcau	प्राचः prācaḥ
수단격	I.	प्राचा prācā	प्राग्भ्याम् prāgbhyām	प्राग्भिः prāgbhiḥ
위함격	D.	प्राचे prāce	प्राग्भ्याम् prāgbhyām	प्राग्भ्यः prāgbhyaḥ
유래격	Ab.	प्राचः prācaḥ	प्राग्भ्याम् prāgbhyām	प्राग्भ्यः prāgbhyaḥ
가짐격	G.	प्राचः prācaḥ	प्राचोः prācoḥ	प्राचाम् prācām
곳때격	L.	प्राचि prāci	प्राचोः prācoḥ	प्राक्षु prākṣu
부름격	V.	प्राङ् prāṅ	प्राञ्चौ prāñcau	प्राञ्चः prāñcaḥ

표24.04 두말줄기 방향을 나타내는 형용사 곡용 prāñc/prāc [a.] "동쪽의" 중성곡용

격	약칭	ekavacana	dvivacana	bahuvacana
임자격	N.	पप्राक् prāk	प्राची prācī	प्राञ्चि prāñci

대상격	A.	प्राक् prāk	प्राची prācī	प्राञ्चि prāñci
수단격	I.	प्राचा prācā	प्राग्भ्याम् prāgbhyām	प्राग्भिः prāgbhiḥ
위함격	D.	प्राचे prāce	प्राग्भ्याम् prāgbhyām	प्राग्भ्यः prāgbhyaḥ
유래격	Ab.	प्राचः prācaḥ	प्राग्भ्याम् prāgbhyām	प्राग्भ्यः prāgbhyaḥ
가짐격	G.	प्राचः prācaḥ	प्राचोः prācoḥ	प्राचाम् prācām
곳때격	L.	प्राचि prāci	प्राचोः prācoḥ	प्राक्षु prākṣu
부름격	V.	प्राक् prāk	प्राची prācī	प्राञ्चि prāñci

임자격과 대상격만 다르고 나머지는 위의 표24.03과 일치한다.

✣24.35(01) 여성곡용은 prācī 형태의 곡용을 따른다. (☞표07.03, nadī-곡용)

✣24.35(02) prāñc에서 파생된 prāk/prāc는 부치사로서 유래격이나 가짐격과 함께 사용되어 시간은 물론 공간에 대해서 "~(Ab. G)에 앞서, ~(Ab. G)의 앞에서, ~(Ab. G) 전에, ~(Ab. G)의 동쪽에"를 표현한다.

स्वधर्मस्थो ऽपि न सर्वदा प्राङ्मोक्षात्कामं जेतुं शक्नोति।

해탈(에 이르기) 전에는 자신의 의무에 충실한 사람도 항상 욕망을 이길 수는 없다.

✣24.36 세말줄기 곡용의 예로 pratyañc [a.] "서쪽의, 반대쪽의"의 말줄기들은 각각 강형 pratyañc; 중형 pratyac; 약형 pratīc 형태를 보이는데 구체적인 활

용의 형태는 아래와 같다.

표24.05 세말줄기 방향을 나타내는 형용사 곡용 pratyañc [a.] "서쪽의" 남성곡용

격	약칭	ekavacana	dvivacana	bahuvacana
임자격	N.	प्रत्यङ् pratyaṅ	प्रत्यञ्चौ pratyañcau	प्रत्यञ्चः pratyañcaḥ
대상격	A.	प्रत्यञ्चम् pratyañcam	प्रत्यञ्चौ pratyañcau	प्रतीचः pratīcaḥ
수단격	I.	प्रतीचा pratīcā	प्रत्यग्भ्याम् pratyagbhyām	प्रत्यग्भिः pratyagbhiḥ
위함격	D.	प्रतीचे pratīce	प्रत्यग्भ्याम् pratyagbhyām	प्रत्यग्भ्यः pratyagbhyaḥ
유래격	Ab.	प्रतीचः pratīcaḥ	प्रत्यग्भ्याम् pratyagbhyām	प्रत्यग्भ्यः pratyagbhyaḥ
가짐격	G.	प्रतीचः pratīcaḥ	प्रतीचोः pratīcoḥ	प्रतीचाम् pratīcām
곳때격	L.	प्रतीचि pratīci	प्रतीचोः pratīcoḥ	प्रत्यक्षु pratyakṣu
부름격	V.	प्रत्यङ् pratyaṅ	प्रत्यञ्चौ pratyañcau	प्रत्यञ्चः pratyañcaḥ

표24.06 세말줄기 방향을 나타내는 형용사 곡용 pratyañc [a.] "서쪽의" 중성곡용

격	약칭	ekavacana	dvivacana	bahuvacana
임자격	N.	प्रत्यक् pratyak	प्रतीची pratīcī	प्रत्यञ्चि pratyañci
대상격	A.	प्रत्यक् pratyak	प्रतीची pratīcī	प्रत्यञ्चि pratyañci
수단격	I.	प्रतीचा pratīcā	प्रत्यग्भ्याम् pratyagbhyām	प्रत्यग्भिः pratyagbhiḥ
위함격	D.	प्रतीचे pratīce	प्रत्यग्भ्याम् pratyagbhyām	प्रत्यग्भ्यः pratyagbhyaḥ
유래격	Ab.	प्रतीचः pratīcaḥ	प्रत्यग्भ्याम् pratyagbhyām	प्रत्यग्भ्यः pratyagbhyaḥ
가짐격	G.	प्रतीचः pratīcaḥ	प्रतीचोः pratīcoḥ	प्रतीचाम् pratīcām
곳때격	L.	प्रतीचि pratīci	प्रतीचोः pratīcoḥ	प्रत्यक्षु pratyakṣu
부름격	V.	प्रत्यक् pratyak	प्रतीचि pratīci	प्रत्यञ्चि pratyañci

✤ 24.36(01) 여성형은 pratīcī이다.

✤ 24.37 이 세말줄기 곡용에 해당하는 방향형용사의 예를 더 들어 보겠다.

"수평의, 가로지르는": 강형 tiryañc; 중형 tiryac; 약형 tiraśc (여성형, tiraścī)

"북쪽의, 위로 향하는": 강형 udañc; 중형 udac; 약형 udīc (여성형, udīcī)

महापण्डितदर्शनार्थं प्राञ्चं देशं यियासू युवकौ मोहात्प्रत्यञ्चं देशं गच्छतः।

위대한 현인을 만나기 위해 동쪽 지방으로 가고 싶어 하는 두 청년은 착각 때문에 서쪽 지방으로 간다.

❖24.38 남성명사 pathin "길"은 강형 panthan; 중형 pathi; 약형 path 형태를 말줄기로 갖는 불규칙 곡용 명사이다.

표24.07 남성명사 pathin [m.] "길, 과정" 곡용

격	약칭	ekavacana	dvivacana	bahuvacana
임자격	N.	पन्थाः panthāḥ	पन्थानौ panthānau	पन्थानः panthānaḥ
대상격	A.	पन्थानम् panthānam	पन्थानौ panthānau	पथः pathaḥ
수단격	I.	पथा pathā	पथिभ्याम् pathibhyām	पथिभिः pathibhiḥ
위함격	D.	पथे pathe	पथिभ्याम् pathibhyām	पथिभ्यः pathibhyaḥ
유래격	Ab.	पथः pathaḥ	पथिभ्याम् pathibhyām	पथिभ्यः pathibhyaḥ
가짐격	G.	पथः pathaḥ	पथोः pathoḥ	पथाम् pathām
곳때격	L.	पथि pathi	पथोः pathoḥ	पथिषु pathiṣu
부름격	V.	पन्थाः panthāḥ	पन्थानौ panthānau	पन्थानः panthānaḥ

तव पिता प्राग्मित्रेणोपदिष्टं पन्थानं स्मरित्वा सततं जङ्गम्यते गृहं च प्रत्यागच्छति स्मेत्युक्तः कुमारः पथानेन गृहं प्रत्यागच्छत् ।

너의 아버지는 전에 친구가 가르쳐준 길을 기억하고서 계속 가고 또 가서(강조형 jaṅgamyate, ☞✣24.17(02)) 집으로 오곤 했다는 말을 들은 아이는 이렇게 해서(pathā-anena, 도구격, “이 방식으로”) 집으로 돌아 왔다.

이제 앞서(☞✣04.04) 살펴보았던 **मुण्डकोपनिषद्** ३ । १ । ६의 원문 전체를 해석하도록 시도해 보기 바란다.

सत्यमेव जयते नानृतं सत्येन पन्था विततो देवयानः ।

येनाक्रमन्त्यृषयो ह्याप्तकामा यत्र तत्सत्यस्य परमं निधानम् ॥

satyam eva jayate nānṛtaṃ

satyena panthā vitato devayānaḥ |

yenākramanty ṛṣayo hy āptakāmā

yatra tat satyasya paramaṃ nidhānam ||

참된 것(satyam)만을 얻을 것이며 거짓된 것(an-ṛta)을 [얻지 않을 것이다.]
참된 것에 의해서 신들의 길이 뻗어 나가고
이 길을 통해 원하는 바를 성취한 리시(ṛṣi)들이 나아가니
참된 것의 최상의 자리로 [간다].

연습문제

▷ 24.01 다음 문장을 한국어로 옮기시오.

▷ 24.01(01) विजयार्थमहं जिगीषन्नागच्छम्मा बिभेतु मा कुपुरुषो बिभूयताम् ।

▷ 24.01(02) वीरो राजकुमारीमापदो मुमोचयिषति ।

▷ 24.01(03) यतो बालः सर्वाह्णं न किञ्चित्खादितवांस्ततः स कष्टमपि समीपस्थमुदुम्बरं बुभुक्षितवान् ।

▷ 24.01(04) यन्नागरिकैः कृतं तज्जिज्ञासुर्नृपस्तस्य सेवकं तेषां नगरमगमयत् ।

▷ 24.01(05) अपि भवान्धर्मं वेवेत्तीति पृष्टो ऽहं प्रत्यवदं धर्मं वेवेद्मि किं तु न सम्यक्स्वीकृतवानिति ।

▷ 24.01(06) यः प्राग्धेनूरचोरयत्तं चौरं तासां स्वामी जिघांसति ।

▷ 24.01(07) वीरं विजिगीषू राजराजो बलवानपि तं न जेतुमशक्नोत् ।

▷ 24.01(08) भिक्षू बुभुक्षाया विश्वधाहारमचोरयताम् ।

▷ 24.01(09) उदाचि पर्वतवासी सर्वज्ञो देवदेवः सर्वजनेभ्यः सम्पदं ददाति ।

▷ 24.01(10) शततमयुद्धात्पश्चान्नगरे शस्त्राद्यायुधैरनिहताः पुरुषाः नासन्।

▷ 24.01(11) स स्वगृहं जिगमिषुः कुमारः पितरौ दिदृक्षित्वा क्षेत्रं तिरश्चा गत्वा गृहं

प्रत्यागच्छत् ।

D 24.01(12) कश्चिद्वेदेन विना चिकीर्षितं लब्धुं न शक्नोति ।

D 24.01(13) येन रथा गच्छन्ति तस्मिन्पथि सज्जलं मा पिब ।

D 24.01(14) प्रागेव द्विस्त्रिर्वा तेन सह समवदमपि तस्य नाम विस्मरामि ।

D 24.01(15) कुपुत्रः स्वग्रामं नाशयतीति बहुधा उपदिश्यते ।

D 24.01(16) शोकपीडितो ब्राह्मणः स्वपुत्रहनमशपत्तेन शापेन तस्य हन्तुः पुत्रो ऽप्यहन्यत च ।

D 24.02 다음 이야기를 한국어로 옮기시오. (날라와 다마얀띠 이야기 9)

D 24.02(01)

तथा तदापद्गतस्य नलस्याक्षद्यूतं प्रावर्तत बहून्मासान् । नलस्त्वजीयत सततं पुष्करेण । तत्कालमक्षशीलत्वान्नलः सर्वथा द्यूतमजिगीषत । नलस्तु तस्मिन्समये केवलमक्षधर्ममजानात् । किं तु सो ऽक्षहृदयज्ञो न बुभूषति स्म । एवमेव नलस्तस्य राज्यं च धनं च पुनरैप्सत् । तस्य चिकीर्षितं सर्वं निरर्थकमिति तत्त्वं नल एव नामीमांसत । ततो दमयन्ती नलं मोहादन्धीभूतमल्पीकृतबुद्धिं दृष्ट्वा तस्य मौर्ख्यात्सततं दुःखायते ।

D 24.02(02)

सुखदुःखदभर्तुर्मोहाद्देवी दमयन्ती विवर्णमुखा बिभूयते । वैदर्भी तदानीमत्यन्तमशोचत् । सा पुनः पुनश्चिन्तापरा विवर्णवदना नलं

बुबोधयिषुर्देव्यमन्यत । कथं मम पतिं पुनः स्वस्थचित्तं भावयिष्यामीति । दमयन्ती नलं राज्ञो स्वधर्मं विवेदयिषुरासीत् । यदा मम पतिः स्वधर्मं पुनः सास्मर्ति तदा मम धर्मज्ञो राजा राज्ञो धर्मं चिकीर्षिष्यतीति दमयन्ती तस्मिन्समये ऽपि नले विश्वासमकरोत् ।

▷ 24.02(03)

तस्मिन्काले राजगृहे दमयन्त्याः समीपस्थो वृद्धमन्त्री स्वधर्मं चिकीर्षन्नमन्यत । इदानीमस्य राज्यस्य च राज्ञश्च रक्षणार्थमुपायं जिज्ञासुं भृशदुःखितां देवीं पश्यामि । यावदहं देव्या दुःखं वेवेद्मि तावदहमपि तस्या आपदा विश्वधा पीडितो ऽस्मि । ततो ऽहमद्य सर्वेषामत्यन्तं दुःखमल्पीकर्तुमिच्छामीति । सर्वेषां स्वस्ति प्रथममीप्सुः स महामन्त्र्यक्षद्यूतस्थानमुपागच्छत् ।

▷ 24.02(04)

स महामन्त्री नलं मन्त्रयितुमारब्धः । देव भवतो ऽक्षशीलत्वं चादृष्टपूर्वमाविष्टत्वं च वेवेत्तु । राज्ञो स्वधर्मं यथापूर्वं कुर्यादिति । स्वधर्मं चिकीर्षितवानपि तस्य मन्त्रिणः प्रयत्नो निरर्थकः । नलस्य शुश्रूषा कथञ्चिन्नासीत् । महामन्त्रिणो द्वितीयं वाक्यं च तृतीयं वाक्यमपि कष्टं नलेन श्रुतम् । एवमेकार्थं चतुर्थमपि च न श्रुतम् ।

낱말 목록

akṛtya [a.] (a-kṛtya 구속형) 행해지지 말아야 하는, 범법행위에 해당하는

akṣahṛdayajña [a.] 주사위나 견과융 놀이의 핵심을 아는

aṣṭama 여덟째, 여덟 번째의

ādima 첫째, 처음의

ādya 첫째, 처음의

āpad [f.] 불행, 불운, 재앙, 어려움

āpadgata [a.] 불행에 빠진

īpsu [a.] 성취하기를 원하는

udañc [a.] 북쪽의, 위로 향하는, 위로 굽혀진

udumbara [m.] 우둠바라 나무, 우둠바라 열매 (야생 무화과의 일종)

catuḥ (〈 catus) 네 번, 네 차례

caturtha 넷째, 네 번째의

√cit 1P. [cetati] 관찰하다, 주목하다, 알아차리다, 걱정하다, 돌보다,
(바람형) cikitsati 염두에 두다, 돌보다, 치료하다, 의술로 다루다

cikitsu [a.] 현명한, 명민한, 치료하는, 의술로 돌보는

√tap 1P. [tapati] 열을 내다, 뜨거워지다, 빛나다, 고통을 겪다, 고행하다, 고통을 주다, 상하게 하다

cikīrṣita [n.] 목적한 바, 의도한 바, 계획, 기획

tiryañc [a.] 가로지르는, 통과하는, 수평의

turīya 넷째, 네 번째의

turya 넷째, 네 번째의

tṛtīya 셋째, 세 번째의

triḥ (tris): 세 번, 세 차례

daśama 열째, 열 번째의

dvitīya 둘째, 두 번째의

dviḥ (dvis) 두 번, 두 차례

√dhī 3Ā. [dīdhīte] 인지하다, 생각하다, 숙고하다, 바라다

navama 아홉째, 아홉 번째의

nāman [n.] 이름, 명칭, (개인의) 이름, 명사, 특징점, 본성

nihata [a.] 던져 팽개쳐진, 맞아 눌린, 죽여진, 살해된, 파괴된, 잃은

pañcakṛtvaḥ (pañcakṛtvas) 다섯 번, 다섯 차례

pañcama 다섯째, 다섯 번째의

pathin [m.] 길, 경로, 도로, 방식 (불규칙 곡용)

parvatavāsin [a.] 산에 사는, 산에 거주하는
[m.] 산악인

pṛṣṭa [a.](p.p.) 물음을 받은, 질문받은, 요청을 받은, 요구된
[n.] 질문, 조사

pratyak adv ~(Ab.)의 뒤에, 반대방향으로

pratyañc (praty + añc) 반대로 향한, 등을 돌린, 거꾸로 돌린, 반대편으로 향한, 서쪽의, 서쪽으로 향하고 있는

prathama 첫째, 맨 앞의

prāñc [a.] (pra + añc) 앞으로 향한, 정면의, ~을 마주 보는, 맞서서 있는, 동쪽의, 동쪽을 향하고 있는

bubodhayiṣu [a.] 깨우고 싶어 하는, 타이르고 싶어 하는

bubhukṣā [f.] (bhuj의 바람형) 먹고자 하는 마음, 누리고자 하는 욕구, 식욕, 배고픔

√bhaj 1P.Ā. [bhajati, bhajate] 분배하다, 나누어주다, 공유하다
(주로 Ā.) 나누어 받다, 얻다
(바람형) bibhakṣati, bibhakṣate

√bhikṣ 1Ā. [bhikṣate] 원하다, 얻고자 하다, 구걸하다 (bhaj의 바람형에서 유래)

bhikṣu [m.] 걸인, 걸식하는 사람, 탁발하는 사람

yiyāsu [a.] 가고 싶어 하는, 움직이고 싶어 하는, 출발하려고 하는, 진군하려고 하는

rakṣaṇa [n.] 보호하기, 수호하기, 지키기

lavaṇa [a.] 짠, 소금의, 소금,
[m.] 소금기, 짠 맛

vara [m.] 선택, 고르기, 배우자 선택, 선택사항으로 주어진 소원, 선택하는 사람, 고르는 사람, 신랑, 남편

vijaya [m.] 승리, 정벌

vibhakti [f.] 구분, 분할, 구별, 명사의 곡용, 명사의 곡용 뒷토, 격

vivedayiṣu [a.] ~(A.)에게 ~(A.)을 알려주고 싶어 하는

√viś 6P. [viśati] ~(A. L.)로 들어가다, 들어가 자리 잡다, 정착다다, ~(A.)와 함께 있게 되다

viś [f.] (단수 임자격 viṭ) 거주지, 정착지, 거주민, 거주민 공동체

vai [adv.] (앞선 말을 강조하는 부사) 실제로, 정말, 대단히

śuśrūṣā [f.] 듣고 싶어 함, 순종, 복종

ṣaṭkṛtvaḥ (ṣaṭkṛtvas) 여섯 번, 여섯 차례

ṣaṣṭha 여섯째, 여섯 번째의

saṃ-√muh [sammuhyati] 완전히 당황한 상태이다, 얼빠진 상태이다

saṃ-√yuj 7P.Ā. [saṃyunakti, saṃyuṅkte] 연결시키다, 붙이다, 결합시키다

sakṛt 한 번, 한 차례

saptama 일곱째, 일곱 번째의

sāman [n.] 안정시키기, 협상, 달래기

√hiṃs 1P.;7P. [hiṃsati/hinasti] 상하게 하다, 해를 끼치다, 다치게 하다, 죽이다, 파괴하다. (원래는 √han의 바람격 형태)

제25과

संस्कृतवाक्योपक्रिया

완료형 (perfect)

✤25.01 완료형은 과거형과 마찬가지로 과거의 일을 서술할 때 사용하는 형태이다. 하지만 완료형에 대해서는 "완료형"이라는 이름이 주는 오해의 가능성을 지우고 배워야 한다. "완료형"이라는 용어는 이 활용 형태가 만들어지는 외형이 서구 문법전통에서 일반적으로 알려진 다른 언어들의 완료형과 같다는 것에서 유래한 이름일 뿐이며 이 형태의 의미와는 무관하다. 또한 인도문법전통은 과거형과 완료형을 구분하기 위해서 과거형은 과거의 일인데 화자가 직접 경험한 것을 말하고, 완료형은 과거의 일인데 화자가 직접 경험한 일은 아닌(parokṣabhūtakāla) 것을 나타낸다고 설명을 한다. 하지만 이 설명은 실제 언어현실과는 먼 억지스러운 구분에 불과하다. 따라서 이제 다시 또 하나의 과거형을 배우게 된다고 생각하는 편이 낫다.

✤25.02 완료형을 설명할 때에는 수많은 규칙들과 예외들이 제시되어야 하기 때문에 학습자들에게는 과연 체계적인 방식으로 완료형을 익힐 수 있을지에 대한 회의가 있을 수 있다. 완료형을 배울 때에는 모든 가능한 완료의 형태를 완벽하게 익힐 수는 없고, 또 그러한 시도를 하는 것이 실질적으로 큰 의미가 없다는 것을 받아들여야 한다. 다만 자주 사용되는 형태들을 중심으로, 몇몇 예외들을 제외하고는 일반적으로 적용이 가능한 완료형의 형태를 파악하기 위한 방식을 익히는 것에 방점을 두고 공부를 하는 편이 좋다.

✤25.03 완료형을 만드는 기본 방법은 동사 말뿌리를 거듭한 후에 완료형 인칭뒷토를 첨가하는 것이다.

✤25.04 완료형 활용에 사용되는 인칭뒷토는 아래와 같다.

표25.01 완료형(perfect) 인칭뒷토

인칭	Parasmaipada			Ātmanepada		
	단수	양수	복수	단수	양수	복수
3.	-a	-atus	-us	-e	-āte	-re
2.	-tha	-athus	-a	-se	-āthe	-dhve
1.	-a	-va	-ma	-e	-vahe	-mahe

✤25.04(01) 완료형의 2인칭 복수 Ā. 뒷토 -dhve는 바로 앞에 u, ṛ가 있을 경우 -ḍhve가 된다. 또 앞에 삽입모음 iṬ가 있는 경우이고, 말뿌리가 반모음이나 -h로 끝날 때에는 인칭뒷토가 -iḍhve가 된다.

✤25.04(02) 완료형의 3인칭 복수 Ā.는 항상 iṬ를 사용하고, 다른 자음으로 시작되는 인칭뒷토들은 많은 경우에 iṬ를 사용한다. 이 iṬ의 사용은 말뿌리가 aṇiṬ인지 seṬ인지 혹은 veṬ인지와는(☞✤14.02) 무관하게 나타나는 현상이어서 따로 주목할 필요가 있다. 이와 연관된 내용을 아래 네 가지만 밝혀 둔다.

✤25.04(03) 아래 여덟 말뿌리의 경우에는 3인칭 복수 Ā.이외에는 iṬ를 사용하지 않는다.

√dru "달리다", √śru "듣다", √stu "칭송하다", √sru "흐르다", √kṛ "하다", √bhṛ "지니다", √vṛ "선택하다", √sṛ "가다"

✤25.04(04) 2인칭 단수 P.에서는 일반적으로 -tha가 -itha가 되지만, 말뿌리가 -ṛ로 끝나는 경우에는 iṬ를 사용하지 않는다. (√ṛ "가다"는 예외)

✤25.04(05) 2인칭 단수 P.에서 모음으로 끝나는 말뿌리이거나 말뿌리 중간의 모음이 -a-인 경우라면 aniṬ-말뿌리의 경우에서도 iṬ는 사용될 수 있다. (말뿌리 끝모음이 -ṛ인 경우는 앞선 25.04(05)에 따름)

✤25.04(06) 3인칭 복수 Ā.를 제외한 나머지 6개의 자음으로 시작되는 완료형 인칭뒷

토들, 즉 -va, -ma, -se, -dhve, -mahe, -vahe의 경우 iṬ를 사용할 수도 있고 아닐 수도 있지만, 실제로는 거의 모든 경우에 iṬ를 사용한다.

✤25.05 완료형 말줄기의 강형과 약형의 구분이 있는데, 그 구분은 현재형에서의 비고정형 말줄기 동사들의 경우과 마찬가지여서(✤10.22) 모든 단수 P.형이 강말줄기를 취한다.

✤25.05(01) 현재형에서와 마찬가지로 강말줄기들은 동사 말뿌리의 모음이 강화되어 만들어지며, 약말줄기에서는 동사 말뿌리의 모음이 그대로 나타난다. 하지만 말뿌리의 첫 소리가 모음인 경우 아래와 같은 별도의 규칙이 적용된다.

✤25.05(02) 모음으로 끝나는 동사 말뿌리의 경우에는 강말줄기 안에서도 모음의 강화 형태가 구분되는 규칙적인 방식이 있다. 동사 말뿌리의 마지막 모음이 강화되는 형태는 일반적으로 아래와 같이 구분된다.

표25.02 완료형에서 말줄기 모음의 강화형태

인칭	완료형 P.	
	말뿌리 끝모음의 강화형	√kṛ의 예
3.	브릳디	cakāra
2.	구나	cakartha
1.	구나 혹은 브릳디	cakara/cakāra

동사 √bhū는 예외가 되는데, 아래 ✤25.06(02)에서 보게 될 것이다.

✤25.05(03) 자음으로 시작되고 자음으로 끝나는 동사 말뿌리들은 말뿌리를 이루는 음절이 구루인 경우 모든 인칭과 수에서 말줄기가 변화되지 않는다. 따라서 약형과 강형 말줄기의 구분이 없다.

완료형에서의 말뿌리 거듭

✤25.06 거듭을 적용시키는 방법은 앞서 거듭의 일반규칙(☞✤09.12)과 제3갈래 동사 활용에서의 거듭 규칙(☞✤11.07)에서 이미 설명된 규칙들에 따라 이루어진다. 말뿌리의 첫 자음이 거듭소리로 사용되며 거듭소리에는 짧은 모음이 사용된다. 말뿌리의 중간 모음이 복합모음인 경우에도 거듭소리에는 단순모음이 사용된다. 다만 완료형을 만드는 거듭에 대해 추가적으로 설명되어야 하는 아래와 같은 내용이 있다.

✤25.06(01) 동사 말뿌리의 끝모음인 ṛ, ṝ, ḷ이나 복합모음은 거듭소리에서는 단순모음 a-로 나타난다. (제3갈래 동사의 경우 ☞✤11.07(02)와 다름) 아래 예들에서 완료형의 3인칭 단수형 P.는 강말줄기를 사용한다는 사실을 상기하라.

√kṛ "하다" → 약형 완료말줄기 cakṛ → cakāra "그가 했다"

√vṛdh "자라다" → 약형 완료말줄기 vavṛdh → vavardha "그것이 자랐다"

√mṛ "죽다" → 약형 완료말줄기 mamṛ → mamāra "그가 죽었다"

√smṛ "기억하다" → 약형 완료말줄기 sasmṛ → sasmāra "그가 기억했다"

√spṛś "만지다" → 약형 완료말줄기 paspṛś → pasparśa "그가 만졌다"

아래의 예에서는 제3갈래 동사 활용 등에서 이미 익숙한 방식으로 거듭소리를 만드는 방식이 완료형에도 적용된다는 사실이 보인다.

√dā "주다" → 약형 완료말줄기 dadā → dadima "우리가 주었다"

√jīv "살다" → 약형 완료말줄기 jijīv → jijīva "그가 살았다"

√sev "섬기다" → 약형 완료말줄기 siṣev → siṣeve "그가 섬겼다"(Ā.)

✤25.06(02) √bhū의 완료형 말줄기를 만들기 위한 거듭소리는 ba-이다. 따라서 말줄

기는 babhū가 된다. 하지만 √bhū의 완료형 활용이 불규칙 활용이라 아래에서 따로 제시하겠다.

✤25.07 쌈쁘라싸라나(☞✤13.01)가 적용되는 ya-나 va-로 시작되는 말뿌리들은 모음 i-나 u-로 거듭소리가 만들어진다.

√yaj "제사 지내다" → 강말줄기 iyaj

강형: iyāja "그가 제사 지냈다"; 약형: ījuḥ "그들이 제사 지냈다"

√vac "말하다" → 강말줄기 uvac

강형: uvāca "그가 말했다"; 약형 ūcuḥ "그들이 말했다"

하지만 √yam "제어하다"는 강말줄기가 yayam이다. → yayāma "그가 제어했다"

그리고 ya와 va가 말뿌리 중간에 들어 있을 때에는 이 규칙이 적용되지 않는다.

√vyadh "맞히다" → 강말줄기: vivyadh; 약말줄기: vividh

vivyādha "그가 맞혔다"; vividhuḥ "그들이 맞혔다"

√svap "자다" → 강말줄기: suṣvap; 약말줄기 suṣup

suṣvāpa "그가 잤다"; suṣupuḥ "그들이 잤다"

✤25.08 말뿌리의 첫 음절이 라구(☞✤17.14)일 때에만 이 음절을 근거로 거듭소리가 만들어진다. 만약 말뿌리의 첫 음절이 구루인 경우에는 대체완료형이 사용된다. 이 규칙에 대한 예외가 되는 동사는 √āp이다.

√āp [āpnoti] "얻다" → āpa (말줄기가 √ap인양 만들어진 형태: a-ap-a → āp-a)

✤25.09 말뿌리가 모음으로 시작되는 경우 아래의 거듭 규칙이 완료형에서 적용된다.

✤25.09(01) 첫 소리가 모음 a-이고 뒤에 단순 자음이 따라오면 ā-로 거듭된다. 뒤에 단순 자음이 따라오는 경우가 아니면 구루 음절이 되므로 해당사항이 없다. 말뿌리의 첫 모음 a-와 거듭소리 a-가 겹쳐서 이루어지는 긴 모음 ā가 말줄기에 나타나는 것이다.

√aṭ "돌아다니다" → āṭa "그가 돌아다녔다"
√ah "말하다" → āha "그가 말했다"
√aś "도달하다" → āśa "그가 도달했다"
√as "있다" → āsa "그가 있었다"

✤25.09(02) 첫 소리가 모음 i-나 u-이며 뒤에 단순 자음이 따라올 때에—뒤에 단순 자음이 따라오는 경우가 아니면 구루 음절이 되므로 해당사항이 없다.— 약형 완료말줄기에서는 ī, ū가 되고 강형 말줄기에서는 iy-, uy-로 거듭소리가 만들어진다.

√iṣ "원하다" → 강형: iyeṣa "그가 원했다"; 약형: īṣuḥ "그들이 원했다"

✤25.10 앞서 언급한 것처럼 (☞✤25.05(03)) 자음으로 시작되고 자음으로 끝나면서 구루 음절인 동사 말뿌리들은 그 형태가 이미 강형이기 때문에 거듭이 이루어진 단일한 형태의 말줄기만을 만들게 되어서 강형과 약형 말줄기의 구분이 없다. 아래 예들을 보면 강형인 3인칭 단수와 약형인 3인칭 복수의 말줄기가 같다.

√nand "즐거워하다" → nanada
nananda "그가 즐거워했다"; nananduḥ "그들이 즐거워했다"

√bandh "묶다" → babandh
babandha "그가 묶었다"; babandhuḥ ""들이 묶었다"

√pracch "묻다" → papracch
papraccha "그가 물었다"; papracchuḥ "그들이 물었다"

√jīv "살다" → jijīv

jijīva "그가 살았다"; jijīvuḥ "그들이 살았다"

또한 ✤25.09(01)에 제시된 형태의 완료형 말줄기들도 강형과 약형의 구분이 없다.

✤25.11 말뿌리의 중간에 모음 -a-가 끼어 있는 경우에는 말뿌리 마지막 모음이 보여주는 것과 같은 방식(☞✤25.05(02))의 강화 현상을 보인다. 따라서 3인칭에서는 브릳디형, 2인칭에서는 구나형(결국 불변), 1인칭에서는 브릳디형 혹은 구나형의 강화 현상을 보인다. 말뿌리 중간에 모음 -a-가 끼어있는 경우는 아주 많아서, 이 형태의 거듭이 적용된 완료형이 그 수로 볼 때에는 대다수의 경우를 차지하는 형태가 될 것이다.

표25.03 말뿌리 중간 모음이 -a-인 완료형의 P. 단수 형태들

	3인칭	2인칭	1인칭
√gam 가다	जगाम jagāma	जगन्थ/जगमिथ jagantha/jagamitha	जगम/जगाम jagama/jagāma
√pat 떨어지다	पपात papāta	पपतिथ papatitha	पपत/पपात papata/papāta
√car 돌아다니다	चचार cacāra	चचर्थ cacartha	चचर/चचार cacara/cacāra
√kram 걷다	चक्राम cakrāma	चक्रमिथ cakramitha	चक्रम/चक्राम cakrama/cakrāma
√vac 말하다	उवाच uvāca	उवक्थ/उवचिथ uvaktha/uvacitha	उवच/उवाच uvaca/uvāca

✣25.12 말뿌리 중간 모음이 -a-이고 뒤따르는 단순 자음으로 끝나는 동사의 완료형 말줄기는 약말줄기로 만들어질 때 다음과 같이 다양한 형태로 다루어진다.

✣25.12(01) 두 자음이 말뿌리 첫 소리로 나타나거나 거듭소리 자리에 대신 나타나는 자음이 사용되는 경우에는 (✣25.12(02)에 해당하는 경우가 아니라면) 약말줄기에서는 불변으로 남는다.

√tvar "서두르다" → 약말줄기 tatvar,
1인칭과 3인칭 Ā. 단수: tatvare "그가 서둘렀다, 내가 서둘렀다"

√kram "걷다" → 약말줄기 cakram

√has "웃다" → 약말줄기 jahas

✣25.12(02) 거듭소리가 쌈쁘라싸라나에 해당되는 경우에는 약말줄기에서 말뿌리의 모음이 사라진다.

√vac "말하다" → 약말줄기 ūc (← u-uc)
uvāca "그가 말했다"; ūcuḥ "그들이 말했다"

√vad "말하다" → 약말줄기 ūd (← u-ud)
uvāda "그가 말했다"; ūduḥ "그들이 말했다"

√vah "타다" → 약말줄기 ūh
uvāha "그가 탔다"; ūhur "그들이 탔다"

√yaj "제사 지내다" → 약말줄기 īj
iyāja "그가 제사 지냈다"; ījuḥ "그들이 제사 지냈다"

√svap "자다" → 약말줄기 suṣup
suṣvāpa "그가 잤다"; suṣupuḥ "그들이 잤다"

√grah "잡다" → 약말줄기 jagṛh

jagrāha "그가 잡았다"; jagṛhuḥ "그들이 잡았다"

✣25.12(03) √gam "가다"; √jan "태어나다"; √han "죽이다", √khan "파다", √ghas "먹다" 말뿌리들은 약말줄기에서 말뿌리의 모음이 사라진다.

√gam "가다" → 약말줄기 jagm

jagāma "그가 갔다"; jagmuḥ "그들이 갔다"

√jan "태어나다" → 약말줄기 jajñ

jajāna "그가 태어났다"; jajñuḥ "그들이 태어났다"

√han "죽이다" → 약말줄기 jaghn

jaghāna "그가 죽였다"; jaghnuḥ "그들이 죽였다"

√khan "파다" → 약말줄기 cakhn

cakhāna "그가 팠다"; cakhnuḥ "그들이 팠다"

√ghas "먹다" → 약말줄기 jakṣ

jaghāsa "그가 먹었다"; jakṣuḥ "그들이 먹었다"

말뿌리 가운데에 있는 -a-모음이 약형에서 사라지는 현상을(☞✣02.08; 모음 a의 약형은 ø) 보이는 동사들 중에서도 √ghas는 거의 사용되지 않고 √khan은 드물지만 나머지 세 동사는 자주 사용되는 동사이다. 완료형의 약형을 보고 동사 말뿌리를 유추하는 데에 어려움이 있을 수 있으니 표25.04에 맞추어 주의해서 알아 둘 필요가 있다.

표25.04 √gam "가다"의 완료형

인칭	P.			Ā.		
	단수	양수	복수	단수	양수	복수
3.	जगाम jagāma	जग्मतुः jagmatuḥ	जग्मुः jagmuḥ	जग्मे jagme	जग्माते jagmāte	जग्मिरे jagmire
2.	जगन्थ/जगमिथ jagantha/jagamitha	जग्मथुः jagmathuḥ	जग्म jagma	जग्मिषे jagmiṣe	जग्माथे jagmāthe	जग्मिध्वे jagmidhve
1.	जगम/जगाम jagama/jagāma	जग्मिव jagmiva	जग्मिम jagmima	जग्मे jagme	जग्मिवहे jagmivahe	जग्मिमहे jagmimahe

✣25.12(04) 단순 자음들 사이에 말뿌리 중간 모음 -a-가 있고 거듭소리가 대체자음이어야 할 필요가 없는 경우에는 약말줄기를 만들 때, 거듭을 하지 않고 모음 -a-를 -e-로 대체해서 만든다.

√pat "떨어지다" → 약말줄기 pet
papāta "그가 떨어졌다"; petuḥ "그들이 떨어졌다"

√man "생각하다" → 약말줄기 men
mamāna "그가 생각했다"; menuḥ "그들이 생각했다"

√yam "제어하다" → 약말줄기 yem
yayāma "그가 제어했다"; yemuḥ "그들이 제어했다"

표25.05 √pac "익히다"의 완료형

인칭	P.			Ā.		
	단수	양수	복수	단수	양수	복수
3.	पपाच papāca	पेचतुः pecatuḥ	पेचुः pecuḥ	पेचे pece	पेचाते pecāte	पेचिरे pecire
2.	पपक्थ/पेचिथ papaktha/pecitha	पेचथुः pecathuḥ	पेच peca	पेचिषे peciṣe	पेचाथे pecāthe	पेचिध्वे pecidhve
1.	पपच/पपाच papaca/papāca	पेचिव peciva	पेचिम pecima	पेचे pece	पेचिवहे pecivahe	पेचिमहे pecimahe

✤25.12(05) 만약 앞선 ✤25.12(04)에 해당하는 말뿌리인데, 2인칭 단수 P.에 iṬ가 사용되면 약말줄기로는 앞선 ✤25.12(04)에서 만들어진 약말줄기 형태에서 iṬ가 사용된다. (표25.05에서 pecitha)

✤25.13 버금꼴찌자리에 모음 i, u, ṛ가 나타나는 경우에는 강말줄기에서 구나형을 취한다.

√bhid "갈라지다" → 강말줄기 bibhed
bibheda "그것이 갈라졌다"; bibhidima "우리들이 갈라졌다"

√kup "흥분한 상태이다" → 강말줄기 cukop
cukopa "그가 흥분한 상태이다"; cukupima "우리들이 흥분한 상태이다"

√dṛś "보다" → 강말줄기 dadarś
dadarśa "그가 보았다"; dadṛśima "우리가 보았다"

√iṣ "원하다" → 강말줄기 iyeṣ
iyeṣa "그가 원했다"; īṣima "우리가 원했다" (☞✤25.09(02))

이러한 경우에 해당되는 완료형 활용의 예를 √tud "때리다"의 활용을 통해 살펴 보자.

표25.06 √tud "때리다"의 완료형

	P.			Ā.		
	단수	양수	복수	단수	양수	복수
3.	तुतोद tutoda	तुतुदतुः tutudatuḥ	तुतुदुः tutuduḥ	तुतुदे tutude	तुतुदाते tutudāte	तुतुदिरे tutudire
2.	तुतोदिथ tutoditha	तुतुदथुः tutudathuḥ	तुतुद tutuda	तुतुदिषे tutudiṣe	तुतुदाथे tutudāthe	तुतुदिध्वे tutudidhve
1.	तुतोद tutoda	तुतुदिव tutudiva	तुतुदिम tutudima	तुतुदे tutude	तुतुदिवहे tutudivahe	तुतुदिमहे tutudimahe

✣25.14 말뿌리가 i, ī, u, ū, ṛ, ṝ로 끝나는 경우에는 다음과 같이 거듭이 일어난다.

✣25.14(01) 강말줄기의 경우 3인칭 단수에서는 브릳디, 2인칭 단수에서는 구나, 1인칭 단수에서는 구나 혹은 브릳디 강화가 일어난다. (☞✣25.05(02))

√nī "이끌다"

nināya "그가 이끌었다"; ninetha/ninayitha "네가 이끌었다"; ninaya/nināya "내가 이끌었다"

✣25.14(02) 약말줄기의 경우에는 앞에 다수의 자음이 첫자리에 오면서 -ṛ로 끝나는 경우나, -ṝ로 끝나는 말뿌리의 대부분은 구나형을 취하고 그 외의 경우에는 원모음(구나와 브릳디로 강화된 형태가 아닌 모음)을 취한다.

✣25.14(03) 모음으로 시작하는 동사 인칭뒷토와 iṬ앞에서 i, ī는 y로 바뀌고 자음 둘이 이어진 뒤에서는 iy로 바뀐다. u, ū는 항상 uv로 바뀐다. -ṛ는 자음이 하나 나타난 뒤에서는 -r로 바뀐다.

√i "가다"

īyima "우리가 갔다"; īyuḥ "그들이 갔다"

√nī "이끌다"

ninyima "우리가 이끌었다"; ninyuḥ "그들이 이끌었다"

√hu "제물을 바치다"

juhuvima "우리가 제물을 바쳤다"; juhuvuḥ "그들이 제물을 바쳤다"

√śru "듣다"

śuśruma "우리가 들었다"; śuśruvuḥ "그들이 들었다"

√smṛ "기억하다"

sasmarima "우리가 기억했다"; sasmaruḥ "그들이 기억했다"

✣25.14(04) 이상의 내용을 반영해서 √kṛ의 완료형을 보자면 다음과 같다.

표25.07 √kṛ "하다"의 완료형

	Parasmaipada			Ātmanepada		
	단수	양수	복수	단수	양수	복수
3.	चकार cakāra	चक्रतुः cakratuḥ	चक्रुः cakruḥ	चक्रे cakre	चक्राते cakrāte	चक्रिरे cakrire
2.	चकर्थ cakartha	चक्रथुः cakrathuḥ	चक्र cakra	चकृषे cakṛṣe	चक्राथे cakrāthe	चकृढ्वे cakṛḍhve
1.	चकर/चकार cakara/cakāra	चकृव cakṛva	चकृम cakṛma	चक्रे cakre	चकृवहे cakṛvahe	चकृमहे cakṛmahe

एवं करिष्यामि यथा त्वयोक्तमुक्त्वा तथा चैव चकार राजा लेभे धर्मक्षेत्रम् ।

"당신이 말한대로 그렇게 하겠습니다!"라고 말하고 나서 왕은 그렇게 했다. [그는] 다르마가 지배하는 땅을 얻었다(Ā. √labh).

✣25.15 말뿌리가 -ā나 복합모음으로 끝날 때에는 1인칭과 3인칭의 단수 P.에서 인칭뒷토 -au가 사용된다. 이 경우에 약말줄기에서는 말뿌리의 -ā가 탈락되고 자음으로 시작되는 인칭뒷토 앞에서 항상 iṬ를 사용하게 된다. 2인칭 단수 P.는 강말줄기를 사용하거나 약말줄기를 사용하거나 모두 가능하다. 이러한 내용에 맞추어 √dā의 예를 살펴 보자.

표25.08 √dā "주다"의 완료형

	P.			Ā.		
	단수	양수	복수	단수	양수	복수
3.	ददौ dadau	ददतुः dadatuḥ	ददुः daduḥ	ददे dade	ददाते dadāte	ददिरे dadire
2.	ददाथ/ददिथ dadātha/daditha	ददथुः dadathuḥ	दद dada	ददिषे dadiṣe	ददाथे dadāthe	ददिध्वे dadidhve
1.	ददौ dadau	ददिव dadiva	ददिम dadima	ददे dade	ददिवहे dadivahe	ददिमहे dadimahe

특히 1인칭과 3인칭 단수의 인칭뒷토가 -au여서, 다르다는 사실에 주목해야 한다. 여기에 해당되는 중요한 동사 몇 가지의 예를 보자.

√sthā "서 있다" → tasthau "내가 서 있었다, 그가 서 있었다"
√jñā "알다" → jajñau "내가 알았다, 그가 알았다"
√pā "마시다" → papau "내가 마셨다, 그가 마셨다"
√hā "버리다" → jahau "내가 버렸다, 그가 버렸다"; jahuḥ "그들이 버렸

다"

√gai "노래하다" → jagau "내가 노래했다, 그가 노래했다"

ni-√drā "잠에 들다" → nidadrau "내가 잠들었다, 그가 잠들었다"

✤25.16 √hve "부르다"는 완료형을 약형인 hū에서 만들어 낸다. 따라서 표25.08에 따르는 것이 아니라 표25.07에 따라 활용이 이루어진다.

juhāva "그가 불렀다" (P.); juhuve "그가 불렀다" (Ā.)

완료형 인칭뒷토

✤25.17 이상의 모든 내용을 고려하면 완료형 인칭뒷토는 앞선 표25.01에서 제시된 것과는 다르게 일부 수정되어야 하는데 그 내용을 반영하자면 이렇다.

표25.09 완료형 인칭뒷토 보충 내용

인칭	Parasmaipada			Ātmanepada		
	단수	양수	복수	단수	양수	복수
3.	-a (-au)*	-atus	-us	-e	-āte	-(i) re**
2.	-tha	-athus	-a	-se	-āthe	-dhve
1.	-a (-au*)	-va	-ma	-e	-vahe	-mahe

*: -ā나 복모음으로 끝나는 말뿌리의 경우

**: 완료형 3인칭 Ā.에서는 iṬ가 사용되는 것이 일반규칙이다 (☞✤25.04(03))

✤25.18 이제 중요한 동사이기도 하고 대체형에서 자주 사용되는 형태인 동사 √as의 완료형을 추가로 제시한다. Ā.는 사용되지 않는다.

표25.10 √as "~이다, 있다"의 완료형

	단수	양수	복수
3.	आस āsa	आसतुः āsatuḥ	आसुः āsuḥ
2.	आसिथ āsitha	आसथुः āsathuḥ	आस āsa
1.	आस āsa	आसिव āsiva	आसिम āsima

✣25.18 (01) 어떤 이야기의 전개가 서술되고 나서 끝맺을 때에 iti(~라고)-ha(실제로)-āsa (그런 일이 있었다)라는 표현이 관용적으로 사용되면서 만들어진 명사가 itihāsa 개념이다. itihāsa는 인도 전통에서의 "역사", 현대에 와서는 종종 "전설"로 이해되는 개념이다. 인도 전통의 특정한 장르에 해당되는 표현으로 이해되기도 한다.

नलो धर्मज्ञराजो बभूव दमयन्त्या सह सुखं जिजीवेति हास ।

"날라는 다르마를 아는 왕이 되었고 다마얀띠와 함께 행복하게 살았다."라는 일이 있었다고 전해진다.

✣25.19 동사가 나타날 때에 그 동사가 완료형인지를 알아보는 핵심적인 단서는 바로 강말줄기의 경우에 완료형이 구조적으로 단모음-장모음-단모음의 구조를 갖게 된다는 사실이다. cakāra "그가 했다"; tutoda "그가 때렸다"; papāca "그가 익혔다"; jagāma "그가 갔다"에서 잘 드러나고 있다. 이는 운율상으로 라구-구루-라구의 음절 배치가 이루어진다는 뜻이기도 하다. 또다른 완료형의 특징점은 바로 3인칭과 1인칭 단수 P.에서 tasthau "내가/그가 서 있었다"; jajñau "내가/그가 인지했다"와 같은 -au 인칭뒷토가 나타날 수 있다는 사실이다. 이 두 가지 사실을 염두에 두는 것이 앞으로 도움이 될 것이다.

완료형의 예외적인 경우들

✤25.20 완료형 말줄기를 만드는 데에서 예외적인 모습을 보여주는 동사들은 다음과 같은 것들이 있다.

√ji "물리치다" → jigi → jigāya "그가 물리쳤다"

√hi "던지다" → jighi → jighāya "그가 던졌다"

√han "죽이다" → jaghan → jaghāna "그가 죽였다" (jaghn- ☞✤25.12(03))

✤25.21 √bhū "~이다, 되다"는 말줄기로 babhū만 나타나는데 인칭뒷토가 모음으로 시작될 때에는 babhūva가 된다. 완료형이 예외적인 형태를 보이지만 중요한 동사이므로 따로 살펴보아야 한다.

표25.11 √bhū "~이다, 되다"의 완료형 활용

	Parasmaipada			Ātmanepada		
	단수	양수	복수	단수	양수	복수
3	बभूव babhūva	बभूवतुः babhūvatuḥ	बभूवुः babhūvuḥ	बभूवे babhūve	बभूवाते babhūvāte	बभूविरे babhūvire
2	बभूविथ babhūvitha	बभूवथुः babhūvathuḥ	बभूव babhūva	बभूविषे babhūviṣe	बभूवाथे babhūvāthe	बभूविधे /बभूविढ्वे babhūvidhve/ babhūviḍhve
1	बभूव babhūva	बभूविव babhūviva	बभूविम babhūvima	बभूवे babhūve	बभूविवहे babhūvivahe	बभूविमहे babhūvimahe

अजानता भवेत्कश्चिदपराधः कृतो यदि ।

क्षन्तव्यमेव तस्याहुः सुपरीक्ष्य परीक्षया ॥『महाभारतम्』

만약 무지한 사람에 의해 어떤 무례함이 범해졌다고 한다면
조사를 통해서(parīkṣā, 단수 수단격) 잘 검토된 이후에, 그의 무례함은 용서를 받아야 한다고 사람들은 말한다(āhuḥ, 3인칭 복수 완료형).

✤ 25.22 √vid "알다"는 완료형 활용에서 거듭이 없이 나타나고, 완료형이 사용되더라도 현재의 의미를 나타내는 표현으로 사용된다.

표25.12 √vid "알다"의 완료형

	단수	양수	복수
3.	वेद veda	विदतुः vidatuḥ	विदुः viduḥ
2.	वेत्थ vettha	विदथुः vidathuḥ	विद vida
1.	वेद veda	विद्व vidva	विद्म vidma

असन्नेव स भवति ।
असद्ब्रह्मेति वेद चेत् ।
अस्ति ब्रह्मेति चेद्वेद ।
सन्तमेनं ततो विदुर् । इति ।
तस्यैष एव शारीर आत्मा ।
यः पूर्वस्य । 『तैत्तिरीयोपनिषद्』

브라흐만은 있지/참되지 않다고 인식하는 경우에는, 그 [사람 자신이] 있지/참되지 않게 된다.
브라흐만은 있다고 인식하는 경우라면, 따라서 그 [사람을] 사람들이 있다고/참되다고 인식한다.
이것이(eṣaḥ) 바로 앞서 말한 것의 육화된 자아이다.

❖ 25.23 √ah "말하다"는 완료형 활용이 불완전한 활용인데, 의미상 현재의 의미로 사용되기도 하고 과거의 의미로도 사용되기도 한다.

표25.13 √ah "말하다"의 완료형

	단수	양수	복수
3.	आह āha	आहतुः āhatuḥ	आहुः āhuḥ
2.	आत्थ āttha	आहथुः āhathuḥ	

예문25.01 **सुयुद्धेन ततः स्वर्गं प्राप्स्यामि न तदन्यथेत्युक्तः सकृत्पौत्र इदमुत्तरं वाक्यं ददौ । यथा भवानाह तथा तत्सर्वं न तदन्यथेति ।**

"잘 싸웠기 때문에 따라서 나는 하늘나라에 갈 것이다. 틀림없다!"라는 말을 들은 손자는 단번에 이렇게 대답을 했다. "그대가 말씀하시는 것처럼 그렇게 모든 것이 될 것입니다. 다르게 될리 없지요."

न तदन्यथा na tad anyathā는 "(다르게는 아니다 →) 틀림없다!"라는 표현으로 관용화되어 자주 쓰이는 표현이다.

नल उवाच

एवमेतन्महावीर यथा स भगवानब्रवीत्तत्तथा न तदन्यथा ।

날라가 말했다.
"위대한 영웅이여! 그것은 존귀한 자가 말한 바 그대로이며 그와 다른 것이 아닌 바로 그대로이다."

अहिंसा परमो धर्मो ह्यहिंसैव परं तपः ।

अहिंसा परमं दानमित्याहुर्मुनयः सदा ॥ 『महासुभाषितसङ्ग्रहः』

불살생이 최상의 다르마이고 불살생이야말로 최고의 고행이다
불살생이 최상의 선물(보시)라고 항상 성자들은 말한다.

✤ 25.24 완료형의 예외적인 활용에서 √vid → veda; √ah → āha는 현재형의 의미로 사용되는 표현이면서 자주 사용되기 때문에 잘 익혀 두어야 한다. 그 외에 사용빈도가 높은 표현은 uvāca "말하다"; āsa "~이었다" 등이다. 이 표현들이 활용 형태상으로는 완료형의 예외적인 형태들이지만 가장 자주 등장하는 형태들이어서 주의가 필요하다.

निर्भयं सर्वभूतेभ्यो ददाम्येतद्व्रतं ममेति आत्थ किं तु त्वं प्रागधर्मयुद्धात् । एवमाह शत्रुणा विजितो ऽपि निर्भयो क्षत्रियः । शत्रुं च प्रत्युवाच वरमद्यैव मे मृत्युर्न च व्रतहानिरिति ।

"그러나 당신은 이 정의롭지 못한 전쟁 전까지는 '사람들에게 두려움으로부터의 해방을 주겠다고 하는 것이 나의 서약이다.'라고 말했다." 적에게 패배했지만 두려워하지 않는 끄샤뜨리야가 이와 같이 말했다. 또 적을 향해 "내게는 지금(adya-eva) 서약을 단념하는 것보다 차라리 죽음이 낫다."라고 대꾸했다.

대체완료형

✤ 25.25 말뿌리가 a-, ā-가 아닌 구루 음절을 만드는 모음으로 시작하는 경우와; 말뿌리 자체가 파생 활용으로 만들어진 경우와 (시킴형, 바람형, 명사유래형); 제10갈래 말뿌리들은 말뿌리를 거듭시켜서 완료형을 만들지 못한다. 따라서 대체완료형을 사용하게 된다.

✤ 25.26 대체완료형은 말뿌리 뒤에 뒷토 -ām을 붙여서 우선 명사부분을 만든다. 말뿌리는 일반적인 경우 구나형으로 강화한 이후에 -ām이 붙게 되고 말뿌리가 파생 동사인 경우라면 동사 말줄기형에 -ām을 붙인다. 그리고 나서 이 명사부분 뒤에 거듭을 통해 만들어진 √as; √kṛ; √bhū의 완료형을 첨가한다. P. 활용에서는 √as (→ āsa); √kṛ (→ cakāra); √bhū (→ babhūva) 형태를 모두를 사용하지만 Ā. 활용에서는 √kṛ (→ cakre) 형태만을 사용한다. 이 때

첨가되는 완료형태의 동사 부분은 주어의 인칭과 수에 일치해야 한다.

√cint "생각하다" (제10갈래) → cintayām-āsa / cintayāṃ-cakāra / cintayāṃ-babhūva

√budh "의식하다"

→ 시킴형 → bodhayām-āsa (-cakāra / -babhūva) "그가 깨웠다"

→ 바람형 → bubhutsām-āsa (-cakāra / -babhūva) "그가 알고 싶어 했다"

→ 강조형 → bobudhām-āsa (-cakāra / -babhūva) "그가 계속 깨어 있었다"

mantra [m.] 조언 → 명사유래형 mantrayate "말하다, 조언을 구하다, 상의하다" → mantrayām-āsa (-cakāra / -babhūva) "그가 상의했다"

Ā. 활용 대체완료형의 예를 보면 다음과 같다.

√īkṣ "보다" Ā. → 완료형 īkṣāṃ-cakre "그가 보았다"; īkṣāṃ-cakṛṣe "네가 보았다"; īkṣāṃ-cakṛmahe "우리가 보았다"

✣25.27 앞선 ✣25.25에 대한 예외로 √ās "앉다" → āsāṃ-cakre; √vid "알다" → vidāṃ-cakāra; √bhṛ "지니다" → bibharāṃ-cakāra의 경우에는 대체완료형이 쓰이는 경우도 있다.

देव्यः तस्याः पुत्रान्राज्ञो बिभावयिषामासुः ।

왕비들은 그들의 아들(들)을 왕(들)로 만들고 싶어 했다. (시킴형 바람형 대체완료형).

✣25.28 대체완료형의 명사부분과 동사부분을 떼어서 쓰거나 혹은 그 사이에 또 다른 말이 삽입되는 것도 가능하다.

सा कन्या मनसा चिन्तयां खल्वास कृष्णमेव सर्वदा ।

그 소녀는 마음으로 항상 끄리스나만을 진정 생각했다.

완료분사

✤25.29 완료형도 현재형이나 미래형처럼 완료형의 분사를 만들 수 있다. 그 의미는 과거의 능동적인 행위를 나타내는 분사이지만, 현실적으로는 단 몇 개의 동사에만 나타나는 제한된 용례를 갖는다. 다만 그 원칙을 익히기 위해 개략적으로 필요한 사항을 설명하겠다.

✤25.30 P. 완료분사형의 남성 말줄기는 뒷토 -vāṃs를 완료형의 약말줄기에 첨가해서 만든다. 예로 √kṛ → cakṛvāṃs가 된다. 만약 말뿌리가 단음절이라면 말뿌리와 -vāṃs 사이에 삽입모음 -i-가 첨가된다.

√tud → tutudvāṃs "때린, 때리던"
√jan → jajñivāṃs (약형 jajñuṣ-) "태어난, 태어났던"
√vac → ūcivāṃs (약형 ūcuṣ-) "말한, 말하던"
√pac → pecivāṃs (약형 pecuṣ-) "익힌, 익히던"
√nī → ninīvāṃs (ninyuṣ) "이끈, 이끌던"
√kṛ → cakṛvāṃs (cakruṣ) "한, 하던"
√dā → dadivāṃs (daduṣ) "준, 주던"

하지만

√vid → vidvāṃs (☞✤25.22) "안, 알던, 아는, 배운"

✤25.31 이 완료분사의 형태는 사용되는 일이 아주 드물다. 그런데 이 형태에 대해 우리가 알아야 할 이유가 있다면 아마도 딱 하나의 자주 사용되는 단어 때문일 것인데, 그것이 vidvāṃs라는 완료형 분사이다. 이말은 형용사로 "학식이 있는, 배운"의 뜻으로 종종 쓰인다. √vid는 완료형으로 쓰이더라도 완료의 의미를 갖지 않는 것은 물론이고(☞✤25.22; ✤25.24) 거듭이 나타나지도 않는다는 것은 √vid의 완료분사에도 그대로 적용된다.

❖ 25.31(01) 완료분사 vidvāṃs의 곡용에서 세말줄기 명사의 곡용처럼 강·중·약말줄기의 차이를 볼 수 있다.

표25.14 완료분사 vidvāṃs "학식이 있는, 배운"의 남성곡용

격	약칭	ekavacana	dvivacana	bahuvacana
임자격	N.	विद्वान् vidvān	विद्वांसौ vidvāṃsau	विद्वांसः vidvāṃsaḥ
대상격	A.	विद्वांसं vidvāṃsam	विद्वांसौ vidvāṃsau	विदुषः viduṣaḥ
수단격	I.	विदुषा viduṣā	विद्वद्भ्यां vidvadbhyām	विद्वद्भिः vidvadbhiḥ
위함격	D.	विदुषे viduṣe	विद्वद्भ्यां vidvadbhyām	विद्वद्भ्यः vidvadbhyaḥ
유래격	Ab.	विदुषः viduṣaḥ	विद्वद्भ्यां vidvadbhyām	विद्वद्भ्यः vidvadbhyaḥ
가짐격	G.	विदुषः viduṣaḥ	विदुषोः viduṣoḥ	विदुषां viduṣām
곳때격	L.	विदुषि viduṣi	विदुषोः viduṣoḥ	विद्वत्सु vidvatsu
부름격	V.	विद्वन् vidvan	विद्वांसौ vidvāṃsau	विद्वांसः vidvāṃsaḥ

여기에서 인칭뒷토가 모음으로 시작될 때에 약말줄기가 사용되는데 쌈쁘라싸라나 형태가 되어서 -uṣ로 축약되는 것에 주목하라.

तस्मै स विद्वानुपसन्नाय सम्यक्

प्रशान्तचित्ताय शमान्विताय ।

येनाक्षरं पुरुषं वेद सत्यं

प्रोवाच तां तत्त्वतो ब्रह्मविद्याम् । 『मुण्डकोपनिषद्』

가라앉은 마음을 갖추고 평정을 추구하며
올바른 방식으로 (스승에게) 다가온 그 (학생)에게 현명한 자(인 스승은)
브라흐만(에 대한) 그 지혜를 있는 그대로 가르쳤고,
이것을 통해 (그 학생은) 사라지지 않는 참된 인간(의 본질)을 파악했다(veda).

दैवाद्बालौ वीरौ पुमांसौ बभूवतुः सुन्दरतमनार्यौ व्यूवाहतुः ।

운명에 따라(← 운명 때문에) 두 소년은 용감한 두 대장부들이 되어 가장 아름다운 두 여인과 결혼했다(vi-√vah).

स्वर्गं जिगमिषां चकृवद्भिर्मानुषैः कार्यं कृतं ।

하늘나라에 가고 싶어 했던 사람들에 의해 의무가 행해졌다.

✣25.31(02) vidvāṃs의 중성곡용은 아래와 같다. 나머지 격들의 경우에는 앞선 남성 곡용과 일치한다.

표25.15 완료분사 vidvāṃs "학식이 있는, 배운"의 중성곡용

격	약칭	ekavacana	dvivacana	bahuvacana
임자격	N.	विद्वत् vidvat	विदुषी viduṣī	विद्वांसि vidvāṃsi
대상격	A.	विद्वत् vidvat	विदुषी viduṣī	विद्वांसि vidvāṃsi
부름격	V.	विद्वत् vidvat	विदुषी viduṣī	विद्वांसि vidvāṃsi

✣25.31(03) 여성형은 말줄기의 약형에 -ī가 첨가되어 만들어진다. 결국 viduṣī 형태가 되고 규칙적인 여성명사 곡용(☞표07.03)을 따른다.

✤ 25.32 완료분사의 Ā. 형태는 약말줄기의 뒤에 -āna(-āṇa)가 첨가되어 만들어진다. 이 -āna(-āṇa)가 첨가될 때에 말줄기의 형태는 모음으로 시작되는 인칭뒷토가 말줄기 뒤에 첨가될 때에 일어나는 변화와 같은 방식으로 처리하면 된다.

√kṛ → cakrāṇa "~한, ~하던"

√pac → pecāna "익힌, 익히던"

√nī → ninyāna "이끈, 이끌던"

곡용 형태는 -a의 규칙적인 곡용을 따른다.

쌍쓰끄리땀 단어 13: -a (taddhita-뒷토)

✤ 25.33 이 뒷토는 taddhita-뒷토들 중에서 가장 중요한 뒷토이다. 이 뒷토로 만들어지 단어의 여성형은 -ī가 된다. 말줄기의 첫 음절에 브릳디가 일어나고 -a가 (여성형은 -ī가) 뒤에 첨가된다. 앞선 kṛt-뒷토 -a와 함께 -a로 끝나는 끝모음 명사가 쌍쓰끄리땀에 많은 이유가 되는 뒷토라고 할 수 있다.

✤ 25.33(01) 이 뒷토의 의미는 주로 "~에서 유래되었다"는 의미에서 "~에 속한다"는 뜻이거나, 앞선 말줄기의 추상형을 만들어 낸다.

udumbara [m.] "우둠바라" (야생무화과)

→ **औदुम्बर** [a.] "우둠바라 나무로 만든"

muni [m.] "성인"

→ **मौन** [n.] "성인(muni)임, 침묵, 묵언, 과묵함"

putra [m.] "아들"

→ **पौत्र** [a.] "아들에 속하는" [m.] "손자"

guru [a.] "무거움, 중요함"

→ गौरव [n.] "무거움 혹은 중요함(guru)에 연관되는"

yuvan [a.] "젊은, 어린"

→ यौवन [n.] "젊음, 청춘, 사춘기, 청소년기"

manus [m.] "인간, 마누(인간의 시조)"

→ मानुष [m.] (인간에 속하는 →) "인류, 인간"

suvarṇa [n.] "금"

→ सौवर्ण [a.] "금으로 만든, 금으로 된" [n.] "금"

brahman [n.] "브라흐만" (우주 운행의 원리)

→ ब्राह्मण [m.] (브라흐만에 속하는 →) "사제"

śilā [f.] "바위, 돌, 암석"

→ शैल [a.] "돌로 만들어진, 돌로 이루어진, 바위로 이루어진, 돌과 같은"

deva [m.] "신"

→ दैव [n.] "신에 속하는 것, 운명"

tila [m.] "깨"

→ तैल [n.] "참기름, 기름"

śarīra [n.] "몸, 육체"

→ शारीर [a.] "육체의, 육체와 연관된"

✤ 25.33(02) "~에 부속된다"는 의미에서 가짐격의 의미에 가까운 "~에 속한다"라거나 "~을 안다", "~의 전문가이다"는 의미로 사용되기도 한다.

buddha [m.] "붇다" (깨달은 자)

→ बौद्ध [a.] "붇다(Buddha)와 연관된, 불교도의"

śiva [m.] "쉬바"

→ **शैव** [a.] "쉬바에 속하는, 쉬바 숭배전통의"

viṣṇu [m.] "비스누"

→ **वैष्णव** [a.] "비스누에 속하는, 비스누 숭배전통의"

yoga [m.] "요가"

→ **यौग** [a.] "요가 전통에 속하는, 요가 전문가"

vyākaraṇa [n.] "문법"

→ **वैयाकरण** [a.] "문법 전통에 속하는, 문법 전문가"

쌍쓰끄리땀 단어 14: -īya(taddhita-뒷토)로 끝나는 소유를 나타내는 형용사

✤25.34 명사나 대명사가 겹낱말 안에 사용되는 형태를 취한 후에 -īya가 첨가되어 소유를 나타내는 형용사를 만든다.

भगवदीय (← bhagavant) "바가받에 속하는" → "끄리스나/비스누 숭배자"

अन्यराष्ट्रीय "다른 왕국에 속하는, 다른 왕국의"

आपोहिष्ठीय "āpo hi ṣṭhā로 시작되는 *Ṛgveda* 10.9에 속하는 [구절들]"

स्वादुष्किलीया "svāduṣ kila라는 구절로 시작되는 *Ṛgveda* 4.47.01로 시작하는 [운문들]"

✤25.34(01) 대명사에 -dīya 형태의 뒷토가 첨가되어서 소유를 나타내는 형용사를 만들어 낸다.

aham “나” → मदीय [a.] “나의”

tvam “너” → त्वदीय [a.] “너의”

bhavant ”그대” → भवदीय [a.] “그대의”

vayam “우리” → अस्मदीय [a.] “우리의”

yūyam “너희들” → युष्मदीय [a.] “너희들의”

saḥ “그” → तदीय [a.] “그의”

sā “그녀” → तदीय [a.] “그녀의”

tat “그것” → तदीय [a.] “그것의”

연습문제

ᐅ 25.01 다음 문장을 한국어로 옮기시오.

ᐅ 25.01(01) यः शत्रुहस्तं चिच्छेद स एव त्रिलोचनः ।

ᐅ 25.01(02) ये ग्रामं तत्यजुस्ते युवका न प्रत्याजग्मुः ।

ᐅ 25.01(03) ब्राह्मणा देवायेजुश्च हवींषि जुहुवुश्च ।

ᐅ 25.01(04) मम पितरौ मम्रात इत्येको बाल उवाच ।

▷ 25.01(05) यदा राक्षसा वने सुषुपुस्तदाहं वनमाप ताञ्जघन च ।

▷ 25.01(06) यद्यूयमीष तदहमपीयेष किं त्वाप्तुं न शशाक ।

▷ 25.01(07) द्वौ व्याधौ मृगं ददृशतुरनुजग्मतुर्जगृहतू रज्जुना बबन्धतुश्च ।

▷ 25.01(08) धनी बुभूषामीति दरिद्रब्राह्मणो मेने ।

▷ 25.01(09) यदि तिलं पीडयेस्तर्हि तैलं लभेथा इति वचनं शुश्रोथ ।

▷ 25.01(10) यानि धनिजनो ददौ तान्यन्नजलानि पिपासुबुभुक्षुदरिद्रजनः पपौ च आद च ।

▷ 25.01(11) कुरुक्षेत्रे बन्धवः परस्परं जघ्नुरिति हास ।

D 25.01(12) इन्द्रः सोमं पपौ वृत्रं विजिगाय चेति हास ।

D 25.01(13) यो ऽहं सर्वविदित्याह तं वयं मूर्खमूचुः ।

D 25.01(14) बालशिष्यः किञ्चिन्न सम्यग्वेदाप्यात्मानं विद्वांसं गणयामास ।

D 25.01(15) भवदीयभार्यया सह कुत्र भवाञ्जिजीव ।

D 25.01(16) तव पतिस्त्वां विस्मरिष्यतीति शेपिवान्मुनिराश्रमं शीघ्रं तत्याज ।

D 25.01(17) आचार्यः शिष्यं बौद्धशास्त्रं पाथयां चकार ।

▷ 25.02 다음 이야기를 한국어로 옮기시오. (날라와 다마얀띠 이야기 10)

▷ 25.02(01)

किं तु दमयन्ती न किञ्चित्कर्तुं च कारयितुं चाशक्नोत् । सर्वथा नास्ति मम शक्तिर्नलं तत्त्वं बोधयितुमिति चिन्तयामास वैदर्भी । सा देवी यथाधर्मं राज्यं रक्षितुमियेष । अथ सा विदुषी देवी न उपायज्ञा बभूव न कञ्चिदुपायं ददर्श । सा सततं श्रेष्ठमुपायं बुभुत्सांचकार । इतरथा तु नलस्यास्वस्थां बुद्धिं मन्यमानाः सा नलस्य कृते तस्मिन्समये ऽप्यनेककार्यं चकार ।

▷ 25.02(02)

सा गुणवती देव्येकं सैनिकं हूत्वा तमुवाच । हे सैनिक सम्यक्शृणु । स राजराजो नलः सर्वदा त्वयि विश्वासं चकार । तस्याद्दृष्टपूर्वादाविष्टत्वादद्य स कष्टस्थाने ऽस्ति । राज्ञो रथं शीघ्रतमेनाश्वेन संयुङ्ग्धि । मम पुत्रौ चारोप्य विदर्भं प्रणयितुमर्हसि । मम पितरं विदर्भस्य महाराजमिमौ पुत्रौ शरणं गन्तुमर्हतो ऽवश्यमिति । एवमुक्तः सैनिकः प्रत्युवाचैवं भवत्विति । यथा भवती हृदीच्छति तथा करिष्यामीत्याह स देशकालज्ञः सैनिकः ।

▷ 25.02(03)

ततः स सैनिको राजपुत्राभ्यां सह प्राञ्चं पन्थानमनुजगाम । पञ्चभ्यो दिनेभ्यः परं ते विदर्भं दूरमीक्षांचक्रिरे । इहान्यराष्ट्रीयं देशं पश्याम इति ते मेनुः । देव्या द्वौ पुत्रावानयमिह । ततो मम कार्यं कृतम् । यदाचिन्नलो नश्येत्तदापि तस्य पुत्रौ सुखं जीवेतां यावज्जीवमिति स सैनिको ममान ।

▷ 25.02(04)

यो नलमापदं गमयितुमियेष तेन पुष्करेण नलस्य राज्यं नष्टम् । यथा

चाक्षाः पुष्करस्य वशे वर्तन्ते तथैवाक्षेषु नलस्येप्सितं न कदाचनादृश्यत । यदा यदा ह्यक्षप्रियो नृपः पुष्करेण जीयते तदा तदा जिगीषोर्नलस्य मोहो बहुलीबभूव । सर्वे मन्त्रिणो विदुषा महामन्त्रिणा सततं मन्त्रयाञ्चक्रुः । स महामन्त्र्येतद्वाक्यमुवाच । अथ त्वस्माकं राजा यथार्थानि वाक्यानि न शृणोति । तस्य राज्ञो रायः शेषो नास्तीति मन्ये । अस्माकं राजा तस्याक्षान्धत्वात्स्वराज्यं नाशयित्वा वनेचरो भविष्यति । तद्दुर्दैवं तदीयमिति ।

낱말 목록

√ah (완료형으로만 사용. 3인칭 단수와 복수가 주로 사용되고, 3인칭 āha āhatuḥ āhuḥ; 2인칭 단수와 양수 āttha, āhathus의 다섯 형태만 사용된다.) 말하다, 발언하다, 표현하다, 부르다, 선언하다, 언급하다, 인정하다, 판단하다

itihāsa [m.] 전래된 이야기, 전설, 전승, 옛 사건에 대한 이야기

kṣīra [n.] 우유, 굳은 우유(응유)

√gaṇ 10P. [gaṇayati] 셈하다, 세다, 더하다, 간주하다, 이해하다, 참작하다, 계산에 넣다.

gardabha [m.] 나귀
[f.] -ī. 암나귀

√ci 5P.Ā. [cinoti, cinute] 쌓다, 쌓아 올리다, 포개어 정열하다, 구조를 만들어 내다, 모으다

tvadīya [a.] 너의

durdaiva [n.] 불운, 불행, 나쁜 운명

dhanin [a.] 재산을 가진, 부를 소유한, 부유한
[m.] 부자, 소유자, 채권자

bandhu [m.] 연결, 연관, 관계, 유대, 친척, 친지, 친구

vanecara [a.] 숲에서 사는, 숲에서 돌아다니는 (사람, 동물, 괴물 등)

vyādha [m.] (찌르는, 다치게 하는 사람) 사냥꾼, 사슴사냥꾼

śārīra [a.] 육체의, 육체와 연관된, 육체를 가진
[n.] 신체조직, 해부학, 배설물, 육화된 영혼

sadā [adv.] 항상, 늘

ha [adv.] (앞선 말을 강조하기 위해 사용되는 어조사) 실로, 사실, 바로

√hi 5P. [hinoti] 던지다, 움직이도록 밀다, 앞으로 밀치다, 자극하다, 고무시키다

제26과
संस्कृतवाक्योपक्रिया

접때형(aorist)

✣26.01 접때형은 고전쌍스끄리땀에서 과거의 사태를 서술하는 또 다른 형태이다. 인도고전문법전통에서 adyatanabhūte luṅ이라고 해서 "오늘 있었던 과거"의 일을 나타낸다고 이름을 붙이고, 아주 가까운 과거의 일을 나타낸다고 해석해서 다른 과거형들과 의미 상의 차이를 두고자 하지만, 실제 용례에서 이 구분은 적용되지 않는다. 고전쌍쓰끄리땀에서는 앞서 배운 과거형, 완료형과 함께 과거를 표현하는 또 다른 형태일 뿐이다. 따라서 한국말로 "접때"라는 말이 가까운 과거를 나타내는 말이기는 하지만, 쌍쓰끄리땀의 접때형은 단순한 과거형일 뿐이다.

✣26.02 접때형을 만들 때 말뿌리의 앞에 과거보탬말 a-(☞✣12.02(01))가 첨가되며 말뿌리 뒤에는 제이인칭뒷토(☞표12.01)가 첨가되는 것이 일반규칙이다. 과거보탬말 a-는 앞서 과거형에서 보았듯이 과거를 나타내는 요소이다. 그런데 접때형에서는 a-가 첨가되어 있다고 해도, 이 접때형에 상응하는 현재형이 따로 있는 것이 아니다. 다시 말해서 첨가된 과거보탬말 a-를 떼어낸다고 해서 과거의 의미가 아닌 현재의 의미를 갖는 어떤 형태가 만들어지는 것이 아니라는 말이다. 단순한 과거형의 경우에는 과거형에 사용된 과거보탬말 a-를 제거하면 현재형 말줄기의 형태가 드러난다는 사정과는 큰 차이가 있다. 형태를 보더라도 과거형은 현재말줄기를 사용하고 접때형은 말뿌리를 사용해서 만들기 때문에 똑같이 과거 붙임말 a-가 앞에 첨가되어 있더라도 그 형태가 명확하게 구분되는 경우들이 있다.

✣26.03 접때형은 크게 세 가지 형태로 나누어지는데 이 세 가지는 단순접때형(simple aorist); 거듭접때형(reduplication aorist); 갈이소리접때형(sibilant aorist)이다. 이 셋 각각에서 다시 종류가 나뉠 수 있어서 결국 일곱 가지의 형태로 나뉜다. 아래의 동그라미 속 번호는 우리가 각 형태를 공

부할 순서를 나타내는 번호이다. 이 순서는 학습자를 배려하여, 사용되는 빈도와 중요도를 반영해서 임의로 정해진 순서이며, 이론적인 의미가 있는 것은 아니다. 학습자들에게는 앞 번호에 해당하는 것들이 더 주목해서 배워야 하는 내용이라는 뜻이 된다.

표26.01 접때형의 일곱 가지 형태 개괄

	단순접때형	거듭접때형	갈이소리접때형
고정형 말줄기	⑥ a-접때형	⑦ 거듭접때형	① -sa-접때형
비고정형 말줄기	⑤ 말뿌리 접때형		② s-접때형
			③ iṣ-접때형
			④ siṣ-접때형

✤26.04 동사 말뿌리의 형태를 보고서 그 말뿌리에서 어떠한 접때형이 만들어질지를 알 수 있는 방법은 없다. 따라서 말뿌리의 형태에 따라 접때형이 어떻게 만들어지는지를 규정하는 법칙을 배울 수는 없다. 따라서 우리가 말뿌리의 형태를 보고 그 말뿌리가 현재말줄기를 만드는 10개의 갈래들 중 어느 갈래에 속하는지를 알 수 없는 상황과 같다고 생각하면 된다. 그런데 학습자들에게 더 큰 어려움을 주는 것은 하나의 말뿌리가 일곱 가지의 접때형들 중 여럿에 속하는 경우들도 있다는 사실이다. 많은 형태의 접때형이 가능한 말뿌리의 경우 어떤 접때형들에 속하는지에 대한 규칙을 설명할 방법도 없다. 이러한 사실이 접때형을 배우고 익히는 것을 어렵게 만드는 근본적인 이유가 된다. 이러한 맥락을 염두에 두고 천천히 익혀 나가기 바란다.

✤26.05 접때형이 사용되는 빈도는 일반적으로 완료형보다 더 낮다. 그리고 역사적으로 다양한 발전의 결과로 만들어진 형태들이 함께 접때형을 구성하고

있기 때문에, 명확한 규칙들을 통해 그 형태를 규정하고 배우는 것은 거의 불가능하다. 하지만 이 형태가 시대적으로 또 인도고전의 장르에 따라 드물지 않게 사용되기 때문에, 고전쌍쓰끄리땀을 배우는 일에서 크게 부족한 대목이 자리 잡지 않도록 하기 위해 접때형의 형태를 인지하고 이해하는데 필요한 기초적인 정보를 빠짐없이 제시하고자 한다. 하지만 학습자들은 중요한 형태들과 자주 사용되는 동사들을 중심으로 개괄적인 내용을 익혀 둘 것을 권한다.

갈이소리접때형

✣26.06 갈이소리접때형은 -s-가 말뿌리에 첨가되는 형태를 기본으로 하는데 그 뒤에 고정형 모음 -a-가 사용되는 경우도 있고 아닌 경우도 있어서, 전자의 경우 -sa가 말뿌리에 첨가되는 결과가 되고 (sa-접때형) 후자는 -s가 첨가되는 것으로 끝난다 (s-접때형). 그런데 첨가되는 -s앞에 i가 삽입되는 경우라면 당연히 싼디에 따라 -iṣ가 되어야 하니 결국 -iṣ가 첨가되는 결과가 된다 (iṣ-접때형). 그런데 -siṣ가 첨가되는 경우에는 말뿌리가 -ā로 끝나는 동사들에만 첨가되기 때문에 -siṣ가 -ṣiṣ로 바뀌는 일이 없어서 고정적으로 -siṣ가 첨가되는 말뿌리들이 따로 있는 셈이 된다. 따라서 sa-접때형만이 고정형 모음(☞✣10.09)을 갖게 되므로 당연하게 고정형 말줄기를 만들게 되며, 나머지 갈이소리접때형들은 비고정형 말줄기를 만들게 된다.

✣26.07 이러한 형태들을 본다면 갈이소리접때형의 경우에는 그 어형변화를 상당히 규칙적으로 설명하고 이해할 수 있다. 또한 실제로 사용되는 접때형들 중에서 가장 자주 사용되는 형태들이기도 하다.

✣26.08 갈이소리접때형은 과거보탬말 a-를 말뿌리 앞에 붙이고, 제이인칭뒷토를

사용한다. 또한 일반적으로 갈이소리접때형은 P.와 Ā.형 모두를 사용한다. 만약 말뿌리접때형⑤이 Ā.로 활용되어야 할 경우에는 갈이소리접때형의 Ā. 형태를 사용한다. (☞✣26.25)

갈이소리접때형 첫 번째 ①: sa-접때형

✣26.09 말뿌리들 중에서 -ś, -ṣ, -h로 끝나는 것들만 해당된다. 따라서 싼디규칙에 따라 -sa가 첨가되면 말뿌리 끝소리가 -k가 되므로 결국 접때형말줄기는 -kṣa- 형태를 갖게 된다.

✣26.10 sa-접때형은 20개 조금 넘는 동사에서 사용되는 형태이지만, 이들 중의 아주 적은 수는 자주 사용된다.

✣26.11 말뿌리의 모음은 i, u, ṛ 중의 하나이다. 말뿌리는 강화되지 않고 앞에 과거형보탬말 a-를 붙이고, 뒤에 sa-가 첨가되어 말줄기가 만들어진다.

✣26.12 예를 들자면 √diś "가리키다" 의 접때형을 들 수 있다.

표26.02 sa-접때형: √diś "가리키다"의 접때형 활용

	P.			Ā.		
	단수	양수	복수	단수	양수	복수
3	अदिक्षत् adikṣat	अदिक्षताम् adikṣatām	अदिक्षन् adikṣan	अदिक्षत adikṣata	अदिक्षाताम् adikṣātām	अदिक्षन्त adikṣanta
2	अदिक्षः adikṣaḥ	अदिक्षतम् adikṣatam	अदिक्षत adikṣata	अदिक्षथाः adikṣathāḥ	अदिक्षाथाम् adikṣāthām	अदिक्षध्वम् adikṣadhvam
1	अदिक्षम् adikṣam	अदिक्षाव adikṣāva	अदिक्षाम adikṣāma	अदिक्षि adikṣi	अदिक्षावहि adikṣāvahi	अदिक्षामहि adikṣāmahi

स मुनिरदेश्यमधर्मपूर्वकं युद्धमदिक्षत् ।

그 성자는 눈 앞에 있지는 않은 올바르지 못한 일에서 비롯된 전쟁을 지적했다.

adharma-pūrva-ka에서 bahuvrīhi-겹낱말을 표시하는 -ka의 용례를 볼 수 있다.

갈이소리접때형 두 번째 ②: s-접때형

✤26.13 이 형태는 접때형 중에서는 상대적으로 자주 사용되는 형태라고 할 수 있다. 일반적으로 aniṭ-말뿌리들이 이 형태의 접때형을 취한다.

✤26.14 이 형태는 과거보탬말 a-를 말뿌리에 붙이고 말뿌리는 강화된다. 강화된 말뿌리 뒤에 -s가 첨가된다.

✤26.14(01) 말뿌리를 강화시키는 방식은 다음과 같다.

말뿌리 끝모음은 P.에서는 브릳디형으로 Ā.에서는 구나형으로 강화된다. 하지만 말뿌리의 중간에 있는 모음은 라구 음절인 경우에 P.에서는 브릳디형으로 강화되지만 Ā.에서는 변화하지 않는다. 그리고 Ā.에서 말뿌리 끝모음이 -ṛ인 경우 Ā.에서는 강화시키지 않는다.

접때형말줄기들의 예를 보자면 다음과 같다.

√nī "이끌다" →	P. anaiṣ-	Ā. aneṣ-
√śru "듣다" →	p. aśrauṣ-	Ā. aśroṣ-
√kṛ "하다" →	P. akārṣ-	Ā. akṛṣ-
√tud "때리다" →	P. atauts-	Ā. atuts-
√dṛṣ "보다" →	P. adrākṣ-	Ā. adṛkṣ-

✤26.15 제이인칭뒷토(☞표12.01)가 사용되는 데에도 세 가지의 큰 예외 사항이 있다.

✤ 26.15(01) 3인칭 복수 P.는 -an이 아니라 -uḥ (← -ur)이며 3인칭 복수 Ā.는 -anta가 아니라 -ata이다.

✤ 26.15(02) 3인칭과 2인칭 단수 P.에서 인칭뒷토의 앞에 -ī-가 삽입된다. 결과적으로 인칭뒷토가 2인칭 단수 P. -īs; 3인칭 단수 P. -īt가 된다.

✤ 26.15(03) 인칭뒷토가 t-나 th-로 시작되면서 동시에 짧은 모음이 앞서 있거나, 콧소리 혹은 r가 아닌 자음이 앞서 있을 때에는 접때형 표식 -s-가 탈락된다.

예로 √tud "때리다"의 2인칭 복수 P.는 atautta (← a-taut-s-ta); 3인칭 단수 Ā.는 atutta (←a-tut-s-ta)가 된다. √kṛ "하다"의 2인칭 복수 P.는 akārṣṭa 이지만, 3인칭 단수 Ā.는 akṛta가 된다. √dā "주다"의 2인칭 단수 Ā.는 adithāḥ가 된다. √man "생각하다"의 3인칭 단수 Ā.는 amaṃsta가 된다.

그리고 인칭뒷토 -dhvam (2인칭 복수 Ā.) 앞에서는 항상 접때형 표식 -s-가 탈락된다. 인칭뒷토 -dhvam은 a, ā가 아닌 모든 모음 뒤에서 -ḍhvam으로 바뀐다.

✤ 26.15(04) 학습자들은 -īs; -īt인칭뒷토를 눈여겨 보아야 한다. 이 장모음 -ī-의 삽입이 바로 접때형이 사용되고 있다는 사실을 알아 볼 수 있게 해 주는 중요한 단서가 되기 때문이다.

✤ 26.16 이에 따라 앞서 확인한 접때형 말줄기들의 구체적인 활용 형태들을 보자면 다음과 같다.

√nī "이끌다" →	P. anaiṣ- → anaiṣīt "그가 이끌었다"
	Ā. aneṣ- → aneṣṭa "그가 이끌었다"
√śru "듣다" →	P. aśrauṣ- → aśrauṣīt "그가 들었다"
	Ā. aśroṣ- → aśroṣṭa "그가 들었다"
√kṛ "하다" →	P. akārṣ- → akārṣuḥ "그들이 했다"
	Ā. akṛṣ- → akṛṣata "그들이 했다"

√tud "때리다" → P. atauts- → atautsuḥ "그들이 때렸다"

Ā. atuts- → atutsata "그들이 때렸다"

√dṛṣ "보다" → P. adrākṣ- → adrākṣīḥ "네가 보았다"

Ā. adṛkṣ → adṛkṣātām "그들 둘이 보았다"

✤26.17 s-접때형의 예를 들자면 √nī "이끌다" 의 접때형을 들 수 있다.

표26.03 s-접때형: √nī "이끌다"의 접때형 활용

	P.			Ā.		
	단수	양수	복수	단수	양수	복수
3	अनैषीत् anaiṣīt	अनैष्टाम् anaiṣṭām	अनैषुः anaiṣuḥ	अनेष्ट aneṣṭa	अनेषाताम् aneṣātām	अनेषत aneṣata
2	अनैषीः anaiṣīḥ	अनैष्टम् anaiṣṭam	अनैष्ट anaiṣṭa	अनेष्ठाः aneṣṭhāḥ	अनेषाथाम् aneṣāthām	अनेढ्वम् aneḍhvam
1	अनैषम् anaiṣam	अनैष्व anaiṣva	अनैष्म anaiṣma	अनेषि aneṣi	अनेष्वहि aneṣvahi	अनेष्महि aneṣmahi

युवराजः स्वकर्मणि यौवराजिके न कल्पो तथा न शासितुं कल्प इत्यश्रौषमहमेव।

"왕세자는 자신의 일, 왕세자의 일에 무능하고 또 다스릴 줄 모른다."라고 나는 들었다(aśrauṣam).

갈이소리접때형 세 번째 ③: iṣ-접때형

✤26.18 -iṣ-접때형은 s-접때형보다 드물지만 형태가 비슷한데, 주로 seṬ-말뿌리의 접때형으로 사용된다. 접때형 표식 -s- 앞에 iṬ가 사용된 형태이기 때문이다.

✤26.19 -iṣ-접때형은 과거 보탬말 a-를 말뿌리 앞에 붙이고 말뿌리 뒤에 -iṣ를 첨가한다. 이때 말뿌리는 강화된다. 말뿌리가 강화되는 방식은 앞선 s-접때형과 거의 마찬가지인데 약간의 차이가 있다.

✤26.19(01) 말뿌리 끝모음이 강화될 때 P.에서는 브릳디, Ā.에서는 구나형으로 강화되는데, 말뿌리가 -ṛ로 끝나는 경우에도 강화의 대상이 된다는 것이 차이이다. 아래 말뿌리의 예를 보라.

√pū "깨끗하게 하다" → P. apāviṣ- Ā. apaviṣ-

apāviṣam "내가 깨끗하게 했다" P.; apaviṣi "내가 깨끗하게 했다" Ā.

✤26.19(02) 말뿌리 중간에 오는 모음은 a가 아니라면 라구 음절인 경우에 P.와 Ā.에서 구나형이 된다.

√budh "의식하다" → P. abodhiṣ- Ā. abodhiṣ-

abodhiṣam "내가 의식했다" P.; abodhiṣi "내가 의식했다" Ā.

✤26.19(03) 하지만 구루 음절을 이루는 경우 다르다.

√jīv "살다" → P. ajīviṣ- Ā. ajīviṣ-

संवत्सरेण हि वयं त्वामन्वजीविष्म । त्रयोदशे संवत्सरे त्वां त्यक्ष्यामः ।

1년 동안 우리는 그대를 따라 (함께) 살았다(anu-√jīv). 13년이 지나고 나서 그대를 (버리고) 떠날 것이다.

시간을 나타내는 표현을 수단격으로 사용하면 "~동안, ~의 시간이 걸려"를 뜻하고 곳때격을 사용하면 "~의 기간 안에, ~의 기간이 지나고 나면"을 의미한다.

✤26.19(04) 그런데 말뿌리 중간의 모음이 -a-일때 간혹 P.에서 강화되는 경우도 있지만, 많은 경우에는 P.와 Ā. 모두에서 그대로 남는다.

브릳디형으로 강화되는 예는

√vad "말하다" → avādiṣam "내가 말했다" (P.)

브릳디형으로 강화되거나 혹은 되지 않거나 모두 가능한 경우

√paṭh "낭송하다" → apāṭhiṣam/apaṭhiṣam "내가 낭송했다" (P.)

강화되지 않는 경우들은

√kram "걷다" → akramiṣam "내가 걸었다" (P.)

√grah "쥐다" → agrahīṣam "내가 쥐었다" (P.)

✣26.20 iṣ-접때형에 인칭뒷토를 사용하는 것은 앞선 s-접때형의 경우와 대략 일치한다. (☞✣26.15) 특히 ✣26.15(02)의 규정도 똑같이 적용되는데, -īt와 -īs 뒷토 앞에서 접때형 표식인 갈이소리가 탈락된다.

√budh "의식하다" → abodhīt "그가 의식했다" (P.)

abodhīḥ "네가 의식했다" (P.)

अथ ते विस्मयमुपगता धर्माधिकाराः कथमुदुम्बरो मन्त्रयिष्यतीत्यबोधिषुः ।

그러자 놀라워하게 된 재판관들은 "어떻게 우둠바라나무가 말을 할 것인가?"라고 생각했다.

갈이소리접때형 네 번째 ④: siṣ-접때형

✣26.21 siṣ-접때형은 -ā나 복합모음 혹은 -am으로 끝나는 동사 말뿌리를 가진 몇몇 동사에서 사용되고, 그 빈도는 다른 갈이소리접때형보다 더 낮다. √nam "인사하다"; √yam "떠받치다, 뻗치다"; √ram "기뻐하다"가 여기에 해당된다.

✣26.22 활용은 P.형태만 이루어지며 Ā.형은 s-접때형과 동일하게 이루어진다. 활용이 이루어지는 방식은 ✣26.20과 일치한다.

√yā "가다" → ayāsiṣam "내가 갔다" P.; ayāsīt "그가 갔다" P.; ayāsīḥ "네가 갔다" P.

√ram "기뻐하다" → araṃsiṣam "내가 기뻐했다" P.

महामन्त्री पञ्चतामयासीत् ।

가장 높은 재상은 죽었다.

शुचिमानसान्धयोगिनो मनो नेत्रतामगमत् ।

정화된 마음을 가진 눈 먼 수행자의 마음은 눈이 되었다.

✤26.23 추상명사를 대상격으로 사용하고 "가다"의 표현을 결합시키면, "~한 상태, ~이 되다"의 의미로 변화를 표현하는 방법으로 사용된다. "다섯요소임(pañcatā)으로 가다"는 다섯 물리적인 근본요소로 돌아가다는 뜻이고 죽는다는 의미이다.

단순접때형 첫 번째 ⑤: 말뿌리접때형

✤26.24 단순접때형은 말뿌리접때형과 a-접때형의 두 가지 형태가 있는데 이 중에서 말뿌리접때형은 -ā로 끝나는 말뿌리를 가진 소수의 동사와 √bhū에만 적용되는 드문 형태이다.

✤26.25 말뿌리접때형은 P.로만 사용되는 것이 일반적이다. -ā로 끝나는 말뿌리를 가진 동사의 Ā. 형태는 ② s-접때형으로 만들어진다. 말뿌리접때형을 만드는 방법은 아래와 같다.

✤26.25(01) 과거보탬말 a-가 말뿌리 앞에 첨가되고 말뿌리는 강화되지 않은 채로 접때형말줄기가 완성된다.

✤26.25(02) 이 말줄기 뒤에 제2인칭뒷토가 붙게 되는데 P. 3인칭 복수에서 인칭뒷토 -ur가 사용된다.

✤26.25(03) P. 3인칭뒷토 복수형 -ur 앞에서 말뿌리의 장음 -ā는 탈락된다.

✤26.25(04) √bhū는 예외적인 활용을 보이는데, P. 3인칭뒷토 복수형 -an을 취하며, 모음으로 시작되는 인칭뒷토 앞에서 -v-가 첨가되어 bhūv-가 된다.

✤26.26 √bhū와 √dā의 말뿌리 접때형 활용을 보자면 다음과 같다.

표26.04 말뿌리접때형 √bhū "~이다, 있다, 되다"와 √dā "주다"의 접때형 활용

	√bhū의 접때형 P.			√dā의 접때형 P.		
	단수	양수	복수	단수	양수	복수
3	अभूत् abhūt	अभूताम् abhūtām	अभूवन् abhūvan	अदात् adāt	अदाताम् adātām	अदुः aduḥ
2	अभूः abhūḥ	अभूतम् abhūtam	अभूत abhūta	अदाः adāḥ	अदातम् adātam	अदात adāta
1	अभूवन् abhūvam	अभूव abhūva	अभूम abhūma	अदाम् adām	अदाव adāva	अदाम adāma

이 표에서 √dā의 3인칭 복수는 aduḥ가 되면서 말뿌리 √dā가 직접 드러나지 않는 것에 유의할 필요가 있다. √bhū의 접때형은 이 동사 자체가 자주 사용되는 동사이기 때문에 주목해서 보아 두어야 한다.

मम माता मे जीवमदात् । मम पितापि मे जनयिताभूत् ।

나의 어머니가 내게(D.) 생명을 주었다. 내 아버지도 또한 나의(G.) 낳아준 사람(janayitṛ)이었다.

✤26.27 이상에서 보듯 말뿌리접때형은 과거 보탬말 a-를 사용하고 제2인칭뒷토를 사용한다는 면에서 과거형과 일치한다. 하지만 말뿌리접때형은 말뿌리를 그대로 사용하는 대신 (예로 abhūt), 과거형은 현재형 말줄기를 사용한다는

사실에 (예로 abhavat) 차이가 있다.

단순접때형 두 번째 ⑥: a-접때형

✤26.28 a-접때형은 과거보탬말 a-가 말뿌리 앞에 첨가되고 말뿌리 뒤에 고정형 모음 -a를 첨가한 뒤에 제2인칭뒷토를 사용하여 활용이 이루어진다.

✤26.29 Ā. 형태는 거의 사용되지 않는다. 말뿌리가 -ṛ로 끝날 때에만 말뿌리가 구나형으로 강화되고 그 외에는 말뿌리의 강화가 일어나지 않는다. 예로 √śak → aśakam "내가 할 수 있었다"; √sṛ → asaram "내가 이동했다"를 들 수 있다.

✤26.30 따라서 a-접때형은 제6갈래 동사의 과거형과 똑같이 만들어진다. 하지만 a-접때형을 만드는 동사들은 많은 수의 제4갈래 동사들, 그리고 제1갈래와 제6갈래 동사들 중의 불규칙적인 동사들이다.

√krudh "화가 나다" → akrudham "내가 화가 났다"
√sad "앉다" → asadam "내가 앉았다"
√śās "가르치다" → aśiṣam "내가 가르쳤다" (☞✤11.19)
√khyā "말하다" → akhyam "내가 말했다"
√dṛś "보다" → adarśam "내가 보았다"
√vid "찾다" → avidam "내가 찾았다"

✤26.31 특히 자주 쓰이는 √vac는 접때형 활용을 위한 말줄기의 형태로 불규칙하게 만들어진 voc-를 사용한다는 것에 주목하면서 아래 √gam과 √vac의 a-접때형 활용 형태를 보라.

표26.05 a-접때형: √gam "가다"와 √vac "말하다"의 접때형 활용

	√gam의 접때형 P.			√vac의 접때형 P.		
	단수	양수	복수	단수	양수	복수
3	अगमत् agamat	अगमताम् agamatām	अगमन् agaman	अवोचत् avocat	अवोचताम् avocatām	अवोचन् avocan
2	अगमः agamaḥ	अगमतम् agamatam	अगमत agamata	अवोचः avocaḥ	अवोचतम् avocatam	अवोचत avocata
1	अगमम् agamam	अगमाव agamāva	अगमाम agamāma	अवोचम् avocam	अवोचाव avocāva	अवोचाम avocāma

거듭접때형 ⑦

✤26.32 거듭접때형은 거듭을 사용해서 말줄기를 만든 이후에 과거보탬말 a-를 앞에 붙이고 고정형 모음 -a-를 뒤에 붙인다. 그리고 나서 제2인칭뒷토가 사용된다. 이 형태를 따르는 동사는 아주 드물다.

✤26.33 거듭은 일반적인 거듭의 규칙을 따르며 말뿌리의 a와 ṛ모음은 거듭소리에서 i로 바뀐다.

✤26.33(01) 말뿌리 끝소리 -i, -u는 -iy, -uv로 바뀐다.

√dru "달리다" → adudruvam "내가 달렸다"

✤26.33(02) 거듭소리를 만드는 특징적인 차이는 거듭소리와 말뿌리의 음절이 반드시 구루와 라구의 교대로 이루어지도록 만드는 성향을 강하게 드러낸다는 점이다. 즉 말뿌리가 구루이면 거듭소리는 라구로 말뿌리가 라구이면 거듭소리는 구루가 되도록 만들어 낸다.

✤ 26.33(03) 따라서 말뿌리 중간의 모음 -a-는 말뿌리의 음절 자체가 구루일 때에만 라구-구루의 짝을 맞출 때 거듭소리가 라구이게 되어 그대로 남게 된다. 그런데 이런 경우는 거의 없다. 따라서 말뿌리의 음절이 라구인데 중간의 모음이 -a-라면 이 모음이 사라지게 되어 구루-라구의 짝을 이룬다. 이러한 형태가 일반적이다.

√pat "떨어지다" → apaptam "내가 떨어졌다"; apaptat "그가 떨어졌다"
√śam "조용해지다" → aśīśamam "내가 안정시켰다"; aśīśamat "그가 안정시켰다"

✤ 26.34 이상의 규정에 따라 이루어지는 거듭접때형 활용은 고정형 모음 -a-의 뒤에 제2인칭뒷토가 사용되다 보니 마치 고정형 갈래 동사의 과거형인 것처럼 보이게 된다. 거듭접때형 자체가 아마도 역사적으로 제3갈래 동사의 과거형에서 비롯되었기 때문에 생긴 현상이라고 보인다.

✤ 26.35 거듭접때형은 주로 제10갈래 동사와 시킴형의 접때형으로 간주된다. 하지만 말줄기가 아니라 말뿌리 자체에서 거듭접때형이 만들어진다는 사정을 고려하면 형태 자체로 보아 분명하게 시킴형에서 만들어진 접때형이라고 인지하기에는 어려움이 있다. 하지만 관행적으로 거듭접때형이 제10갈래 동사와 시킴형의 접때형일뿐 아니라 모든 파생 활용형의 접때형이라고 간주되므로, 거듭접때형을 대할 때 이를 받아들이는 사람이 시킴형의 접때형이라고 그 의미를 이해하는 것이 일반화되어 있다. 예를 들어 √jan의 시킴형 janayati의 말줄기 janaya-에서 접때형이 만들어진 것이 아니고 √jan에서 말줄기가 만들어지기 때문에 ajījanam 이 "내가 태어났다"가 아니라 "내가 낳았다"의 의미로 이해되는 것은 거듭접때형을 사용한 이유가 곧 √jan의 시킴형을 의도했기 때문으로 해석되기 때문이다. 따라서 아래의 거듭접때형들은 시킴형의 접때형으로 이해된다.

√budh "알고 있다" → abūbudham "내가 설명했다"; abūbudhat "그가

설명했다"

√jīv "살다" → ajījivam "내가 살렸다"; ajījivat "그가 살렸다"

✣26.36 √jan "태어나다"의 시킴형 "낳다, 생겨나게 하다"(a-jī-jan-a-)의 접때형 활용

표26.06 √jan "태어나다"의 시킴형 접때형 활용

	P.			Ā.		
	단수	양수	복수	단수	양수	복수
3	अजीजनत् ajījanat	अजीजनताम् ajījanatām	अजीजनन् ajījanan	अजीजनत ajījanata	अजीजनेताम् ajījanetām	अजीजनन्त ajījananta
2	अजीजनः ajījanaḥ	अजीजनतम् ajījanatam	अजीजनत ajījanata	अजीजनथाः ajījanathāḥ	अजीजनेथाम् ajījanethām	अजीजनध्वम् ajījanadhvam
1	अजीजनम् ajījanam	अजीजनाव ajījanāva	जीजनाम ajījanāma	अजीजने ajījane	अजीजनावहि ajījanāvahi	अजीजनामहि ajījanāmahi

महार्षिकल्पो वैद्यस्तं मृतकल्पं सैनिकमजीजिवत् ।

위대한 성인이나 다름없는 의사는 다 죽은 군인을 살려냈다.

✣26.37 kalpa [m.] "행동 방식, 수행 방법"은 bahuvrīhi-겹낱말 뒷자리 말(ifc.)로 사용되어 "거의 ~인, ~이나 다름없는"의 의미로 사용된다.

수동접때형

✣26.38 접때형이 또다른 때매김의 형태이기 때문에 원칙적으로 접때형의 다른 활용

형태들, 즉 분사형, 명령형, 가상형 등등이 만들어지고 사용되어야 할 것이다. 하지만 실제로 단순한 접때형 이외의 형태들이 고전쌍쓰끄리땀에서 사용되는 일은 거의 없다. 다만 알아 둘 만한 형태는 접때형의 Ā.형태를 사용한 수동형과 과거보탬말 a-가 없이 사용되는 금지형(↳✤26.42)이다.

✤26.39 접때형의 Ā. 형태를 사용한 수동형이 만들어지는데 사용되는 것은 3인칭 단수형에 국한되며 그 형태도 규칙적인 수동형은 아니다. 역사적으로는 3인칭 Ā. 접때형의 독특한 활용이 접때형 수동형으로 사용된 것이라고 생각하면 된다. 이 수동접때형을 만드는 방법은 다음과 같다.

✤26.40 과거보탬말 a-가 앞에 붙고 강화된 말뿌리의 뒤에 모음 -i를 첨가한다.

✤26.41 이때 말뿌리가 강화되는 방식은 다음과 같다.

✤26.41(01) -i 앞에 오는 말뿌리의 마지막 모음이나 말뿌리 중간의 모음 -a-는 라구 음절인 경우에는 브릳디형을 취한다.

✤26.41(02) 말뿌리 중간에 있는 -a- 이외의 다른 모음은 구나형을 취한다.

✤26.41(03) 말뿌리 끝모음이 -ā인 경우 -i앞에 y가 첨가되어 -yi가 말뿌리 뒤에 붙게 된다. 수동접때형의 예는 다음과 같다.

√jñā "알다" → ajñāyi "그것이 알려졌다"
√kṛ "하다" → akāri "그것이 행해졌다"
√gam "가다" → agāmi "그것이 가졌다"

दुर्ज्ञेयो हि धर्मः शूद्रयोनौ वर्तता नामेत्यज्ञायि मया । ततो न त्वां शूद्रमहं मन्ये । भवितव्यं हि कारणं येन कर्मविपाकेन प्राप्तेयं शूद्रता त्वया ।

천민 태생인 자(← 천민의 자궁에서(곳때격) 생겨난 자에 의해, √vṛt의 현재분사 수단격)가 다르마를 알기는 어려운 법이라고 내가 알고 있다. 그러니 나는 네가 천민이라고 생각하지 않고, 네가 이(iyam, f.) 천민의 지위에 이르게 된 (이전 행위의 결과가) 익어서 (때가 되어 나타난) 이유가 있을 것임에 틀림이 없다.

금지형(prohibitive/injunctive)

✤26.42 금지형은 접때형에서 과거보탬말 a-를 제거한 말을 금지 조사 mā와 결합시켜 사용하는 형태이다. 고전쌍쓰끄리땀에서 사용되는 빈도를 고려하면 최소한 과거의 사실을 서술하기 위해 사용되는 접때형만큼은 중요한 형태라고 할 수 있다. 따라서 실질적으로는 중요한 쓰임새를 가진 형태라고도 할 수 있다. 일반적으로 부정어 mā에 뒤따르는 말의 형태에 주목한다면 금지형을 알아차리는 것은 어렵지 않다.

√kṛ "하다" → mā kārṣīḥ "(그대가) 하지 말라"
√dā "주다" → mā dāt "(그가) 주지 말라"
√gam "가다" → mā gamaḥ "(그대가) 가지 말라"

मा गमस्त्वं यमलोकम् ।

야마의 세상으로 가지 마라!

हे राजपुत्र मा कार्षीः पापकं कर्म । त्वया कदापि न रजःपुत्रो भवितव्यम् ।

오 왕자여, 나쁜 짓을 하지 말라! 그대는(수단격 ✤17.28) 절대로 천박한 자(rajas- [n.])여서는 안 된다!

기원형(benedictive/precative)

✤26.43 바람이나 기원 혹은 축복을 나타내는 형태의 활용이 따로 있는데, 이것은 아주 드물게만 사용되는 형태이고 "기원형"이라고 따로 이름을 붙인다. 전통문법에서는 가상형과 연관시켜 설명하기도 하지만, 이 형태는 실제로 접때형에서 만들어진 가상형이다. 고전쌍쓰끄리땀에서는 P.형태만 사용된다.

26.44 형태를 보면 P.에서 말뿌리에 첨가된 가상형 표식소리와 뒤따르는 인칭뒷토 사이에 -s-가 삽입된다.

표26.07 √bhū "~이다, 있다, 되다"의 기원형 활용

	P.		
	단수	양수	복수
3	भूयात् bhūyāt	भूयास्ताम् bhūyāstām	भूयासुः bhūyāsuḥ
2	भूयाः bhūyāḥ	भूयास्तम् bhūyāstam	भूयास्त bhūyāsta
1	भूयासम् bhūyāsam	भूयास्व bhūyāsva	भूयास्म bhūyāsma

26.45 표26.07에서 보이듯 2인칭과 3인칭 단수에서 가상형 표식소리 -yā 뒤에 첨가된 s가 인칭뒷토 자음과 겹쳐서 나타나면, 싼디규칙에 따라 자음이 하나만 남게 되므로 s가 탈락된다.

रावण उवाच

गन्धर्वदेवासुरतो यक्षराक्षसतस्तथा ।

सर्पकिंनरभूतेभ्यो न मे भूयात्पराभवः ॥ 『महाभारतम्』

라바나가 말했다.
간다르바와 신과 아쑤라 약사와 락샤싸들은 물론이고
뱀과 괴인 등의 존재에 의해서도 나의 파멸은 있지 않게 될지니!

श्रीमान्मनस्वी बलवान्सत्यवागनसूयकः ।

सहस्रबाहुर्भूयासमेष मे प्रथमो वरः ॥ 『महाभारतम्』

복되고 지혜로우며 강하고 진리를 말하는 자이며 질투하지 않고
천 개의 팔을 지닌자, 내가 될지니, 이것이 나의 첫째 소원이다.

쌍쓰끄리땀 단어 15: -eya(taddhita-뒷토)로 끝나는 계통/족보를 나타내는 형용사

26.46 말줄기의 첫 음절이 브릳디형으로 강화되고 나서 -eya가 첨가되면 남자 조상이나 여자 조상의 이름을 딴 형용사가 만들어진다. 이 형용사도 명사로 사용될 수 있다. 직접 조상뿐 아니라 그 근원을 언급하는 형용사로 사용되며, 성구분이 중성형이 되어 추상명사로 사용되기도 한다.

kuru → **कौरवेय** [m.] "꾸루의 자손"

ṛṣi → **आर्षेय** [a.] "리시의 후손인, 리시에 속하는"

puruṣa → **पौरुषेय** [a.] "인간의 후손인, 인간에 속하는"

pārvati → **पार्वतेय** [a.] "산의 후손인, 산에서 태어난, 산에 연관된"

वेदस्यापौरुषेयं पण्डितजनेनोपदिष्टम् । किं तु श्रमणजनो वेदस्यापौरुषेयत्वं दूषयति ।

베다가 인간의 창조물이 아니라는 사실은 여러 현자들이(paṇḍita-jana) 가르치는 바이다. 하지만 고행자들은 베다의 초인간성을 반박한다.

26.47 jana [m.] "사람, 백성"은 tatpuruṣa-겹낱말의 뒷자리 말(ifc.)로 사용되면서 불특정한 개인 혹은 집단을 나타낸다. 그리고 종종 겹낱말에서 앞선 말이 복수임을 나타내는 기능을 하기도 한다. 예로 devajanavid은 "신들을 아는"이라는 뜻이다. 이 경우에는 deva가 내용상 복수임을 표현하고 있다.

26.48 jana는 사람들이 여럿임을 나타내는데, 이와 다르게 jāta [n.] "종류, 집

합”(√jan의 과거분사)은 tatpuruṣa-겹낱말의 뒷자리 말(ifc.)로 앞선 말이 복수임을 나타낼 때 사용된다. sukhajāta “즐거움이라고 할 수 있는 것들”; devajāta “신들”

पूर्वजन्मकर्मजातस्य फलं गरीयः सर्वदेवजातरक्षणायाः ।

전생의 행위들이 모인 결과는 모든 신들의 수호보다 더 중요하다.

쌍쓰끄리땀 단어 16: -ka (taddhita-뒷토)로 끝나는 파생 명사

✣26.49 본디말을 강화시키지 않고 뒤에 -ka를 첨가하면 파생 명사, 파생 형용사가 만들어진다.

✣26.49(01) 역사적으로는 “~에 부속되는 것”을 나타내는 말이지만 고전쌍쓰끄리땀에서 여러 가지 의미로 사용된다. 본디말이 나타내는 바에 속한다는 의미에서 비롯된 다양한 의미를 나타내는 말들이 만들어지는데, 행위자 명사를 만들기도 한다.

anta “끝” → **अन्तक** [m.] “끝내는 자, 죽음, 죽음의 신”

rūpa “형태” → **रूपक** [a.] “형태를 가진, (비교하여 서술하는 →) 비유적인”

eka “하나” → **एकक** [a.] “홀로, 단일한”

tri “셋” → **त्रिक** [a.] “셋으로 이루어진”

mama “나의” → **ममक** [a.] “나의 것”

✣26.49(02) 지시대상이 작은 것임을 나타내는 줄여부름말(diminutive)을 의미하는 용례도 있다.

bāla "소년" → **बालक** [m.] "어린 남자 아이"

putra "아들" → **पुत्रक** [m.] "어린 아들, 소년, 아이"

aśva "말" → **अश्वक** [m.] "작은 말, 보잘 것 없는 말"

pāda "발" → **पादक** [m.] "작은 발"

rājan "왕" → **राजक** [m.] "어린 왕자, 작은 왕"

✣26.49(03) 또한 주의해야 할 점은 바로 이 뒷토가 사용되더라도 특별한 의미의 변화가 없이 본디말과 동일한 의미로 사용되는 경우도 많다는 사실이다.

सर्व = **सर्वक** [a.] "모든, 각각의, 전체의"

धेनु = **धेनुका** [f.] "암소"

वणिज = **वणिजक** [m.] "상인, 교역상"

연습문제

D 26.01 다음 문장을 한국어로 옮기시오

D 26.01(01) कुक्कुरो निर्मांसपिण्डं लब्ध्वात्यन्तमनन्दीत् ।

D 26.01(02) बालको मित्रैः सह क्रीडित्वा गृहं प्रत्यगमत् ।

D 26.01(03) देवा आपदो ऽस्मान्पायासुरिति भूमिपो ऽवोचत् ।

D 26.01(04) कौरवेयाः कुरुक्षेत्रे तेषां बन्धूञ्जघ्नुः ।

D 26.01(05) द्वे कन्ये महाखगगणं दृष्ट्वा हस्ताभ्यां तमदिक्षताम् ।

D 26.01(06) भवतः सम्पद्वर्धयात् ।

D 26.01(07) राजन्नीत्यपेतकर्म मा कार्षीत् ।

D 26.01(08) तव पिता त्वदीयसर्वधनं मह्यमदाद्वनमगमच्च । स मामिदमवोचत्त्वं मे तं सर्वमदा इति ।

D 26.01(09) युद्धार्थं पाणिना धनुश्च ततः परमिषूंश्चाग्रहीषम् ।

D 26.01(10) य यथानीतिमकृत तं राजानं कर्षकजना अपूपुजन् ।

D 26.01(11) वणिक्क तस्य सेवकाश्च नगरमयासिषुश्च तत्र संवत्सरमस्थुश्च ।

▷ 26.01(12) मा किञ्चिद्धानीदिति मम वचनमश्रोढ्वमपि यूयं बुभुक्षाया मत्स्याञ्जघ्न ।

▷ 26.01(13) यष्टुकामपुरुषा ब्राह्मणाय दानमदुः ।

▷ 26.01(14) ये ऽमुष्मिन्नरण्ये ऽजीविषुस्ते युवका बहुपुस्तकान्यपाठिषुः पश्चात्पण्डिता अभूवन् ।

▷ 26.02 다음 이야기를 한국어로 옮기시오. (날라와 다마얀띠 이야기 11)

▷ 26.02(01)

तस्याक्षशीलतया नष्टराज्यो नलः सर्वकं दुःखजातमजीजनत् । नलस्यापद्गतत्वात्पुष्करो हृदयप्रितोषं जगाम । तस्मिन्काले पुष्करो भृशदुःखितं नलं हसन्नवोचत् । अक्षद्यूतं प्रवर्ततां भूयो यद्यवशेषमस्ति किञ्चित्तवेति । अथेदानीं तव दमयन्त्येव केवलमवशेषं वै सर्वमन्यन्मयापहृतमिति वचनेन नलस्य कष्टतरमवस्थानमज्ञायि ।

▷ 26.02(02)

यदि दमयन्त्याः पणं त्वं चाक्षद्यूतं चिकीर्षुः तर्हि मम अङ्गीकरणं प्रवर्तत इति पुष्करो ऽवादीत् । अधोमुखो नलो पुष्करस्याह्वानमश्रौषीत् । सततमहं कलिमग्रहीषमिति नलो दीर्घकालात्परं तत्त्वभावमबोधीत् । तत्कालं नलो महामन्त्रिण इदं वचनमश्रौषीत् । मा दमयन्त्याः पणं कार्षीः । श्रेष्ठा भार्या न त्यज्येत । मा स्वधर्मस्थां भार्यां पुष्कराय दादिति ।

▷ 26.02(03)

ततो महामन्त्रिणैवमुक्तो मृतकल्पो नलो न च किञ्चिदवोचत् । स स्वकृतानि दुष्कृतकर्माण्यबोधीत् । हा नष्टराज्यो ऽहम् । क्षयान्तं ममाक्षशीलमद्य । निन्द्यो किंराजो ऽहमभूवमिति । मया तुल्यस्य कुत्सितराजकस्य किञ्चित्सुखजातं न भूयादिति स्वगतं वचनमकार्षीत् । एवं वचनं चकृवान्नलः सर्वाङ्गेभ्यो रत्नानि उत्सृज्य परमदुःखितो ऽपजगाम ।

▷ 26.02(04)

नलो दमयन्त्या सह राजगृहात्प्राक्त्रिरात्रमवसत् । तत्कालं राजायमानः पुष्करः सर्वजनं प्रत्यवोचत् । नले यः सम्यगातिष्ठेत्स एव खल्वनन्तरं मुमूर्षतीति । यावज्जीवितुमर्हति तावन्मा किञ्चिदन्नं दादित्यश्रौषीत्सर्वजनः । एवं गते पुष्करस्य तु वाक्येन तस्य द्वेषेण च नलाय च दमयन्त्यै च न किञ्चिदन्नं दत्तम् । राजगृहसमीपे त्रिरात्रमुषितो राजा जलमात्रेण वर्तयन् ।

낱말 목록

adeśya [a.] (가리켜져야 할 것이 아닌) 현장에 없는, 눈앞에 없는

anasūyaka [a.] 악의를 갖지 않은, 질투하지 않는

anu-√jīv 1P. [anujīvati] ~를 따라하며 살다, ~의 아래에서 살다

apeta (apa-√i) [a.] 떠나다, 벗어나다, ~(Ab.)에서 자유롭다

apauruṣeya [a.] 사람에게서 나온 것이 아닌
[n.] 사람에게서 기원하지 않음, 인간을 넘어서는 것

aśvaka [m.] 작은 말, 보잘 것 없는 말

ekaka [a.] 홀로, 단일한

kinnara (kiṃnara) [m.] (무슨 인간? →) 말의 머리를 지니고 인간의 형상을 한 괴인, 하늘에 사는 존재들 중의 하나

janayitṛ [m.] 낳아준 사람, 만들어낸 사람

trika [a.] 셋으로 이루어진

dvaka [a.] 둘로 이루어진

dhenukā [f.] 암소

pañcatā [f.] 다섯으로 이루어진 상태, 다섯 원소 (흙, 바람, 불, 물, 허공)로 이루어진 상태, 죽음

paṇa [m.] 내기, ~(G.)을 걸고 하는 내기, 도박판에 걸린 것

parābhava [m.] 멸망, 사라짐, 해소, 분리, 패배, 고통, 파괴, 파멸

√pūj 10P. [pūjayati] 숭배하다, 섬기다, 존경하다

pādaka [m.] 작은 발

putraka [m.] 어린 아들, 소년, 아이

pūrvajanman [n.] 전생, 앞선 삶

mamaka [a.] 내게 속하는, 나의 것

mahāmantrin [m.] 최고위 재상, 최고위 조언자, 대재상, 수상

yaṣṭukāma [a.] 제사를 지내고 싶어 하는 (√yaj의 부정형: yaṣṭum)

yuvarāja [m.] 젊은 왕, 왕세자

yoni [m.f.] 자궁, (여성의) 생식기, 근원지, 생겨난 곳

yauvarājika [a.] 젊은 왕의, 왕세자의

rakṣaṇā [f.] 보호, 수호

rajaḥputra [m.] 천하게 태어난 경박한 사람 (← rajaḥ [n.] 먼지, 증기, 더러움)

rājaka [m.] 어린 왕자, 작은 왕

rūpaka [a.] 형태를 가진, (비교하여 서술하는) 비유적인

vaṇij [m.] 상인, 교역상

vipāka [a.] (음식이나 과일이) 익은, 성숙한, 숙성된

vismaya [m.] 놀라움, 경이로움, 당황함, 난처함

sarvaka [a.] 모든, 각각의, 전체의

sahasrabāhu [a.] 천 개의 팔을 지닌

svagata [a.] 자신을 향한

제27과

संस्कृतवाक्योपक्रिया

예외적 명사곡용 1/2

✤27.01 앞서 익힌 명사곡용형의 일반적인 형태에서 벗어나는 예외적인 곡용의 형태를 보이는 명사들이 있어서 이것들은 따로 익혀야 한다. 각 형태들마다 쓰이는 빈도와 중요도에 차이가 있기 때문에 앞서 배웠던 규칙적인 곡용 형태들만큼 모두 잘 익혀야 하는 것들은 아니다. 하지만 몇몇 경우에는 자주 사용되는 명사들이고, 상당한 수의 명사들이 공통적인 곡용 형태를 나타내고 있기 때문에 주의깊게 살펴볼 필요가 있다. 중요도에 따른 판단을 근거로 중요한 것들부터 순서대로 제시하고자 한다. 다음 과에서도 남은 불규칙 곡용명사형들을 보게 될 것이다.

✤27.02 남성명사 sakhi "친구"는 아래와 같은 불규칙 곡용을 보인다.

표27.01 sakhi [m.] "친구"의 불교칙 곡용

격	약칭	ekavacana	dvivacana	bahuvacana
임자격	N.	सखा sakhā	सखायौ sakhāyau	सखायः sakhāyaḥ
대상격	A.	सखायम् sakhāyam	सखायौ sakhāyau	सखीन् sakhīn
수단격	I.	सख्या sakhyā	सखिभ्याम् sakhibhyām	सखिभिः sakhibhiḥ
위함격	D.	सख्ये sakhye	सखिभ्याम् sakhibhyām	सखिभ्यः sakhibhyaḥ
유래격	Ab.	सख्युः sakhyuḥ	सखिभ्याम् sakhibhyām	सखिभ्यः sakhibhyaḥ

가짐격	G.	सख्युः sakhyuḥ	सख्योः sakhyoḥ	सखीनाम् sakhīnām
곳때격	L.	सख्यौ sakhyau	सख्योः sakhyoḥ	सखिषु sakhiṣu
부름격	V.	सखे sakhe	सखायौ sakhāyau	सखायः sakhāyaḥ

✤27.03 중성명사 akṣi "눈"; dadhi "굳은 우유"; asthi "뼈"; sakthi "허벅지"는 약형에서, 즉 모음으로 시작하는 인칭뒷토가 뒤따르는 경우의 약말줄기에서 -n으로 끝나는 말줄기를 가진 명사형의 형태를 사용한다. 즉 akṣan, dadhan 등의 형태를 지닌 단어인 것처럼 곡용된다는 말이다.

표27.02 akṣi [n.] "눈"의 불규칙 곡용

격	약칭	ekavacana	dvivacana	bahuvacana
임자격	N.	अक्षि akṣi	अक्षिणी akṣiṇī	अक्षीणि akṣīṇi
대상격	A.	अक्षि akṣi	अक्षिणी akṣiṇī	अक्षीणि akṣīṇi
수단격	I.	अक्ष्णा akṣṇā	अक्षिभ्यां akṣibhyāṃ	अक्षिभिः akṣibhiḥ
위함격	D.	अक्ष्णे akṣṇe	अक्षिभ्यां akṣibhyāṃ	अक्षिभ्यः akṣibhyaḥ

유래격	Ab.	अक्ष्णः akṣṇaḥ	अक्षिभ्यां akṣibhyāṃ	अक्षिभ्यः akṣibhyaḥ
가짐격	G.	अक्ष्णः akṣṇaḥ	अक्ष्णोः akṣṇoḥ	अक्ष्णाम् akṣṇām
곳때격	L.	अक्ष्णि/अक्षणि akṣṇi/akṣaṇi	अक्ष्णोः akṣṇoḥ	अक्षिषु akṣiṣu
부름격	V.	अक्षि akṣi	अक्षिणी akṣiṇī	अक्षीणि akṣīṇi

✤ 27.04 중성명사 ahan은 ahas에 해당하는 형태들로 필요한 곡용형을 채워 넣고 있어서 불규칙 곡용을 드러낸다. 원칙대로라면 중성 nāman곡용(표13.04)을 따라야 할 것인데 말이다. 겹낱말을 만들 때에는 앞자리 말로는 ahas-가 사용되고, 끝자리 말이 되면 (마치 rājan이 겹낱말에서 -rāja가 되듯) -aha의 형태가 사용된다.

표27.03 ahan [n.] "하루"의 불규칙 곡용

격	약칭	ekavacana	dvivacana	bahuvacana
임자격	N.	अहः ahaḥ	अह्नी/अहनी ahnī/ahanī	अहानि ahāni
대상격	A.	अहः ahaḥ	अह्नी/अहनी ahnī/ahanī	अहानि ahāni
수단격	I.	अह्ना ahnā	अहोभ्याम् ahobhyām	अहोभिः ahobhiḥ
위함격	D.	अह्नेः ahneḥ	अहोभ्याम् ahobhyām	अहोभ्यः ahobhyaḥ

유래격	Ab.	अह्नः ahnaḥ	अहोभ्याम् ahobhyām	अहोभ्यः ahobhyaḥ
가짐격	G.	अह्नः ahnaḥ	अह्नोः ahnoḥ	अह्नाम् ahnām
곳때격	L.	अह्नि/अहनि ahni/ahani	अह्नोः ahnoḥ	अहःसु ahaḥsu
부름격	V.	अहः ahaḥ	अह्नी/अहनी ahnī/ahanī	अहानि ahāni

आदितः प्रभृत्येव देशान्तरे कालान्तरे वयमह्ना सखायं प्रतीक्षितवन्तः ।

바로 처음부터 다른 장소에서 다른 시간에 우리는 하루 종일 친구를 기다렸다(과거 능동분사).

✣27.05 antara [n.]는 "틈, 사이 공간, 내부, 차이"를 의미하지만 tatpuruṣa-겹낱말의 뒷자리 말(ifc.)로 사용되면 "다른 ~"이라는 의미로 사용된다. 따라서 rājāntara는 "다른 왕"을 의미한다.

✣27.06 여성명사 strī "여자, 부인"은 끝모음 명사이자 여성명사이고 단음절이면서 -ī로 끝나지만 dhī의 곡용(☞표11.01)을 따르지 않는 예외적인 명사이다.

표27.04 strī [f.] "여자"의 불규칙 곡용

격	약칭	ekavacana	dvivacana	bahuvacana
임자격	N.	स्त्री strī	स्त्रियौ striyau	स्त्रियः striyaḥ
대상격	A.	स्त्रियम् / स्त्रीम् striyam/strīm	स्त्रियौ striyau	स्त्रियः / स्त्रीः striyaḥ/strīḥ

수단격	I.	स्त्रिया striyā	स्त्रीभ्याम् strībhyām	स्त्रीभिः strībhiḥ
위함격	D.	स्त्रियै striyai	स्त्रीभ्याम् strībhyām	स्त्रीभ्यः strībhyaḥ
유래격	Ab.	स्त्रियाः striyāḥ	स्त्रीभ्याम् strībhyām	स्त्रीभ्यः strībhyaḥ
가짐격	G.	स्त्रियाः striyāḥ	स्त्रियोः striyoḥ	स्त्रीणाम् strīṇām
곳때격	L.	स्त्रियाम् striyām	स्त्रियोः striyoḥ	स्त्रीषु strīṣu
부름격	V.	स्त्रि stri	स्त्रियौ striyau	स्त्रियः striyaḥ

अह्नि दर्शयामास स्त्रियं नलो नाम नृपश्रेष्ठो देवराजसमयशाः स्वरूपम् ।

날라라는 이름의 최상의 왕이자 신들의 왕과 같은 영예를 지닌 자가 하루가 지나고 나서 그 여자에게 자신의 모습을 보여주었다.

✣ 27.07 ahni는 곳때격이어서 "하루 안에"(in one day)라고 해석되어야 하고 그 의미는 "하루가 지나서"가 된다. 시간의 단위를 나타내는 명사들이 갖는 격의 의미에 대해서 되새겨 보자. māsam ekam "한 달을, 한 달 (동안의 기간을) 보내고 나서"; māsena "한 달 동안 내내, 한 달에 걸쳐"; māse "한 달 안에, 한 달이 지난 후에". 특히 곳때격의 경우 한국어로는 같은 방식의 표현이 존재하지 않아 익숙하기 힘들겠지만 영어에서는 단순하게 "in a month"로 "한 달 있으면"이 표현되는 것을 상기해 보자. māse를 강조해서 māsamātre "한 달만 지나면"이라는 표현도 가능하다.

✣ 27.08 남성명사 pāda "발"은 강말줄기가 나타나는 경우가 아닌 모든 경우에 pad

에서 만들어진 곡용 형태를 보인다.

표27.05 pāda [m.] "발"의 불규칙 곡용

격	약칭	ekavacana	dvivacana	bahuvacana
임자격	N.	पात् pāt	पादौ pādau	पादः pādaḥ
대상격	A.	पादम् pādam	पादौ pādau	पदः padaḥ
수단격	I.	पदा padā	पद्भ्याम् padbhyām	पद्भिः padbhiḥ
위함격	D.	पदे pade	पद्भ्याम् padbhyām	पद्भ्यः padbhyaḥ
유래격	Ab.	पदः padaḥ	पद्भ्याम् padbhyām	पद्भ्यः padbhyaḥ
가짐격	G.	पदः padaḥ	पदोः padoḥ	पदाम् padām
곳때격	L.	पदि padi	पदोः padoḥ	पत्सु patsu
부름격	V.	पात् pāt	पादौ pādau	पादः pādaḥ

तस्मिन्युद्धे केचिद्दन्तैः केचित्पद्भ्यां हता गजैः ।

그 전투에서 어떤 이들은 엄니들로 어떤 이들은 두 발로 코끼리들에 의해 죽임을 당했다.

✣27.09 -han "(~을) 죽이는"은 겹낱말의 끝자리 말로 쓰일 때 강형 -han, 약형

-ghn을 사용하는 곡용 형태를 보인다. 겹낱말을 만들어 명사로도 형용사로도 사용이 가능하다.

표27.06 gohan [m.] "소를 죽인자"의 불규칙 곡용

격	약칭	ekavacana	dvivacana	bahuvacana
임자격	N.	गोहा gohā	गोहनौ gohanau	गोहनः gohanaḥ
대상격	A.	गोहनम् gohanam	गोहनौ gohanau	गोघ्नः goghnaḥ
수단격	I.	गोघ्ना goghnā	गोहभ्याम् gohabhyām	गोहभिः gohabhiḥ
위함격	D.	गोघ्ने goghne	गोहभ्याम् gohabhyām	गोहभ्यः gohabhyaḥ
유래격	Ab.	गोघ्नः goghnaḥ	गोहभ्याम् gohabhyām	गोहभ्यः gohabhyaḥ
가짐격	G.	गोघ्नः goghnaḥ	गोघ्नोः goghnoḥ	गोघ्नाम् goghnām
곳때격	L.	गोघ्नि goghni	गोघ्नोः goghnoḥ	गोहसु gohasu
부름격	V.	गोहन् gohan	गोहनौ gohanau	गोहनः gohanaḥ

देवस्य करुणापि न गोहस्वेव भवेद् । गोहा पापकर्मभिः सह नरकं गच्छेत् ।

신의 동정심조차 소를 죽인 자들의 경우에는 없을지니! 소를 죽인 자는 나쁜 짓을 한 자들과 함께 지옥으로 갈지니!

-k, -t, -p 이외의 끝자음을 가진 명사들의 곡용

✤27.10 끝자음 명사들 중에서 -k, -t, -p 이외의 끝자음을 가진 명사들의 곡용에 대하여 추가로 설명이 필요하다. 우리는 앞서 끝자음 명사 중에서 한말줄기 명사 남성곡용의 형태를 익히는 데에 marut [m.] "바람"의 곡용(☞표06.02)을 표준으로 배웠다. 이렇게 -k, -t, -p로 끝나는 명사들의 경우 뒤따르는 격뒷토가 울림소리 자음일 때 울림소리로 바뀌어 각각 -g, -d, -b로 바뀌는 내부싼디 현상을 제외하고는 말모양에 변화가 없었다. 예로 marut의 양수에서 수단격, 위함격, 유래격은 marudbhyām이었고 복수에서 수단격은 marudbhiḥ; 위함격과 유래격은 marudbhyaḥ였다.

✤27.11 이와는 다르게 끝자음이 -k, -t, -p이외의 자음으로 끝나는 단어들이 있다. 여기에 해당되는 명사들 중에서 -as (☞표12.04; 표12.07), -vat/-mat (☞표14.01; 표14.02)로 끝나는 명사나 형용사들처럼 특정한 곡용 형태를 갖는 것들을 제외하고도 남는 것들이 있다. 예로 vāc [f.] "말, 목소리, 언어, 소리" (☞표06.03); kṣudh [f.] "배고픔, 굶주림"; diś [f.] "방향, (동서남북의) 방위, 1/4, 장소, 지역, 부분"; vaṇij [m.] "상인, 교역상" 등이 여기에 해당한다. 이 단어들의 원래 끝자음은 뒤따라오는 격뒷토가 모음으로 시작될 때에만 보존된다. 예로 복수 임자격의 경우 vācas, kṣudhas, diśas, vaṇijas가 되는 것이다. 하지만 이 단어들의 끝자음들은 진짜말끝(☞✤03.22)에 나타날 수 없는 자음들이어서 진짜말끝에 놓이게 될 경우에는 가능한 다른 자음으로 대체되어야 한다. 즉 단수 임자격에서는 각각 vāk, kṣut, dik, vaṇik이 된다. (☞✤06.12) 따라서 이러한 경우 명사들의 곡용은 끝자음 명사 남성 marut (☞표06.02); 끝자음 명사 중성 jagat (☞표06.05); 끝자음 명사 여성 vāk (☞표06.03)에 완전하게 일치하지 않을 수는 있지만, 이 경우들은 해당 끝자음이 무엇이냐에 따른 싼디의 차이여서 곡용 형태가 불규칙인 것은 아니다. 물론 끝자음 형용사들이 남성이나 여성으로 곡용되는 경우 여기에 해당되는 단

어들은 훨씬 많아질 수 있다.

27.12 하지만 곡용 형태 면에서 이와 같이 싼디와 단어의 원래 형태에 따라 모든 것을 분명하게 파악할 수 있는 경우가 아닐 수 있는데, 이유는 똑같이 -ś로 끝나는 끝자음 명사라고 할지라도 viś [f.] "정착지, 주거, 거주민"의 경우에는 단수 임자격이 viṭ로 나타나는 일이 있기 때문이다. 여성형 복수 곳때격이 diś → dikṣu; viś → vikṣu인 것에는 차이가 없지만 단수 임자격에서 어떤 자음이 절대말끝에서 사용가능한 자음으로서 -ś를 대체할지에는 차이가 있다. 이 경우까지 완벽하게 싼디규칙에서 정의되어 있지 않기 때문에 엄밀하게 말하자면 viś의 곡용 형태를 따로 제시해야 하겠지만, 해당되는 경우가 많지 않다. 그리고 또한 일반적으로 사전 등의 자료에서도 특별한 곡용 형태로 임자격 단수 형태를 제시하고 있기 때문에 필요에 따라 이 말의 형태를 파악하는 일이 어렵지는 않다. 따라서 따로 예외적인 곡용 형태로 다루지 않는다.

अस्य देशस्य विटन्यदेशादागतपुरुषैरभिभूयते ।

이 지역의 거주민(viḍ은 싼디의 반영)은 다른 지역에서 온 사람들에 의해 정복당했다.

이 문장에서 anyadeśād은 deśāntarād으로 대체해도 된다.

27.13 유사한 상황이 정확하게 중성곡용에서도 발생한다. 드물기는 하지만 중성명사로 -k, -t, -p이외의 자음으로 끝나는 단어들이 있다. 예로 asṛj/asṛk [n.] "피"가 여기에 해당된다. 규칙적인 방식으로 단수 수단격 asṛjā, 가짐격 asṛjas가 만들어진다. 그리고 끝자음 형용사들이 중성으로 곡용되는 경우에는 여기에 해당되는 단어들이 많아질 수 있다. 예로 vāc [f.] 명사에서 만들어진 겹낱말 priyavāc를 형용사로 "친절하게 말하는"이라는 의미로 사용할 수 있다. 이 경우에는 표06.05에 따라 임자격의 단수-양수-복수가 각각 jagat-jagatī-jaganti에 맞추어 asṛk-asṛjī-asṛñji로 곡용된다. 여기에서 복수

임자격에서 삽입되는 콧소리는 앞선 자음에 동화되어 -ñ-으로 바뀌는 경우이기 때문에 싼디에 따른 변화라고 간주하여, 별도의 예외적인 곡용으로 간주하지 않는다.

쌍쓰끄리땀 단어 17: -ika/-aka(taddhita-뒷토)로 끝나는 파생 명사

27.14 이 뒷토는 본디말의 말줄기가 브릳디형으로 강화된다는 형태상의 차이는 있지만 앞서 제시된 taddhita-뒷토 -ka의 변형일 뿐이다.

वेद् [m.] "베다" → **वैदिक** [a.] "베다에 연관되는" [m.] "베다 전문가"

धर्म [m.] "사회종교적 규범" → **धार्मिक** [a.] "규범에 따르는, 정의로운"

द्वार [n.] "문" → **दौवारिक** [m.] "문지기"

न्याय [m.] "논리, 논리학" → **नैयायिक** [m.] "논리학 전문가, 냐야전통에 속하는 사람"

लोक [m.] "세상" → **लौकिक** [a.] "세속적인, 일상적인"

मम [prn.] "나의" → **मामक** [a.] "나의, 나의 것인"

अस्माकम् [prn.] "우리의" → **आस्माक** [a.] "우리의, 우리의 것인"

जीव [m.] "생명" → **जीवक** [a.] "살아 있는, 생명을 가진"

युवराज [m.] "젊은 왕, 왕세자" → **यौवराजिक** [a.] "왕세자에 속하는"

अहन् [n.] "날, 낮" → **आह्निक** āhnika [a.] "하루의, (텍스트 길이의 단위) 아흐니까"

लौकिकं वैदिकं चैव तदनर्थकं पृच्छतु ।

세속적인 것도 베다에 관련된 것도 의미가 없는 것은 물어라!

쌍쓰끄리땀 단어 18: -maya (taddhita-뒷토)로 끝나는 성분, 구성을 나타내는 형용사

✤27.15 앞선 말줄기를 강화시키지 않고 -maya가 첨가되면 "~으로 이루어진, ~으로 만든"을 뜻하는 형용사가 만들어진다. 이 뒷토가 말줄기에 붙을 때에는 외부싼디가 적용된다. 여성형은 -mayī이다.

मनस् [n.] "마음" → **मनोमय** [a.] "마음으로 이루어진, 정신적인"

रस [m.] "즙" → **रसमय** [a.] "즙으로 이루어진, 액상의"

पयस् [n.] "액체" → **पयोमय** [a.] "액체로 이루어진" (외부싼디 적용)

तेजस् [n.] "불꽃" → **तेजोमय** [a.] "불꽃으로 이루어진, 빛나는"

वाक् [f.] "말" → **वाङ्मय** vāṅmaya [a.] "말로 이루어진, 핵심이 말인"

मांस [n.] "고기" → **मांसमय** [a.] "고기로 만들어진"

동사 앞토(upasarga)의 사용

✤27.16 동사는 동사의 앞에 하나 혹은 여러 동사 앞토가 붙어 새로운 의미를 갖게 되는 경우들이 있다. 이를 통해 한정된 동사 말뿌리들로부터 만들어지는 동사의 여러 형태들은 물론이고, 이를 토대로 만들어지는 명사나 형용사들

에서도 다양한 어휘를 만들 수 있게 된다.(☞✤12.06) 따라서 동사 앞토를 개괄적으로 파악하는 것은 새로 나타나는 동사 표현을 이해하는 것은 물론 관련된 단어들을 파악하고 암기하는 데에도 큰 도움이 된다.

✤27.17 동사 앞토를 익히는 데에서 주의해야 할 점은 동사 앞토가 첨가된 경우에 앞토의 기본적인 의미와 동사 말뿌리의 의미를 근거로 새로 만들어지는 단어의 의미가 기계적으로 유추될 수는 없다는 사실이다. 실제로 사용되는 용례가 어떠한지에 따른 구체적인 확인과 이해가 필요하다. 그리고 많은 경우 동사 앞토의 첨가 여부는 의미상의 차이를 만들지 못하기도 한다. 예로 √sidh 4P. [sidhyati] "이루어지다, 수행되어지다, 성취되다"와 abhi-√sidh 4P. [abhisidhyati] "이루어지다, 성취되다"는 의미에서 큰 차이가 없다. 동사 앞토가 사용되었다고 해서 무조건 의미상의 차이가 있어야 한다는 선입견을 갖지 말아야 한다. 또한 동사 앞토의 내용을 과잉 해석하면서 의미를 부여하는 방식으로 자신들의 전승에 대한 새로운 해석을 만들어 나가는 인도의 주석전통에서 흔하게 제시되는 의도적인 왜곡을 담은 해석 방식에 현혹되지 말아야 한다. 주석전통이 제시하는 해석과 원래의 전승이 담고 있는 내용은 역사적으로 구분해서 보아야 하기 때문이다.

✤27.18 동사 앞토가 동사와 결합될 때에는 일반적으로 외부싼디 규칙이 적용된다.

✤27.19 하지만 아래와 같은 경우에는 동사 앞토와 동사의 결합에 내부싼디 규칙이 적용된다.

✤27.19(01) 앞토에 r 소리가 들어 있으면 동사 말뿌리의 첫 소리로 나타나는 n-이나 혹은 말뿌리 앞에 추가로 첨부되는 앞토 ni-의 n이 ṇ로 바뀐다.

pra + √nam → praṇamati "그가 인사한다"

pra + ni + √pat → praṇipatati "그가 엎드려 인사한다" (← 그가 아래로

떨어진다)

✤ 27.19(02) 안울림소리인 무른곳소리와 입술소리 앞에서 앞토의 끝소리인 -s는 그 앞에 a가 오면 그대로 남는데, 앞에 i나 u가 오면 ṣ로 바뀐다.

ni + √sad → niṣidati "그가 [낮추어] 앉는다"
anu + √sthā → anuṣṭhita "처리된, 진행된"
abhi + √sic → abhyaṣiñcan "그들이 축성했다, 성수를 발랐다"

그러나 뒤에 m이 따라오거나 말뿌리가 r소리를 포함하고 있을 때에는 혀말은소리로 바뀌는 현상이 나타나지 않는다.

vismita "놀란" ← vi-smita (부풀려진)
anusṛta "따른" ← anu-sṛta (간, 움직인)

✤ 27.20 동사 앞토를 배우는 데에서 한 가지 알아둘 만한 사실은 고전쌍쓰끄리땀 이전의 베다시기 쌍쓰끄리땀에서는 동사 앞토들이 독립적으로 동사와 떨어져서 쓰이는 것이 보통이었다는 사실이다. 아래의 예에서 우리는 √ji, vi-√ji가 나란히 쓰인 예를 볼 수 있는데, 전자는 "쟁취하다"의 뜻이고 후자는 "승리하다"의 뜻으로 쓰이고 있다. 그런데 동사 앞토 vi-가 동사 √ji와 떨어져서 따로 쓰이고 있는 것을 볼 수 있다.

예문27.01 **तथैवैतद्यजमानो ... जयति स्वर्गं लोकं व्यस्मिंल्लोके जयते। 『ऐतरेयब्राह्मणम्』**

바로 이처럼 저 제사 주최자(祭主)는 ... (죽어서는) 하늘나라를 얻고, (살아서는) 이 세상에서 승리할 것이다.

예문 27.01에서 보이는 동사 앞토의 사용방식은 독립적인 부사처럼 따로 사용되던 단어들이 동사 앞토로 편입되기 이전의 상황을 나타낸 것일 수 있다. 이 맥락에서 본다면 동사 앞에 붙어서 사용되는 형태로 남게 되어 동사 앞토로 분류되는 단어들과 독립적으로 사용되는 부사에 속하는 단어들의 경계선이 모호할 수 있다는 것이 어렵지 않게 이해된다. 원래는 동사 앞토가 아닌 부사들이 동사와 밀접하게 연관되어 동사 앞토처럼 사용되는 경우가 있다는 것도 역사적으로 이해할 수 있다.(☞✤27.21) 베다의 쌍쓰끄리땀에서는 동사 앞에 직접 붙어 있지 않더라도 우리가 배운 방식으로 동사와 동사 앞토의 관계와 의미상의 변화를 이해하면 된다.

✤27.21 특정한 부사들은 한정된 수의 동사들과만 결합되어서 특정한 의미로 사용되는데 마치 동사 앞토처럼 쓰인다.

✤27.21(01) alam [adv.] "충분한, 적절한, 알맞는, 능력이 있는"

alam + √kṛ [अलङ्करोति] "장식하다, 꾸미다, (치장을 마쳐) 준비하다, 자격을 갖추다"

✤27.21(02) āvis [adv.] "명백한, 분명한, 눈 앞의"

āvis + √kṛ [आविष्करोति] "드러내다, 명백하게 하다, 발견하다"

āvis + √bhū [आविर्भवति] "드러나다, 분명해지다, 나타나다"

यदि गुह्यमाविर्भवेत्तदा सर्वे पुरुषा अत्यन्तं विस्मिता भविष्यन्ति ।

만약 비밀이 밝혀지게 된다면(가상형) 모든 사람들이 매우 놀라게 될 것이다.

✤27.21(03) namas [n.] "경배, 인사, 경의"

namas + √kṛ

→ **नमस्कार** [m.] "인사, 경배"

→ **नमस्कर्तृ** [a.] "경배하는 자의"

→ **नमस्कार्य** [a.] "경배되어야 마땅한, 존경받는"

→ **नमस्क्रिया** [f.] "경배"

✤ 27.21(04) 이렇게 동사 앞토와 부사의 경계선은 모호하다. 분명하게 전치사로 사용되는 단어의 형태들이 별도의 비중 있는 위치를 차지하지 못하고, 쌍쓰끄리땀에서 전치사가 필요한 대목에서는 대부분의 경우 부사가 전치사로서의 기능을 한다. 이러한 사정들이 맞물리면서 쌍쓰끄리땀의 부사를 포함한 불변화사의 품사 구분은 다른 인도유럽어들에 비해 모호하거나 불분명한 경우가 많다. 따라서 본 교재에서도 부사(adv.)와 불변화사(ind.) 정도만을 구분해서 나타내고 있다.

주요 동사 앞토(upasarga) 1/2

주로 사용되는 중요한 동사 앞토들의 예를 살펴 보자면 다음과 같다. 제시되는 많은 예들은 이미 배운 단어들이다. 여기에 제시되는 모든 표현들을 암기해야 할 필요가 있는 것은 아니다, 독자가 예들을 통해 주어진 표현의 의미를 스스로 파악하는 연습을 해 볼 수 있도록 하기 위한 것일 뿐이다.

✤ 27.22 ati-: "넘어서, 지나쳐서, 과도하게"

ati-√diś [अतिदिशति] "넘겨주다, 양도하다"

ati-√bhū [अतिभवति] "과도하게 생겨나다, 지나치다, 넘어서다"

ati-√vad [अतिवदति, अतिवदते] "더 크게 말하다, 말로 상대를 제압하다"

ati-√gam [अतिगच्छति] "넘어서다, 지나가다, 극복하다, 벗어나다, 무시하다, 죽다"

अतिकृत (ati-√kṛ) p.p. "과장된, 예외적인, 심한"

ati-√car [अतिचरति, अतिचरते] "지나치다, 한도를 넘다, 어긋나다"

ati-√nam [अतिनमति, अतिनमते] "옆으로 구부리다, 한쪽으로 있다"

ati-√man [अतिमन्यते] "업신여기다, 무시하다"

अतिहसित (ati-√has) [n.] "과한 웃음"; atihāsa [m.] "과한 웃음"

ati-√dā [अतिददाति] "더 많이 주다"

अत्यन्त [a.] "한도(anta)를 넘어선, 지나친, 과도한, 끝이 없는, 완벽한"

अत्यन्तम् [adv.] "지나치게, 과도하게, 완벽하게"

अत्यन्ताय [adv.] "영원히, 끝 없이"

अत्याहार (aty-āhāra) [m.] "과식, 지나치게 먹음"

✤ 27.23 adhi-: "위로, 위에, ~에 대하여, ~쪽으로"

अधिभू (adhi-√bhū) [m.] "주인, 윗사람"

adhi-√vad [अधिवदति, अधिवदते] "~에 대해 말하다"

अधिवाद [m.] "공격적인 말"

adhi-√gam [अधिगच्छति] "~쪽으로 가다, 성취하다, 발견하다, 공부하다, 익히다"

अधिजिगांसते (Ā. 바람형) "공부하고자 원하다"

अधीष्ट (adhi-√iṣ) [a.] "간청을 받은, 가르침을 달라고 간청을 받은"

[m.] "간청을 받은 스승이 전해준 가르침"

adhi-√kṛ [अधिकरोति, अधिकुरुते] "앞에 두다, 목표로 삼다, 주제로 삼다, 임명하다, 지도자가 되다"

adhi-√car [अधिचरति, अधिचरते] "~위로 걷다, ~위로 움직이다, ~(A.)보다 우월하다"

adhi-√ji [अधिजयति] "추가적으로 쟁취하다"

adhi-√man [अधिमन्यते / अधिमनुते] "높게 평가하다"

अधिक [a.] "보태어진, 추가된, 더 나은, 넘어서는"

✤ 27.24 anu-: "~을 따라, 뒤따라서, 일치해서"

anu-√diś [अनुदिशति] "가리키다, 언급하다, 할당하다, 요청하다"

anu-√bhū [अनुभवति] "따라가다, 시도하다, 돕다, 인지하다, 이해하다, 경험하다"

anu-pra-√viś [अनुप्रविशति, अनुप्रविशते] "~로 따라 들어가다"

anu-√vad [अनुवदति, अनुवदते] "따라서 말하다, 말을 흉내내다, 말을 반복하다"

anu-√gam [अनुगच्छति] "따라가다, 따르다, 행하다, 실천하다, 들어가다, 죽다"

anv-√īkṣ [अन्वीक्षते] "검사하다, 검토하다, 살펴보다"

anu-√kṛ [अनुकरोति, अनुकुरुते] "뒤따라 하다, 흉내내다, 똑같이 하다"

anu-√car [अनुचरति, अनुचरते] "뒤따라 걷다, 따르다, 수행하다, 시중들

다"

anu-√sthā [अनुतिष्ठति] "따르다, 행하다, 수행하다"

anu-√nam [अनुनमते] "~쪽으로 기울다"

anu-√bhāṣ [अनुभाषते] "~에게 말을 걸다, 연설하다, 고백하다"

anu-√man [अनुमन्यते, अनुमनुते] "동의하다, 확인하다, 허락하다"

anu-√rakṣ [अनुरक्षति] "따라가면서 보호하다, 보살피다"

anu-√vṛt [अनुवर्तते] "따라가다, 추구하다, 지키다, 따라서 하다"

अनुदत्त (anu-√dā) [a.] "허락받은, 면제받은, 돌려받은"

अनुलिप्त [a.] "칠해진, 기름 칠해진"

अन्वित (anu-ita) [a.] "~을 따라 간, 동반한, 연결된, ~을 갖춘, ~을 이해한"

समन्वित [a.] "~(I.)을 온전히 갖춘, ~을 다 가진, ~과 연결된"

✤27.25 antar-: "~의 사이에, ~안에"

antar-√bhū [अन्तर्भवति] "~에 내재하다, 포함되어 있다, 함축되어 있다"

antar-√gam [अन्तर्गच्छति] "사이로 가다, ~(Ab.)으로부터 제외시키다"

antar-√iṣ [अन्तरिच्छति, अन्तरिच्छते] "바라다, 갈구하다"

अन्तःकरण (antaḥ-√kṛ) [n.] "내부의 기관, 생각과 감정의 기관, 마음, 생각의 능력"

antar-√car [अन्तश्चरति, अन्तश्चरते] "~사이로 움직이다, ~안에서 돌아다니다"

अन्तर्हास (antar-√has) [m.] "속으로 웃음, 참고 웃는 웃음"

अन्तर्हासम् [adv.] "웃음을 참으면서"

अनन्तर [a.] "사이에 끼인 것이 없는, 직접, 즉시, 즉각"

✣ 27.26 apa-: "떨어져서, 떠나서, 분리되어"

apa-√diś [**अपदिशति**] "지적하다, 가리키다, ~인 척하다, 가장하다"

apa-√likh [**अपलिखति, अपलिखते**] "긁어 제거하다"

apa-√bhū [**अपभवति**] "자리에 없다, 부족하다"

apa-√vad [**अपवदति, अपवदते**] "매도하다, 욕하다, 나쁘게 말하다, 부정하다, 반박하다"

apa-√gam [**अपगच्छति**] "떠나다, 출발하다, 사라지다"

apa-√kṛ [**अपकरोति, अपकुरुते**] "멀리 가져가다, 제거하다, 상하게 하다"

apa-√car [**अपचरति, अपचरते**] "출발하다, 떠나다"

अपचार [m.] "부족, 결핍, 결함"

apa-√ji [**अपजयति, अपजयते**] "물리쳐 막아내다, 멀리하다"

अपनमयति (apa-√nam, caus.) "멀어지도록 구부러지다, ~에게 지다"

apa-√bhāṣ [**अपभाषते**] "비난하다, 매도하다"

apa-√han [**अपहन्ति**] "때려서 떨어뜨리다, 때려서 쫓다, 쫓아내다"

अपहासयति (apa-√has, caus.) "조롱하다, 조소하다"

apa-√hṛ [**अपहरति, अपहरते**] "뺏다, 가져가다"

अपगम [m.] "떠나감, 출발, 죽음"

अपराध [m.] "범죄, 잘못, 일탈, 실수, 무례"

अपेत (apa-√i) [a.] "떠나다, 벗어나다, ~(Ab.)에서 자유롭다"

✤ 27.27 abhi-: "~쪽으로, ~를 행해서, ~을 마주하여, ~에 맞서"

abhi-√pat [**अभिपतति, अभिपतते**] "가까이로 향해 날다, ~를 향해 돌진하다"

abhi-√likh [**अभिलिखति, अभिलिखते**] "새겨넣다, 받아 적다, 그리다"

abhi-√bhū [**अभिभवति**] "극복하다, 정복하다, 물리치다, ~(A.)에 가까이 가다"

abhi-√vad [**अभिवदति, अभिवदते**] "아뢰다, 인사를 드리다, 이름을 부르다"

abhi-√gam [**अभिगच्छति**] "~(A.)에 가까이 가다, 들어서다, 얻다, 이해하다"

(caus.) **अभिगमयति** "이해시키다, 설명하다"

abhi-√iṣ [**अभीच्छति, अभीच्छते**] "~(A.)을 갈구하다, 구하다, 의도하다"

abhi-√kṛ [**अभिकरोति, अभिकुरुते**] "~을 위해서 행하다, ~에 관련해서 처리하다"

abhi-√car [**अभिचरति, अभिचरते**] "잘못 행동하다, 신의를 지키지 않다, 홀리다, 마법을 걸다"

abhi-√sṛ [**अभिसरति**] "~(A.)을 향해 흐르다, 다가가다"

abhi-√bhāṣ [**अभिभाषते**] "~(A.)에게 말을 걸다, ~에게 말하다, ~(I.)와 대화하다, 발언하다"

abhi-√man [अभिमन्यते] "~을 생각하다, ~을 갈구하다, 위협하다, 동의하다"

abhi-√han [अभिहन्ति] "타격하다, 죽이다, (북을) 치다"

अभिज्ञ [a.] "잘 아는, 파악하고 있는, 숙달된, 전문가인"

अभिहास (abhi-√has) [m.] "농담, 장난"

✤27.28 ava-: "~에서 아래로, 아래를 향하여"

ava-√paś [अवपशति] "내려다 보다"

ava-√pat [अवपतति, अवपतते] "아래쪽으로 날다, 뛰어 내리다, 아래로 떨어지다"

(caus.) **अवपातयति** "아래로 던지다"

ava-√likh [अवलिखति, अवलिखते] "긁어파다, 긁다"

ava-√vad [अववदति, अववदते] "~(G)에 대해서 나쁘게 말하다, 흠잡다"

ava-√gam [अवगच्छति] "내려가다, 방문하다, 도착하다, 얻다, 생각해 내다, 이해하다, 파악하다, 인식하다"

ava-√nam (caus.) **अवनमयति** "아래로 굽히다"

ava-√bhāṣ [अवभाषते] "빛을 발하다, 빛나다, 명확하게 되다"

(caus.) **अवभाषयति** "밝히다"

ava-√man [अवमन्यते, अवमनुते] "무시하다, 적대적으로 대하다, 거절하다"

ava-√has [अवहसति] "조롱하다, 비웃다"

ava-√han [अवहन्ति] "아래로 내리치다, 쫓아내다"

अवस्थान [n.] "머물기, 머무르는 곳, 사는 곳, 상황, 조건"

연습문제

▷ 27.01 다음 문장을 한국어로 옮기시오.

▷ 27.01(01) स कुम्भकारः सुवर्णरत्नमयमालालंकृतस्त्रियं परिणयति ।

▷ 27.01(02) पूर्वाह्णे गोपो गावो देशान्तरस्य क्षेत्राय निनाय ।

▷ 27.01(03) शिष्या गुरोः पदोः प्रणमेयुः ।

▷ 27.01(04) असृजानुलिप्तं दण्डं दृष्ट्वा कन्या भूमौ पपात ।

▷ 27.01(05) बाल आचार्यस्य समीपे निषीदंस्तद्वाचमनुवदति ।

27.01(06) यः सुखे दुःखे च समं करोति स एव सखा ।

27.01(07) यद्देवेन स्वमुखलिखितं धनं तस्माद्धिकं प्राप्तुं न शक्यते ।

27.01(08) सिंहः क्षुधा पीडितो ऽपि कुक्कुर इव निर्मांसास्थि न भुनक्ति ।

27.01(09) युवराजः तस्यानुगाश्च तेजोमयशस्त्रैः शत्रून्विजिग्युश्च बहूनि सुवर्णरत्नादिधनानि स्त्रियश्च जिग्युश्च ।

27.01(10) अधिगतपरमार्थं मापवादेति वचनं प्रागश्रृणोदपि बालः सर्वज्ञर्षिमपहासयनत्यमन्यत ।

□ 27.01(11) न कश्चन धार्मिकभूमिपाद्राज्यमपहर्तुं समर्थः ।

□ 27.01(12) एके वणिजः सेवकैः सह रत्नादिमूल्यार्थं नगरमगच्छञ्चौरास्तु तत्कालमपहरणार्थं तानन्वगच्छन् ।

□ 27.01(13) अक्ष्ण उत्पन्नं तेजः प्रत्यक्षार्थं स्पृशतीति नैयायिका वदन्ति ।

□ 27.01(14) यावदिहावतिष्ठामि तावद्यूयं दुःखं नानुभवथ ।

□ 27.01(15) व्याधो हरिणं गुह्यमभिगत्येषुणा हन्ति ।

□ 27.01(16) यथा वृक्षविवरान्तर्भूताग्निरेकं वृक्षमत्यन्तं दहति तथा कुपुत्रः गृहं नाशयति ।

▷ 27.01(17) यद्यत्पिता करोति तत्तत्पुत्रो ऽवश्यमनुकरिष्यति ।

▷ 27.01(18) यदाहं गृहमागच्छामि तदानन्तरं मेघाद्वारिरवपतति ।

▷ 27.01(19) धनं दण्डेन रक्ष्यत इति लौकिकं सत्यम् ।

▷ 27.02 다음 이야기를 한국어로 옮기시오. (날라와 다마얀띠 이야기 12)

▷ 27.02(01)

अथ दीर्घस्य कालस्य बाहुको नाम सूतो विरूपः । स ऋतुपर्णस्य नृपस्य पुरुषः कुशलः शीघ्रयाने। गुह्यमेतत्तु स सूतो नलो वैरसेनिः । ऋतुपर्णो नृपो नीचेन वाचा बाहुकं प्रत्यभाषत । विदर्भान्यातुमिच्छाम्येकाह्ना यद्यश्वतत्त्वज्ञ मन्यसे हे बाहुकेति । बाहुक उवाच । एते ऽश्वा गमिष्यन्ति विदर्भानेकाह्ना नात्र संशयः । ऋतुपर्ण उवाच । त्वमेवाश्वज्ञः कुशलश्चासि बाहुक । यानश्वान्मन्यसे समर्थांस्त्वं क्षिप्रं तानेव योजय । ततश्चतुरः कुलशीलसमन्वितश्रेष्ठाश्वाञ्छीघ्रान्योजयामास कुशलो रथे नरः ।

▷ 27.02(02)

ते चोद्यमाना विधिना बाहुकेन श्रेष्टाश्वा उत्पेतुराकाशमिव रथिनं मोहयन्निव त्वरया जग्मुः । तथा तु धीमान्राजा दृष्ट्वा तानश्वाञ्छीघ्रतमान्विस्मयं परमं ययौ । ऋतुपर्णो ऽचिन्तयत् । किं स्याद्बाहुको ऽयं देवराजस्य सूतः । उत भवेद्राजा नलः सो ऽयम् । यत्कारणं यां नलो वेद विद्यां तामेव बाहुकः । तुल्यं हि ज्ञानं मन्ये बाहुकस्य नलस्य चेति । स सूतो नदीः पर्वतांश्चैव वनानि चाचिरेण ततार खगः खे चरन्निव । एवं गते ऽथ तदा नृप ऋतुपर्णो वने फलवन्तं बिभीतकं ददर्श ।

▷ 27.02(03)

तं दृष्ट्वा बाहुकं राजा त्वरमाणो ऽभ्यभाषत ।
ममापि सूत पश्य त्वं संख्याने परमं बलम् ॥ १ ॥

सर्वः सर्वं न जानाति सर्वज्ञो नास्ति कश्चन ।
नैकत्र परिनिष्ठास्ति ज्ञानस्य पुरुषे क्वचित् ॥ २ ॥

वृक्षे ऽस्मिन्यानि पर्णानि फलान्यपि च बाहुक ।
संख्यातानि मयैतानि सर्वाण्यस्य वनस्पतेः ॥ ३ ॥

पतितानि च यान्यत्र तत्रैकमधिकं शतम् ।
एकपत्राधिकं पत्रं फलमेकं च बाहुक ॥ ४ ॥

▷ 27.02(04)

बाहुक उवाच

प्रत्यक्षं ते महाराज गणयिष्ये बिभीतकम् ।

अहं हि नाभिजानामि भवेदेवं न वेति च ॥५॥

अकाम इव तं राजा गणयस्वेत्युवाच वै ।

सो ऽवतीर्य रथात्सूतो विस्मयमाविष्टो ऽब्रवीत् ॥६॥

गणयित्वा यथोक्तानि तावन्त्येव फलानि च ।

श्रोतुमिच्छामि तां विद्यां दृष्टवानस्मि ते बलम् ॥७॥

▷ 27.02(05)

तमुवाच ततो राजा सत्वरो गमने तदा ।
विद्ध्यक्षहृदयज्ञं मां संख्याने चार्थकोविदम् ॥८॥

बाहुकस्तमुवाचाथ देहि विद्यामिमां मम ।
मत्तोऽपि चाश्वहृदयं गृहाण पुरुषर्षभ ॥९॥

ऋतुपर्णस्ततो राजा बाहुकं कार्यगौरवात् ।
अश्वज्ञानस्य लोभाच्च तथेत्येवाब्रवीद्वचः ॥१०॥

D 27.02(06)

यथेष्टं त्वं गृहाणेदमक्षाणां हृदयं परम् ।
एवमुक्त्वा ददौ विद्यामृतुपर्णो नलाय वै ॥११॥

कलिना दुःखितो नलो दीर्घकालमनात्मवान् ।
तस्याक्षहृदयज्ञस्य शरीरान्निःसृतः कलिः ॥१२॥

तं हन्तुमैच्छत्कुपितो वैरसेनिस्तदा कलिम् ।
ततो भीतः कलिः शीघ्रं प्रविवेश बिभीतकम् ॥१३॥

낱말 목록

anātmavat [a.] 자기 자신을 잃은(an-ātman-vant)

anuga [a.] 따르는, 뒤따르는, 수행하는
[m.] 추종자, 수행원, 동반자, 하인

abhi-√jñā 9P.Ā. [abhijānāti, abhijānīte] 알아차리다, 지각하다, 인정하다, 동의하다

apaharaṇa [n.] 훔치기, 가져가기, 약탈

apahāsayati [caus.] apa-√has 조롱하다, 조소하다

asṛj/asṛk [n.] 피

asthi [n.] (불규칙 곡용 asthan) 뼈

āviḥ [adv.] 명백한, 분명한, 눈 앞의

āvir-bhū 1P. [āvirbhavati] 드러나다, 분명해지다, 나타나다

āviṣ-√kṛ [āviṣkaroti] 드러내다, 명백하게 하다, 발견하다

āsmāka [a.] 우리의, 우리의 것인

āhnika [a.] 하루의, (텍스트 길이의 단위) 아흐니까 (하루의 학습 분량?)

ṛtuparṇa [m.] 리뚜빠르나 (왕의 이름)

jīvaka [a.] 살아 있는, 생명을 가진

tejomaya [a.] 불꽃으로 이루어진, 빛나는

dadhi [n.] (불규칙 곡용 dadhan) 걸쭉해진 신 우유, 응고우유, 우유의 맑은 수분(유장)이 제거되지 않아서 응유가 되지 않는 굳은 우유

dauvārika [m.] 문지기, 보초

dhārmika [a.] 규범에 따르는, 정의로운

naiyāyika [m.] 냐야(nyāya)철학 전문가, 냐야 전통에 속하는 사람

payomaya [a.] 액체로 이루어진

pariniṣṭhā [f.] 완벽하게 통달한 경지 (← pari-ni-√sthā "극단적인 한계")

prati-√bhāṣ [pratibhāṣate] 대답하다, 말을 걸다

bibhītaka [m.] 비비따까나무, 비비따까나무 열매, 견과윷으로 사용되는 열매 (Terminalia bellirica, 딱딱한 열매를 노름 혹은 내기할 때 사용한다.)

manomaya [a.] 마음으로 이루어진, 정신적인

māmaka [a.] 나의, 나의 것인

rasamaya [a.] 즙으로 이루어진, 액상의

laukika [a.] 세속적인, 세상을 따라가는, 일상적인

vanaspati [m.] 큰 나무, 숲을 이루는 나무 (← 숲의 주인)

vāṅmaya [a.] 말로 이루어진, 핵심이 말인

viś [f.] (임자격 단수 viṭ) 거주지, 정착지, 고향, 주거, 거주자, 거주민들

sakthi [n.] 넓적다리, 허벅지, 넓적다리뼈

saṅkhyāna [n.] 셈하기, (숫자) 세기, 계산하기, 수

sūta [m.] 전차 혹은 마차를 모는 사람, 마부

제28과

संस्कृतवाक्योपक्रिया

예외적 명사곡용 2/2

✤28.01 여성명사 ap [f.] "물"은 복수형으로만 사용되는데 불규칙 곡용 형태를 보인다.

표28.01 ap [f.] "물"의 곡용

격	약칭	bahuvacana
임자격	N.	आपः āpaḥ
대상격	A.	अपः apaḥ
수단격	I.	अद्भिः adbhiḥ
위함격	D.	अद्भ्यः adbhyaḥ
유래격	Ab.	अद्भ्यः adbhyaḥ
가짐격	G.	अपाम् apām
곳때격	L.	अप्सु apsu
부름격	V.	आपः āpaḥ

क्षेत्रगतस्य न्यग्रोधस्य समीपे यदि मनोगत आचार्यो निःशब्दमपः पिबेत्तदा हस्तगतमन्नं न बुभुक्षणीयं शिष्येण ।

들판에 서 있는 반얀나무 근처에서 만약 스승이 생각에 잠겨서 아무 말도 없이 물을 마시는 경우라면 그 때에는 학생이 손에 있는 음식을 먹고 싶어 해서는 안 된다.

✤28.02 과거분사 -gata가 tatpuruṣa-겹낱말 뒷자리 말(ifc.)로 쓰일 때에는 (~로 간 →) "~에 자리 잡은, ~에 있는"의 의미로 사용된다. 따라서 kṣetragato nyagrodhaḥ는 "들판에 자리 잡은 반얀나무"를 의미하고 manogato muniḥ (마음에 자리 잡은 →) "생각에 빠진 성자"를 의미한다. 같은 의미에서 "~에 연관되는, ~에 대한"의 의미로 사용되기도 한다. 결국 -gata는 곳때격의 의미를 나타내는 대체 표현인 셈이다. 아래의 예에서 śiṣyagatā cintā는 "학생에 대한 걱정"을 의미하고 hṛdgata는 (마음에 자리 잡은 →) "아끼는, 친애하는"을 의미한다.

शिष्यगता चिन्ता तत्कालं यियासोराचार्यस्य अपगमं बाधते । यत्कारणं तस्य हृद्गतः शिष्यः परहस्तगतं रत्नं जिघृक्षुरबिभूयत ।

학생에 대한 걱정이 그 때에 떠나고 싶어 하는(바람형, yiyāsu) 스승의 출발을 막는다. 왜냐하면 그가 아끼는 학생은 남이 가진 보석을 종종 가지고 싶어(√grah → jighṛkṣati, ☞✤24.04(05)) 하곤 했기(√bhū의 강조형, bibhūyate의 과거형 abibhūyata) 때문이다.

✤28.03 남성명사 puṃs "남자"는 강말줄기 pumāṃs; 중말줄기 puṃ; 약말줄기 puṃs형태를 나타내는 불규칙 곡용을 한다.

표28.02 puṃs [m.] "남자"의 불규칙 곡용

격	약칭	ekavacana	dvivacana	bahuvacana
임자격	N.	पुमान् pumān	पुमांसौ pumāṃsau	पुमांसः pumāṃsaḥ
대상격	A.	पुमांसम् pumāṃsam	पुमांसौ pumāṃsau	पुंसः puṃsaḥ
수단격	I.	पुंसा puṃsā	पुम्भ्याम् pumbhyām	पुम्भिः pumbhiḥ

위함격	D.	पुंसे puṃse	पुम्भ्याम् pumbhyām	पुम्भ्यः pumbhyaḥ
유래격	Ab.	पुंसः puṃsaḥ	पुम्भ्याम् pumbhyām	पुम्भ्यः pumbhyaḥ
가짐격	G.	पुंसः puṃsaḥ	पुंसोः puṃsoḥ	पुंसाम् puṃsām
곳때격	L.	पुंसि puṃsi	पुंसोः puṃsoḥ	पुंसु puṃsu
부름격	V.	पुमन् puman	पुमांसौ pumāṃsau	पुमांसः pumāṃsaḥ

वह्निमेव प्रवेक्ष्यामि भक्षयिष्यामि वा विषम्
अपो वापि प्रवेक्ष्यामि न हि शक्ष्यामि जीवितुम्
को हि नाम पुमांल्लोके मर्षयिष्यति सत्त्ववान्
सपत्नानृध्यतो दृष्ट्वा हानिमात्मन एव च
सो ऽहं न स्त्री न चाप्यस्त्री न पुमान्नापुमानपि
यो ऽहं तां मर्षयाम्यद्य तादृशीं श्रियमागताम् 『महाभारतम्』

나는 불로 들어갈 것이고 혹은 독을 마실 것이고
혹은 물로(apaḥ) 뛰어들 것인데, (바로) 내가 살 수가 없을 것이기 때문이다.
그 어떤 참된(← 본성을 갖춘, sattvavat) 남아가 이 세상에서
적수들이(복수 대상격) 번성하는 것(√ṛdh, 현재분사 복수 대상격)과 자신의 상실을 보고서도 참아내겠는가(√mṛṣ, 시킴형 미래 3인칭 단수)?
내가 지금 저렇게 (적수들에게) 행운이 찾아온 것을 참아 낸다면
그런 나는 여자도 아니고 여자가 아닌 것도 아니며 남자도 아니고 남자가 아닌 것도 아닐 것이다.

पुंसु गुणविशेषो वीरो रूपविशेषां नारीं जयते ।

남자들 중에서 특별한 덕성을 지닌 영웅은 탁월한 아름다움을 지닌 여인을 얻는다.

सर्वपुंसामध्ययनमध्ययनान्तरपूर्वकम् ? न पुनः स्वातन्त्र्येण कश्चिदपि प्रथमो ऽध्येता यः कर्ता स्यात् ।

모든 사람의 배움이란 그에 앞서 (베다를) 배운 다른 (사람의) 배움이 있게 된다. 게다가(punaḥ) 그 어떤 사람도 스스로 만들어냈다는 사실(svātantrya)을 근거로 창안자가 될 법한(syāt) 첫 암송자는 아니다.

✣28.04 viśeṣa [m.] "차별, 구분, 특징"이 tatpuruṣa-겹낱말의 뒷자리 말(ifc.)이 되면 "특별한 ~로 구분되는"을 의미한다. 따라서 "특별한 ~, 구별된 ~, 탁월한 ~"으로 이해하면 된다. 같은 의미로 사용되는데 다른 맥락에서는 "~의 일종, ~의 종류"라는 의미로 해석하여야 하는 경우도 있다. "~의 일종"이라는 의미로 tatpuruṣa-겹낱말의 뒷자리 말로 사용되는 것은 bheda [m.] "분할, 구분, 쪼개기, 분석, 구별"도 마찬가지이다.

उदुम्बरो न्यग्रोधश्च वृक्षविशेषौ । अनुष्टुप्छन्दोविशेषः ।

우둠바라와 반얀은 나무의 일종이고, 아누스뚭은 운문의 일종이다.

✣28.05 남성명사 anaḍuh "소"는 강형 anaḍvāh; 중형 anaḍut; 약형 anaḍuh 형태를 보이는 불규칙 곡용에 따른다.

표28.03 anaḍuh [m.] "숫소"의 불규칙 곡용

격	약칭	ekavacana	dvivacana	bahuvacana
임자격	N.	अनड्वान् anaḍvān	अनड्वाहौ anaḍvāhau	अनड्वाहः anaḍvāhaḥ
대상격	A.	अनड्वाहम् anaḍvāham	अनड्वाहौ anaḍvāhau	अनडुहः anaḍuhaḥ

수단격	I.	अनडुहा anaḍuhā	अनडुद्भ्याम् anaḍudbhyām	अनडुद्भिः anaḍudbhiḥ
위함격	D.	अनडुहे anaḍuhe	अनडुद्भ्याम् anaḍudbhyām	अनडुद्भ्यः anaḍudbhyaḥ
유래격	Ab.	अनडुहः anaḍuhaḥ	अनडुद्भ्याम् anaḍudbhyām	अनडुद्भ्यः anaḍudbhyaḥ
가짐격	G.	अनडुहः anaḍuhaḥ	अनडुहोः anaḍuhoḥ	अनडुहाम् anaḍuhām
곳때격	L.	अनडुहि anaḍuhi	अनडुहोः anaḍuhoḥ	अनडुत्सु anaḍutsu
부름격	V.	अनड्वन् anaḍvan	अनड्वाहौ anaḍvāhau	अनड्वाहः anaḍvāhaḥ

✤28.06 남성명사 maghavan [a.] "후한"; [m.] "인드라"는 rājan [m.] (☞표13.02) 곡용을 따르지만 약말줄기에서는 maghon이라는 형태를 사용한다. 이 점이 예외 사항이 되는 곡용이다. 따라서 단수 수단격이 maghonā가 된다. 이와 마찬가지로 yuvan [a.] "젊은"; [m.] "젊은이"는 약형인 단수 수단격에서 yūnā가 되고 śvan [m.] "개"도 약형인 단수 수단격에서 śunā가 되어 마찬가지의 예외 현상을 보인다.

표28.04 maghavan [m.] "인드라" (yūvan, śvan)의 불규칙 곡용

격	약칭	ekavacana	dvivacana	bahuvacana
임자격	N.	मघवा maghavā	मघवानौ maghavānau	मघवानः maghavānaḥ
대상격	A.	मघवानम् maghavānam	मघवानौ maghavānau	मघोनः maghonaḥ

수단격	I.	मघोना maghonā	मघवभ्याम् maghavabhyām	मघवभिः maghavabhiḥ
위함격	D.	मघोने maghone	मघवभ्याम् maghavabhyām	मघवभ्यः maghavabhyaḥ
유래격	Ab.	मघोनः maghonaḥ	मघवभ्याम् maghavabhyām	मघवभ्यः maghavabhyaḥ
가짐격	G.	मघोनः maghonaḥ	मघोनोः maghonoḥ	मघोनाम् maghonām
곳때격	L.	मघोनि maghoni	मघोनोः maghonoḥ	मघवसु maghavasu
부름격	V.	मघवन् maghavan	मघवानौ maghavānau	मघवानः maghavānaḥ

मघोना द्वितीयः श्वा यमस्य हूयते ।

인드라가 야마의 둘째 개를 불렀다.

✣28.07 div [f.] "하늘"은 불규칙 곡용을 보인다.

표28.05 div [f.] "하늘"의 불규칙 곡용

격	약칭	ekavacana	dvivacana	bahuvacana
임자격	N.	द्यौः dyauḥ	दिवौ divau	दिवः divaḥ
대상격	A.	दिवम् divam	दिवौ divau	दिवः divaḥ
수단격	I.	दिवा divā	द्युभ्याम् dyubhyām	द्युभिः dyubhiḥ

위함격	D.	दिवे dive	द्युभ्याम् dyubhyām	द्युभ्यः dyubhyaḥ
유래격	Ab.	दिवः divaḥ	द्युभ्याम् dyubhyām	द्युभ्यः dyubhyaḥ
가짐격	G.	दिवः divaḥ	दिवोः divoḥ	दिवाम् divām
곳때격	L.	दिवि divi	दिवोः divoḥ	द्युषु dyuṣu
부름격	V.	द्यौः dyauḥ	दिवौ divau	दिवः divaḥ

कर्षकः पयस्विमेघगर्भं दिवं प्रतीक्षते ।

농부가 물기를 품은 구름으로 가득한 하늘을 바라보았다.

✤28.08 garbha [m.] "자궁, 태아"는 bahuvrīhi-겹낱말의 뒷자리 말(ifc.)로 사용될 때 "~을 품고 있는, ~으로 채워진"을 의미한다.

गोप्यो रसविशेषात्क्षीराद्दधिमकुर्वन् । दधिगर्भं च पात्रं दृष्टपूर्वाय भिक्षवे अददुः ।

여자 목동들은(gopī, 임자격 복수) 맛이 탁월한 우유에서 굳은 우유를 만들었다. 굳은 우유가 채워진 그릇을 전에 본 적이 있는 걸인에게 주었다(과거형 3인칭 복수)

쌍쓰끄리땀 단어 19: -vat(taddhita-뒷토)로 끝나는 비교, 비유를 나타내는 부사

✣ 28.09 명사 뒤에 -vant가 첨가되면 "~과 같이, ~처럼"을 뜻하는 형용사가 만들어진다. 앞서 배운 (☞✣ 14.19(01)) 소유를 나타내는 -vant와 형태가 같지만 의미가 다르다.

✣ 28.09(01) 그런데 이 형용사를 중성 대상격으로 활용시키면 -vat 형태가 되어 부사로 사용되는 일이 많다. 이 뒷토를 첨가할 때 명사 말줄기는 겹낱말을 만들 때와 마찬가지로 다루어진다.

काक "까마귀" → **काकवत्** "까마귀처럼"

माम् "나를" → **मावन्त्** "나와 같은"; **मावत्** "나처럼"

māvant처럼 -vant가 비교나 비유를 나타낼 때 앞선 본딧말이 대명사에서 나온 말들인 경우가 많다.

✣ 28.09(02) -vant 뒷토가 비교나 비유를 나타내는 경우와 소유를 나타내는 경우를 형태상으로 구분할 수 없어서 두 가지 의미를 모두 염두에 두어야 하는 상황이 종종 있다.

श्वन् "개" → **श्ववन्त्** (개를 가진 →) "개를 키우는 사람", "개와 같은"; **श्ववत्** "개처럼"

देव "신" → **देववन्त्** (신을 가진 →) "신에 둘러싸여 수호되는", "신과 같은"; **देववत्** "신처럼"

इन्द्र "인드라" → **इन्द्रस्वन्त्** (인드라를 가진 →) "인드라와 함께 하는", "인드라와 같은"; **इन्द्रवत्** "인드라처럼", "인드라와 함께"

쌍쓰끄리땀 단어 20: -mant/vant 혹은 -in/-vin (taddhita-뒷토)으로 끝나는 소유 주체를 나타내는 명사

✤28.10 앞서 배운(☞✤14.19) 소유를 나타내는 -vant/-mant 뒷토와 소유를 나타내는 -in/-vin (☞✤15.06-07)뒷토도 tadddhita-뒷토에 속하는 것들이다.

tapas "열" → तपोवन्त् [a.] (열을 가진) "고행을 행하는"

tejas "불꽃" → तेजोवन्त् [a.] "밝은, 매우 자극적인"

madhu "꿀" → मधुमन्त् [a.] "단 맛을 지닌, 마음에 드는"

āyus "수명" → आयुष्मन्त् [a.] "제 수명을 누리는, 장수하는, 건강한, 살아 있는"

aśva "말" → अश्विन् [a.] "말을 가진, 말을 타고 있는"; [m.] "기마병, 말 조련사"

yoga "노력" → योगिन् [a.] "연관된, 연결된, 묶인"; [m.] "요가를 하는 사람, 수행자"

rūpa "색깔, 모양, 외모" → रूपस्विन् [a.] "잘 생긴, 아름다운"

ubhaya "양쪽" → उभयाविन् [a.] "두 종류 모두를 가진, 양다리 걸치는"

주요 동사 앞토(upasarga) 2/2

✤28.11 ā-: "~쪽으로, ~쪽으로 돌아서"

ā-√diś [आदिशति] "겨누다, 노리고 있다, 지적하다, 예측하다"

ā-√pat [आपतति] "떨어져서 다가오다, 날아서 오다, ~로 떨어지다"

ā-√pā [आपिबति] "마셔 넣다, 빨아 마시다, (귀나 눈으로) 마시듯 주목하다"

ā-√bhū [आभवति] "가까이에 있다, 도움을 주다, 생겨나다"

ā-√vad [आवदति] "~를 향해 말하다, 연설하다, 소리를 지르다"

ā-√gam [आगच्छति] "오다, 다가오다, 나타나다"

आगम [m.] "오는 것, 들어오는 것, 소득, 전해진 가르침, 전승"

praty-ā-√gam [प्रत्यागच्छति] "돌아서 오다, 돌아오다, 다시 오다"

ā-√kṛ [आकृणोति] "가까이로 옮기다, 함께 있도록 옮기다"

ā-√car [आचरति] "가까이 가다, 다가가다, 진척시키다, 해 나가다"

ā-√bhāṣ [आभाषते] "~를 향해 말하다, 말을 걸다, 소리치다, 부르다""

ā-√han [आहन्ति] "~에 가격하다, 때리다, 공격하다"

ā-√ruh [आरोहति] "오르다, 올라타다, 올라가다"

ā-√sthā [आतिष्ठति, आतिष्ठते] "~에 머무르다, ~에 의지하다, 행하다, 수행하다"

ā-√khyā [आख्याति] "말하다, 알려주다, 선언하다"

ā-√hve [आह्वयति, आह्वयते] "부르다, 불러내다, (제사 의식으로) 불러내다"

(독립형 **आहूय**; 수동형 **आहूयते**)

ā-√rabh [आरभते] "~에 달라붙다, ~에 들어가다, ~에 도달하다, ~을 시작하다"

ā-√vah [आवहति, आवहते] "이끌어 가다, 가져오다, 초대하다, 부르다"

(caus.) आवहयति "가까이 오게 하다"

✤ 28.12 ud- : "위로, 바깥쪽으로"

ut-√tud [उत्तुदति] "위로 밀치다, 위로 뜯다, 위로 밀어 열다"

ut-√pat [उत्पतति] "날아 오르다, 뛰어 오르다, 떨어져 올라가다"

(caus.) उत्पातयति "뽑아 올리다, 날려 올리다"

ut-√pā [उत्पिबति] "다 마셔 없애다"

ud-√dhṛ [उद्धरति, उद्धरते] "꺼내다, 끄집어 내다, 위로 올리다"

ud-√bhū [उद्भवति] "생겨나다, 드러나다, 드러내다, 설명하다"

ud-√vad [उद्वदति] "목소리를 높이다, 말하다, 선언하다"

ud-√gam [उद्गच्छति] "위로 오르다, 올라가다, 나타나다, 드러나다"

ut-√kṛ [उत्करोति] "제거하다, 없애다"

ut-√pad [उत्पद्यते] "생겨나다, 드러나다"

ut-√sṛj [उत्सृजति, उत्सृजते] "뿜어내다, 풀어 놓다, 버리다, 피하다, 넘겨주다"

उत्सर्ग [m.] "뿜어내기, 풀어 놓기, 배설"

✤ 28.13 upa-: "~쪽으로, 가까이"

upa-√diś [उपदिशति, उपदिशते] "지시하다, 가리키다, 설명하다, 지도하다"

उपदिष्ट [a.] "가르쳐지다"

upa-√pat [उपपतति] "가까이 날아오다, ~쪽으로 날아가다"

upa-√pā (caus.) उपपाययति "마시라고 건네주다"

upa-√bhū [उपभवति] "가까이 오다, 다가오다"

upa-√gam [उपगच्छति] "도달하다, 도착하다, 가까이 가다"

upa-√kṛ [उपकरोति, उपकुरुते] "가까이로 두다, 갖추게 제공하다, 돕다"

उपक्रिया [f.] "가까이 가져오기, 도움, 호의, 수단, 치료" (✤03.31)

upa-√car [उपचरति] "가까이로 가다, 접근하다, 시중들다"

upa-√ji [उपजयति] "이겨서 상으로 받다, 쟁취하다"

upa-√han [उपहन्ति] "때리다, 쥐어박다"

उपपन्न [a.] (upa-√pad) "얻어진, 도달된, 일이 일어난, 결과로 나타난"

उपहार [m.] "공물"

upa-ā-√i [उपैति] "~(A.)에게 다가오다, 찾아오다, 들이닥치다"

abhy-upa-√i [अभ्युपैति] "접근하다, 도착하다, 다가가다, 합의하다"

pary-upa-√ās [पर्युपास्ते] "빙 둘러 앉다, 에워싸다, 함께하다"

upa-√viś [उपविशति] "가까이 가다, 자리 잡다, 내려 앉다"

✤28.14 ni-: "아래로, 안쪽으로"

ni-√tud [नितुदे, नितुदते] "뚫다, 관통하다"

ni-√diś [निदिशति] "지시하다, 명령하다, 지적하다"

ni-√pat [निपतति, निपतते] "아래로 떨어지다, ~(L.)로 내려앉다, 덮치다, 정착하다"

(caus.) निपातयति "아래로 떨어뜨리다. 내던지다, 쓰러뜨리다"

ni-√pā [निपिबति] "들이키다, 흡수하다"

ni-√gam [निगच्छति] "가까이 자리 잡다, ~에 의지하다"

ni-√kṛ [निकरोति, निकुरुते] "끌어내리다, 모욕하다"

ni-√han [निहन्ति] "~를 때리다, ~에 내던지다"

निहत [a.] "던져 팽개쳐진, 맞아 눌린, 죽여진, 살해된, 파괴된, 잃은"

ni-√dhā [निदधाति, निधत्ते] "놓다, 올려두다, 내려놓다"

ni-√vid (caus.) [निवेदयति, निवेदयते] "알게하다, 알리다, 제공하다, 제시하다"

ni-√budh [निबोधति] "~(A.)를 ~(G.)로부터 듣거나 배워서 알다, ~(A.)을 ~(A.)으로 간주하다, 알다, 이해하다"

✤28.15 nis-: "떠나서, 밖으로"

nir-√diś [निर्दिशति] "~에게 할당하다, 내비치다, 표현하다"

nir-√likh [निर्लिखति] "긁어 떼어내다, 긁어서 고르게 하다"

nir-√vad [निर्वदति] "나가라고 명령하다, 말해서 밝히다"

niṣ-√kṛ [निष्करोति, निष्कुरुते] "끄집어내다, 뽑아내다, 추출하다, 제거하다"

निराहार [m.] "먹을 것이 없음, 단식"

[a.] "식량이 없는, 단식 중인"

niḥ-√sṛ [निःसरति] "밖으로 나가다, 밖으로 움직이다, 출발하다"

निर्गुण [a.] "미덕이나 덕성이 없는, 속성이 없는, 특징이 없는"

निर्द्वन्द्व [a.] "짝이 되는 것이 없는, 반대편에 무심한, 독립적인"

28.16 parā-: "~로부터 떨어져서, 멀리"

parā-√pat [परापतति] "날아서 떠나다, 탈출하다"

parā-√gam [परागच्छति] "떠나다, 죽다"

parā-√kṛ [पराकरोति] "제껴두다, 무시하다, 거부하다"

parā-√car [पराचरति] "떠나다, 멀리 가다"

parā-√ji [पराजयते] "패배하다, 굴복하다, ~(A.)을 잃다"

parā-√dā [पराददाति] "포기하고 넘겨주다, 건네주다, 주고서 교환하다"

पराभव [m.] "멸망, 사라짐, 해소, 분리, 패배, 고통, 파괴, 파멸"

28.17 pari-: "한바퀴를 빙 둘러, 온전하게"

pari-√tud [परितुदति] "밟아 뭉개다, 짓이기다, 가루내다"

pari-√pat [परिपतति] "빙 돌아 날다, 빙빙 돌다"

परिकुपित [a.] "크게 화난, 매우 흥분한"

pari-√gam [परिगच्छति] "빙 둘러 가다, 회전하다, 둘러싸다"

pari-√kṛ [परिकरोति] "둘러싸다"

pari-√car [परिचरति] "주변으로 다니다, 빙 둘러서 움직이다"

pari-√nam [परिणमति, परिणमते] "굽다, 바뀌다, 변형되다"

परिनिष्ठा [f.] "완벽하게 통달한 경지" (← ni-sthā 극한의 경지, 아주 능숙

한)

pari-√bhāṣ [परिभाषते] "~(A.)에게 말하다, 가르치다, 설명하다"

pari-√dā [परिददाति, परिदत्ते] "허락하다, 수여하다, 맡기다"

pari-√ṇī [परिणयति, परिणयते] "빙 돌게 이끌다. 신랑이 신부를 결혼식의 불 주위로 이끌다"

pari-√vṛt [परिवर्तते] "돌다, 움직이다, 발전하다, 머물다"

pari-√brū [परिब्रवीति] "(주문을) 소리내어 외우다"

pari-√rakṣ [परिरक्षति] "완전하게 지키다, 구하다, 방어하다, 숨기다, 비밀로 하다, 피하다"

परितोष [m.] "즐거움, 기쁨, 만족"

परिमित [a.] "측정된, (포괄해서) 측량된, 제한된, 규제된, 심하지 않은"

pary-upa-√ās [पर्युपास्ते] "빙 둘러 앉다, 에워싸다, 참여하다, 시중들다"

पर्यन्त [m.] "둘레, 가장자리, 모서리, 끝, 한계, 경계, 옆면"

परिज्ञान [n.] "온전하게 앎, 분명하게 앎, 확인, 경험, 인지, 인식"

✤28.18 pra-: "앞으로"

pra-√tud [प्रतुदति] "타격하다, 뚫다"

pra-√diś [प्रदिशति] "가리키다, 보여주다, 선언하다, 임명하다"

pra-√pat [प्रपतति] "~을 향해 빠르게 움직이다"

pra-√pā [प्रपिबति] "마시기 시작하다, 마시다"

pra-√likh [प्रलिखति, प्रलिखते] "선을 그어 넣다"

pra-√bhū [प्रभवति] "생겨나다, 발생하다, 드러나다, 앞서다, 더 낫다"

pra-√vad [प्रवदति, प्रवदते] "말을 내뱉다, 선언하다, 발음하다"

प्रवाद [m.] "소문, 풍문, 발음, 언급, 모함"

pra-√gam [प्रगच्छति] "앞으로 가다, 앞서가다, 나아가다"

pra-√kṛ [प्रकरोति, प्रकुरुते / प्रकृणोति, प्रकृणुते] "만들어내다, 생산하다, 달성하다, 성취하다, ~을 ~으로 만들다, 마음(manaḥ, buddhim)을 정하다"

pra-√car [प्रचरति] "앞으로 나아가다, 수행하다"

pra-√nam [प्रणमति, प्रणमते] "~에게 숙여서 인사하다, ~에게 존경을 표하다"

प्रणत [a.] (pra-√nam) "경의가 표해진, 인사를 받는, 겸손한"

pra-√bhāṣ [प्रभाषते] "말하다, 선언하다, 설명하다"

pra-√rakṣ [प्ररक्षति] "~으로부터 지켜내다, ~으로부터 보호하다"

pra-√has [प्रहसति] "웃음을 터뜨리다, 비웃다"

pra-√dā [प्रददाति] "넘겨주다, 제공하다, 선물하다, 수여하다"

प्रदान [n.] "선물"

प्रसन्न [a.] "명확한, 밝은, 순수한, 진실된, 바른, 친철한"

pra-√aś [प्राश्नाति] "먹다, 집어 삼키다, 맛보다"

प्राञ्च् [a.] (pra-√añc) "정면의, ~을 마주 보는, 맞서서 있는, 동쪽을 향하고 있는"

प्राङ् / प्राक् [adv.] "~(Ab.)의 앞에, ~(Ab.)의 전에"

pra-√āp [प्राप्नोति] "도달하다, 얻다"

प्राप्ति [f.] "도착, 범위, 성취, 얻음, 이윤, 구제"

प्राप्तयौवन [a.] "사춘기에 이른"

pra-√viś [**प्रविशति, प्रविशते**] "~로 들어가다"

प्रजा [f.] "출산, 번식, 자손, 백성"

pra-√cud (caus.) **प्रचोदयति** "요구하다, 요청하다, 주장하다, 촉구하다"

pra-√sū [**प्रसूते / प्रसूयते**] "낳다, (아버지로서) 낳다, 생겨나게 하다, 생산하다"

प्रसूत [a.] "낳아진, 생산된, ~에서 비롯된"

प्रयत्न [m.] "노력, 행위, 애쓰기, 의도적인 노력"

pra-√śaṃs [**प्रशंसति**] "칭찬하다, 칭송하다"

pra-√jñā [**प्रजानाति**] "알다, 이해하다, 파악하다, 구별하다, 인지하다, 발견하다"

प्रभृति [f.] "앞으로 가져오기, (제사에서) 바치기, 시작, 출발"

[adv.] "~(Ab.)이후로, ~(Ab.)부터 시작되는"

pra-√kram [**प्रक्रामति, प्रक्रमते**] "앞으로 걸어 나가다, 출발하다, 전진하다, 행진하다, ~에 의지하다, 시작하다"

pra-√ṇī [**प्रणयति, प्रणयते**] "앞으로 이끌다, 행하다, 진행해 나가다, (제사 의식에서 불이나 소마 등을) 자리로 가져가다, 바치다, 좋아하다"

प्राञ्जलि [a.] "합장하는"

✣ 28.19 prati-: "~를 마주해서, 반대로, 대꾸하여, 각각, 개별적으로"

prati-√likh [**प्रतिलिखति**] "써서 답하다"

prati-√bhū [प्रतिभवति] "동등하다, 같은 수준이다"

prati-√vad [प्रतिवदति] "대답하다, 대꾸하다, ~를 향해서 말하다"

prati-√iṣ [प्रतीच्छति] "~을 추구하다, 찾아나서다"

prati-√kṛ [प्रतिकरोति, प्रतिकुरुते] "반대하다, 맞서다, 되돌려주다, 원상 회복시키다"

prati-√bhāṣ [प्रतिभाषते] "대답하다, 말하다"

prati-√dā [प्रतिददाति, प्रतिदत्ते] "되돌려주다, 되돌리다"

prati-√han [प्रतिहन्ति] "공격하다, 반격하다"

प्रतिदिनम् [adv.] "매일, 날마다"

prati-√vas [प्रतिवसति] "살다, 거주하다, 자리 잡고 머무르다"

praty-ā-√gam [प्रत्यागच्छति] "돌아서 오다, 돌아오다, 다시 오다"

प्रत्यक्ष (← prati-akṣa) [a.] "눈 앞에 있는, 보이는, 지각가능한, 확실한, 직접 나타나는"

[n.] "시각지각, 감각지각, 직접지각, 지각을 통한 인식"

प्रत्यञ्च् (← prati-añc) [a.] "반대로 향한, 등을 돌린, 거꾸로 돌린, 반대편으로 향한, 서쪽의, 서쪽으로 향하고 있는"

प्रत्यक् [adv.] "~(Ab.)의 뒤에, 반대방향으로"

prati-√īkṣ [प्रतीक्षते] "바라보다, 인지하다, 기다리다, 용인하다"

prati-√pad [प्रतिपद्यते] "발을 내딛다, ~을 시작하다, ~에 이르다, (일이) 생겨나다"

प्रतिपत्तव्य [a.] "이해되어야 하는, 행해져야 하는, 주어져야 하는"

प्रतिपादित (prati-√pad의 시킴형 과거분사) "도달하게 만들어진, 얻도록 주어진, 제시된, 증명된, 설명된, 가르쳐진"

प्रतिज्ञा [f.] "인정, 약속, 동의, 단정, 공표, 확인"

✤ 28.20 vi-: "흩어지는, 떠나는, 나누어, 분해해서"

vi-√pat [**विपतति**] "흩어져 떨어지다, 흩어져 날다"

vi-√pā [**विपिबति**] "시간 차이를 두고 마시다, 과음하다"

vi-√bhū [**विभवति**] "전개되다, 발전되다, 확장되다"

vi-√vad [**विवदति**, **विवदते**] "반대하다, 논쟁하다, 다투다"

vi-√gam [**विगच्छति**] "뿔뿔이 흩어지다, 따로따로 가다, 헤어지다"

विगत [a.] "흩어진, 사라진, 죽은"

vi-√kṛ [**विकरोति**, **विकुरुते**] "다르게 만들다, 변형시키다, 망가뜨리다"

विकार [m.] "변형, 변화, 병"

vi-√ji [**विजयते**] "물리치다, 정복하다, 승리하다, 쟁취하다"

विजय [m.] "승리, 정벌"

vi-√bhāṣ [**विभाषते**] "여러가지로 말하다, 다른 가능성을 인정하다, 매도하다"

vi-√has [**विहसति**] "웃음을 터뜨리다, 크게 웃다, 비웃다"

vi-√dā [**विददाति**] "내주다, 나누어 주다, 분배하다"

vi-√han [**विहन्ति**] "쳐서 쪼개다, 해산시키다, 산산조각을 내다"

vy-√āp [**व्याप्नोति**] "도달하다, 뻗쳐서 미치다, 모두 덮다, 뒤덮다"

विवर [m.] "구멍"

vi-√vah [**विवहति**] "멀리 이끌다. 여자를 부인으로 맞아 데려가다, (여자와) 결혼하다, (신부를) 데려오다, 결혼하다"

(caus.) **विवाहयति** "여자를 ~(G./saha)에게 시집보내다";
विवाहयते "부인을 삼아 집으로 데려오다, 부인으로 삼다"

विवाह [m.] "결혼"

विस्तर [a.] "펼쳐진, 긴"

विस्तरेण [adv.] "길게, 모두 다, 장황하게, 자세하게"

vi-√bhaj [**विभजति, विभजते**] "나누다, 분배하다, 배분하다"

विभक्ति [f.] "구분, 분할, 구별, 명사의 곡용, 명사의 곡용 뒷토, 격"

विभाग [m.] "분할, 나눔, 몫, 일부, 분열, 구분, 차이"

विशेष [m.] "차이, 구분, 특징"

विशेषतः [adv.] "특별히, 특히, 하나씩, 구분해서"

विशिष्ट [a.] "구별되는, 특별한, 특출난, 뛰어난, 최상의"

vi-√vṛdh [**विवर्धते**] "자라다, 커지다, 늘어나다, 강하게 되다, 솟아오르다"

विवर्धन [a.] "보태는, 증가하는, 늘어나는, 지속하는"

विपद् [f.] "잘못 되어 감, 불행, 실패, 죽음" (↔ sampad)

विस्मय [m.] "놀라움, 경이로움, 당황함, 난처함"

विस्मित [a.] "놀란, 당황한, 경탄한, 경이로운, 불가사의한"

विप्रिय [a.] "마음에 들지 않는, 싫은, ~(G.)에게 내키지 않는"

[n.] "싫은 일, 마음에 들지 않는 것, 기분 상하게 하는 일"

विवर्ण [a.] "색깔이 없는, 창백한, 섞인 카스트에 속하는, 천한"

विपाक [a.] "(음식이나 과일이) 익은, 성숙한, 숙성된"

व्याधि [m.] "병, 질병, 정상이 아닌 상태"

✤28.21 sam-: "함께, 갖추어, 온전하게"

sam-√vad [**संवदति, संवदते**] "~(G.)와 토론하다, 의논하다, 말을 나누다"

sam-√gam [**सङ्गच्छति**] "함께 가다, 통합되다, 화합되다, 일치하다"

समागत [a.] "모인, 만난"

sam-√(s)kṛ [**संस्करोति, संस्कुरुते**] "합치다, 준비하다, 가다듬다"

संस्कार [m.] "함께 맞추기, 완성, 다듬기, 정화 의식, 경향성, 성향"

संस्कृत [a.] "함께 놓여진, 구성된, 준비된, 정화된, 다듬어진"

[n.] "준비, 제사 의식, 쌍쓰끄리땀 언어"

sam-ā-car [**समाचरति**] "~(L)에 대해 행동하다, 수행하다, 성취하다, 완수하다"

sam-abhi-√pad [**समभिपद्यते**] "대답하다, 도달하다, 얻다, 결과를 얻다"

संवत्सर [m.] "한 해, 만 일년"

सम्पद् [f.] "일치, 성공, 성취, 행운" (↔ vipad)

समीप [n.] "가까운 곳"

[a.] "가까이"

समय [m.] "함께 모임, 합의, 관행, 규정, 정해진 시간, 적절한 상황, 경우"

सम्यञ्च् [a.] "합치하는, 일치하는, 함께 가는, 결합된, 올바른, 정확한"

समन्वित [a.] "~(I.)을 온전히 갖춘, ~을 다 가진, ~과 연결된"

saṃ-√vṛdh (caus.) **संवर्धयति** "기르다, 강화시키다"

saṃ-√śru [**संश्रुणोति, संश्रुणुते**] "~로부터 듣다, ~(A.)의 말을 경청하다, 동의하다, ~(D. L.)에게 약속하다"

saṃ-√muh [**सम्मुह्यति**] "완전히 당황한 상태이다, 얼빠진 상태이다"

연습문제

▷ 28.01 다음 문장을 한국어로 옮기시오.

▷ 28.01(01) मघोना क्षिप्तेन वज्रेण हताः पक्षवदश्वा दिवः भूमौ न्यपतन् ।

▷ 28.01(02) यः सर्वाह्णं न किञ्चित्पिबति खादति च स श्वापः पिपासति ।

▷ 28.01(03) दुर्जनबन्धोर्दुर्गुणा उत्पद्यन्त इति पिता पुत्रमुपदिशति ।

▷ 28.01(04) सर्ववित्सर्वगतश्च शिवो नन्दिनं नामानड्वाहमारोहति ।

▷ 28.01(05) व्याधो दिवमुत्पतितं काककृष्णं पक्षिणमिषुणा निपातयति । तस्य च शुणा तं नाययति ।

▷ 28.01(06) वीर्यादिगुणवत्पुमांसः वीरा आख्यायन्ते ।

▷ 28.01(07) खगविशेषः शुको वारिवन्मेघगर्भां दिवं दृष्ट्वात्यन्तं नन्दति ।

▷ 28.01(08) गङ्गा स्वर्गात्पर्वतमुपगत्य समुद्रमभिसरति ।

▷ 28.01(09) को हि मधुबिन्दुना लवणसमुद्रं मधुमन्तं कर्तुं शक्नोतीति पृष्टो युवा न कश्चिदिति प्रत्युवाद।

▷ 28.01(10) यः पुनः पुनः परिवर्तते तस्मिंल्लोके ऽनेका जन्तवः पुनः पुनर्जायन्ते म्रियन्ते च ।

▢ 28.01(11) यदा राहुनामासुरेण सूर्यः प्रपीयते तदा जगत्तमोमयं भवति ।

▢ 28.01(12) अद्य भवान्पीडितो ऽपि पश्चाद्भवति बुद्धिमत्तरपुरुषमधिगच्छति भवतो पीडितत्वमपगच्छेत्।

▢ 28.01(13) अहं पात्रमध्यहितरत्नमुद्धृत्य मम रूपस्विभार्यायै प्रददौ ।

▢ 28.01(14) यः सम्पदि विपदि च समं करोति तं मित्रीकर। या सदा त्वदर्थं करोति तां विवह च ।

▢ 28.01(15) एकस्मिन्समये ग्रामसमीपवनवासवानरो देवालयमागच्छन्काष्ठमुत्पातयति ।

▢ 28.01(16) विद्वदाचार्यप्रणामार्थं तस्य पद्मवत्पादौ स्वमुखे धातास्मि ।

▷ 28.01(17) युद्धे क्लीबकार्यं मा कार्षीरन्यथा शत्रुणा निहत्य नरकं गमिष्यसि न स्वर्गम् ।

▷ 28.01(18) राजगृहसमागतदमयन्तीविवोढुकामराजवीरेषु वीरसेनस्य पुत्रो नलस्तां पर्यणयत् ।

▷ 28.01(19) यो वृद्धश्रान्तो ऽपि मृतजन्तुवपुर्लब्ध्वा न परितोषमेति स सिंह आयुष्मद्गजमांसं बुभुक्षति ।

▷ 28.01(20) संसारं चैव निर्वाणं मन्यन्ते ऽतत्त्वदर्शिनः ।
न संसारं न निर्वाणं मन्यन्ते तत्त्वदर्शिनः ॥
निर्वाणं च भवश्चैव द्वयमेतन्न विद्यते ।
परिज्ञानं भवस्यैव निर्वाणमिति कथ्यते ॥ 『युक्तिषष्टिका』

▷ 28.02 다음 이야기를 한국어로 옮기시오. (날라와 다마얀띠 이야기 13)

▷ 28.02(01)

अथानन्तरं स नलो धर्मज्ञराजो बभूव न केवलमश्वकोविदो ऽक्षहृदयज्ञो ऽपि । त्रिलोके मत्समो नास्ति कश्चिदन्यः पुमानिति नलश्चिन्तयांचकार । पश्चान्महत्या सेनया सार्धं पुमान्वैरसेनिः प्रययौ निषधान्प्रति । स त्वरमाणो नृपो राजगृहं प्रविवेश परिकुपितो ।

▷ 28.02(02)

ततः पुष्करमाहूय वीरसेनपुत्रो नलः ।
उवाच दीव्याव पुनर्बहु धनं मया जितम् ॥ १ ॥

दमयन्ती च यच्चान्यन्मम धनं समागतम् ।
एष वै मम सन्न्यासस्तव राज्यं तु पुष्कर ॥२॥

पुनः प्रवर्तताां द्यूतमिति च निश्चयो मम ।
प्राणयोश्च पणं द्यूतं पुष्कर करवाव हे ॥३॥

न चेदिच्छसि तद्यूतं युद्धद्यूतं प्रवर्तताम् ।
द्वन्द्वयुद्धेन वै शान्तिस्तव वा मम वा नृप ॥४॥

▷ 28.02(03)

राजेन्द्रेणैवमुक्तस्तु पुष्करः प्रहसन्निव ।
ममाथ विजयो भूय आविर्मत्वा प्रत्याह सः ॥५॥

सर्वदा हि स्मरामि त्वां प्रतीक्षामि च हे नल ।
कृतकार्यो भविष्यामि जित्वा नारीमधोमुखीम् ॥६॥

▷ 28.02(04)

ततः प्रावर्तत द्यूतं पुष्करस्य नलस्य च ।
एकपाणेन दैवेन जिगाय पुष्करं नलः ॥७॥

जित्वा च पुष्करं राजा प्रहसन्निदमब्रवीत् ।
मम सर्वमिदं राज्यं निर्भयं च भद्रं सुखि ॥८॥

न तत्त्वया कृतं कर्म येनाहं विजितस्तदा ।

कलिना तत्कृतं कर्म त्वं तु मूढ न बोधसि ॥९॥

नाहं परकृतं दोषं त्वयि धास्ये कथञ्चन ।
तवोत्सृजामि प्राणान्ते जीवस्व त्वं यथासुखम् ॥१०॥

낱말 목록

adhyayana (adhi-ayana) [n.] 읽기, 낭송 (특히 베다), 공부

adhyetṛ [m.] 낭송자, 공부하는 사람, 익히는 사람

anaḍuh [m.] 숫소 (불규칙 곡용)

apagama [m.] 떠나감, 출발, 죽음

aśvin [a.] 말을 지닌, 말을 타고 있는
[m.] 기마병, 말 조련사

āyuṣmat [a.] 제 수명을 누리는, 장수하는, 건강한, 살아 있는

utpatita [a.] 날아 오른, 올라간

√ṛdh 4PĀ. [ṛdhyati, ṛdhyate] 자라다, 늘어나다, 번성하다, 성공하다

kṣipta [a.] 던져진, 방출된, 보내어진

chandaḥ [n.] 희망, 갈구, 운문으로 된 찬송, 운문, 운율학

tapovat [a.] 고행을 행하는

tejovat [a.] 밝은, (불꽃처럼) 날카로운, 매우 자극적인

div [f.] 하늘

dṛṣṭapūrva [a.] 전에 본 적이 있는

dvaya [n.] 이중임, 둘임, 한 쌍

nandin [a.] 즐거워하는, 기뻐하는

[m.] (고유명사) 쉬바가 타고 다니는 (vāhana) 수소

niḥśabda [a.] 소리가 없는, 말이 없는, 침묵하는
[m.] [n.] 침묵

nirvāṇa [a.] 꺼진, 가라앉혀진, 죽은
[n.] 끔, 사라짐, 열반

parijñāna [n.] 온전하게 앎, 분명하게 앎, 확인, 경험, 인지, 인식

puṃs [m.] 남자, 사람, 하인 (불규칙 곡용, 임자격은 pumān, pumāṃsau, pumāṃsaḥ)

pra-√pā 1P [prapibati] 마시기 시작하다, 삼키기 시작하다

bindu [m.] 방울, 작은 조각, 점, 표식

bheda [m.] 분할, 구분, 쪼개기, 분석, 구별

maghavan [a.] 후한, 선물을 주는, 아낌없이 주는

[m.] 인드라 (신)

madhumat [a.] 단 맛을 지닌, 단, 꿀과 섞은, 마음에 드는

madhūdaka [n.] 꿀물, 꿀을 탄 물, 물에 녹인 꿀

√mṛṣ 4P.Ā. [mṛṣyati, mṛṣyate] 잊다, 무시하다, 마음 속에 감추다, 용인하다
(caus.) marṣayati, marṣayate 잊

게 만들다, 인내하다, 당해내다, 용서하다, 참아내다

rāhu [m.] (장악하는 자, 붙잡는 자) 라후 (달과 해를 삼켜 일식과 월식을 만드는 악신)

vipad [f.] 잘못 되어 감, 불행, 불운, 재앙, 실패, 죽음

saṃsāra [m.] 지나면서 겪음, 생사의 반복을 경험함, 윤회

sattvavat [a.] 생명을 가진, 살아 있는, 참된 본성을 가진, 단호한

sannyāsa [m.] 맡긴 것, 담보, 건 것, 판돈 (← saṃ-ni-āsa 아래로 내려 둔 것), 사퇴, 포기 (← 내려놓다)

sapatna [m.] 적수, 경쟁자, 라이벌

sarvagata [a.] 모든 곳에 있는, 편재하는, 흔한

svatantra [n.] 자기 자신에게 의존함, 독립성, 자율성

svātantrya [n.] 독립성, 스스로의 결정에 따름, 스스로에게 의지함

hastagata [a.] 손에 들어 온, 얻게 된, 갖게 된

전체 낱말 목록

사용된 줄임말

Ā. ātmanepada
P. parasmaipada

[a.]	adjective	형용사
[adp.]	adposition	부치사
[adv.]	adverb	부사
[f.]	feminine	여성 (명사)
[ind.]	indeclinable	불변화사
[m.]	masculine	남성 (명사)
[n.]	neuter	중성 (명사)
[prn.]	pronoun	대명사

(den.)	denominative	명사유래형
(ifc.)	in fine compositi	겹낱말의 뒷자리에서
(impf.)	imperfect	과거형
(inf.)	infinitive	부정형
(pass.)	passive	수동형
(caus.)	causative	시킴형
(p.p.)	past participle	과거분사

akṛtya [a.] (a-kṛtya 구속형) 행해지지 말아야 하는, 범법행위에 해당하는

akṣa [m.] 주사위, 견과휯, 도박에 쓰이는 vibhītaka 열매로 만든 알

akṣapriya [a.] 주사위 혹은 견과휯 도박을 좋아하는

akṣaśīla [a.] 주사위나 견과휯을 던지는 노름에 중독된

akṣahṛdayajña [a.] 주사위나 견과휯 놀이의 핵심을 아는

aṅga [n.] 몸의 사지, 몸, 부분, (본체에 달린) 부속물
[ind.] 경청과 동의 그리고 동감을 나타내는 조사. 그럼요, 당연하지요, 그래요, 정말로

aṅgīkaraṇa [n.] 동의하는 행위, 동의, 약속, 지지 표명

aṇḍa [n.] 알

atīva [adv.] 지나치게, 아주 심하게, 상당히

adeśya [a.] (가리켜져야 할 것이 아닌) 현장에 없는, 눈앞에 없는

adhara [a.] 아래의, 아래로 향하는, 더 못한, 저급한
[n.] 아랫부분, 대답
[m.] 아래 갈비뼈

adhi-√gam 1P. [adhigacchati] 접근하다, 만나다, 성취하다, 공부하다, 이해하다

adhomukha [a.] 얼굴을 아래로 향하고 있는 (f.: -ī)

adhyayana (adhi-ayana) [n.] 읽기, 낭송 (특히 베다), 공부

adhyāya [m.] 가르침, (책의) 한 장·절, 낭송

adhyetṛ [m.] 낭송자, 공부하는 사람, 익히는 사람

anaḍuh [m.] 숫소 (불규칙곡용)

ananta [a.] 끝이 없는, 제한이 없는

anavadyāṅga [a.] 흠 잡을 바 없는 몸을 가진, 흠 잡을 바 없는 사지를 지닌 (f.: -ī)

anasūyaka [a.] 악의를 갖지 않은, 질투하지 않는

anātmavat [a.] 자기자신을 잃은(an-ātman-vant)

anuga [a.] 따르는, 뒤따르는, 수행하는
[m.] 추종자, 수행원, 동반자, 하인

anu-√gam 1P. [anugacchati] 따라가다, 흉내내다

anu-√jīv 1P. [anujīvati] ~를 따라하며 살다, ~의 아래에서 살다

anu-pra-√viś 6P.Ā. [anupraviśati, anupraviśate] ~로 따라 들어가다

anu-√budh 1P.Ā. [anubodhati, anubodhate] 기억하다, 깨어나다
(caus.) anubodhayati 상기시키다, 알려주다

anu-√bhū 1P. [anubhavati] 따라가다, 시도하다, 참가하다, 인지하다, 경험하다

anumāna [n.] 추론, 추측, 추론하기

anulipta [a.] 칠해진, 기름 칠해진

anu-√vṛt 1Ā. [anuvartate] 따라가다, 추구하다, 지키다, 따라서 하다

anuṣṭubh [f.] 뒤 따라서 찬양하기, (운문의 특별한 형태) 아누스툽

aneka [a.] 하나가 아닌, 많은 수의, 다양한

anta [m.] 끝, 한계, 종말, 결론, 단정, 확정, 목적, 경계지역, 변두리

antaka [a.] 끝을 만드는, 끝내는, 죽음을 부르는
[m.] 죽음, 죽음의 신 야마(yama)

antakara [a.] 종말을 만드는, 끝을 만드는, 죽음을 부르는
[m.] 죽음, (죽음의 신) 야마

annarasa [m.] (← anna-rasa) (좋은) 음식의 맛, 음식의 핵심

anyatama [a.] 여럿들 가운데 하나

anyonya [a.] 서로, 상호적인

anvita [a.] (anu-ita) ~을 따라간, 동반한, 수반한, 연결된, ~을 갖춘, ~을 가진, ~을 이해한

apagama [m.] 떠나감, 출발, 죽음

aparādha [m.] 범죄, 잘못, 일탈, 실수, 무례

apeta (apa-√i) [a.] 떠나다, 벗어나다, ~(Ab.)에서 자유롭다

apauruṣeya [a.] 사람에게서 나온 것이 아닌
[n.] 사람에게서 기원하지 않음, 인간을 넘어서는 것

apaharaṇa [n.] 훔치기, 가져가기, 약탈

apahāsayati [caus.] apa-√has 조롱하다, 조소하다

abhi-√jñā 9P.Ā. [abhijānāti, abhijānīte] 알아차리다, 지각하다, 인정하다, 동의하다

abhi- √sidh 4P. [abhisidhyati] 이루어지다, 성취되다

abhyāsa [m.] 보태거나 첨가하는 일, 반복, 끊임없는 연습, 습관, (문법) 거듭, 수행

amara [a.] 죽지 않는, 불멸의, 사라지지 않는

√arh 1P. [arhati] ~할 만하다, ~할 가치가 있다, ~할 자격이 있다, ~해야만 한다, ~할 수 있다

alpa [a.] 작은, 조금의, 아주 적은, 극소의

√av 1P. [avati] 몰아가다, 가게하다, 움직이게 하다, 마음에 들어 하다, 도와주다, 만족시키다

ava-√tṝ 1P. [avatarati] 아래로 내려오다, 지상세계로 오다, 현현하다

avadya [a.] (칭송할 것이 아닌 a-vadya), 흠잡힐 만한, 저급한, 못난, 만족스럽지 못한
[n.] 저급한 것, 부족, 불완전함, 비난, 탓, 비난, 비판, 불명예

avaśeṣa [n.] 남긴 것, 남은 것

avaśyam [adv.] 반드시, 실제로, 확실하게, 틀림없이

avasthāna [n.] 머물기, 머무르는 곳, 사는 곳, 상황, 조건

aśvaka [m.] 작은 말, 보잘 것 없는 말

aśvakovida [a.] 말(馬)을 잘 아는

aśvamukha [a.] 말의 얼굴을 가진, 말의 머리를 가진

aśvavid [a.] 말을 (다룰 줄) 아는

aśvin [a.] 말을 지닌, 말을 타고 있는
[m.] 기마병, 말 조련사

aṣṭama [a.] 여덟째, 여덟 번째의

asura [m.] 나쁜 신, 귀신, 정령, 신

asṛj/asṛk [n.] 피

asthi [n.] (불규칙 곡용 asthan) 뼈

asmāka [a.] 우리들의, 우리들의 것

asvastha [a.] 자신의 원래 상태(sva-stha)가 아닌(a-), 아픈

√ah (완료형으로만 사용. 3인칭 단수와 복수가 주로 사용되고, 3인칭 āha

āhatuḥ āhuḥ; 2인칭 단수와 양수 āttha, āhathus의 다섯 형태만 사용된다.) 말하다, 발언하다, 표현하다, 부르다, 선언하다, 언급하다, 인정하다, 판단하다

ahan [n.] 날, 낮 (ifc., -ahna)

ā-√khyā 2P. [ākhyāti] 말하다, 알려주다, ~라고 부르다, ~라고 이름을 붙이다

ādara [m.] 존경, 존중, 배려, 조심스러움

ādima 첫째, 처음의

ādya 첫째, 처음의

ā-√nī 1P. [ānayati] 가지고 오다, 데리고 오다, 가까이로 이끌다

āpad [f.] 불행, 불운, 재앙, 어려움

āpadgata [a.] 불행에 빠진

āyudha [n.] 무기

āyuḥ [n.] 생명, 활력, 수명, 긴 수명

āyuṣmat [a.] 제 수명을 누리는, 장수하는, 건강한, 살아 있는

ā-√rabh 1Ā. [ārabhate] ~(inf.)하기 시작하다, ~에 달라붙다, ~에 도달하다

ā-√vah 1PĀ. [āvahati, āvahate] 이끌어 가다, 가져오다, 초대하다, 부르다
(caus.) āvahayati 가까이 오게 하다

āviḥ [adv.] 명백한, 분명한, 눈 앞의

āvir-bhū 1P. [āvirbhavati] 드러나다, 분명해지다, 나타나다

ā-√viś 6P.Ā. [āviśati, āviśate] ~에 들어가다, 장악하다, (사람에 들어가서 자리잡고) 장악하다 혹은 홀리다
(p.p.) āviṣṭa (귀신 등에) 씌인

āviṣ-√kṛ 8P.Ā. [āviṣkaroti] 드러내다, 명백하게 하다, 발견하다

√ās 2Ā. [āste] 앉다, 자리를 잡다, 눕다, 머물다, 가만히 있다, 계속하다

āsana [n.] 앉기, (종교의례나 수행법에 따른 특별한) 앉는 자세, 머무르기

āsmāka [a.] 우리의, 우리의 것인

āhnika [a.] 하루의, (텍스트 길이의 단위) 아흐니까 (하루의 학습 분량?)

ā-√hve 1PĀ. [āhvayati, āhvayate] 부르다, 불러내다, (제사 의식으로) 불러내다 (독립형 āhūya, 수동형 āhūyate)

itarathā [adv.] 다르게, 다른 방식으로, 다른 면에서

itihāsa [m.] 전래된 이야기, 전설, 전승, 옛 사건에 대한 이야기

ibha [m.] 하인들, 식구들, 딸린 자들, 가축들, 코끼리

īpsita [a.] 원해지는, 바람이 된

īpsu [a.] 성취하기를 원하는

utpatita [a.] 날아 오른, 올라간

udaka [n.] 물

udañc [a.] 북쪽의, 위로 향하는, 위로 굽혀진

udumbara [m.] 우둠바라 나무, 우둠바라 열매 (야생 무화과의 일종)

ud-√bhū 1P. [udbhavati] 생겨나다, 드러나다, 도달하다, 드러내다, 설명하다

upa-ā-√i 2P. upaiti ~(A.)에게 다가오다, 찾아오다, 들이닥치다, (이성으로) 접근하다, 헌신하다

upakriyā [f.] 가까이 가져오기, 도움, 호의, 이익, 수단, 치료

upa-√gam 1P. [upagacchati] 도달하다, 도착하

다, 가까이 가다

upapanna [a.] 얻어진, 도달된, 결과로 나타난, 몫으로 돌아온, ~(I.)을 갖춘, ~을 가진, ~에 적합한, (스승이나 수호자에게) 다가간

upamāna [n.] 비교, 비유, 비유하기, 유추

upa-√viś 6P. [upaviśati] 가까이 가다, 자리 잡다, 내려 앉다

upa-√śam PĀ. upaśāmyati, upaśāmyate 누그러지다, 조용해지다, 그치다, 없어지다, 조용하게 만들다, 달래다, 누그러뜨리다

ūna [a.] 빠진, 부족한, 모자란, 적은, 작은, 덜한

ṛta [n.] 맞는 것, 옳은 것, 적당한 것, 참됨, 진실, (베다) 우주의 운행 원리

ṛtuparṇa [m.] 리뚜빠르나 (왕의 이름)

√ṛdh 4PĀ. [ṛdhyati, ṛdhyate] 자라다, 늘어나다, 번성하다, 성공하다

ṛṣabha [m.] 수소, 수컷, 같은 종류 중에서 가장 뛰어난 자

ekaka [a.] 홀로, 단일한

ekārtha 하나의 같은 대상, 같은 목적, 같은 의미
[a.] 같은 목적을 가진, 같은 의미를 가진, 같은 것을 지칭하는, 동의어

aikya [n.] 하나임, 통일, 조화, 동일함. 같음

oṣṭha [m.] 갈비뼈 (주로 양수로)

audumbara [a.] 야생무화과 우둠바라 (udumbara/uḍumbara)의, 우둠바라 나무로 만든, 구리로 만든

kaṇṭha [m.] 목, 목구멍

kati [adv.] 몇?, 얼마나 많이?

√kath 10P. [kathayati] 말하다, 이야기하다

kanīyaḥ [a.] 더 어린, 더 젊은, 동생, 더 어린 아들이나 딸, 더 작은, 덜한, 덜 중요한

kanyāja [m.] 결혼하지 않은 여자에게서 태어난 아들

kanyāratna [n.] 보석같은 소녀, 대단히 사랑스러운 소녀

kamala [m.][n.] 연, 연꽃
[a.] 연한 붉은색의

karṇa [m.] 귀

karman [n.] 행위, 작업, 일, 업무, 의무, 제사의식, 종교의식, 운동

kali [m.] 주사위의 눈이 하나 그려진 면, 견과홏 수가 하나 남는 패, (가장 낮아) 잃게 되는 패, 깔리 (신의 이름)

kalpa [a.] 실행가능한, 가능한, 수행할 능력이 있는, 적임인, 잘 맞는
[m.] 규칙, 규정, 행동 방식, 처리 방식, 가능성, 종교적 계율, (ifc.) 거의 ~와 같은, ~이나 다름없는

kalpita [a.] 만들어지다, 구성되다, 조작되다, 준비되다, 인공의, 잘 조직된

kāmaja [a.] 욕망에서 생겨난, 욕망 때문에 생겨난

kāmin [a.] ~(A.)을 욕구하는, 사랑하는, 갈구하는
[m.] 사랑하는 사람, 사랑에 빠진 사람 (f.: -ī)

kāryavat [a.] 할 일이 있는, 볼 일이 있는, 목적이 있는

kiṃrājan [m.] 나쁜 왕

kinnara (kiṃnara) [m.] (무슨 인간? →) 말의 머리를 지니고 인간의 형상을 한

괴인, 하늘에 사는 존재들 중의 하나

kutsita [a.] 욕을 먹는, 괄시받는

kupuruṣa [m.] 나쁜 사람, 남자답지 못한 자, 비겁한 자

kumbha [m.] 물항아리, (손잡이 달린) 물병, 항아리

kusuma [n.] 꽃

kṛtatvara [a.] 서두르는

kṛtaphala [a.] 성공적인, 결과를 창출한

kṛte [adp.] (kṛta의 곳때격으로 후치사처럼 쓰임) ~(G.)을 위하여, ~(G.)때문에

√kḷp 1Ā. [kalpate] 정돈되어 있다, 잘 맞게 있다, 일이나 과제에 맞다, 성공하다, 준비하다, 정돈하다, 발생하다, 생겨나다
(caus.) 맞추어 정리하다, 맞게 나열하다, ~으로 간주하다, 설명하다, 만들어 내다

kevalam [adv.] 오직, 단지, 완전히, 온전하게

kovida [a.] 경험이 많은, 잘 다루는, ~(L. G.)에 대하여 전문가인

klība [a.] 거세된, 거세된 (남성), 환관인, 남성스럽지 못한, 비겁한, 약한

kṣaṇa [m.] 순간, 짧은 순간, 눈 깜빡하는 사이, 찰나

kṣipta [a.] 던져진, 방출된, 보내어진

kṣīra [n.] 우유, 굳은 우유, 응유

kṣudh [f.] 배고픔, 굶주림

kṣema [m. n.] 평화, 안정, 휴식

kha [n.] 빈 공간, 허공, 하늘, 뚫린 구멍

√khād 1P. [khādati] 먹다, 씹다, 물다, 삼키다, 죽이다

gaja [m.] 코끼리

gajamukha [a.] 코끼리의 얼굴을 가진
[m.] 코끼리 얼굴을 가진 신, 가네샤 (Gaṇeśa)

√gaṇ 10P. [gaṇayati] 셈하다, 세다, 더하다, 간주하다, 이해하다, 참작하다, 계산에 넣다

gaṇa [m.] 무리, 떼, 집단, 부류

gamana [n.] 가기, 움직임, 출발

gardabha [m.] 나귀
[f.] -ī. 암나귀

guṇa [m.] (꼬아 만든) 줄, 실, 밧줄, 종류, 분류, 부차적인 것, 속성, 성질, 특징, 좋은 성질, 미덕

guṇavat [a.] 덕성을 갖춘, 탁월함을 지닌

gurutalpa [m.] 스승의 잠자리, 스승의 침대를 범함, 스승의 부인과 성관계를 갖는 일

guhya [a.] 숨겨져야 하는, 덮어져야 하는, 비밀의
[n.] 비밀, 알려지지 않은 것

gṛhastha [a.] 집에서 사는
[m.] 재가자, 가장,

go [m.] 황소
[f.] 암소
(복수형) 가축, 가축떼,

gopa [m.] 목동, 우유를 공급하는 사람, 지켜주는 사람

gopī [f.] 목동의 아내, 여자 목동, 끄리스나와 함께 등장하는 목동 여자들

grīva [m.] 목, 목덜미

cakra [n.] 바퀴, 전차바퀴, 도자기를 만드는 돌림판, (던지는 무기) 원반, 한 바퀴, (군대나 국가처럼 특정한 중심을 가지

는) 조직이나 구성체의 단위, 영역이나 지역

cakrapāṇi [m.] 원판을 손에 쥔 자, 비스누

catuḥ (《 catus) [a.] 네 번, 네 차례

caturtha [a.] 넷째, 네 번째의

caturbhuja [a.] 네 팔을 가진, 팔이 네 개인

√ci 5P.Ā. [cinoti, cinute] 쌓다, 쌓아 올리다, 포개어 정열하다, 구조를 만들어 내다, 모으다

cikitsu [a.] 현명한, 명민한, 치료하는, 의술로 돌보는

cikīrṣita [n.] 목적한 바, 의도한 바, 계획, 기획

√cit 1P. [cetati] 관찰하다, 주목하다, 알아차리다, 걱정하다, 돌보다,
(바람형) cikitsati 염두에 두다, 돌보다, 치료하다, 의술로 다루다

citra [a.] 얼룩무늬의, 뛰어난, 눈에 띄는, 아름다운, 밝은 색깔의

cintā [f.] 생각, ~(G. L.)에 대한 걱정, 근심, 고려

cintāpara [a.] 생각에 잠긴, 생각에 골몰한

cirakāla [a.] 긴 시간의, 긴 시간 동안

√cud 1P.Ā. [codati, codate] 서두르다, 빠르게 움직이다
(caus.) codayati 재촉하다, 촉발하다, 조이다, 서두르게 하다, 요구하다, 요청하다

ced [adv.] 만약, 가정하건데

chandaḥ [n.] 희망, 갈구, 운문으로 된 찬송, 운문, 운율학

janayitṛ [m.] 낳아준 사람, 만들어낸 사람

januṣāndha [a.] 장님으로 태어난

janman [n.] 출생, 태생, 출신, 출산, 산출, 생산

jalajīvin [a.] 물 속에 사는, 물 주변에 사는
[m.] 어부, 수생 동물

jāta [a.] 태어난, 만들어진, 생겨난
[n.] 생명체, 태어난 것, 종류, 종족, 한 집합을 이루는 여럿의 모임

jātimātra [a.] 출신성분이 그렇다는 것에 지나지 않는 (실제 역할을 못하는)

jita [a.] 물리쳐진, 이겨서 얻은, 정복된

jitakāma [a.] 욕망을 극복한

jitendriya [a.] 감각기관을 극복한

jīvaka [a.] 살아 있는, 생명을 가진

jetṛ [m.] 승리자, 이기는 자

jyāyaḥ [a.] 더 나이 많은, 더 높은, 더 뛰어난

tataḥ param [adv.] 게다가, 더 보태어, 그 외에도

√tap 1P. [tapati] 열을 내다, 뜨거워지다, 빛나다, 고통을 겪다, 고행하다, 고통을 주다, 상하게 하다

tapasvin [a.] 고행을 하는, 고통을 겪는
[m.] 고행자

tapovat [a.] 고행을 행하는

talpa [m.] 누울자리, 잠자리

tādṛś [a.] 그렇게 보이는, 그와 같은

√tij 1Ā. [tejate] 날카롭다, 날카롭게 되다

tiryañc [a.] 가로지르는, 통과하는, 수평의

turīya [a.] 넷째, 네 번째의

turya [a.] 넷째, 네 번째의

tṛṇa [n.] 풀, 풀잎, 짚(무가치한 것의 비유)

tṛtīya [a.] 세 번째, 셋째

√tṝ 1P. [tarati] (강을) 건너다, 가로질러 가다, 넘어서다

tejomaya [a.] 불꽃으로 이루어진, 빛나는

tejovat [a.] 밝은, (불꽃처럼) 날카로운, 매우 자극적인

triḥ (《 tris) [a.] 세 번, 세 차례

trika [a.] 셋으로 이루어진

trijagat [n.] 세 층위로 이루어진 세상, 삼세

triloka [n.] 세 세상 (三世), 세 부분으로 이루어진 세상 (f.: -ī)

trilocana [a.] 눈이 세 개인
[m.] 쉬바(Śiva)

tvadīya [a.] 너의

√tvar 1Ā. [tvarate] 서두르다
(caus.) tvarayati 가속시키다, 서두르게 만들다

tvarayā (I.) [adv.] 서둘러, 빨리

tvarā [f.] 서두름, 속도

daṇḍayoga [m.] 처벌

dadhi [n.] (불규칙 곡용 dadhan) 걸쭉해진 신 우유, 응고우유, 우유의 맑은 수분(유장)이 제거되지 않아서 응유가 되지 않는 굳은 우유

darśanīya [a.] (구속형) 보여져야 하는, 볼 만한, 잘 생긴, 아름다운

daśagrīva [m.] 목을 열 개 가진 자, 라바나(Rāvaṇa)

daśabalaḥ [m.] 10가지 힘을 가진 자, 붇다(Buddha)

daśama [a.] 열째, 열 번째의

daśaratha [m.] 다샤라타 (라마의 아버지)

√dah 1P. [dahati] 태우다, 태워 없애다, 소멸시키다, 타다, 괴롭히다

dāsyāḥputra [m.] 노예의 아들! (욕하는 말)

div [f.] 하늘

√div 4P.Ā. [dīvyati, dīvyate] (주사위, 견과융을) 던지다, 노름하다
(caus.) devayati 노름하게 하다

diś [f.] 방향, (동서남북의) 방위, 1/4, 장소, 지역, 부분

duḥkhamaraṇa [a.] 고통스러운 죽음을 맞는

durdaiva [n.] 불운, 불행, 나쁜 운명

durhṛd [a.] 마음이 나쁜, 사악한
[m.] 적, 나쁜 사람

√duṣ 4P. [duṣyati] 나쁘게 되다, 타락하다, 더럽게 되다, 잘못되다
(caus.) dūṣayati 타락시키다, 망치다, 더럽히다, 해치다, 반대하다, 반박하다

duṣkara [a.] 하기 어려운, 까다로운, 힘드는, 잘못된 일을 하는, 잘못을 저지르는
[n.] 어려운 일, 힘겨운 일, 어려움

duṣkṛta [n.] 나쁜 짓, 죄, 잘못
[a.] 잘못 행한, 잘못 수행된

√dṛś (현재체계에서는 √paś 사용, ☞ 13.03(01)) 보다, 바라보다, 간주하다, 고려하다, 이해하다, 살펴보다, 보살피다

dṛṣṭapūrva [a.] 전에 본 적이 있는

dṛṣṭi [f.] 보기, 관찰, 시야, 관점, 관찰, 견해

doṣa [m.] 결함, 피해, 나쁜 것, 흠, 손해, 비난

dauvārika [m.] 문지기, 보초

dyūta [n.] (주사위, 견과융) 노름, 게임, 겨루기

dvaka [a.] 둘로 이루어진

dvandva [n.] (둘이서 하는) 싸움, 결투, (둘이서 만드는) 한 쌍, 딜렘마, 반대의 쌍

dvandvayuddha [n.] (두 명이 하는) 결투

dvaya [n.] 이중임, 둘임, 한 쌍

dvārastha [a.] 문에 서 있는
[m.] 문지기, 보초

dviḥ (〈 dvis) [ind.] 두 번, 두 차례

dvigu [a.] 소 두 마리 값에 해당하는
[m.] dvigu-겹낱말

dvitīya [a.] 둘째, 두 번째의

dvaidhībhāva [m.] 이중성, 이원성, 불확실함, 의심, 상충된 상태

dhanapara [a.] 돈을 밝히는

dhanin [a.] 재산을 가진, 부를 소유한, 부유한
[m.] 부자, 소유자, 채권자

dhanuṣpāṇi [a.] 활을 손에 쥐고 있는

dhara [a.] 머금고 있는, 안고 있는, 품고 있는, 받치고 있는, 갖고 있는, 보존하고 있는, 유지하는
[m.] 산
[f.] (-ā) 받치는 것, 땅

dharmādhikāra [m.] 사회적 규율을 담당하는 사람, 재판관

dharmārtha [m.] (양수) dharma와 artha, 올바른 것과 성공

dharmin [a.] 사회-종교적 규범을 아는, 사회-종교적 규범을 따르는, 특정한 속성을 가지고 있는

dhārmika [a.] 규범에 따르는, 정의로운

√dhī 3Ā. [dīdhīte] 인지하다, 생각하다, 숙고하다, 바라다

√dhṛ 1PĀ. [dharati, dharate]; (caus.) dhārayati, dhārayate가 같은 의미로 사용된다.

품다, 쥐다, 유지하다, 지키다, 갖다, 행하다, 겪다, 살아 남다, 억누르다, 참다, 억압하다

dhenukā [f.] 암소

nakta [n.] 밤

naktam [adv.] 밤에

√naṭ [naṭati (←√nṛt)] 춤추다, 공연하다
(caus.) naṭayati 춤추게 하다
(caus.) nāṭayati 공연하게 하다

√nand 1P. [nandati] 즐거워하다, 만족하다, ~(I. Ab.)에 좋아하다

nandin [a.] 즐거워하는, 기뻐하는
[m.] (고유명사) 쉬바가 타고 다니는 (vāhana) 수소

namas-√kṛ 경배를 드리다, 인사를 올리다
namaskartṛ [a.] 경배하는 자; namaskāra [m.] 인사, 경배; namaskārya [a.] 경배되어야 마땅한, 존경받는; namaskriyā [f.] 경배

narasiṃha [m.] 사자와 같은 사람, 위대한 전사

nareśvara [m.] 인간(nara)의 신(īśvara), 인간(nara)들 중의 최고인 자(īśvara)

nartaka [m.] 무용수, 공연예술가, 배우, 가수
[a.] (← 시킴형 nartayati) 춤추게 시키는

nava [a.] 새로운, 새, 신선한, 젊은, 최근의

navadvāra [n.] 인간의 육체, (복수로) 인간의 몸에 있는 9개의 구멍

navama [a.] 아홉째, 아홉 번째의

nāman [n.] 이름, 명칭, (개인의) 이름, 명사, 특징점, 본성

nāyaka [m.][n.] 지도자, 우두머리, 대장

nārīratna [n.] (← nārī-ratna) 보석과 같은 여인, 훌륭한 여인

niḥśabda [a.] 소리가 없는, 말이 없는, 침묵하는
[m.] [n.] 침묵

√nind 1P. [nindati] 비난하다, 탓하다, 욕하다

nindā [f.] 비난, 비판, 중상, 폄훼

nindāpara [a.] 폄훼하는 일에만 골몰하는

nipātayati [caus.] ni-√pat 아래로 떨어뜨리다. 내던지다, 죽이다, 쓰러뜨리다

ni-√budh 1P. [nibodhati] ~(A.)를 ~(G.)로부터 듣거나 배워서 알다, 주의깊게 듣다, ~(A.)을 ~(A.)으로 간주하다, 알다, 이해하다.

nirarthaka [a.] 쓸모 없는, 의미 없는, 헛된

nirāhāra [m.] 먹을 것이 없음, 단식
[a.] 식량이 없는, 단식 중인

nirguṇa [a.] 줄이나 실이 없는, 미덕이나 덕성이 없는, 속성이 없는, 특징이 없는

nirdvandva [a.] 짝이 되는 것에 무관한, 반대편에 무심한, 기쁘지도 슬프지도 않은, 짝이 되는 관계에 있지 않은, 독립적인

nirbhaya [n.] 두려움이 없음, 안전
[a.] 두려움이 없는, 겁내지 않는

nirvāṇa [a.] 꺼진, 가라앉혀진, 죽은
[n.] 끔, 사라짐, 열반

ni-√vid (caus.) nivedayati/nivedayate 알게 하다, 알리다, 제공하다, 제시하다

niścaya [m.] 확정, 결정, 확인, 결심

ni-√han 2P. [nihanti] 때리다, 죽이다, ~에 내던지다

nihata [a.] 던져 팽개쳐진, 맞아 눌린, 죽여진, 살해된, 파괴된, 잃은

nīla [a.] 검푸른, 검푸른 진한 색을 지닌

nīlakaṇṭha [a.] 목이 검푸른
[m.] (목이 검푸른 신) 쉬바

√nṛt 4P. [nṛtyati] 춤추다, 공연을 하다, 공연예술로 ~(A.)을 표현하다
(caus.) nartayati, nartayate 춤추게 하다

nṛtya [n.] 춤, 공연, 동작과 표정 등으로 표현하는 공연

netra [m.] 지도자, 이끄는 자
[n.] 지도, 인도, 지휘, 눈

naiyāyika [m.] 냐야(nyāya)철학 전문가, 냐야 전통에 속하는 사람

nau [f.] 배, 선박, 보트

nyāya [m.] 일반적 표준, 논리, 체계, 정치

pakṣin [a.] 날개를 가진, 한 편으로 선
[m.] 새

pañcakṛtvaḥ (〈 pañcakṛtvas) [ind.] 다섯 번, 다섯 차례

pañcatā [f.] 다섯으로 이루어진 상태, 다섯 원소 (흙, 바람, 불, 물, 허공)로 이루어진 상태, 죽음

pañcama [a.] 다섯째, 다섯 번째의

pañcarātra [m.] (제사의식에서 특정한) 다섯 밤, 다섯 밤의 기간

paṭhitṛ [m.] 낭송하는 사람, 읽는 자

paṇa [m.] 내기, ~(G.)을 걸고 하는 내기, 도박판에 걸린 것

patana [n.] 떨어짐, 날기, 추락, 몰락

pathin [m.] 길, 경로, 도로, 방식 (불규칙 곡용)

padma [m.][n.] 연꽃, 연꽃 모양을 가진 것

payaḥ [n.] 액체, 즙, 우유, 빗물

payasvin [a.] 즙이 풍부한, 젖이 많은

payomaya [a.] 액체로 이루어진

paramārthataḥ [adv.] (parama-artha-tas) 궁극적인 대상/실재/의미의 면에서, 최상의 대상으로 보면

parābhava [m.] 멸망, 사라짐, 해소, 분리, 패배, 고통, 파괴, 파멸

parijñāna [n.] 온전하게 앎, 분명하게 앎, 확인, 경험, 인지, 인식

paritoṣa [m.] 즐거움, 기쁨, 만족

pari-√tyaj 1P. [parityajati, tyajate] 버리다, 떠나다, 포기하다, 거부하다

pariniṣṭhā [f.] 완벽하게 통달한 경지 (← pari-ni-√sthā "극단적인 한계")

parimita [a.] 측정된, (포괄해서) 측량된, 제한된, 규제된, 심하지 않은

pari-√rakṣ 1P. [parirakṣati] 완전하게 지키다, 온전하게 보호하다, 숨기다, 비밀로 하다

parobāhu [a.] 팔이 닿지 않는 (곳에 있는)

paryanta [m.] 둘레, 가장자리, 모서리, 끝, 한계, 경계, 끝, 옆면

pary-upa-√ās 2Ā. [paryupāste] 빙 둘러 앉다, 둘러싸다, 함께하다, 참여하다, 시중들다

parvatavāsin [a.] 산에 사는, 산에 거주하는
[m.] 산악인

pāṇi [m.] 손, (ifc.) ~을 손에 쥐고 있는

pāṇḍitya [n.] 학식을 갖춤, 현명함

pātra [n.] 컵, 음료 그릇, 용기, 담을 수 있는 것

pādaka [m.] 작은 발

pādajala [n.] 발을 씻기 위한 물

pādapa [m.] 발로 마시는, 나무, 식물

piṇḍa [m.] 동그란 덩어리, 덩어리, 조각, 제사에서 조상에게 바치는 곡물로 만든 작은 경단같은 덩어리, 음식, 구체적인 물리적 대상, 실재하는 물체

pipāsā [f.] 갈증, 목마름

pīḍita [a.] 억눌린, 상처 입은, 괴롭힘 당하는, 덮힌

puṃs [m.] 남자, 사람, 하인 (불규칙 곡용, 임자격은 pumān, pumāṃsau, pumāṃsaḥ)

puṇya [a.] 상서로운, 복된, 좋은, 정의로운, 덕이 있는, 성스러운, 순수한
[n.] 상서로운 일, 좋은 행위, 정의로운 일, 덕이 있는 행위, 성스러운 행위, 종교 의식

putraka [m.] 어린 아들, 소년, 아이

puruṣavyāghra [m.] 사람 중의 호랑이, 사람 중의 용맹한 자

puruṣasiṃha [m.] (사자처럼 우두머리가 되는) 탁월한 사람

puṣkara [n.] 푸른 연꽃
[m.] (날라의 형제) 뿌스까라

puṣpa [n.] 꽃, 꽃송이

√pūj 10P. [pūjayati] 숭배하다, 섬기다, 존경하다

pūrvajanman [n.] 전생, 앞선 삶

pūrvāhṇa [m.] 하루 중에 앞선 시간, 오전

pṛṣṭa [a.] (p.p.) 물음을 받은, 질문받은, 요

청을 받은, 요구된
[n.] 질문, 조사

pra-√kṛ 8P.Ā. [prakaroti, prakurute] 만들어 내다, 생산하다, ~을 ~으로 만들다, 마음(manas, buddhim)을 정하다.

pra-√kram 1P.Ā. [prakrāmati, prakramate] 앞으로 걸어 나가다, 출발하다, 전진하다, 행진하다, ~에 의지하다, 시작하다

pra-√jñā 9P. [prajānāti] 이해하다, 파악하다, 구별하다, 인지하다, 발견하다

pra-√ṇī [praṇayati, praṇayate] 앞으로 이끌다, 행하다, 진행해 나가다, (제사의식에서 불이나 소마 등을) 자리로 가져가다, 바치다, 사랑하다, 좋아하다

prati-√īkṣ Ā. [pratīkṣate] 바라보다, 지켜보다, 인지하다, 기다리다, 기대하다, 보아 넘기다, 용인하다

pratipattavya [a.] 이해되어야 하는, 행해져야 하는, 받아야 하는, 주어져야 하는

prati-√pad 4Ā. [pratipadyate] 발을 내딛다, 들어가다, 도착하다, ~에 이르다, (일이) 생겨나다, (일이) 일어나다, ~사람(L.G.A.)을 대해서 행동하다, 차지하다, 얻다

pratipādita (prati-√pad의 시킴형 pratipādayati의 과거분사) 도달하게 만들어진, 얻도록 주어진, 제시된, 증명된, 설명된, 가르쳐진

prati-√bhāṣ [pratibhāṣate] 대답하다, 말을 걸다

pratyakṣa [a.] 눈 앞에 있는, 보이는, 지각가능한, 확실한, 분명한, 직접 나타나는
[n.] 시각지각, 감각지각, 직접지각, 지각을 통한 인식

pratyakṣadarśana [n.] 눈으로 직접 봄, 목격함

pratyañc (praty + añc) [a.] 반대로 향한, 등을 돌린, 거꾸로 돌린, 반대편으로 향한, 서쪽의, 서쪽으로 향하고 있는

√prath 1Ā. [prathate] 확장하다, 번지다
(caus.) prathayati 확장시키다

pratyak [adv.] ~(Ab.)의 뒤에, 반대방향으로

prathama [a.] 첫째, 맨 앞의

pra-√dā 3P. [pradadāti] 넘겨주다, 제공하다, 선물하다, 수여하다

pra-√nam 1P.Ā. [praṇamati/praṇamate] ~에게 경의를 표하다, ~의 앞에서 몸을 굽히다

pra-√pā 1P. [prapibati] 마시기 시작하다, 삼키기 시작하다

pra-√mā 3Ā. [pramimīte] 재다, 추정하다, 바르게 인식하다

pramāṇa [n.] (재는) 단위, 기준, 표준, 옳은 표준, 올바른 기준, 권위, 바른 인식을 얻는 수단, 바른 인식 작용

pra-√vṛt 1Ā. [pravartate] 진행되다, 앞으로 굴러가다, 움직여지다, 시작되다, 진척되다, 생겨나다, 발생하다, 지속되다, 유효함이 유지되다, 계속하다

prabhṛti [f.] 앞으로 가져오기, (제사에서) 바치기, 시작, 출발
[adp.] ~(Ab.) 이후로, ~(Ab.)로 시작되는

pravaṇa [m.][n.] 경향, 쏠림, 비탈길
[a.] 경사진, 기울어진

pra-√śaṃs 1P. [praśaṃsati] 칭찬하다, 칭송하다.

prasanna [a.] 명확한, 밝은, 순수한, 깨끗한, 분

명한, 진실된, 옳은, 바른, 너그러운, 친철한

pra-√aś P. [praśnāti] 먹다, 집어 삼키다, 맛보다 (caus.) prāśayati 먹이다

prāk (← prāñc) [adp.] ~(Ab. G)에 앞서, ~(Ab. G)의 앞에서, ~(Ab. G) 전에, ~(Ab. G)의 동쪽에

prāñc (pra + añc) [a.] 앞으로 향한, 정면의, ~을 마주 보는, 맞서서 있는, 동쪽의, 동쪽을 향하고 있는

prāñjali [a.] 합장하는

prāṇa [m.] 숨, 목숨, 생명

prāptakāla [m.] 적절한 때
[a.] 적절한 때에 이른, 제 때의

prāptayauvana [a.] 사춘기(yauvana)에 이른 (prāpta)

prāpti [f.] 도착, 도달, 범위, 성취, 얻음, 취득, 이윤, 구제

bandhu [m.] 연결, 연관, 관계, 유대, 친척, 친지, 친구

balin [n.] 힘센, 강한

bahurūpaka [a.] 여러 형태를 갖는, 다양한

bahula [a.] 두툼한, 굵은, 넓은, 많은, 큰, 수가 많은

√bādh 1Ā. [bādhate] 억압하다, 막다, 쫓아내다, 괴롭히다, 반대하다

bālaka [m.] 남자 아이, 소년, (동물의) 어린 새끼
[a.] 어린, 성인이 되지 못한

bāhu [m.] 팔, 손목에서 팔꿈치 사이의 팔, 하박

bindu [m.] 방울, 작은 조각, 점, 표식

bibhītaka [m.] 비비따까나무, 비비따까나무 열매, 견과욪으로 사용되는 열매 (Terminalia bellirica, 딱딱한 열매를 노름 혹은 내기할 때 사용한다.)

buddhimat [a.] 판단력을 지닌, 현명한, 지혜로운

bubodhayiṣu [a.] 깨우고 싶어 하는, 타이르고 싶어 하는

bubhukṣā [f.] (bhuj의 바람형) 먹고자 하는 마음, 누리고자 하는 욕구, 식욕, 배고픔

bauddha [a.] 의식과 연관된, 마음의, 붇다(Buddha)와 연관된, 불교도의

brahmacārin [m.] (성적 금욕을 행하는 사제계급 출신의) 학생, 학생 신분이거나 혼인 이전의 젊은 사제, 종교적 금욕을 행하는 수행자

bhakti [f.] 구분, 분리, (신을 향한) 헌신, (신에 대한) 믿음

√bhaj 1P.Ā. [bhajati, bhajate] 분배하다, 나누어주다, 공유하다
(주로 Ā.) 나누어 받다, 얻다
(바람형) bibhakṣati, bibhakṣate

bhadra [a.] 축복받은, 좋은, 훌륭한, 마음에 드는, 친절한,
[n.] 행복, 번영, 행운; (m. f.의 부름격으로) 친애하는 이여!, (친애하는) 그대여!

bhasman [a.] 먹어삼키는
[n.] (불이 먹어 삼킨 것) 재

bhāva [m.] ~이 되기, 있기, 존재, 발생함, 상태, 실상, 진리, 방식, 특성, 감정, 의도, 의미

bhāvana [a.] 있게 하는, 만들어 내는, 길러내는

bhāvanā [f.] 만들어 내기, 마음속에 그리기, 이

야기의 교훈

√bhikṣ 1Ā. [bhikṣate] 원하다, 얻고자 하다, 구걸하다 (bhaj의 바람형에서 유래)

bhikṣu [m.] 걸인, 걸식하는 사람, 탁발하는 사람

bhinna [a.] 갈라진, 깨진, 잘려진, 나뉜, 떨어진, 차이가 나는, ~(Ab. Comp.)과는 다른

bhīma [m.] (고유명사) 비마

bhuja [m.] 팔, 손, 가지, 밑동, 굽히는 곳

bhūmiṣṭha [a.] 땅에 서 있는

bhūyaḥ [a.] 더, 더 나은, 더 많은, 더 큰, 더 한
[adv.] 더하게, 매우, 심하게, 보태어, 또 다시, 새로 보태어

bhṛśaduḥkhita [a.] 심하게 고통받다

bheda [m.] 분할, 구분, 쪼개기, 분석, 구별

bhoktṛ [m.] 누리는 자, 먹는자

maghavan [a.] 후한, 선물을 주는, 아낌없이 주는
[m.] 인드라 (신)

madhumat [a.] 단맛을 지닌, 단, 꿀과 섞은, 마음에 드는

madhūdaka [n.] 꿀물, 꿀을 탄 물, 물에 녹인 꿀

madhya [a.] 가운데, 중간, 사이에 있는
[m.] [n.] 중간 부분, 몸의 허리 부분

manasija [m.] (마음에서 생겨난 것) 사랑, 사랑의 신

manuja [m.] (마누에서 태어난) 인간, 남자

manohara [a.] 마음을 훔치는, 마음을 사로잡는 (f.: -ā/-ī)

mantrayate [den.] 상의하다, 충고하다, 조언하다

mantrin [a.] 성스러운 전승이나 주문을 아는, 현명한
[m.] 왕의 조언자, 재상, 마술사

mamaka [a.] 내게 속하는, 나의 것

martya [m.] 죽어야만 하는 존재, 인간
[a.] 죽을 운명을 가진

malina [a.] 더러운, 오렴된, 흙이 묻은, 거무튀튀한

manasvin [a.] 마음을 갖춘, 의식을 갖춘, 지적인, 현명한, 총명한

manomaya [a.] 마음으로 이루어진, 정신적인

maraṇa [n.] 죽음, 죽는 행위, 사망, 그침

mahātman [a.] 위대한 영혼을 지닌, 탁월한, 뛰어난, 탁견을 지닌

mahādeva [m.] (위대한 신) 루드라 (Rudra) 혹은 쉬바(Śiva) 혹은 이 둘과 연관된 다른 신들 중의 하나.

mahāmantrin [m.] 최고위 재상, 최고위 조언자, 대재상, 수상

māṃsa [n.] 고기, 육고기, (과일의) 과육

mātra [n.] (재는) 단위, 크기, 양, (ifc.) ~만큼만 큰, (ifc.) ~에 지나지 않는 (f.: -ā)

mānuṣa [m.] (인간의 시조 manus에 속하는 →) 인류, 인간

māmaka [a.] 나의, 나의 것인

māyā [f.] 환영, 환상, 마법, 마술, 속임, 허깨비, 실재가 아닌 가상, 초능력

mālā [f.] 정해진 순서대로 엮은 것, 화환, 염주

mithuna [m.] (남녀) 한 쌍
[n.] (남녀의) 결합

mukta [a.] 풀려진, (속박하지 않고) 놓아진,

방출된, 내뿜어진, 해방된

mukha [n.] 주둥이, 얼굴, 부리, 방향, 맨 앞의 부분

mrga [m.] 야생동물, 사슴

mṛtyu [m.] 죽음, 죽기, 죽음의 신

√mṛṣ 4P.Ā. [mṛṣyati, mṛṣyate] 잊다, 무시하다, 마음 속에 감추다, 용인하다
(caus.) marṣayati, marṣayate 잊게 만들다, 인내하다, 당해내다, 용서하다, 참아내다

mauna [n.] 성인(muni)임, 침묵, 묵언, 과묵함

maurkhya [n.] 어리석음

yajamāna [a.] (자신을 위해) 제사를 지내는
[m.] 제사의 주최자, 제사의 비용을 내서 제사를 지내는 사람

yatnavat [a.] 노력을 하는, 애쓰는

yathārtha [a.] 사실에 따라, 사실대로, 실제로, 정확한

yathārthataḥ [adv.] 사실대로

yathāvidhi [adv.] 실행 규정(vidhi)대로, 규범에 따라, 적절하게

yathāśāstram [adv.] 정전에서 가르치는 대로, 전문 지식 체계에 따라

yathāsaṅkhya [n.] 수 맞추기, (나열된 것들 사이의) 순서에 따라 짝 맞추기, 순서에 맞추기, 수를 맞추기

yama [m.] (신의 이름) 야마, 죽음의 신, 사후 세계를 관장하는 신, 염라대왕

yaśasvin [a.] 명성을 지닌, 영예로운

yaṣṭukāma [a.] 제사를 지내고 싶어 하는 (√yaj의 부정형: yaṣṭum)

yāna [n.] 이끌기, 가기, 전진, 타기, 탈 것, 이동수단, 가는 방법

yāvajjīvam [adv.] 한 평생, 사는 동안 내내

yiyāsu [a.] 가고 싶어 하는, 움직이고 싶어 하는, 출발하려고 하는, 진군하려고 하는

yukta [a.] 묶인, 고정된, 사용된, 적용된, ~(I.)을 갖춘, ~(I.)과 연결된

yuvaka [m.] 젊은이, 어린이, 젊은 남자

yuvati [f.] 소녀, 어린 여자, (동물의) 어린 암컷

yuvan [a.] 젊은, 건강한
[m.] 젊은이, 한창나이의 사람이나 동물

yuvarāja [m.] 젊은 왕, 왕세자

yena [ind.] 그것을 통해, 그렇게, ~하기 위해

yogin [m.] 요가를 하는 사람, 수행자, 요가 체계를 따르는 사람
[a.] 연관된, 연결된, 묶인

yoni [m.f.] 자궁, (여성의) 생식기, 근원지, 생겨난 곳

yauvana [n.] 젊음, 청춘, 사춘기, 청소년기

yauvarājika [a.] 젊은 왕의, 왕세자의, 왕세자에 속하는

rakṣaṇa [n.] 보호하기, 수호하기, 지키기
[f.: -ā] 보호, 수호

rakṣitṛ [m.] 지키는 자, 수호자, 보초, 경비원

raṅga [m.] 경기장, 극장, 공연장, 무대

rajaḥputra [m.] 천하게 태어난 경박한 사람 (← rajaḥ [n.] 먼지, 증기, 더러움)

rajju [f.] 밧줄, 줄, 실

ratna [n.] 보석, 보물, 선물, 물건, 재화

rathakāra [m.] 전차를 만드는 사람, 마차 제작자, 목수

√ram 1Ā. [ramate] 기뻐하다, 만족스러워 하다, ~(I. L. In(f.))을 좋아하다 즐기다, 머무르다

rasa [m.] 즙, 수액, 액즙, 주스, 시럽, 가장 중요한 부분, 정수, 핵심, 액체, 체액, 맛, 향미, 풍미, 정서, 감정, 느낌

rasamaya [a.] 즙으로 이루어진, 액상의

rājaka [m.] 어린 왕자, 작은 왕

rājaputra [m.] 왕자, 왕족으로 태어난 자
[f.: -rī] 공주, 왕족으로 태어난 여자

rājarṣi [m] 왕이면서 성인인 사람, 성자인 왕, 왕인 성자

rājarāja [m.] 왕 중의 왕, 왕들의 왕

rājya [a.] 왕의, 왕과 연관되는
[n.] 왕권, 왕국; rājyaṃ √kṛ 왕권을 행사하다, 통치하다

rātra [m. n.] 밤, 밤의 어둠
[f.] rātri/rātrī

rātri (혹은 rātrī) [f.] 밤, 저녁

rāhu [m.] (장악하는 자, 붙잡는 자) 라후 (달과 해를 삼켜 일식과 월식을 만드는 악신)

√ruh 1P. [rohati] 자라다, 오르다
(caus.) rohayati/ropayati 자라게 하다, 오르게 하다

rūpaka [a.] 형태를 가진, (비교하여 서술하는) 비유적인

rūpavat [a.] 아름다운, 잘 생긴 외모(rūpa)를 갖춘, 형체를 지닌

rūpasvin [a.] 잘 생긴, 아름다운, 잘 생긴 외모(rūpa)를 갖춘

rūpyaka [n.] (화폐의 단위) 루피

rai [m.] 재산, 소유, 재물 부

laghu [a.] 가벼운, 빠른, 쉬운, 편안한

laghuprayatna [a.] 애 쓰지 않는, 노력하지 않는

lavaṇa [a.] 짠, 소금의, 소금,
[m.] 소금기, 짠 맛

liṅga [n.] 표식, 표시, 흔적, 증거, (쉬바의) 남근 상징

lokakṛt [a.] 세상을 만드는, 열린 공간을 창조하는
[m.] 세상의 창조자

laukika [a.] 세속적인, 세상을 따라가는, 일상적인

vacaḥ [n.] 말, 목소리, 표현, 명령, 조언

vacanamātra [a.] (근거가 없이) 말뿐인

vaṇij [m.] 상인, 교역상

vadana [n.] 말하는 행위, 말하기, 발성하기, 입, 얼굴, 앞면

vanacara [a.] 숲에서 돌아다니는, 숲에서 사는
[m.] 나무꾼, 벌목꾼

vanaspati [m.] 큰 나무, 숲을 이루는 나무 (← 숲의 주인)

vanecara [a.] 숲에서 사는, 숲에서 돌아다니는 (사람, 동물, 괴물 등)

vara [m.] 선택, 고르기, 배우자 선택, 선택 사항으로 주어진 소원, 선택하는 사람, 고르는 사람, 신랑, 남편

varuṇa [m.] (신의 이름) 바루나

varṇa [m.] 색, 외형, 모양

varṇayati/varṇayate [den.] 서술하다, 설명하다, 색깔을 입히다, 그리다

varṣa [a.] 비의, 장마의
[m.] 비, 장마, 해, 년

vaśa [m.] 의지, 희망, 욕구, 힘, 제어, 지배,
vaśaṃ + √i, √gam, √ya, √pad "가다"는 뜻의 동사: ~의 지배에 들어가다
vaśe + √bhū, √vṛt, √sthā "있다"는 뜻의 동사: ~의 지배 아래에 있다.

vaśā [f.] 암소, 암코끼리, 불임인 여자

vasā [f.] (하얀) 골수, (고기의) 지방, 기름기

vāṅmaya [a.] 말로 이루어진, 핵심이 말인

vādin [a.] 말하는, 주장하는, 설명하는, 설파하는
[m.] 논증자, 논쟁자, 이론가, 주창자

vāyasa [m.] 큰 새, 까마귀

vāhana [n.] 실어 나르기, 싣기, 탈 것, (신들 각각이) 타는 동물

vighna [m.] 깨는 것, 파괴자, 장애물, 막는 것, 어려움

vijaya [m.] 승리, 정벌

vi-√ji 1Ā. [vijayate] 물리치다, 정복하다, 승리하다, 쟁취하다

vidarbha [m.] (나라 혹은 지역의 이름) 비다르바

vidhā [f.] 구분, 부분, 종류, 형태, 방식 (ifc.)

vipad [f.] 잘못 되어 감, 불행, 불운, 재앙, 실패, 죽음

vipāka [a.] (음식이나 과일이) 익은, 성숙한, 숙성된

vipriya [a.] 마음에 들지 않는, 싫은, ~(G.)에게 내키지 않는
[n.] 싫은 일, 마음에 들지 않는 것, 기분 상하게 하는 일

vibhakti [f.] 구분, 분할, 구별, 명사의 곡용, 명사의 곡용뒷토, 격

vivarṇa [a.] 색깔이 없는, 창백한, 나쁜 색깔을 가진, 섞인 카스트에 속하는, 천한

vivardhana [a.] 보태는, 증가하는, 늘어나는, 지속하는
[n.] 증가, 늘어남, 번영

vivāhasthāna [n.] 결혼식(vivāha)을 치르는 장소(sthāna)

vi-√vṛdh 1Ā. [vivardhate] 자라다, 커지다, 늘어나다, 부풀어 오르다, 강하게 되다, 솟아오르다

vivedayiṣu [a.] ~(A.)에게 ~(A.)을 알려주고 싶어 하는

√viś 6P. [viśati] ~(A. L.)로 들어가다, 들어가 자리잡다, 정착다다, ~(A.)와 함께 있게 되다

viś [f.] (단수 임자격 viṭ) 거주지, 정착지, 거주민, 거주민 공동체

viśiṣṭa [a.] 구별되는, 특별한, 특출난, 뛰어난, 최상의

viṣa [n.] 독, 치명적인 것

vismita [a.] 놀란, 당황한, 경탄한, 경이로워한, 경이로운, 불가사의한

vi-√has vihasati 웃음을 터뜨리다, ~(A.)을 비웃다

vīrasena [m.] 비라쎄나 (영웅적인 군대를 지닌 자, 날라의 아버지)

virūpa [a.] 나쁜 모양을 지닌, 못생긴, 다양한 형태를 지닌, 다중의

vismaya [m.] 놀라움, 경이로움, 당황함, 난처함

vihita [a.] (p.p. vi-√dhā) 분배된, 할당된, 정해진, 운명지워진

vīrya [n.] 용맹함, 강함, 힘, 남성다움, 영웅적 행위, 영웅다움, 독

vīrasena [m.] (고유명사) 비라쎄나

√vṛ 59P.Ā. [vṛṇoti, vṛṇute/vṛṇāti, vṛṇīte] 고르다, 선택하다, ~(-artham, D. L. I.)로 선택하다, 결혼상대로 고르다, 부탁하다, 요청하다, ~(Ab.)보다 ~(A.)하는 편을 선호하다
(caus.) [varayati, varayate] 선택하다, ~로 고르다, ~를 배우자로 고르다, 좋아하다

vṛttānta [m.] 일이 진행된 결과, 사건, 경과, 일

vedavid [a.] 베다를 아는

vai [adv.] (앞선 말을 강조하는 부사) 실제로, 정말, 대단히

vaidarbha [a.] 비다르바의, 비다르바 출신의
[f.] (-ī) 비다르바의 여자, 비다르바의 공주

vaidya [m.] 지식체계(veda)를 아는, 학식 있는, 의사, 의료인

vairaseni [m.] 비라쎄나(vīrasena)의 아들, 날라

vyādha [m.] (찌르는, 다치게 하는 사람) 사냥꾼, 사슴 사냥꾼

vyādhi [m.] 병, 질병, 정상이 아닌 상태

vrata [n.] 종교적 서약, 서원, 맹세, 약속, 명령, 규정, 복종, 종교적인 규율, 고행의 실천

vrīhi [m.] 쌀

√śak 5P. [śaknoti] ~(inf.)을 할 수 있다, ~(inf.)할 능력이 있다.

√śam 9P. [śamnāti] 달래다, 가라앉히다, 누그러뜨리다, 안정시키다, 끝내다, 죽이다, 파괴하다, 제거하다, 정복하다, 진압하다.

śamapara [a.] 평온함에 몰입된, 안정을 최고로 삼는

śaraṇa [n.] 안식처, 안주처, 피난처, 보호처 (śaraṇaṃ √gam, ~(A. G.)에게서 안식처를 찾다, ~에게 귀의하다)

śānti [f.] 평온함, 평정, 고요함, 누그러진 상태, 평화, 안녕, 행운, 편안함, 나쁜 것을 진정시키는 제사의식

śārīra [a.] 육체의, 육체와 연관된, 육체를 가진
[n.] 신체조직, 해부학, 배설물, 육화된 영혼

śālā [f.] 집, 건물, 큰 공간, 큰 방, 큰 건물

śilā [f.] 바위, 돌, 암석

śiva [a.] 축복의, 번영하는, 영광스러운, 길조의, 호의를 가진
[m.] 행복, 번영, 해탈, 쉬바신

śuka [m.] 앵무새

śukla [a.] 밝은, 흰색의, 하얀, 깨끗한, 오점이 없는

śuci [a.] 빛나는, 밝은, 깨끗한, 청정한, 순수한, 정직한, 순박한, 착한

√śubh 1Ā. [śobhate] 빛나다, 아름답게 보이다
(caus.) śubhay-, śobhay- 빛나게 만들다, 아름답게 만들다, 꾸미다

śubha [a.] 빛나는, 찬란한, 상서러운, 복 받은, 고결한, 좋은

śuśrūṣā [f.] 듣고 싶어 함, 순종, 복종

śuṣka [a.] 말린, 마른

śūdra [m.] 슈드라, 바르나 체계에서 네 번째 계급에 속하는 사람 (f.: -ā)

śeṣa [m. n.] 나머지, 남은 것, 빠진 것, 잉여분

śaila [a.] 돌로 만들어진, 돌로 이루어진, 바위로 이루어진, 돌과 같은
[m.] 바위, 언덕, 바위 덩어리, 바위산, 산

śoka [m.] 타오름, 열, 슬픔, 고통, 괴로움, 고뇌, 비통, 회한

śyāma [a.] 검은, 새까만, 검은 빛이 도는

śramaṇa [a.] 애쓰는, 고생하는, 고행 전통을 따르는
[m.] 고행 수도자, 고행자

śravaṇa [n.] 듣기, 경청, 들어서 앎

śrutasena [a.] 유명한(śruta) 군대(senā)를 가진

śruti [f.] 듣기, 귀, 들린 소리, 소문, (들어서 전해진) 전승

śreyaḥ [a.] 더 나은, 우월한, 더 좋은, 축복이 되는, 행운의, 호의를 가진
[n.] 더 나은 상황, 더 나은 운, 행운, 번영, 행복

śrotṛ [m.] 듣는 사람, 청자
[a.] 듣고 있는

śrotra [n.] 귀, 청각기관, 듣는 행위

śvaḥ [ind.] 내일, 다음 날

śvan [m.] 개 (불규칙 곡용, 임자격은 śvā, śvānau, śvānas)

śveta [a.] 하얀, 하얀 옷을 입은, 밝은
[m.] 흰색

ṣaṭkṛtvaḥ (〈 ṣaṭkṛtvas) [adv.] 여섯 번, 여섯 차례

ṣaṣṭha [a.] 여섯째, 여섯 번째의

saṃ-√muh 4P. [sammuhyati] 완전히 당황한 상태이다, 얼빠진 상태이다

saṃ-√yuj 7P.Ā. [saṃyunakti, saṃyuṅkte] 연결시키다, 붙이다, 결합시키다

saṃ-√śru 5P.Ā. [saṃśruṇoti, saṃśruṇute] ~로부터 듣다, ~(A.)의 말을 경청하다, 동의하다, ~(D. L.)에게 약속하다

saṃśruta [a.] 경청한, 배운, 동의한, ~(D.L.)에게 약속한
[n.] 경청, 동의, 약속

saṃsāra [m.] 지나면서 겪음, 생사의 반복을 경험함, 윤회

sakṛt [adv.] 한 번, 한 차례

sakthi [n.] 넓적다리, 허벅지, 넓적다리뼈

sakhi [m.] 친구, 동반자, 조력자

saṅkhyāna [n.] 셈하기, (숫자) 세기, 계산하기, 수

saṅgama [m.] 함께 모임, 만남, 결합

satata [a.] 계속되어, 반복되는, 이어지는, 끊기지 않는

satī [f.] (고유명사) 싸띠, 충직한 여자

sattvavat [a.] 생명을 가진, 살아 있는, 참된 본성을 가진, 단호한

satyavādin [a.] 진실을 말하는

sadā [adv.] 항상, 늘

sannyāsa [m.] 맡긴 것, 담보, 건 것, 판돈 (← saṃ-ni-āsa 아래로 내려 둔 것), 사퇴, 포기 (← 내려놓다)

sapakṣa [a.] 날개를 가진

sapatna [m.] 적수, 경쟁자, 라이벌

saptama [a.] 일곱째, 일곱 번째의

saptarṣi [m.] 북두칠성, (북두칠성이 된) 일곱 성인들

saptapada [a.] (결혼식 혹은 서약에서 불을 끼고) 일곱 걸음을 딛는, 일곱 빠다(pāda)로 이루어진
[f.] saptapadī 결혼식에서 불을 키고 도는 일곱 걸음

saptāha [m.] 일곱 날, 7일간 이어지는 제사의식

samanvita [a.] ~(I.)을 온전히 갖춘, ~을 다 가진, ~과 연결된

samartha [a.] ~(G.)에 적합한, ~할 능력이 있는, 목적/의미가 있는, 적절한

sam-ā-√car 1P. [samācarati] ~(L)에 대해 행동하다, 행하다, 수행하다, 성취하다, 해내다, 완수하다

samāhāra [m.] 모임, 집합, 무더기

samīpastha [a.] 가까이에 있는

samyak [adv.] (← samyañc) 일치하는 방식으로, 함께, 온전히, 적절하게, 맞게, 정확하게

sarpa [m.] 뱀,
[a.] 붙어서 기어가는

sarvaka [a.] 모든, 각각의, 전체의

sarvagata [a.] 모든 곳에 있는, 편재하는, 흔한

sarvadhana [n.] 모든 재화, 전 재산, 모든 돈

sahaputra [a.] 아들을 동반한

sahasrabāhu [a.] 천 개의 팔을 지닌

sahita [a.] 함께, 합류하여, ~을 갖추고, ~와 함께

sādara [a.] 존경심을 가진, 배려심을 가진

sādṛśya [n.] 닮음, 유사함, 비슷함

sādhutā [f.] 올바름, 맞음, 훌륭함, 올곧음, 정직함

sāman [n.] 리듬이 붙어 있는 베다의 텍스트, 싸마베다, 안정시키기, 협상, 달래기

sukumāra [a.] 여린, 약한, 예민한

suvarṇa [n.] 금. [a.] 색깔이 좋은, 빛나는, 금빛의

sūta [m.] 전차 혹은 마차를 모는 사람, 마부

senā [f.] 창, 던지는 무기, 군대, 병력

sainika [a.] 군대와 관련된
[m.] 군인, 경비병, 경비

sauvarṇa [a.] 금으로 만든, 금으로 된
[n.] 금

strī [f.] 여자, 여성, 부인, (동물의) 암컷

sthāpana [n.] 세우기, 고정시키기, 확립, 지지

sthirī-√bhū 1P. [sthirībhavati] 확고해지다, 결연해지다, 마음을 굳히다, 단단해지다

√snā 2P. [snāti] 씻다, 정화의식을 하다
(caus.) snāpayati/snapayati 씻기다

snāta [a.] 씻겨진, 목욕시켜진, 깨끗하게 만들어진, 입문 의례를 마친

snāyu [f.][n.] 힘줄, 근육, (활의) 줄

smita [a.] 웃은, 웃는, 펴진, 꽃이 핀
[n.] 웃음, 미소

smṛtamātra [a.] 기억된 것에 지나지 않는

svagata [a.] 자신을 향한

svatantra [n.] 자기 자신에게 의존함, 독립성, 자율성

svadharmastha [a.] 자신의 의무에 충실한

svayaṃvara [m.] 스스로(svayam) 선택함(vara), 자유 선택, 특히 끄샤뜨리야 미혼여성이 배우자를 스스로 선택하는 것, 배우자 선택 행사

[a.] 스스로 선택하는

svalpa [a.] 아주 적은, 극소의

svātantrya [n.] 독립성, 스스로의 결정에 따름, 스스로에게 의지함

svāmin [m.] 소유자, 주인, 임자, 대장, 지휘자, 남편, 왕, 왕자, 스승

ha [adv.] (앞선 말을 강조하기 위해 사용되는 어조사) 실로, 사실, 바로

hantṛ [a.] 때리는, 죽이는
[m.] 죽이는 사람, 살인자, 파괴자

hariṇa [a.] 엷은 황갈색의, (건강하지 않은) 낯빛, 녹색의
[m.] 사슴, 영양, 수사슴, 새끼 사슴

hastagata [a.] 손에 들어 온, 얻게 된, 갖게 된

hastin [a.] 손을 가진, 손 놀림이 좋은
[m.] (손을 가진 동물 →) 코끼리

hala [m.] 쟁기, 쟁기날

halāyudha [m.] (쟁기날을 무기로 가진 자) 발라라마

hā [ind.] 아!, 오!, (고통, 분노, 놀라움 혹은 만족을 나타내는 감탄의 말)

√hi 5P. [hinoti] 던지다, 움직이도록 밀다, 앞으로 밀치다, 자극하다, 고무시키다

√hiṃs 1P.:7P. [hiṃsati/hinasti] 상하게 하다, 해를 끼치다, 다치게 하다, 죽이다, 파괴하다. (원래는 √han의 바람격 형태)

hīnajāti [a.] 천한, 카스트에 속하지 못하는

hṛdaya [n.] 심장, 마음, 영혼, 핵심

hetu [m.] 동기, 원인, 이유, 근거

한국어로
찾아보기

가상형 231ff., 330ff.
갈이소리접때형 396ff.
강조형 뒷토 272
거듭 324f. 361f.
거듭소리 324f., 361f.
거듭접때형 406ff.
겹낱말 130ff.
겹낱말 풀이 136-137
겹낱말에서의 싼디 137ff.
구나 27, 40, 81f. 84, 100, 103, 108, 117, 146, 151, 196, 198, 261, 291, 307f., 331, 341, 360, 364, 368f., 377, 398, 401, 409
구루 76f.
구속형 80ff.
금지형 410
기수 182ff.
기원형 410f.
대체미래형 108-111
대체완료형 377f.
대화체 쌍쓰끄리땀 30
독립 가짐격 70ff.
독립 곳때격 70ff.
독립형 18ff.
동사 앞토 434ff.
라구 76f.
말뿌리접때형 403f.
명사유래형 309ff.
미래분사 107-108
미래수동형 105-106
미래형 100ff.
바람형 324ff.
바람형 뒷토 272
부정형 40ff.
불규칙 비교급과 최상급 152
브릳디 81, 146, 262, 290f., 307f., 341, 360, 364, 369, 382, 398, 401f., 409, 412, 433
비교급 148ff.
빠다 78-80
상태수동 105
서수 336ff.
수동접때형 408f.
시킴형 260ff.
시킴형 뒷토 272
쌈쁘라싸라나 362, 365
쌍쓰끄리땀의 운율 75ff.
완료분사 379ff.
완료형 358ff.
접때형 394ff.
조건형 111-112
줄여부름말 414
최상급 148ff.
파생 활용 271ff.
현대 쌍쓰끄리땀 29f.
현재분사 46ff.
a-접때형 405f.
avyayībhāva-겹낱말 259-260
√as의 가상형 활용 235
iṣ-접때형 400ff.

-iṣṭha 최상급 151ff.

-īyaḥ 비교급 151ff.

upapada-겹낱말 174ff.

karmadhāraya-겹낱말 141ff.

tatpuruṣa-겹낱말 172ff.

-ti로 끝나는 여성 행위 명사 116

-tṛ로 끝나는 행위자 명사 27-28

-tra/-trā로 끝나는 명사 28-29

dvandva-겹낱말 228-231

dvigu-겹낱말 256ff.

bahuvrīhi-겹낱말 212ff.

bahuvrīhi-겹낱말 관용구 221-223

√bhū의 대체미래형 110

s-접때형 398ff.

sa-접때형 397f.

siṣ-접때형 402f.

-ø 뒷토 340f.

쌍쓰끄리땀으로 찾아보기

-a 341f.
-aka 308f., 433
-ac 342f.
-añc 342f.
ati- 438f.
adhi- 439f.
anaḍuh 461
-anīya 81ff.
anu- 440f.
anuṣṭubh 75
antar- 441f.
ap 458
apa- 442f.
abhi- 443f.
alam 437
ava- 444f.
avyayībhāva 259-260, 306
ā- 466ff.
-ā 307
āvis 437
-ika 433
-in 24, 466
-iya 290f.
-iṣṭha 151ff.
-īya 384f.
-īyaḥ 151ff.
ud- 468
upa- 468f.
upasarga 434ff.
ekaśeṣa-dvandva 302
-eya 412f.
-ka 413f.
kartṛ 23
karmadhāraya 133ff., 141ff., 296, 301f.
karman 23
kṛt 145-146
guṇa 27, 40, 81f. 84, 100, 103, 108, 117, 146, 151, 196, 198, 261, 291, 307f., 331, 341, 360, 364, 368f., 377, 398, 401, 409
guru 76f.
cvi-pratyaya 291ff.
ṆiC 272
ṇijanta 272
tatpuruṣa 133ff., 172ff., 296, 306
taddhita 145ff., 288ff.
-tama 148ff.
-tara 148ff.
-tavya 81ff.
-tā 288f.
-tṛ 27
-tya 22
-tya 82
-tra 28
-trā 28
-tva 288
-tvā 18ff.
tvānta 18
div 463f.

dvandva 133ff., 228-231, 301f., 306
dvigu 256ff.
namaḥ 437
ni- 469f.
nis- 470f.
pada 78-80
parā- 471
pari- 471f.
puṃs 459
pra- 472ff.
prati- 474ff.
bahuvrīhi 133ff., 212ff., 296f., 302f., 306
bhavet 236
bhaveta 236
bhaveya 236
bhaveran 236
bhāve prayoga 105
maghavan 462f.
-mant 466
-maya 434
-ya 81ff., 290, 330ff.,
yaṄ 272, 330,
yaṄ-anta 331
yaṄ-luK-anta 331
yaṅanta 272
yathāsaṅkhya 306
laghu 76f.
lyabanta 18
-vat 465
-vant 465f.
vi- 476ff.
vigraha 136-137
-vin 23, 466
-viśeṣa 461
vṛddhi 81, 146, 262, 290f., 307f., 341, 360, 364, 369, 382, 398, 401f., 409, 412, 433
śloka 75, 77-80
saN 272
sannanta272
sam- 478f.
samāsa 130

외국어로
찾아보기

Absolutive 18
aorist 394
benedictive 410f.
causative 260ff.
conditional 111-112
denominative 309ff.
derivative 271ff.
desiderative 324ff.
diminutive 414
Future Passive Participle 80ff.
Gerund 18
Gerundive 80ff.
infinitive 40ff.
injunctive 410
intensive 330ff.
optative 231ff.
precative 410f.
prohibitive 410
secondary conjugation 271ff.

어려운 말모양 찾아보기

akṣṇā 425
akṣṇe 425
akṣiṇī 425
adbhiḥ 458
anaḍuhaḥ 461
anaḍuhi 462
anaḍuhoḥ 462
anaḍvān 461
anaḍvāham 461
apaḥ 458
apām 458
ahaḥ 426
ahani 427
ahaḥsu 427
ahanī 426
ahāni 426
ahobhyaḥ 427
ahnā 426
ahni 427
ahnī 426
āttha 376
āpaḥ 458
āhatuḥ 376
āhathuḥ 376
itya 82
udac 346
udañc 346
udīc 346
udīcī 346
jitya 82
kartā 109
kārya 82
kṛtya 82
gariṣṭha 152
garīyaḥ 152
goghnaḥ 430
goghnā 430
goghni 430
goghnoḥ 430
gohanaḥ 430
gohā 430
cakṛvāṃs 379
jajījanat 408
tiraśc 346
tiraścī 346
tiryac 346
divam 463
divi 464
divoḥ 464
divau 463
dyubhyām 463f.
dyuṣu 464
dyauḥ 463
pathin 347
padaḥ 429
padi 429
pade 429
pāt 429
pādam 429
pādau 429

puṃsaḥ 460
puṃsā 459
puṃse 460
puṃsoḥ 460
pumān 459
pumāṃsau 459
praśasya 152
prāc 342ff.
prācī 343
prāñc 342ff.
babhūva 374
bhūyaḥ 152
bhūyāt 411
bhūyāsuḥ 411
bhūyāḥ 411
bhṛtya 82
maghavā 462
maghonaḥ 463
maghonā 463
maghonoḥ 463
vārya 82
vida 375
vidatuḥ 375
viduṣā 380
viduṣī 381
viduṣe 380
viduṣoḥ 380
viduḥ 375
vidma 375
vidvat 381
vidvāṃs 379ff.
vṛtya 82
vettha 375
veda 375
jyāyaḥ 152
jyeṣṭha 152
śreyaḥ 152
śreṣṭha 152
sakhā 424
sakhāyau 424
sakhibhyām 424
sakhyā 424
sakhyuḥ 425
sakhyoḥ 425
stutya 82
striyaḥ 427
striyam 427
striyau 427
strīm 427
syāḥ 235
syāt 235
syāta 235
syātam 235
syātām 235
syām 235
syāma 235
syāva 235
syuḥ 235
-han 429f.

인도 고전어 쌍쓰끄리땀 첫마당 2

초판 1쇄 인쇄 2024년 11월 15일
초판 1쇄 발행 2024년 11월 29일

지은이 강성용
펴낸이 장지연
편 집 이은경
펴낸곳 도서출판 라싸
출판등록 2018년 10월 2일 제 2018-000295호
주소 (08591) 서울특별시 금천구 가산디지털로 58 (가산동, 에이스한솔타워), 612호
전화 (02) 2081-3743 | **팩스** (02) 2081-3744
홈페이지 www.rasabooks.kr | **이메일** jyjang@ghculture.kr

ISBN 979-11-965912-3-6 93790

• 책값은 뒤표지에 표시되어 있습니다.

• 도서출판 라싸는 (주)관해문화그룹의 출판 브랜드입니다.
• 잘못 만든 책은 구입한 서점에서 교환해드립니다.